权威・前沿・原创

皮书系列为
"十二五""十三五"国家重点图书出版规划项目

中国社会科学院创新工程学术出版资助项目

俄罗斯黄皮书

YELLOW BOOK OF RUSSIA

俄罗斯发展报告
（2019）

ANNUAL REPORT ON DEVELOPMENT OF RUSSIA
(2019)

中国社会科学院俄罗斯东欧中亚研究所
中国社会科学院俄罗斯研究中心
主　编／孙壮志
副主编／李中海　张昊琦

社会科学文献出版社
SOCIAL SCIENCES ACADEMIC PRESS (CHINA)

图书在版编目（CIP）数据

俄罗斯发展报告. 2019 / 孙壮志主编. --北京：社会科学文献出版社，2019.5
（俄罗斯黄皮书）
ISBN 978-7-5201-4833-7

Ⅰ.①俄… Ⅱ.①孙… Ⅲ.①国家建设-研究报告-俄罗斯-2019 Ⅳ.①D751.2

中国版本图书馆 CIP 数据核字（2019）第 085137 号

俄罗斯黄皮书
俄罗斯发展报告（2019）

主　　编／孙壮志
副 主 编／李中海　张昊琦

出 版 人／谢寿光
责任编辑／张苏琴

出　　版／社会科学文献出版社·当代世界出版分社（010）59367004
　　　　　地址：北京市北三环中路甲29号院华龙大厦　邮编：100029
　　　　　网址：www.ssap.com.cn

发　　行／市场营销中心（010）59367081　59367083
印　　装／天津千鹤文化传播有限公司
规　　格／开　本：787mm×1092mm　1/16
　　　　　印　张：25　字　数：376 千字
版　　次／2019 年 5 月第 1 版　2019 年 5 月第 1 次印刷
书　　号／ISBN 978-7-5201-4833-7
定　　价／168.00 元

本书如有印装质量问题，请与读者服务中心（010-59367028）联系

▲ 版权所有 翻印必究

俄罗斯发展报告编委会

主　　编　孙壮志

副 主 编　李中海　张昊琦

编　　委（以姓氏笔画为序）

　　王晓泉　刘显忠　孙　力　孙壮志　李中海
　　李进峰　张　宁　庞大鹏　赵会荣　柳丰华
　　徐坡岭　柴　瑜　高　歌　薛福岐

撰 稿 人（以姓氏笔画为序）

　　丁　超　马　强　王桂香　王晨星　孙壮志
　　刘　丹　刘博玲　吕　萍　吕　静　许文鸿
　　李中海　李勇慧　张　弘　吴德堃　陈　余
　　庞大鹏　胡　冰　柳丰华　郝　赫　徐坡岭
　　郭晓琼　蒋　菁　韩克敌　谢苗诺夫

英文翻译　鞠　豪

主编副主编简介

孙壮志 中国社会科学院俄罗斯东欧中亚研究所所长，中俄战略协作高端合作智库副理事长兼秘书长，中国中亚友好协会副会长，中国上海合作组织研究中心执行主任、研究员，中国社科院研究生院教授、博士生导师。兼任中联部当代世界研究中心常务理事，新华社特约观察员，2011年获得国务院批准享受政府特殊津贴。

研究领域为区域合作与国际关系、上海合作组织、独联体国家社会政治等。主持过中央纪委、中央政法委、国家反恐办、全国党建研究会、外交部委托交办课题和中国社科院多项重大课题的研究。代表作有《中亚新格局与地区安全》（中国社会科学出版社2001年版）、《上海合作组织研究》（长春出版社2007年版）、《独联体国家"颜色革命"研究》（中国社会科学出版社2011年1月版）、《"丝绸之路经济带"的战略内涵与实现路径》（海南出版社2014年11月版）等。

李中海 中国社会科学院俄罗斯东欧中亚研究所研究员，《俄罗斯东欧中亚研究》执行主编，中国社会科学院研究生院教授。从事俄罗斯经济研究。主编《普京八年：俄罗斯复兴之路（2000～2008）》（经济卷），获中国社会科学院优秀科研成果二等奖；代表作有《俄罗斯经济外交：理论与实践》，获中国社会科学院优秀科研成果三等奖，《俄罗斯中东欧中亚转型系列丛书：曲折的历程（中亚卷）》等。

张昊琦 中国社会科学院俄罗斯东欧中亚研究所研究员，《俄罗斯东欧中亚研究》副主编。从事俄罗斯政治、俄罗斯政治思想史和中俄关系史研究。著有《俄罗斯帝国思想初探》（2012年），共同主编《当代俄罗斯精英与社会转型》（2015年）。

摘　要

本报告由中国社会科学院俄罗斯东欧中亚研究所和俄罗斯研究中心组织编写，作者均为长期从事俄罗斯问题研究的专业科研人员。全书由总论、俄罗斯政治、俄罗斯经济、俄罗斯外交和中俄关系五部分组成，全面反映了2018年俄罗斯政治、经济、外交领域及中俄关系中的新情况、新变化和新特点。

2018年俄罗斯国内形势稳定，政治和社会局势虽稳中有忧，但长期稳定发展的总体趋势并未发生变化。在年初举行的总统大选中，普京以高得票率成功连任，第四次入主克里姆林宫；在下半年举行的地方选举中，政权党"统一俄罗斯"党遭受严重挫折。养老金改革引发民众不满和抗议，"后克里米亚共识"对政治稳定的心理支撑作用持续弱化，导致普京的支持率下滑。在这种背景下，维持政权安全和政局稳定成为2018年俄罗斯国内政策的基调。为保持内外政策的延续性，普京对执政精英进行了更新换代，形成了政府内新老搭配的人事权力格局，同时继续强调和推动民生建设，力图在增加人口数量、减少贫困、促进社会发展方面取得新进展。总的来看，未来俄罗斯国内政治和社会局势可能还会出现偶发性波动，但在普京强力领导下仍可维持稳定。

2018年俄罗斯经济在弱增长态势下继续稳定发展，政府虽力图实现突破性发展，但经济发展动力不足问题仍然十分突出。2018年俄罗斯国内生产总值同比增长2.3%，增速超过预期水平，其他主要宏观经济指标均呈现稳中向好局面。在西方国家实施经济制裁背景下，出口继续快速增长，是拉动经济增长的主要动力，消费需求对经济增长也起到了一定支撑作用，但投资不振的局面没有改变，仍然是制约经济快速发展的主要因素。普京连选连

任后提出了"要使俄罗斯经济跻身世界前五强"的新目标,并为此发布了新的"五月命令",要求俄政府调整、完善经济政策。以梅德韦杰夫为首的俄罗斯政府专门制订了2024年前经济工作计划,力图通过政策调整和制度改革,建立良好的营商环境,促进经济持续平稳发展。但是由于经济结构的原材料化严重及资本和技术短缺,俄罗斯经济仍较为脆弱,在新的工业革命浪潮中可能还将长期处于劣势地位。

2018年俄罗斯在外交方面继续与西方国家对峙,美国和欧盟国家继续加大对俄制裁力度或威胁扩大制裁,致使俄外部环境难以改善。美俄两国总统虽然在赫尔辛基实现了首次正式会晤,但在特朗普"通俄门"事件愈演愈烈的背景下,两国关系改善前景黯淡。欧洲国家虽然维持对俄制裁,但普京与欧洲主要国家领导人之间的联系并未中断,俄罗斯借助欧亚经济联盟等多边机构继续与欧盟开展商业对话,俄欧贸易继续快速增长。俄罗斯对中东国家的外交趋于活跃,继续支持叙利亚政府打击反政府武装,取得显著效果,在中东地区的影响力持续提高。在克里米亚主权归属问题无法解决、乌克兰东部地区局势难以稳定的背景下,俄罗斯与乌克兰关系持续恶化。从目前看,俄罗斯摆脱外交困境的契机尚未出现,与西方国家之间的僵持局面还将持续下去。

2018年中俄战略协作伙伴关系继续深入发展,携手合作、共克时艰已成为两国政府和民众的普遍共识。在两国最高领导人的战略引领下,中俄政治互信不断增强,两国在各领域的合作不断取得新进展。在国际事务层面,两国保持战略磋商和相互协作;在双边关系层面,两国高层互访不断,各领域对口合作持续推进,在2018~2019年中俄地方交流合作年框架下,地方合作得到加强。2018年中俄贸易量价齐升,贸易总额首次突破1000亿美元大关。2019年将迎来中俄建交70周年,两国将联合举办系列活动,双方在各领域的合作将迈上新台阶。

目 录

Ⅰ 总报告

Y.1 2018年俄罗斯内政外交的总体特点及未来趋势………… 孙壮志 / 001
　　一　谋求政治社会局势稳定………………………………………… / 002
　　二　促进经济持续全面发展………………………………………… / 005
　　三　延续强势外交基本方针………………………………………… / 008
　　四　中俄全面战略协作伙伴关系再升级…………………………… / 011
　　五　未来俄罗斯仍将稳定，但与危机相伴………………………… / 014

Ⅱ 俄罗斯政治

Y.2 2018年俄罗斯政治形势：稳中有忧…………………… 庞大鹏 / 017
Y.3 2018年俄罗斯社会形势分析：改革和不平等的加剧…… 马　强 / 034
Y.4 2018年俄罗斯地方选举分析…………………………… 吕　静 / 046
Y.5 2018年俄罗斯政治反对派活动评析…………………… 郝　赫 / 059
Y.6 2018年俄罗斯政治进程中的宗教因素………………… 刘博玲 / 071
Y.7 2018年普京治国理政思想概述………………………… 吴德堃 / 082

001

俄罗斯黄皮书

Y.8 俄罗斯网络安全状况评析 …………………………… 许文鸿 / 098

Y.9 当代俄罗斯人文社会科学发展状况及前景 …………… 陈 余 / 109

Ⅲ 俄罗斯经济

Y.10 2018年俄罗斯宏观经济形势：弱增长下寻求突破 …… 徐坡岭 / 123

Y.11 2018年俄罗斯财政金融形势及政策走向 ……………… 丁 超 / 140

Y.12 2018年俄罗斯工业发展形势及工业政策 ……………… 郭晓琼 / 160

Y.13 俄罗斯2018年农业总体发展形势 ……………………… 蒋 菁 / 175

Y.14 2018年俄罗斯对外贸易形势、特点及政策评价 ……… 李中海 / 190

Y.15 2018年欧亚经济联盟运行情况综述 …………………… 王晨星 / 202

Y.16 2018年俄罗斯延迟退休年龄改革政策的实施 ………… 王桂香 / 217

Ⅳ 俄罗斯外交

Y.17 2018年俄罗斯外交 ……………………………………… 柳丰华 / 229

Y.18 2018年俄罗斯亚太外交总结与展望 …………………… 李勇慧 / 241

Y.19 俄美的军事对抗与军备竞赛 …………………………… 韩克敌 / 260

Y.20 2018年波浪式前进的俄欧关系 ………………………… 吕 萍 / 275

Y.21 2018年独联体地区形势综述 …………………………… 刘 丹 / 288

Y.22 2018年俄罗斯中东政策：全面回归与地区
权力格局重塑 …………………………………………… 胡 冰 / 299

Y.23 2018年的俄罗斯与乌克兰关系：分裂与动荡 ………… 张 弘 / 313

Ⅴ 中俄关系

Y.24 2018年中俄关系 ………………………………………… 柳丰华 / 329

Y.25　2018年中俄经贸合作新进展 …………………………… 郭晓琼 / 337
Y.26　新时期中俄地方合作展望 …………… 蒋　菁　阿·谢苗诺夫 / 351

Abstract ………………………………………………………………… / 362
Contents ………………………………………………………………… / 365

皮书数据库阅读**使用指南**

总 报 告

General Report

Y.1
2018年俄罗斯内政外交的总体特点及未来趋势

孙壮志*

摘　要： 对俄罗斯来说，2018 年最重要的政治事件是 3 月的总统大选，普京获胜后开启了第四个总统任期。普京的支持率达到新高，不仅保证其合法执政，更让很多人确信这不会是普京政治生涯的最后六年，他作为俄罗斯"掌舵人"的时间有可能超过 30 年。维持政权和政局的稳定是俄国内政策的基调，普京没有对政府做出大的调整。为了在重重阻力之下实现经济的较快增长，俄政府采取了一系列措施，加大政府主导经济转型的力度，这也使俄宏观经济政策随着外部环境的不断恶化悄然发生改变，有些是主动的改革，有些则是被动的应

---

* 孙壮志，博士，中国社会科学院俄罗斯东欧中亚研究所所长，研究员。

对。俄经济上保持了低速增长，但民生领域的问题更为突出，实现普京确定的增长目标难度很大。俄外交上显示出相对强势，在后苏联空间强化影响力。中俄关系继续深化，但俄与西方的关系仍在不断恶化。2019年发展前景依旧不容乐观，保持稳定与应对危机是俄面临的两大艰巨任务。

关键词： 俄罗斯　俄罗斯政治　俄罗斯经济　俄罗斯外交

对俄罗斯特别是对普京总统来说，2018年是具有特殊意义的一年。3月的总统大选为普京开启了第四个总统任期，由于整个过程非常顺利，普京的支持率达到新高，不仅保证了其合法执政，更让很多人确信这不会是普京政治生涯的最后六年，甚至开始展望2024年的大选。如果普京作为俄罗斯"掌舵人"的时间能够超过30年，必定会在国家历史上留下自己浓墨重彩的一页。在与西方关系继续恶化的背景下，俄罗斯经济上保持了低速增长，外交上显示出相对强势，中俄关系在继续深化。

一　谋求政治社会局势稳定

在筹备大选的过程中，普京充分利用手中的行政资源和处理乌克兰问题的"后克里米亚共识"，赢得大选只是顺理成章的关键一步。与2012年重回克里姆林宫面临的复杂形势不同，此次大选前普京实际上早已开始为继续执政谋篇布局。3月18日，俄罗斯联邦举行第七届总统选举，普京以绝对优势轻松获得胜利。2018年的总统大选，普京连创两项历史纪录：一是得票最多的一次，获得超过5440万张支持票；二是超过76%的高支持率，创造俄罗斯总统选举的新纪录。同时，选举投票率亦达67.54%（2016年俄议会选举的投票率仅有47%），基本实现了总统办公厅选前设定的"得票率、投票率双70%"的目标。

维持政权和政局的稳定是 2018 年普京国内政策的基调。在外部环境依旧不断恶化、来自西方"围堵"的压力持续增大的背景之下，普京要振兴经济、解决国内日趋尖锐的社会矛盾，完成他为新任期提出的一系列经济社会发展目标，离不开精英团队和官僚体系的支持。5 月 7 日，普京正式就职总统，在讲话中他特别强调增强国家的凝聚力是非常重要的任务。大选后普京并没有像外界猜测那样对关键岗位做出大幅调整，而是再度提名"老搭档"梅德韦杰夫担任总理。梅氏新内阁官员大多仍是近十年来一直在联邦政府中工作的老面孔，没有明显的变化。普京延用老臣和旧臣，保持执政团队的基本稳定，旨在维持政策的延续性与长期性。

随着普京超长任期的出现，其合法性问题也越来越突出，为了解决这一问题，其核心智囊在总统大选后开始为"普京主义"进行更为全面系统的阐释。尤其是总统顾问、曾任副总理的苏尔科夫在 2019 年 2 月的文章中对此做出了系统归纳：第一，"普京主义"作为"新型"的俄罗斯国家的意识形态和构成，具有完全的不可复制性和前景；第二，普京管理国家的特殊经验形成了一种范例；第三，形成了强有力的权力结构；第四，能够倾听和理解民众的呼声；第五，普京的治国思想经得起历史考验；第六，普京创立了第四种俄罗斯国家模式（伊凡三世、彼得大帝和列宁之后的新模式）；第七，普京主义是不可撼动的，没有其他选择；第八，普京主义的思想基础是政权建构的基础；第九，普京不会成为新的君主；第十，普京主义是各种思想的集大成者。① 尽管如此，这种论点还是受到舆论的批评，主要理由就是国家无论在政治上还是在经济上都乏善可陈，没有任何可以称道的"新成就"。这说明俄罗斯要重塑主流价值体系和意识形态、实现思想上的统一确实任重道远。俄罗斯现有 60 多个合法政党，执政的"统一俄罗斯"党（简称统俄党）声望不断下降，政治的多元化导致很难形成坚定统一的政治意志，去实现总统确定的目标。

---

① Волк В. В. Путинизм не навсегда！15 февраля 2019. http：// rusrand. ru/forecast/ putinizm – ne – navsegda.

虽然个人的威信较高，但普京的执政根基事实上并不十分稳固。一是来自反对派持续不断的压力。俄政府2018年下半年决定启动酝酿已久的退休制度改革，准备延长退休年龄，导致大规模的抗议浪潮。尽管是采取渐进的方式，从2019年开始每两年退休年龄提高一年，最终男子的退休年龄从60岁延至65岁，女子的退休年龄从55岁延至63岁，但仍遭到强烈反对，俄共等反对派甚至提出要征集签名，举行反对提高退休年龄的公决。民众对政府的不满情绪进一步被放大，一些地方反对派的支持率甚至超过"统一俄罗斯"党，① 9月地方选举前80多个城市爆发抗议示威。

二是民生压力巨大，居民生活水平不升反降，下层的不满情绪在不断累积。从7月1日起俄提高公共服务费用，虽然国家规定各地平均涨幅不能超过4%，但多数地区都高于这个标准的两三倍，有的地区煤气、水、燃料的价格增幅甚至高达40%。俄罗斯人实际收入已连续六年下降，2018年7月俄罗斯人均月薪约为670美元，高通胀率导致购买力尚不及2013年的水平。根据列瓦达中心的调查结果，2018年5月，有79%的受访者支持普京总统，6月，这一指标降至65%，不支持者占比从5月的20%上升到31%；此外，政府支持率从4月的43%下降到6月的34%。舆论研究中心的民调显示，普京支持率从1月的82.5%跌至6月的54%。到2019年初，支持政府的人占比39.4%，不支持者高达48.3%。2018年下半年俄罗斯地方选举中，执政的"统一俄罗斯"党遭到重创，也印证了政府在民生问题上没有作为。

三是腐败无法遏制。普京的反腐力度不小，2018年初编制腐败官员名册，要列出"黑名单"以儆效尤，增强威慑力，但并没有收到实效；反对派领导人纳瓦尔尼靠反腐口号赢得很多普通民众的支持，成为普京最大的政治对手。

---

① 按照地方民调，在伊尔库茨克州统俄党的支持率只有27.72%，而俄共的支持率有21.22%，加上自由民主党（11.12%）和"公正俄罗斯"党（8.92%），远远高于统俄党。参见 Непопулярной реформе ищут форму для презентации //Независимая газета, 23 июля 2018 года.

二 促进经济持续全面发展

根据普京在12月答记者问时给出的数据,2018年俄罗斯国内生产总值增长约1.7%,其中工业增长达到3%;人均实际收入增长0.5%,失业率从2017年的5.2%降至4.8%,全年通货膨胀率控制在4.1%~4.2%。俄罗斯黄金外汇储备增加7%,达到4640亿美元。为了在重重阻力之下实现经济的较快增长,俄政府采取了一系列措施,加大政府主导经济转型的力度,这也使俄宏观经济政策随着外部环境的不断恶化悄然发生改变,有些是主动的改革,有些则是被动的应对。

(一)鼓励和吸引投资

俄政府曾表示,投资规划的实施可促进经济增长,提高企业的信贷能力,通过增加投资俄经济增长率能够达到3%。对此,国际评级机构标普认为,俄罗斯投资规划中的项目共计金额30万亿卢布,不一定都能实施,且压力测试结果显示,投资增长30%,将会对俄企业的信贷状况造成不良影响。标普指出,俄政府将重点关注宏观经济形势的稳定,并采取保守的财政政策,同时刺激经济发展。[1] 可以看出,在刺激经济增长过程中,俄罗斯经常面临两难困境。尽管上半年预算盈余达到8773亿卢布(占GDP的1.9%),黄金储备也迅速增加,但实际上财政支出捉襟见肘。为缓解财政压力,俄政府决定启动税制改革,提高增值税税率,使2019年联邦预算收入增加6330亿卢布,但显然这又会增加企业负担,影响经济活力。

(二)发展数字经济

在国际资源价格不稳的情况下,俄罗斯需要寻找新的经济增长点。俄总

---

[1] 《标普预测俄2018~2021年经济增速》,http://ru.mofcom.gov.cn/article/jmxw/201811/20181102807925.shtml。

理梅德韦杰夫在9月27日的政府工作会议上强调,创建数字经济是俄罗斯的国家目标,在未来几年内数字经济对俄罗斯国内生产总值的贡献率将达到1/3左右。梅德韦杰夫认为,俄罗斯应建立强大的具有竞争力的现代化经济,其增长率应高于世界平均水平。"尽管任务非常艰巨,但要坚持跻身于世界五大经济体之列,这的确是国家目标。"梅德韦杰夫承认面对的任务复杂,存在众多客观困难和众多的限制,但他有信心去推动完成这样的任务。此前审议通过的《数字经济国家纲要概况》中确定,2018~2024年联邦预算将耗资约2万亿卢布,用于发展数字经济。①

(三)地方的专业化发展

俄经济领域面临的一个很大问题是地区经济发展不平衡。俄经济发展部2018年向政府提交最新版2025年区域发展战略,确定了各地区未来七年专业化发展清单,强调如果不遵照这些建议发展,将可能失去来自国家的支持政策。俄政府希望通过该战略协调国家和地区经济政策,将各地区划分为以下几种类型:大型城市和城市集群、中小型城市、农村居民点、农业工业和矿物原料中心。克拉斯诺亚尔斯克、克拉斯诺达尔、莫斯科、莫斯科州等20个地区获得超大型城市集群地位,这些超大型城市集群对全俄GDP贡献超过1%;诺里尔斯克、坦波夫、索契等21个大型城市集群对全俄GDP贡献为0.2%~1%;纳尔奇克、阿巴坎、库尔斯克等31个城市对全俄GDP增长贡献不到0.2%。根据该文件,俄每个地区都有各自的专业化发展清单。例如,下诺夫哥罗德州有药品、汽车和石油产品生产等27个方向,秋明州为伐木、采矿、橡胶产品生产等。专业化发展方向根据各地区的竞争优势、人口规模和密度、劳动力素质、地理位置、基础设施发展等情况而定,在一定程度上还考虑了各地区的意愿。2018年,俄联邦预算拨款4150亿卢布用于补贴地方发展。为加强地方间的经济交流,俄罗斯经济发展部还划分了

---

① 《俄总理强调数字经济是俄国家目标》,http://ru.mofcom.gov.cn/article/jmxw/201810/20181002793089.shtml。

12个宏观区域，包括中部区、远东区、西北区、中部黑土区等，各宏观区域可以共同支持需要发展的企业。①

（四）农业和外贸增幅较大

由于采取一系列刺激措施，2018年俄罗斯经济出现不少亮点，特别是在农业和对外贸易领域，都出现了较明显的增长。尽管国际市场的价格不稳定，长时间处于低位，但能源部门依旧是经济的重要支柱。根据俄海关公布的数据，2018年1~11月，俄罗斯对外贸易顺差达到1914亿美元，同比增长65.2%。据俄经济发展部公布的数据，2018年俄罗斯对外贸易总额同比增长17.5%，达到近6880亿美元；其中出口额约为4500亿美元，增长25.6%，进口增长了4.7%，达到2380亿美元；出口份额从2017年的61.1%上升到65.4%，而进口份额从38.9%下降到34.6%，贸易顺差创历史新高。但是也应该看到，能源产品仍占俄罗斯总出口额近2/3。同时，作为世界主要粮食出口国之一，2017年俄粮食出口量仅仅位居全球第16位，2018年该排名将会有所上升。②

（五）世界杯带来可观效益

2018年6、7月间成功举办的世界杯足球赛，不仅扩大了俄罗斯的国际影响力，提升了国家形象，而且创造了难得的经济效益。根据世界杯组委会公布的数据，2018年世界杯对俄2013~2018年国内生产总值的全部贡献为9520亿卢布，约占俄年度GDP的1%。筹备阶段为俄创造31.5万个就业岗位，为民众新增收入4590亿卢布。世界杯期间的旅游业收入约30亿美元。世界杯对未来五年国内生产总值的贡献为每年1500亿~2100亿卢布。未来经济增长将带来16万~24万个新就业岗位。对各主办地区经济的贡献为年度生产总值的2%~20%。

---

① 《俄罗斯各地区确定未来七年专业化发展方向》，http://ru.mofcom.gov.cn/article/jmxw/201812/20181202818399.shtml。
② 《2018年俄罗斯贸易顺差将创新纪录》，http://ru.mofcom.gov.cn/article/jmxw/201901/20190102829122.shtml。

三 延续强势外交基本方针

2018年俄罗斯在西方依旧四处碰壁,与美国的关系没有改善,在国际上继续受到美国及其盟友的打压。6月,俄通过反制裁法,对美新一轮制裁做出强有力的回应。外交理念上出现新的争论,有俄罗斯知名学者指出,由于反西方情绪的释放,俄罗斯政府奉行的"欧亚主义"政策甚至没有了"欧洲元素",应该称为"俄亚主义"①。

(一)与西方关系继续恶化,重视与欧洲大国的互动

2018年3月英国发生"俄罗斯前特工中毒案",西方借机对俄极尽羞辱,酿成范围很广的外交风波,英国驱逐23名俄外交官。美国及西方国家相继采取外交和经济措施,发表针对俄罗斯的措辞尖锐的声明,并驱逐俄外交官。美国驱逐了60名俄外交人员,关闭西雅图领事馆,启动新一轮制裁,出现了"围殴"俄罗斯的滑稽一幕。被寄托厚望的7月赫尔辛基"普特会",并没有取得任何实质性成果。美国中期大选以后对俄政策同样没有出现转机,11月布宜诺斯艾利斯G20峰会期间俄美两国领导人事先安排的会晤又因乌克兰问题被取消。

2018年普京重点加大了对欧洲国家的外交投入,希望以务实合作改善俄欧关系。一年来,普京与欧洲国家领导人互动频繁。5月,德国总理默克尔、法国总统马克龙先后对俄进行访问,承认俄罗斯在国际上的特殊作用;6月,普京新任期首次外访选择奥地利,这是其首次将总统新任期首访地放在非独联体国家,也凸显对欧洲的高度重视。同时,俄欧领导人恢复高层互访也促进经贸合作不断升温:欧盟仍然是俄罗斯最大的贸易伙伴,2018年俄德双边贸易额达596亿美元,比上年增长19.3%;俄罗斯与荷兰的贸易额大

---

① Малашенко А. Евразийская идентичность, реальности и фантазии// Независимая газета, 5 июля 2018 года.

幅增长19%以上，总额达472亿美元；俄罗斯和意大利的贸易额达270亿美元，比上年增长12.7%。从国别来说，德、荷、意分别是俄罗斯2018年第二、第三、第五大贸易伙伴。此外，欧美矛盾也助推了俄欧关系的改善。

（二）实施"向东看"战略，拓展对亚洲国家的交往

2018年俄罗斯和日本首次互办"国家年"活动，日本首相安倍4月底访俄，两国领导人会谈结束后发表了十年来首份联合声明，特别指出，俄、日将基于互信互惠原则在各个领域发展双边关系，在安全保障上扩大合作，加强领导人交流，两国外长每年至少互访一次，双方共设外交和国防部长级(2+2)会议。安倍还参加了9月符拉迪沃斯托克的东方经济论坛，半年之内两次访问俄罗斯，俄罗斯在远东开发问题上也对日本寄予期望。普京继印度总理莫迪5月访俄之后于10月对印度进行正式访问，双方签署约20份文件，其中最受关注的是向印度供应5个团的S-400防空导弹系统的协议，该合同总值超过50亿美元。11月，普京赴新加坡出席第三届东盟—俄罗斯峰会和第13届东亚峰会，这是俄领导人首次出席东亚峰会和首访新加坡，体现了俄对东南亚地区的重视，显示俄作为亚太国家的新形象。

（三）多措并举，巩固并扩大在后苏联空间的优势地位

俄罗斯积极帮助乌兹别克斯坦、吉尔吉斯斯坦、亚美尼亚等独联体国家的新领导人稳定政权。2018年俄延续以往策略：一是以欧亚经济联盟、集安条约组织、独联体等地区多边机构为平台，聚拢主要"近邻"盟友，打造后苏联空间的"核心圈"，推进俄罗斯主导的地区一体化；二是以双边合作为纽带夯实与独联体国家的关系基础，全方位巩固和扩大俄在后苏联空间的优势地位。8月12日，普京参加在哈萨克斯坦阿克套举行的里海沿岸国家元首会晤，借伊朗、土库曼斯坦态度改变之机，推动五国签署了关于里海法律地位的公约。这是二十多年来首个关于里海划分原则的文件，有助于里海能源的开发，同时特别明确了"非军事化"

俄罗斯黄皮书

原则,力阻哈萨克斯坦、阿塞拜疆与美国、北约在里海的合作。9月,普京赴杜尚别参加独联体首脑峰会,在峰会框架内,各国签署了《2019～2023年国家间打击犯罪联合措施方案》和《独联体成员国在信息技术领域打击犯罪活动的合作协定》,峰会决定2019年独联体主席国将由土库曼斯坦接任。普京还与塔吉克斯坦总统拉赫蒙、吉尔吉斯斯坦总统热恩别科夫分别举行双边会晤。

俄罗斯与乌克兰继续处于对立状态。2018年3月,普京亲自视察克里米亚和克拉斯诺达尔边疆区的跨刻赤海峡大桥建设情况;5月,在大桥公路部分通车后,又亲自驾驶卡车通过该桥,反映出该大桥对俄罗斯和普京本人的特殊意义。大桥使亚速海成为俄罗斯可以完全控制的"内海",招致乌克兰的强烈不满。11月,乌克兰军舰进入亚速海,被俄海军扣押,引发俄乌刻赤海峡危机,双方剑拔弩张。俄方指责刻赤危机系乌克兰方面挑衅所致,其目的是利用危机以提高波罗申科的支持率,为2019年3月乌克兰总统大选做准备。乌克兰继4月宣布退出独联体以后又在12月正式决定废止乌俄友好条约。在俄乌关系急剧恶化的情况下,俄乌双边贸易额则连续两年呈现增长势头,这也证明了两国之间的联系难以完全切断。

(四)持续提升在中东地区和阿富汗的地缘政治影响力

中东是近年俄罗斯外交的新亮点。通过两年的经营和在战场上一显身手,俄罗斯已逐步掌握叙利亚问题的绝对主动权,基本实现将叙利亚打造为中东战略支点的目标,并通过在叙利亚问题上的相互配合巩固了与伊朗的盟友关系,发展了与土耳其、伊拉克等国的合作关系。俄罗斯在中东战略布局基本实现,强化了国际地位,影响力攀至苏联解体后的最高点。但在叙利亚今后的政治安排上,俄罗斯与伊朗、土耳其又存在不小的分歧,俄国内也有负担过重、陷入过深等负面声音。美国退出伊朗核协议以后,俄罗斯坚定站在伊朗一边,表示要与伊朗"深度合作"。

在阿富汗,俄积极与塔利班接触,推动各方和谈,也取得一定进展。在两次推迟会期以后,11月9日,俄罗斯组织的阿富汗问题副部长级国际大会在莫斯科召开,塔利班代表首次参会,与阿富汗高级和平委员会首次在国际平台上进行对话。①但阿富汗政府拒绝参加,而且强调阿富汗高级和平委员会并不代表阿政府,西方也未派代表参会。

四 中俄全面战略协作伙伴关系再升级

(一)中俄在国际大变局中的合作越来越具有特殊的战略意义

中俄两国领导人一年当中四次会晤。普京总统6月正式访华,受到高规格接待。习近平主席9月出席东方经济论坛,中俄启动一系列大项目和地方合作交流年。两国领导人就国际问题、双边务实合作,包括边境地区的合作进行了深入的交流,取得了很多共识。值得一提的是,普京总统访华期间,被授予首枚颁发给外国领导人的"友谊勋章";而习近平主席访问远东期间,普京总统全程陪同访问"海洋"儿童中心,这些活动都是量身定制的,加深了两个国家和两位领导人之间的特殊友谊,体现了中俄全面战略协作伙伴关系的高层次和高质量。

普京总统在多个场合高度评价中国近四十年来的发展成就,他指出,对于中国这样一个人口大国来说,稳定性和可预见性非常重要。普京强调俄中关系已经超出了一般的战略伙伴关系水平,认为2018年俄中双边贸易额取得新突破,这是一个重要的指标,也是一个令人满意的成就,它是两国关系发展现状的体现,也是两国互信不断加强的结果。普京说,俄中两国在各个领域的合作都在不断前行,两国在国际舞台上开展的积极协作成为维护国际局势健康稳定发展的重要因素。②

---

① 《阿富汗问题国际大会在俄召开 塔利班代表首次参加副部长级会议》,https://news.sina.com.cn/w/2018-11-10/doc-ihmutuea8767411.shtml。
② 《普京记者会赞中俄关系:超出一般战略伙伴层面》,http://news.cri.cn/20161224/56b52262-de2a-e6f6-3d7d-e5e1a70954ea.html。

（二）经贸合作取得重大进展，贸易额创历史新高，首次突破1000亿美元

根据中国海关总署官方统计，2018年1～11月俄罗斯与中国双边贸易额达972.3亿美元，同比增长27.8%，其中俄自华进口435亿美元，增长12%，俄对华出口537亿美元，增幅超过44.3%。中国连续七年成为俄罗斯最大贸易伙伴，中俄贸易增速在中国所有贸易伙伴中名列首位。俄罗斯重视对华出口，双方能源贸易实现多样化，俄对华出口石油数量逐步增加，同时俄方也出现明显顺差，对受到西方制裁的俄罗斯来说，这些成果非常重要。两国还加快商讨"西伯利亚力量"二线天然气供气事宜，未来俄对中国出口天然气的数量还会增多。两国在中国参与俄罗斯远东开发的问题上也有了更多共识。此外，俄罗斯成为2018年上海进口博览会的主宾国，计划增加向中国出口机电设备以及农产品。当前两国贸易面临的主要问题在于，俄市场对中国产品的需求主要集中于大众消费品，其他商品还受到一定限制或竞争压力，比如目前中国汽车占俄市场份额十分有限，无法弥补中国对俄贸易明显的逆差；贸易结构依旧不合理，2018年前10个月，矿产占俄对华出口总量的77%（2017年为70%），第二位的是木材和纸制品（占9%），食品和农产品仅占4.35%，机械设备占比不到3%。对于把2000亿美元作为双边贸易额新目标的两国来说，应该重视并逐步解决贸易中存在的问题。

（三）两国在国际事务和地区事务中加强合作，特别是在"一带一路"和欧亚经济联盟对接方面取得积极进展

两国领导人参加G20、APEC、金砖国家领导人峰会时都举行了双边会谈，共同推动上海合作组织的发展。2018年5月17日，欧亚经济联盟和中国在阿斯塔纳签署经济合作协定。该协定涵盖海关合作和贸易便利化、知识产权、部门合作以及政府采购等13个章节，包含了电子商务和竞争等新议题。双方同意通过加强合作、信息交换、经验交流等方式，进一步简化通关手续，降低货物贸易成本；进一步减少非关税贸易壁垒，提高贸易便利化水

平，为产业发展营造良好的环境，促进中国与欧亚经济联盟及其成员国经贸关系深入发展，为双方企业和人民带来实惠，为双边经贸合作提供制度性保障。① 协议的签订是中俄两国共同推动的结果。两国领导人于 2015 年 5 月在莫斯科签署《关于丝绸之路经济带建设和欧亚经济联盟建设对接合作的联合声明》后，双方 2016 年 10 月启动中国与欧亚经济联盟经贸合作协定的谈判，共经过五轮谈判、三次工作组会和两次部长级磋商，到 2017 年 10 月 1 日实质性结束谈判。经济合作协定是中国与欧亚经济联盟首次达成的重要的制度性安排，标志着中国与欧亚经济联盟及其成员国经贸合作从项目带动进入制度引领的新阶段，对于推动"一带一路"建设与欧亚经济联盟建设对接合作具有里程碑意义。② 12 月 6 日，欧亚经济委员会最高理事会会议在俄罗斯圣彼得堡召开，会议决定，该协定正式生效。

中俄之间不仅在政治、经济、安全、军事领域的合作富有成果，人文领域的合作也初见成效，好感度明显上升，特别是中国民众对俄的正面评价更高，对俄的兴趣更大。根据俄罗斯"舆论"基金会 2018 年 8 月在俄组织的调查，50% 的被调查者认为中国是俄罗斯的伙伴，59% 的人正面评价中国在国际上的行动，远远超过西方国家。③ 而根据 12 月 17 日在中俄友好、和平与发展委员会 2018 年中方全会期间正式发布的《2018 中俄关系民意调查报告》，认为中俄双边关系"很好"或"良好"的两国受访者比例高达 87%。72% 的两国受访者看好"中俄命运共同体"的发展前景，认为"中俄命运共同体"符合各方利益。90.7% 的中国受访者认为俄罗斯文化富有吸引力，而 82.2% 的俄罗斯受访者也认为中国文化富有吸引力。④

---

① 《欧亚经济委员会最高理事会：中国与欧亚经济联盟签署的经贸合作协定正式生效》，https：//www.yidaiyilu.gov.cn/xwzx/gnxw/74039.htm。
② 《中国与欧亚经济联盟正式签署经贸合作协定》，http：//world.people.com.cn/n1/2018/0518/c1002-29997784.html。
③ 《俄民调：近六成俄罗斯人对中国外交政策持正面评价》，https：//military.china.com/important/11132797/20180912/33872182.html。
④ 《〈2018 中俄关系民意调查报告〉正式发布》，http：//news.cri.cn/20181217/c2e9ca77-9481-32c0-8d77-237ab58bd7e3.html。

但是也应该看到,两国的地区利益存在一定差异。俄罗斯舆论渲染中国对中亚的所谓"经济侵略"也在一定程度上削弱了两国合作的民意基础。《独立报》7月的一篇文章称,中国在塔吉克斯坦获取金矿开采权用以抵消塔所欠债务,并借此提升自己的政治影响力。①

(四)在中美贸易摩擦背景下,中俄关系经受了考验,体现了"背靠背"的重要性

俄总统普京表示,中美贸易摩擦将为俄带来新的特定的"机遇之窗"。普京指出,在此背景下,俄可以多向中国伙伴供应禽肉、大豆等农产品,俄方可以填补美国在中国留下的市场空缺。普京认为在发展对外贸易时,各方应积极寻找利益契合点,开展更加行之有效的合作,最终实现互利共赢。②俄罗斯国内舆论出现了两种声音:一是担心中美贸易摩擦导致俄的外部经济环境更差,使俄经济遭受更大打击;二是认为可以利用中美贸易摩擦获得更多利益,比如增加对华出口,还可以借机与西方改善关系。有俄罗斯专家指出,中美贸易摩擦将延伸至政治领域,是美对中国发动的"混合战争",③俄对此有深刻的教训。

五 未来俄罗斯仍将稳定,但与危机相伴

2019年俄政治布局不会有大的调整,重点还是解决经济和民生问题。由于普京的支持率有所下降,对其执政的质疑增多,其核心团队将采取多种手段树立普京的个人权威,包括把"普京主义"作为统一政治思想的工具。

---

① Панфилова В. Душанбе возвращает Пекину долги золотом, Экономическая экспансия усиливает политическое влияние Китая в Таджикистане, Независимая газета, 26 июля 2018.

② Выступление Владимира Путина на форуме «Россия зовет», Газета коммерсантъ, 28 ноября 2018 года.

③ 《俄学者看中美贸易战:正在上演的一场混合战争》, http://news.ifeng.com/a/20180917/60069666_0.shtml。

应该说，普京在政治上不会遭遇大的挑战，俄在经济上将保持低速增长的态势，除传统具有优势的领域外，新的产业和地方发展会得到更多扶持，但难题依旧存在，实现普京提出的目标难度较大。

关键是如何再度争取民心，防止社会的分裂。从普京2019年2月所做的国情咨文来看，对社会领域的问题给予了更多关注，提出了很多具体的措施。由于遭受制裁引发持续的财政危机，俄罗斯居民的收入减少，生活水平下降，不满情绪在蔓延，这对俄政府来说是个巨大的挑战。

2018年5月普京就职后签署总统令（亦称"五月命令"），规划了2024年前俄罗斯联邦的战略发展任务和目标，提出了经济增长的新目标。"五月命令"以提高民生保障水平为核心，明确了未来六年社会经济发展的9项任务：人均GDP提升50%，跻身世界经济五强；居民人口自然增长，人口平均寿命提高至78岁；居民实际收入稳步增长，贫困人口减半；大力发展高新技术与数字经济；年通胀率低于4%；等等。根据规划，俄罗斯经济每年都要保证增长率高于全球平均值，通货膨胀率不超过4%，[1] 任务比较艰巨。根据国际评级公司标准普尔对俄罗斯2018～2021年经济做出的预测，认为俄年经济增速只能保持在1.7%～1.8%，难以实现更大的突破。

普京本人乐观地估计，从2021年起，俄将实现3%的经济增速，从而实现进入世界经济前五的目标。面对西方不断加码的经济制裁，普京仍然很有信心，认为俄实力与影响力增加足以应对外部的挑战，俄经济已经适应了这种新常态，初步实现了稳定的目标。[2] 但是俄经济发展部部长奥列什金在12月向媒体承认，受内外部因素叠加影响，2019年初俄经济还处在一个复杂的阶段，国际局势变化剧烈、能源市场存在波动现象、世界经济增长放缓导致对俄产品需求整体下降。在国内形势方面，提高增值税将抑制俄部分消费需求，俄央行未来抑制通胀的政策将会影响信贷和俄经济增长态势。根据

---

[1] 《普京颁布新"五月命令"规划未来六年发展蓝图》，http://news.youth.cn/gj/201805/t20180508_11615051.htm。
[2] 《舌战1700名记者 普京：俄罗斯要成为世界第五大经济体》，http://finance.sina.com.cn/roll/2018-12-21/doc-ihqhqcir8979658.shtml。

最新消息，企业信贷增速开始放缓，对2019年初经济势头也有影响。他认为，到2019年下半年，俄经济形势将会趋于好转，全年俄GDP整体增速约为1.3%①，低于2018年的水平。

俄在外交上依然会进行各种尝试，一方面缓和与西方的关系；另一方面巩固俄的战略地位，特别是在近年来取得明显成功的地区。和美、欧的关系存在"松动"的可能性，特别是不少俄罗斯精英认为有必要向美国和西方"妥协"，但在短时间内实现关系回暖、完全正常化的机会不大，因为普京的政策与西方格格不入，也难以对西方做出实质性的让步。

普京的"强国"思维使俄更重视扩展自身的战略空间，特别是对后苏联空间的掌控地位，不会放弃可能出现的机会。2019年乌克兰举行总统大选和议会大选，俄要施加影响；利用格鲁吉亚和摩尔多瓦已经发生的政治变化；对土库曼斯坦总统别尔德穆哈梅多夫的亲俄举动做出回应；在西亚则是利用已经取得的胜势，与伊朗加强合作，巩固其在地区的影响力。

中俄关系将有更多亮点。"两坛"（"一带一路"高峰论坛，圣彼得堡经济论坛）期间，两国领导人将进行互访；共同纪念建交70周年；跨黑龙江大桥建成通车等。两国在国际舞台上相互借重，美国依然把中、俄作为对手和敌人，国际格局将出现更多复杂变化，中俄全面战略伙伴关系的重要性将愈益凸显。

---

① 《俄经济发展部部长称，2019年年初俄经济形势复杂》，http://ru.mofcom.gov.cn/article/jmxw/201901/20190102822523.shtml。

俄罗斯政治

Russia's Politics

Y.2 2018年俄罗斯政治形势：稳中有忧

庞大鹏*

摘　要： 2018年俄罗斯国内形势高开低走：以年初总统大选普京成功实现高投票率和高得票率的"双70%"目标开局，以地方选举后普京罕见的低于35%的信任指数结束。面对新的总统执政任期，普京明确了执政目标，迅速稳妥地安排了人事布局。退休金制度改革引发俄罗斯的社会情绪动荡。"统一俄罗斯"党在26个联邦主体的行政长官选举、16个联邦主体的地方议会选举和7个国家杜马单席位选区的补选中全面受挫。2018年俄罗斯地方选举错综复杂的局面前所未有。地方选举结果表明，俄罗斯的政治稳定存在重大隐忧。政治思潮也以总结乌克兰危机以来俄罗斯的国家认同为主要关注点。"后克

---

* 庞大鹏，博士，中国社会科学院俄罗斯研究中心主任，研究员。

里米亚共识"对政治稳定的心理支撑作用继续弱化。2021年问题和2024年问题成为俄罗斯未来发展的焦点。

关键词： 俄罗斯　政治形势　总统大选　地方选举　社会情绪　政治思潮

2017年12月6日，普京宣布参加2018年第七届俄罗斯总统大选，第四次站在俄罗斯总统大选的政治舞台上。2018年总统大选决定未来六年俄罗斯的发展方向，自然是2018年的重中之重。2000年普京第一次参选时，话语掷地有声，誓言整顿国内政治秩序，集中精力于国内建设。2004年第二次参选时，得益于第一任期充满朝气的国内改革，普京民望高企，他没有让"统一俄罗斯"党推举自己为总统候选人，而是以独立候选人的方式参加竞选。普京认为，俄罗斯已经成功扭转了苏联解体以来最危险的经济和政治发展趋势，需要转入快速发展的现代化新时期。转眼十多年过去了，普京经历了选情复杂的2012年选举，现在再次迎来一场"具有特殊意义和分界性质"①的2018年选举。

2018年世界杯足球赛首次在俄罗斯举行，也是首次在东欧国家举行。普京在2018年7月14日"大剧院之夜"的盛大音乐会开幕式上表示，俄罗斯成功举办世界杯，破除了关于俄罗斯的各种谎言和偏见。② 从普京对世界杯的这个认知来说，在俄罗斯与西方关系持续紧张的背景下，世界杯足球赛的成功举办是俄罗斯2018年的大事。因此，在2018年12月20日的例行年度记者招待会上，当记者问及2018年俄罗斯的大事时，普京的回答就是总

---

① Послание Президента Федеральному Собранию, 1 марта 2018 года, http://kremlin.ru/events/president/news/56957.

② Гала-концерт в преддверии финала чемпионата мира по футболу, 15 июля 2018 года, http://www.kremlin.ru/events/president/news/58001.

统大选和世界杯。①

2018年俄罗斯政治领域的大事主要有三：2018年一头一尾的两个选举，即3月总统大选和9月地方选举，以及中间6月借世界杯热潮推出的退休金制度改革。经过这三个事件，俄罗斯的政治现实是：3月总统大选时，普京得票率高达76.69%；短短半年后在9月9日的地方选举中，"统一俄罗斯"党（简称统俄党）在国家杜马单席位选区的补选、联邦主体议会选举以及联邦主体行政长官直选这三个具有指标性意义的选举中，全面受挫。

综观2018年的俄罗斯政治形势，由于3月的总统大选和9月的地方选举带来反差极大的政治景观，俄罗斯全年的形势可谓高开低走，政治生态所呈现的稳定局面起伏很大，稳定中蕴含极大的政治隐患。

全俄社会舆论中心是政府的民调机构，在与普京有关的民调指标上一向温和，在诸如支持率、信任指数等指标上一般高出民间民调机构5个百分点左右。从2018年下半年全俄社会舆论中心的民调结果看，普京的信任指数始终在35%左右，创其2012年第三次就任总统以来的新低。从3月总统大选得票率高达76.69%到年底信任指数只有35%左右，2018年普京经历了什么？俄罗斯政治形势出现了哪些变化？

一 总统大选：实现"双70%"

普京在2018年总统大选中的挑战，主要体现在俄罗斯面临很多发展难题，普京过去六年的经济业绩乏善可陈。2012年竞选时普京曾连发7篇竞选文献，对俄罗斯政治、经济、外交、民族等各个领域的问题进行了分析，随后就职典礼刚一结束就签署11项总统令，在投资额、就业岗位、劳动生产率等方面制定具体指标，力求提高经济发展速度，保证经济持续发展，增

---

① Большая пресс-конференция Владимира Путина, 20 декабря 2018 года, http://www.kremlin.ru/events/president/news/59455.

加公民实际收入，并使俄罗斯经济达到技术领先的地位。① 在经济危机的背景下，贫困问题是俄罗斯面临的十分严重的社会问题，经济落后是俄罗斯面临的主要威胁。② 在这次选举中，普京当局在宣传政绩时，都是策略性地选择宣传普京从2000年执政以来而不是近六年的经济成绩。

基于上述情况，这次大选俄罗斯国内外讨论的焦点之一是"两个70%"的问题，即普京团队制定的俄罗斯选民的投票率和普京首轮的得票率都要达到70%的目标。俄罗斯选民有1.09亿，"两个70%"意味着有一半左右的选民，即要有5300万以上的人支持普京。这是总统办公厅负责内政的副主任基里延科在2016年12月国家杜马选举后不久就明确提出的政治口号。③ 2016年9月国家杜马选举中47.88%的超低投票率曾让普京团队忧心忡忡。对于一个政治人格化的体制而言，得票率在某种意义上意味着政治合法性，"两个70%"因此成了2018年大选的某种政治象征。

2018年1月31日，俄罗斯中央选举委员会确认，除国家杜马中两个政党推荐的候选人外，共有6人通过选民登记签名审查。2018年2月8日，中央选举委员会最终确认共有8名竞选人获得总统候选人身份。候选人中除了普京为自荐参选的独立候选人以外，其他均为政党提名的候选人。截至选举前，俄罗斯司法部关于政党登记的资料显示，俄罗斯共有政党67个④。进入国家杜马的4个政党中，俄罗斯共产党推出了无党派人士格鲁季宁，俄罗斯自由民主党由党主席日里诺夫斯基代表参选，"统一俄罗斯"党和"公正俄罗斯"党放弃推选候选人，支持普京参选。进入地方议会的"亚博卢"党和俄罗斯共产党人党分别推出了各自党主席亚夫林斯基和苏拉伊金参选。

---

① Подписан Указ о долгосрочной государственной экономической политике, http://www.kremlin.ru/events/president/news/by-date/07.05.2012.
② Послание Президента Федеральному Собранию, 1 марта 2018 года, http://www.kremlin.ru/events/president/news/56957.
③ Кириенко обозначил результат - В Кремле обсудили получение 70% голосов за своего кандидата на выборах, https://www.rbc.ru/newspaper/2016/12/26/58600eff9a794781b168ae26.
④ Список зарегистрированных политических партий, http://minjust.ru/nko/gosreg/partii/spisok.

没有进入各级议会的俄罗斯增长党、公民倡议党和全民联盟党也分别推出了各自候选人季托夫、索布恰克和巴布林。

2018 年 3 月 23 日，俄罗斯中央选举委员会正式公布最终选举结果，普京的得票率为 76.69%，格鲁季宁为 11.77%，日里诺夫斯基为 5.65%，索布恰克为 1.68%，亚夫林斯基为 1.05%，季托夫为 0.76%，苏拉伊金为 0.68%，巴布林为 0.65%。[①] 普京以超高得票率获得了第七届俄罗斯总统大选的绝对胜利。

需要指出的是，虽然 2018 年总统大选的投票率为 67.5%，并没有实现 70% 的目标，但是略高于平均值，接近历史最高值，而且远超 2016 年国家杜马 47% 的低投票率，普京团队在打破政治冷漠局面上取得了很大突破。76.69% 的得票率不仅突破普京自己 2004 年的历史最高值，而且被认为是创纪录的大选成绩。普京最终获得超过 5600 万名选民的支持，以另外一种方式实现了"两个 70%"的目标。选举结果正式公布后，普京马上在总统网站上发表了对俄罗斯公民的视频讲话，一开始就强调四个数字：高于 67% 的投票率、超过 7300 万名公民参加投票、高于 76% 的得票率以及超过 5600 万名公民的支持。这是俄罗斯总统选举历史上最高的得票率，意味着对政权前所未有的巨大支持。[②]

二 新执政周期：政治目标与人事布局

2018 年 5 月 7 日，普京颁布新"五月命令"，提出未来六年的目标。2012 年普京第三次就任总统时颁布的"五月命令"含 11 份纲领性文件，但是 2018 年的新"五月命令"仅为 1 份文件。这份 19 页的总统令涵盖俄罗斯

---

① Состоялось 152 - е заседание Центральной избирательной комиссии Российской Федерации, 23 марта 2018 года, http://www.cikrf.ru/news/cec/39433/.

② Обращение к гражданам России – После обнародования Центральной избирательной комиссией официальных итогов голосования на выборах Президента Российской Федерации Владимир Путин обратился к гражданам России, 23 марта 2018 года, http://www.kremlin.ru/events/president/news/57121.

国家治理的12个领域，而且对每个领域都提出了具体目标。

新"五月命令"是对普京2018年度国情咨文的合理延续。普京表示政府未来六年的主要任务是使科学技术和社会经济取得突破性发展。普京确定的最重要目标是保证俄罗斯人口稳步自然增长、将人均寿命提高至78岁、增加公民实际收入和退休金，以及贫困率减半；同时政府应每年改善至少500万户家庭的居住条件、将技术创新机构数量增加1.5倍、确保在经济和社会领域加快推广数字技术。

总统令要求确保俄罗斯跻身世界五大经济体，维持宏观经济稳定，通胀率不高于4%的同时保证经济增速高于世界平均水平。在经济基础行业创造依托现代化技术和高水平人才发展的高效出口导向型部门。

文件规定了政府在2024年以前的主要工作方向。政府将在12个方面实施国家计划：人口、医疗、教育、住房、道路、劳动生产率、生态、数字经济、企业经营、出口、科学、文化等。联邦预算将优先考虑上述领域的预算拨款和额外收入。在出口领域，普京要求2024年必须保证成立具备全球竞争力的非原料部门，其出口总占比不低于国家GDP的20%。非原料、非能源商品的年出口额达到2500亿美元的规模。新的执政目标尤其强调在2024年俄罗斯要跻身世界五大科学强国。以此为出发点，俄罗斯应成为对国内外重要科学家和杰出青年研究员有吸引力的国家，国内各渠道科研经费的增长速度应超过GDP增速。

实现未来六年新执政周期的目标需要在政府进行稳妥的人事安排。按照普京的提名，梅德韦杰夫继续担任总理。总统大选前，盛传外交部部长拉夫罗夫和国防部部长绍伊古将被撤换。实际上，新政府的组成在这两个关键位置上没有任何变化，主要变化反映在副总理的人选上。

在新政府副总理的组成人员中，经济、工业、地方发展、军工和农业政策的负责人被更换。新任部委领导人有的是政府相关领域的原有政治精英，有的则是首次进入政府。副总理都在主管领域有专业经验。担任副总理的包括财政部原部长安东·西卢安诺夫，审计署原署长塔季扬娜·戈利科娃，原副总理奥莉加·戈洛杰茨、德米特里·科扎克、维塔利·穆特科和尤里·特鲁特涅夫，政府办公厅原副主任马克西姆·阿基莫夫，国防部原副部长尤里·鲍里索夫，原总统驻中央联邦区全权代表阿列克谢·戈尔杰耶夫和原总统办公厅监察局局长康斯坦丁·崔琴科。在新政府里未能继续担任副总理的有5人：伊戈尔·舒瓦洛夫、阿尔卡季·德沃尔科维奇、谢尔盖·普里霍季科、德米特里·罗戈津和亚历山大·赫洛波宁。

主管财政金融的第一副总理是兼任财政部部长的西卢安诺夫。他是财政部前部长、现战略研究中心主任阿列克谢·库德林的老同事，而库德林被视为新时期政府经济计划的主要制订者之一。西卢安诺夫继承了库德林的治理风格，主张实行严格的预算纪律和地方财政政策。新"五月命令"的政治目标需要执行严格的财政预算，尤其是在社会领域面临严峻挑战之时。西卢安诺夫上任第一副总理并继续兼任财政部部长，反映了普京政策的延续性。

审计署原署长戈利科娃担任第一副总理，主管卫生和养老系统。值得关注的是，她曾在普京担任总理时任卫生和社会发展部部长。教育、卫生、延长人口寿命是普京新总统令中的重中之重，由戈利科娃担此重任，反映了普京寄厚望于旧部，以实现关键领域突破的政治意愿。

原来主管社会问题的副总理戈洛杰茨虽然保留原职，但改为负责体育和文化。原主管体育的副总理穆特科转而负责建设和地区政策。对于穆特科来说，新领域并不陌生，他先后负责过2014年索契冬奥会和2018年世界杯足球赛的场馆建设。而且，穆特科在20世纪90年代就曾是圣彼得堡主管社会领域的副市长，在地区政策领域也有一定的经验。

工业和能源问题交给原主管地区政策的副总理科扎克。原政府办公厅第一副主任阿基莫夫升任副总理，主管数字经济并兼管通信。按照普京的规划，未来政府工作的优先方向之一是发展数字经济。鲍里索夫取代罗戈津担任主管军工综合体的副总理，此前他在国防部负责军队换装计划和落实国防订单。曾在1999~2009年担任农业部部长的戈尔杰耶夫，从总统驻中央联邦区全权代表的职位上升为副总理，负责农业发展问题。

政府办公厅主任一直是政府最重要的职位之一。政府办公厅负责所有文

件流转和协调各部门工作,整个政府的工作协调性在很大程度上取决于这个机构的工作效率。按照惯例,政府办公厅主任应由副总理兼任。原任总统助理、总统办公厅监察局局长的崔琴科担任了这一职务。此前崔琴科在总统办公厅监察局的岗位上负责监督政府对2012年"五月命令"的执行情况。

三 社会情绪:退休金制度改革引发普京支持率下滑

明确了执政目标,安排了人事布局,普京政府雄心百倍。借总统大选大获全胜的余威和世界杯开幕全民振奋的社会情绪,普京想解决俄罗斯发展的老大难问题——退休金改革问题。俄罗斯生育率低,人均寿命不高,劳动力不足,社会老龄化加快。普京决心在第四任期解决退休制度改革这一难关,缓解劳动力紧缺、劳动人口退养比过高等状况。但是,退休金制度改革涉及俄罗斯千家万户的切身利益。世界杯期间俄罗斯政府提出退休金制度改革后,立刻遭到大多数民众的反对。

2018年5月,列瓦达中心79%的受访者表示支持普京总统的活动;6月,支持者占比降至65%,不支持者占比从5月的20%上升到31%。此外,对政府工作的支持率从4月的43%下降到6月的34%,而不支持率从51%升至61%。根据列瓦达中心的民调结果,认为俄罗斯局势朝正确方向发展的人占比有所下降,从5月的56%降至6月的46%,认为国家走错路的人占比从27%增至42%。

舆论基金会民调则显示,普京总统的支持率从62%跌至54%,而信任他本人的受访者占比从75%降到67%,赞同其举措的受访者占比从75%降到69%。31%的受访者对总理梅德韦杰夫的工作感到满意,29%的受访者信任他,60%的人不信任他。

俄罗斯舆论研究中心的民调也显示,信任普京的人占比从45.4%减少到42%,支持普京举措的人占比从77.1%降至72.1%,倒退到2014年3月初接纳克里米亚之前的水平。梅德韦杰夫政策的支持率从41.7%降至38.5%,不支持率为44.7%,对总理工作不满意的受访者占比自2006年5

月以来首次超过满意者。①

列瓦达中心负责人列夫·古德科夫指出，总统及政府支持率的下滑迹象从 3 月总统大选结束之后就开始显现。这总体上是因为国内经济指标恶化，民众不仅担忧养老金改革，还为国内外局势的不确定性担忧。民粹主义导致俄罗斯社会性抗议运动兴起。俄罗斯的社会结构改变，最为突出地表现为贫困阶层扩大。社会不平等成为多数俄罗斯人的共识。82% 的俄罗斯人将不平等视为最为严重的社会病。② 俄罗斯贫困问题突出，贫富差距拉大。2016 年，俄罗斯的贫困人口占总人口的 14.6%，意味着有 2000 多万人生活在最低生活标准之下。普京在 2017 年的国情咨文中也坦承了这一点，并制定了脱贫时间表，提出未来六年贫困率下降一半的目标。贫困化和贫富差距拉大的现实滋生了社会不满情绪，俄罗斯社会性抗议活动与此相关。③

大多数社会学家指出，总统、总理支持率下滑与退休金制度改革密切相关。2018 年 8 月 29 日，普京向全国发表电视讲话，把俄罗斯面临的严峻人口形势、退休金现状、已经采取过的举措、现在将要执行的方案以及优惠措施进行了全面阐述，希望得到俄罗斯民众的支持。④ 总统新闻秘书佩斯科夫表示，普京总统支持率明显下滑与养老金改革计划有关。他说，政府在养老金改革方面的举措具有重要的社会意义，自然会引起强烈反响，对此需要进一步的详细解读，现阶段总统并未参与该议题的讨论。佩斯科夫表示，普京"非常务实"地看待支持率的波动："对他来说，履行职责才是最重要的事。

---

① Елена Мухаметшина, «Левада – центр» зафиксировал снижение уровня одобрения Путина и правительства – Социологи объясняют это объявленной пенсионной реформой, 28 июня 2018 года, https：//www. vedomosti. ru/politics/articles/2018/06/28/774064 – levada – tsentr – zafiksiroval – snizhenie – odobreniya.

② Российское общество: год в условиях кризиса и санкций, http：//www. isras. ru/files/File/Doklad/Ross_ obschestvo_ god_ v_ usloviyah_ krizisa_ i_ sanktsiy. pdf.

③ Послание Президента Федеральному Собранию, 1 марта 2018 года, http：//www. kremlin. ru/events/president/news/56957.

④ Обращение Президента к гражданам России, 29 августа 2018 года, http：//www. kremlin. ru/events/president/news/58405.

他从不在意自己的支持率,在他看来,人民的利益高于一切。"①

普京选择8月29日这个时间向全国发表电视讲话,与9月即将举行的地方选举有关。俄罗斯地方选举自2012年起在每年9月的第二个星期日举行。2018年的地方选举投票日在9月9日举行。由于退休金制度改革造成社会民意反映强烈,选举前已有预测可能会出现对政府不利的结果。最终,选举态势不仅证实了这点,甚至不利的结果还超出了预期,对于政局产生重要影响。

四 地方选举:"统一俄罗斯"党全面受挫

2018年俄罗斯政治的"黑天鹅事件"是地方选举中"统一俄罗斯"党全面受挫。9月9日地方选举初步结果刚刚公布,立刻就成为俄罗斯政治研究的热点问题。俄罗斯各主要媒体及智库分析网站围绕国家杜马代表补选情况、联邦主体地方议会选举情况及联邦主体行政长官选举情况撰写了大量的分析与评论文章。哈卡斯共和国第二轮选举出现候选人不断退选的罕见现象以及对俄共候选人涉嫌污蔑的报道,反映了此次地方选举错综复杂的局面。滨海边疆区的第二轮选举也费尽周折。

一个联邦主体地方领导人的第二轮选举屡次延期,这在以前俄罗斯的政治生活中是难以想象的。而对临时地方领导人的报道超出正常范围,也属于地方选举中的少见现象。俄罗斯评论文章中出现"第二轮选举综合征"专有名词,特指各种地方选举中的罕见现象,像候选人之间互相攻击这种现象在以往的地方选举中都是较少出现的。因此,对这次地方选举的分析是2018年俄罗斯政治研究的重中之重。②

---

① Елена Мухаметшина, «Левада - центр» зафиксировал снижение уровня одобрения Путина и правительства - Социологи объясняют это объявленной пенсионной реформой, 28 июня 2018 года, https://www.vedomosti.ru/politics/articles/2018/06/28/774064 - levada - tsentr - zafiksiroval - snizhenie - odobreniya.

② Аналитический доклад. Выдвижение и регистрация кандидатов на выборах глав регионов, назначенных на 9 сентября 2018 года, https://www.golosinfo.org/ru/articles/142798.

9月9日，俄罗斯80个联邦主体进行选举活动，其中，最重要的选举是26个联邦主体的行政长官、16个联邦主体的地方议会议员、7个国家杜马单席位选区的补选议员等。

国家杜马议员补选的情况。国家杜马议员补选在6个联邦主体进行，分别是阿穆尔州、加里宁格勒州、下诺夫哥罗德州、萨马拉州、萨拉托夫州和特维尔州。从这6个州的7个单席位选区选出7名国家杜马代表。"统一俄罗斯"党获得5席，俄共和自民党各获得1席。"统一俄罗斯"党因此在国家杜马中少了1席，俄共增加1席。加上2017年地方选举丢失的2席，现在"统一俄罗斯"党在国家杜马有340席，比2016年杜马选举后的总席位少3席。

地方议会选举的情况。16个联邦主体举行地方议会选举。"统一俄罗斯"党在哈卡斯共和国、后贝加尔边疆区、乌里扬诺夫斯克州和伊尔库茨克州等7个联邦主体选举失利，因此在全国范围内地方议会的总席位有所减少。在伊尔库茨克州，"统一俄罗斯"党甚至失去了议会第一大党的地位。

联邦主体行政长官选举的情况。地方选举的重中之重是联邦主体领导人的选举。2018年共有26个联邦主体举行领导人选举。其中，22个联邦主体以直选方式进行，4个以少数民族为主体的联邦主体以地方议会选举的方式进行。在22个直选的联邦主体中，"统一俄罗斯"党在16个联邦主体获胜，在弗拉基米尔州、哈巴罗夫斯克边疆区、哈卡斯共和国和滨海边疆区4个联邦主体失利。

"统一俄罗斯"党首次出现在一次地方选举中就丢失4个地方领导人席位的局面，上次失利还是在2015年的伊尔库茨克州，但只是1个州。目前，在全国范围内联邦主体行政长官的分布情况为：俄共占3个，俄罗斯自由民主党占3个，"公正俄罗斯"党占1个，无党派人士占15个。"统一俄罗斯"党掌握的只有63个联邦主体，比其鼎盛时期的政治版图大大缩小。

各个层级的地方选举基本尘埃落定后，政权的应对举措主要集中在哈卡斯共和国和滨海边疆区的第二轮选举上。两个联邦主体第二轮选举的不同之处在于：哈卡斯共和国"统一俄罗斯"党候选人与俄共候选人差距明显，而滨海边疆区选情胶着。为此，俄罗斯当局做了区别处理。

针对哈卡斯共和国的第二轮选举，当局先后三次让亲政府的政党候选人退选，打乱俄共的部署，最终造成俄共候选人一人选举的局面。在这种情况下，俄共候选人能否过半数的法定票数存在极大变数。当局的意图是，一旦第二轮选举没有过半数，普京可以直接任命代理行政长官，从而控制哈卡斯共和国的局势。但是11月11日的最新选举结果是，俄共候选人以57%的绝对优势获胜。

针对滨海边疆区的第二轮选举，由于一开始"统一俄罗斯"党候选人与俄共候选人支持率非常接近，因此普京一开始就出面力挺"统一俄罗斯"党候选人，在第二轮选举出现反转后，直接宣布选举无效，随后任命前萨哈林州州长科日米亚科担任滨海边疆区代理行政长官，迅速运用行政资源解决滨海边疆区的民生问题，因此选情看涨。在第二轮选举前，包括俄共候选人（最终退选）在内的其他候选人面临着科日米亚科的巨大挑战。12月16日，科日米亚科最终以独立候选人身份以较大优势获胜。

通过针对性极强的举措，普京最终还是有效解决了地方选举后出现的不利局面，巩固了地方层面的政治稳定。不仅如此，普京未雨绸缪，以退为进，迅速撤换了一批执政基础薄弱的地方领导人。至2018年11月中旬，普京连续撤换并任命了11个联邦主体的代理行政长官，他们都是普京信任的年轻一代政治精英，将积累政治资源以备2019年地方选举。

五　政治思潮：内政外交的联动性

西方普遍认为，普京成功地操纵俄罗斯民众的历史记忆，从而团结俄罗斯民众，煽动其反西方情绪并维持自己的长期统治。① 但是，在乌克兰危机尤其是西方认为俄罗斯干涉美国与欧洲大选的前提下，依然认为恢复平衡是

---

① The Long Hangover: "Putin's New Russia and the Ghosts of the Past," 02 January 2018, Oxford University Press.

美国抗衡与接触俄罗斯的政策选项。① 西方已盯上俄罗斯的 2024 年问题，认为对普京最终卸任的预期将对普京本届总统任期的内政外交政策造成重大影响，预计下一届政府不会是反普京的政府，但普京卸任后俄罗斯的国际政治影响力也将大幅下降。②

俄罗斯学者认为，当代全球资本主义已经扩张到极限，无法在技术和社会领域实现非危机性的飞跃式发展。新经济危机将导致国际关系体系力量再分配以及架构重建。新世界将出现五大趋势：世界经济区域化；全球化刹车引发社会分层和矛盾加剧；全球政治经济空间在中期内去机制化；全球主流政治和意识形态瓦解，多维意识形态恢复；技术上的多维性。俄罗斯在世界新经济架构的影响力争夺战中，应当改变地缘经济和社会经济空间，实现经济结构转型，建立新的经济吸引力中心，把经济发展中心转移到国家东南部并对物流结构和对外经济联系体系做出相应改变。③ 在这些基本的判断下，2018 年俄罗斯政治思潮最重要的一个特点是对俄罗斯国家定位和国家认同出现几乎一致的看法。

2018 年 4 月，普京主要的政治参谋、"主权民主"思想的提出者苏尔科夫发表重磅文章《混血者的孤独》，主要观点如下。第一，2014 年乌克兰事件后，俄罗斯的西行之路已经终结。俄罗斯中止了意在成为西方文明一部分的尝试，俄罗斯人无法欧化。自 2014 年起，历史步入新的 2014 + 时代，俄罗斯将迎来百年地缘政治孤独。第二，在历次战事中，伟大的胜利为俄罗斯赢得了越来越多的西方土地而非朋友。即便俄罗斯变得卑躬屈膝，它仍然不能迈入西方的门槛。2014 年在乌克兰危机中俄罗斯与西方所发生的一切，其实是不可避免的。第三，虽然从表面上看，俄罗斯与欧洲的文化模式相似，但它们的内核不一致，内在逻辑线索也不一样，所以俄罗斯与西方无法

---

① Baev, Pavel K.; & Bruce Jones (2018), "Restoring equilibrium: US policy options for countering and engaging Russia," Foreign Policy at Brookings, 4. Washington DC: Brookings Institution.
② Ivan Krastev, Gleb Pavlovsky, The arrival of post - Putin Russia, https://eng.globalaffairs.ru/book/The - arrival - of - post - Putin - Russia - 19399.
③ Дмитрий Евстафьев, Россия на фоне глобального кризиса: расписание на послезавтра, Эксперт №44 (1095) 29 октября 2018 года.

成为统一的体系。第四，俄罗斯转向东方，因为俄罗斯早已朝东转过了。第五，俄罗斯曾经有四个世纪向东，四个世纪向西，无论是在东方还是在西方，都没有生根。两条道路都已走过。如今需要探索第三条道路、第三种文明、第三个世界。未必是第三种文明。俄罗斯更像是二元化的文明，既包含东方元素，也有西方元素，亚洲的和欧洲的成分兼具，所以才既非亚洲文明，也不是欧洲文明。第六，俄罗斯在东西方地缘政治关系中的境遇是外人中的自己人，自己人中的外人。俄罗斯的盟友即自身。① 值得注意的是，2018年12月31日，在普京的新年贺词中同样出现了类似的表述：俄罗斯以前没有帮手，以后也不会有帮手，唯有靠俄罗斯的内部团结。②

2018年6月7日，俄罗斯政府的机关报《俄罗斯报》刊登卡拉加诺夫的文章《选择道路的自由》，其主要观点与苏尔科夫惊人的一致。卡拉加诺夫开宗明义地指出：2014年不仅是西方联盟大规模扩张浪潮的终结点，也是俄罗斯历史上西学时代告终的时候。卡拉加诺夫认为，第一，如果说19世纪欧洲是先进技术唯一的来源地，现在这个主要来源正在迅速转移到亚洲。俄罗斯在社会和公共领域达到了靠近欧洲的极限。俄罗斯大部分人不愿再接受欧洲的现代价值观。亚洲将成为资本和先进技术最重要的来源。第二，俄罗斯在不疏远欧洲的同时，应与亚洲建立密切合作，成为大欧亚伙伴关系的中心。俄罗斯需要消除欧洲中心主义思想。第三，在当今世界的激烈竞争中，只要实行市场经济，打造军事实力，威权政府会比民主政府更有效率。第四，俄罗斯接受了欧洲的高度文明，成为一个伟大的欧亚大国。俄罗斯是第一批亚洲的欧洲人和欧洲的亚洲人，俄罗斯可以起到天然的文明和运输桥梁作用。③

---

① Владислав Сурков, Одиночество полукровки（14 + ）9 апреля 2018 года, http：//globalaffairs.ru/global - processes/Odinochestvo - polukrovki - 14 - 19477.
② Новогоднее обращение к гражданам России, 31 декабря 2018 года, http：//www.kremlin.ru/events/president/news/59629.
③ Сергей Караганов, Россия настроена на диалог – и с Европой, и с Азией, 7 июня 2018 года, https：//rg.ru/2018/06/06/politolog - aziia - stanet - dlia - rf - vazhnejshim - istochnikom - peredovyh - tehnologij.html.

2019年新年伊始,在"统一俄罗斯"党经历了2018年地方选举的重大挫折和普京的信任率跌至近年来最低点(35%左右)的政治态势下,"普京主义"再次被执政当局当作俄罗斯民族宝贵的精神财富加以宣传。2019年2月11日,苏尔科夫再次发表重磅文章,明确表示:"普京主义"代表的理念与制度是百年俄罗斯生存和发展的模式。①

结　语

2018年"统一俄罗斯"党在地方选举中全面受挫以及俄共影响力上升,这是一个客观现实。在未来两年的地方选举中,"统一俄罗斯"党不容有失,才能为2021年国家杜马选举打下基础。同时,俄罗斯政治总体稳定的前景可以预期:一是普京政治治理的手段十分高超,以这次地方选举为例,普京继续通过代理行政长官制度遏制不利局面的蔓延,同时因地制宜,针对地方的不同情况采取相应举措;二是"统一俄罗斯"党尽管在此次地方选举受挫,但是从全国范围看,依然是地方议会第一大党。俄罗斯政局总体可控。

分配问题而不是发展问题成为影响2018年俄罗斯政治的主要因素。政治是对资源的权威性分配。分配是否合理,关乎平等和合法性,最终反作用于政治稳定。从2018年俄罗斯的国内局势看,如果说经济不振引起生活水平下降这是发展问题,那么,退休金制度改革就是分配问题。分配问题解决得不合理反过来会放大发展问题的扩散效应,影响民意的变动。2018年的地方选举是一个例子。

"后克里米亚共识"对政治稳定的心理支撑作用继续弱化。不论2016年国家杜马选举还是2018年的总统大选,"后克里米亚共识"和危机源自

---

① Владислав Сурков: Долгое государство Путина – О том, что здесь вообще происходит, 11 февраля 2019 года, http: //www. ng. ru/ideas/2019 – 02 – 11/5_ 7503_ surkov. html? pagen = 42&fbclid = IwAR3ct0Nqn3TpMQqnySevtho2Ky25VWB1pYU2yXSaDnB0pxIgFo4JWiR – 9SM&id_ user = Y.

国外的宣传，一直是普京的制胜法宝。这次地方选举表明，俄罗斯民众不再坚持将政治外交问题与经济民生区分对待的"后克里米亚共识"。一旦"后克里米亚共识"这面爱国主义和民族主义旗帜的引导作用减弱，普京今后如何引导社会情绪走向值得关注。

2018年地方选举值得我们重新思考俄罗斯政治治理的特点。尽管退休金制度改革导致民意下降，人们对这次地方选举可能出现的局面有心理准备，但是"统一俄罗斯"党丢失4个联邦主体领导人以及在7个联邦主体议会选举失利的现实，还是大大超出人们的预期。人们一度认为普京面临巨大挑战，难以应对错综复杂的第二轮选举局面，但是普京的应对非常冷静，无论是官方表态，还是随后撤换11个联邦主体代理行政长官的举措都是不紧不慢。这进一步引发人们对于俄罗斯政治控制的思考。

俄罗斯政治的本质是控制性。2012年普京再次执政以来的情况，可以总结为两条线：一是严格的社会管理，严格管控反对派利用非营利性组织和网络公共空间开展组织和动员活动；二是严格控制政党制度和议会制度的运行机制，并且相互贯通，让反对派有劲使不出来。

除了上述两条政治控制线，通过观察2018年俄罗斯的地方选举，还应该加上一条新的线：普京在尽力控制俄罗斯权力结构的毛细血管，即对于地方自治的管控。以前更多关注的是普京对于联邦中央和联邦主体的政治控制。俄罗斯宪法第十二条明确规定：地方自治机关（市、镇、村）不进入国家权力机关体系。近年来普京已经悄悄地进行了新的政治治理。治理方式一：从"选举过滤器"到设置"市政过滤器"，即联邦主体地方长官选举中所要求的"信任签名"，同样也在逐步用到地方自治。治理方式二：联邦主体行政长官被授权可以决定地方自治模式。由于普京大规模使用代理行政长官制度，一批来自中央的技术官僚被推到了地方领导人的职位上。这些人在当地并没有政治基础，因此比较听命于普京，忠诚是基本特点。普京对于地方自治模式的改变，比如大规模取消市长选举，得到了比较顺利的推行。而通过"市政过滤器"选拔上来的地方自治级别的领导人，与政权高度契合。所以，今后在关注制度运行和社会管控之外，对地方自治的控制也需要关注。

普京政权未来面临着2021年问题和2024年问题，需要解决的是2021年的国家杜马选举以及未来2024年的接班人问题。其一，2021年问题。这次地方选举引起了普京和"统一俄罗斯"党的警醒：普京想在第四任期展开结构性改革，但一旦真正涉及普通民众的核心利益时，将面临政治挑战。其二，接班人问题。普京在2008~2012年以"梅普组合"的形式高超处理了权力交接问题，但是到2024年第四任期结束时，很难再用这一接班形式。实际上，从2016年开始，普京已经着手对政治精英进行更新换代，但是目前来看，效果并不理想。此次地方选举也说明了这点。加快普京政治团队核心位置的年轻化，并从中选择合适的接班人，依然是普京最重要的政治任务。

Y.3
2018年俄罗斯社会形势分析：
改革和不平等的加剧

马 强*

摘 要： 2018年俄罗斯社会的关键词是改革。在经济危机持续的条件下，民众期待普京在新的总统任期内进行全面的改革，提高民众生活水平，促进各项社会事业的发展。而2018年举国关注的退休金制度改革却与民众的期待相悖，遭到俄罗斯民众，尤其是低收入群体的激烈反对。退休金改革和增值税改革带来的预期收入降低和物价升高加剧了低收入群体的生活负担，与此同时，也加剧了社会的不平等。社会不平等的加剧会激化社会矛盾，增加社会风险。在此背景下，2014年以来形成的维系俄罗斯政治和社会稳定的"后克里米亚共识"出现了裂隙，未来俄罗斯社会前景不容乐观。

关键词： 俄罗斯 社会形势 退休金制度 社会不平等 "后克里米亚共识"

2018年俄罗斯社会的关键词是改革，但举国关注的退休金制度改革却与民众的期待相悖。与此同时，俄罗斯社会的不平等问题加剧。社会不平等

---

* 马强，博士，中国社会科学院俄罗斯东欧中亚研究所俄罗斯政治社会文化研究室副研究员。

2018年俄罗斯社会形势分析：改革和不平等的加剧

的加剧使俄罗斯社会矛盾激化，维系俄罗斯政治和社会稳定的"后克里米亚共识"出现裂隙。未来俄罗斯社会前景不容乐观。

一 改革：俄罗斯社会领域的关键词

2018年底，俄罗斯各大社会舆情调研机构和新闻媒体相继公布"2018年最受关注事件"的社会调查结果（见表1）。这些"最受关注事件"是俄罗斯社会形势的晴雨表。

表1 "2018年最受关注事件"总结

列瓦达中心①	全俄舆情调查中心②	"自由媒体"③	ФОМ④
开通刻赤海峡大桥(47%)	退休金改革(24%)	提高退休年龄(30.1%)	2018年世界杯，俄罗斯队取得佳绩(23%)
退休金改革(46%)	世界杯足球赛(13%)	刻赤海峡大桥建成(14.3%)	通过提高退休年龄的法律(10%)
总统大选(37%)	刻赤海峡大桥通车(8%)	"冬天的樱桃"购物中心火灾(11.2%)	刻赤海峡大桥开通(9%)
世界杯足球赛(36%)	总统选举(6%)	"统一俄罗斯"党在地方选举中失利(6.7%)	俄乌关系，刻赤海峡事件(2%)
"冬天的樱桃"购物中心火灾(34%)	个人所得税提高(4%)	总统选举(5.3%)	普京竞选俄罗斯总统(2%)
克里米亚刻赤工学院枪击爆炸事件(28%)	汽油价格上涨(4%)	与乌克兰在亚速海-黑海危机加剧(4.9%)	俄罗斯地方选举(2%)

资料来源：作者根据资料数据整理。

退休金制度改革无疑成为2018年最受关注的社会热点事件，在各榜单上名列前茅。2018年本应为"政治大年"，俄罗斯总统选举和地方选举先后

---

① https://www.levada.ru/2018/12/24/sobytiya-i-otsenki-uhodyashhego-goda/.
② https://wciom.ru/index.php?id=236&uid=9493.
③ София Сачивко：Позор-2018：Эхо пенсионной реформы звучать будет еще долго. https://svpressa.ru/society/article/220643/.
④ https://fom.ru/TSennosti/14151.

举行，但这两次选举在榜单上颇受冷落。一方面，在当前的俄罗斯政治生态中，普京当选新一任总统几无悬念，民众显然失去了关注热情；另一方面，退休金制度改革让民众对现政府和政权党失去了信任，"统一俄罗斯"党（简称统俄党）在地方选举中成绩不佳。而退休金制度改革发生在两次选举之间，无疑对地方选举造成巨大影响。

2018年，普京开启新的任期以后，民众渴望改革的呼声逐渐高涨。俄罗斯科学院社会学所的调查结果显示，在2018年4月，认为需要切实改革的民众占56%，认为"稳定高于变革"的民众只占44%。① 全俄社会舆情调查中心的数据也有相似的结果，2018年5月，59%的受访者认为社会生活大部分领域都需要改革，近90%的俄罗斯民众支持改革。调查数据显示，当时普京的支持率为82%。② 很明显，民众对于普京在新任期的作为有更高的期待。在列瓦达中心的一项社会调查中，无论是"俄罗斯经济增长、民众福利提升"还是"社会面临的问题、生活成本的增加"，民众都认为普京是最需要负责的人，有55%的民众做出了这一选择。③ 但是，俄罗斯民众翘首盼来的改革却是退休金制度改革，即提升退休年龄，这一影响每个俄罗斯人的政策引起了轩然大波。

2018年7月，俄罗斯政府向国家杜马提交退休金改革方案，建议将退休年龄延长，女性从55岁提高到63岁，男性从60岁提升至65岁。这项改革从2019年至2028年逐渐实行。法案进入一读，引起了全社会的强烈反响。很多城市出现了集会游行，规模达到几千人。集会游行反对提高退休年龄，有人试图组织公民投票，甚至声称要清算俄罗斯退休金基金会。随后，国家杜马收到了将近300份修正案，其中，普京建议将女性的退休年龄延长到60岁，而不是63岁。之后，该法律由总统签署并通过。此前，国际货币

---

① Информационно-аналитический доклад "Российское общество после президентских выборов-2018：запрос на перемены", Федеральный научно-исследовательский социологический центр Российской академии наук, 2018. http：//www.isras.ru/.
② 《至2018年12月，普京的支持率已经下降至64.9%》，Настроения 2018. Социологические итоги года. Коммерсантъ от 28. 12. 2018。
③ https：//www.levada.ru/2018/12/13/protestnyj-potentsial-i-otvetstvennost/.

基金组织曾建议俄罗斯在2018年3月18日的总统选举之前提高退休年龄，但这项议题并未被大范围公开讨论。

除了退休金制度改革，2018年还有其他涉及民生的改革，最为重要的一项便是增值税税率改革。在俄罗斯，增值税第一次实行是在1992年，当时的标准定到28%。从1993年1月1日起，增值税的标准调整到20%（优惠标准调整到10%）。从2004年1月1日开始，增值税降到18%。增值税的每次改变都会引发媒体和全社会的热烈反响，因为增值税的调整对物价产生较大影响。2018年6月，总理梅德韦杰夫宣布提高增值税之后，马上在社会上引起广泛热议。财政部预计，税率增加后，1/3的增收都会进入联邦预算，3年内，国库能入账2万亿卢布（每年约6300亿卢布）。该法案于2018年8月签署，2019年1月1日生效。俄罗斯央行预测，增值税率的提高会让通货膨胀率暂时控制在4%以内的水平，其负面影响是可能将GDP增长拉低0.5%，并引发物价的全面上涨，直接影响退休人员和低收入者的生活水平。在危机持续、居民收入大幅度下降、贫困问题突出的情况下，提升增值税税率显然会引发一定的社会问题。① 从2019年1月1日开始，所有的人都感受到物价的上涨。增值税率的增长，最为直接的影响是带来公共事业费的增长。与此同时，增添了新的公共事业收费项目——垃圾处理费。烟草和国内汽油价格上升也会影响居民的生活水平，尤其是汽油价格的攀升会影响其他商品的价格。

2018年的各项社会改革让民众对未来的预期不佳。根据列瓦达中心的调查数据，45%的受访者认为2018年比2017年更为艰难，只有11%的受访者认为更轻松。这个数字是2000年以来的低水平，只有经济危机深重的2009年、2015年曾达到这个水平。② 根据俄罗斯科学院社会学所的调查，2018年，有49%的民众认为未来的生活水平会更低，这比2014年高出了15个百分点。在工作机会和退休人员保障方面不容乐观，有37%和32%的民

---

① 童伟等：《2018年俄罗斯财经研究报告》，经济科学出版社，2018，第77页。
② https：//www.levada.ru/2018/12/24/sobytiya－i－otsenki－uhodyashhego－goda/.

众认为境遇会变差，同时，认为"未来将会好转"的民众大幅下降，只有16%的人认为工作机会将增多，14%的民众认为退休人员的保障会好转，分别下降了16个和6个百分点。在对日常生活的观感中，对于物质生活的总体状况和假期休假是最不满意的，好评度分别只有15%和19%。在各项指标中，如衣食住和安排自己空闲时间，最为集中的答案只是"及格"，超过半数。① 2018年，俄罗斯民众对社会经济状况的评价呈负面情绪。数据显示，危机之后俄罗斯人收入水平和福祉与危机之前相比仍处于一个很低的水平。退休金制度改革涉及每一个人，尤其是动了低收入阶层的"奶酪"。无论政府如何解释退休金制度改革对国家的益处以及长远的可持续性优势，但在普通民众那里，只会被理解为推迟退休年龄，与以往相比，意味着要少领几年退休金，这是一种相对剥夺。

改革引发一系列社会风险，造成民众对政权的不信任感。退休金制度改革方案出台之后，俄罗斯全国各地爆发了大规模的抗议游行活动。在列瓦达中心的调查中②，在回答"您认为，如果在您所在的城市/乡村现在会发生大规模的因生活水平下降而爆发的群众集会游行，您有多大的可能性会参与，以维护自己的权益"一题中，在2018年7月之前，持"完全可能"参与态度的人数较少，只占两成左右，从7月开始，陡然增加到41%，达到了峰值，到11月，持这种态度的受访者仍占37%。从时间节点上看，民众的这种态度与退休金制度改革息息相关。2018年7月以来，更多的民众在其所在的城市发现了游行示威、反对派运动的存在。他们主要是通过地方媒体、社交媒体、亲朋口口相传而获知信息。从全国性中央媒体渠道获得信息的受访者人数很少，这说明政府对媒体控制很严。另外，我们可以发现，在该项社会调查中，亲身参与的受访者所占比例很少。虽然退休金制度改革后反对派的游行、集会增多，但是民众的感知度不高，"没有发现反对派运动"的受访者还是占了绝大多数（2018年以来，一直维持在70%~80%），

---

① Информационно-аналитический доклад "Российское общество после президентских выборов – 2018: запрос на перемены".

② https：//www.levada.ru/2018/12/13/protestnyj–potentsial–i–otvetstvennost/.

这说明，社会风险虽然存在，但还是在可控的范围内，并没有形成全国范围内的反对派运动浪潮。

二 社会不平等：俄罗斯社会深层次的社会矛盾

退休金制度改革之所以引起俄罗斯社会剧烈的反响，是其触动了普通民众，特别是最底层民众的利益。这暴露出俄罗斯社会存在的深层次的社会矛盾，那就是不平等问题。不平等问题是伴随20世纪90年代初开始的私有化进程逐渐形成的，如今已经是俄罗斯社会结构的重要特征。社会不平等不再只是收入不平等，而是包括社会保障领域不平等、地域不平等、城乡不平等多个维度。

第一，收入不平等。

根据俄罗斯联邦统计署的数据显示，2018年，俄罗斯人月平均收入水平为32635卢布，较2017年增长4.3%。月平均工资为43400卢布，较2017年增长9.9%。月平均退休金为13360卢布，较2017年增长3.7%。[1]对俄罗斯而言，这是一个不错的成绩，表明俄罗斯人的货币收入快速增长。但是，"平均收入水平"这个指标并不能反映出收入水平的差异性和收入不平等的现实。根据俄罗斯科学院社会学所的研究报告[2]，在俄罗斯，只有2%的人认为没有严重的不平等现象，只有9%的人表示自己没有遭遇过任何不平等，84%的受访者认为收入不平等是最大的不平等，69%的受访者都感受到了这一点。

在俄罗斯，收入两极分化现象非常严重。根据瑞信研究院（Credit Suisse Research Institute）发布的《2018年世界财富报告》，2018年，俄罗斯的不平等水平已经超过了拉丁美洲，收入最高的10%的人群拥有俄罗

---

[1] Доклад "Социально-экономическое положение России 2018". http://www.gks.ru/.
[2] Информационно-аналитический доклад "Российское общество после президентских выборов – 2018: запрос на перемены", 2018.

82%的财富。这个数字高于财富集中的美国（76%），也高于中国（62%）。① 与此同时，俄罗斯还存在大量的贫困人口。贫困问题在2018年普京的国情咨文中有所提及："2000年有4200万人处于贫困线以下，这占到国家人口的29%~30%，2012年我们成功地把贫困率降低到10%以下。由于经济危机的影响，贫困率再度增加。目前有2000万公民遭遇贫困……甚至一些上班族也生活得很寒酸。"② 在2019年的国情咨文中，普京又有相似的论调："在2000年，有超过4000万人生活在贫困线以下。现在我们的贫困人口大约还有1900万……我们的贫困人口曾经减到1500万，但现在又增长了一些。"③ 根据联邦统计署的数据，2015~2016年，贫困人口为1950万人；2017年为1930万人，占总人口的13.2%。④ 贫困是俄罗斯非常棘手的社会问题，在2018年的新"五月命令"中，俄政府表示要在2024年前将贫困率减半。从目前的情况来看，完成贫困率减半的目标难度很大。

基尼系数也是测量收入差距水平的重要指标。俄罗斯联邦国家统计署按照收入水平高低的顺序将全国居民分为人数相等的5组。2018年，收入最高的人群组占全俄货币总收入的46.8%，而收入最低的人群组只占5.9%。收入最高群体是收入最低群体的15.3倍，基尼系数为0.41。⑤ 根据国际惯例，基尼系数在0.4~0.5，说明收入差距较大。收入分配差距加大将为社会造成不稳定因素。另外，贫富分化的加剧会导致消费需求难以增长。由于边际效用递减，增加最穷人群的收入可带来更多内需，富有人群消费需求往往不会因收入的增长而继续提高。⑥ 通过消费水平反观俄罗斯的贫富差距，为我们考察俄罗斯收入不平等提供了一个路径。

直属俄罗斯联邦总统的俄罗斯国民经济与国家行政研究院（РАНХиГС）

---

① Global Wealth Report 2018. https：//www.credit-suisse.com/.
② Послание Президента Федеральному Собранию 2018. http：//www.kremlin.ru/.
③ Послание Президента Федеральному Собранию 2019. http：//www.kremlin.ru/.
④ Численность населения с денежными доходами ниже величины прожиточного минимума и дефицит денежного дохода. http：//www.gks.ru.
⑤ Доклад "Социально-экономическое положение России 2018". http：//www.gks.ru/.
⑥ 童伟等：《2018年俄罗斯财经研究报告》，经济科学出版社，2018，第49页。

在近年社会经济状况报告中①将俄罗斯人划分为四种消费类型：贫困型、消费风险型、可能改变型和消费舒适型。② 根据民意调查，只有28.3%的俄罗斯人处在消费舒适型领域；22%的俄罗斯人处于很低的消费水平，即只能消费最便宜的食品和必需的药品；还有35.6%的人处于消费风险区间，即其收入仅够温饱，购买耐用消费品比较吃力。通过消费类型来判断，俄罗斯的贫困人口规模应该更大，估计有22%（即3200万人）的俄罗斯人生活在贫困状态之中。

谈及收入不平等的问题，我们还不能忽视地域收入的不平等。根据俄联邦统计署的数据，2018年，俄罗斯的月平均工资为43400卢布，这已经达到了一个很高的水平，但在大多数地区要达到全国平均工资水平还是一个梦想。地域收入水平极度不平等，造成了平均工资这个指标并不能反映平均工资的地域差异。莫斯科、圣彼得堡这两个大城市以及楚科奇自治区、亚马尔—涅涅茨少数民族自治区、马加丹州、萨哈林州、萨哈共和国（雅库特）等人口极少的边远地区，其平均工资高于全国水平。实际上，能达到该工资标准的俄罗斯人非常少，大多数地区的平均收入低于平均水平：在俄罗斯85个联邦主体中，有68个联邦主体的平均工资水平低于平均水平；33个联邦主体的平均工资甚至每月不到3万卢布。这些区域不只包括工资水平一向很低的北高加索地区，还包括黑土区的奥廖尔州和布良斯克州、工业基础好的乌里扬诺夫州，以及离莫斯科很近的特维尔州等。③

---

① Ежемесячный мониторинг социально-экономического положения и самочувствия населения: 2015 г. - октябрь 2018 г. / Российская академия народного хозяйства и государственной службы при Президенте Российской Федерации; под ред. Т. М. Малевой. 2018.

② 贫困型（зона бедности）：收入低，除了购买生活所需的食物无力购买其他商品的消费类型。消费风险型（зона потребительского риска）：收入仅用于购买日常的食物和日常衣物，购买耐用消费品比较吃力，没有物质生活改善的预期。可能改变型（зона возможных изменений）：有能力消费日常的食物和衣物，当下购买耐用消费品比较吃力，但是对未来物质生活水平的提高有好的预期，即目前可以消费耐用消费品，但是在短时间内会降低物质生活水平。消费舒适型（зона потребительского комфорта）：能消费耐用消费品，且不会降低生活水平。

③ http://www.gks.ru/wps/wcm/connect/rosstat_main/rosstat/ru/statistics/publications/catalog/doc_1140086922125.

第二,社会保障领域的不平等。

根据俄罗斯科学院社会学所的研究报告①,除了货币形式的收入以外,医疗(70%)、住房(64%)等与民生相关领域的不平等也被受访者敏锐地注意到。还有一些不平等与社会流动的机会相关:获得好的工作机会(52%),受教育的机会(48%),以及社会不同阶层孩子的机会(33%)。这说明,俄罗斯社会保障领域的不平等问题已经十分突出,大多数俄罗斯人对此有认知和切身感受。

该报告显示,与2015年相比,医疗和教育这两个被认为最不平等的领域在2018年并没有发生改变,并且不平等的程度更为严重:认为医疗救助机会不平等的受访者从2015年的59%增长到2018年的70%,认为教育机会不平等的受访者从2015年的40%增长到2018年的48%。俄罗斯人自身也能感受到这些不平等的加剧,如感受到医疗救助机会不平等的受访者从39%上升至51%,感受到休息和娱乐机会不平等的受访者增长了一倍多,从12%增长到27%。近些年,在以经济危机为外在特征的背景下,不平等问题并没有被民众忽略,而是被更敏锐地感知。与此同时,这种变化并不会改变对整个社会状况的认知,但会深刻地改变对自己生活状况的评估,这可能导致社会紧张情绪的生长。

该报告指出了俄罗斯对不平等感知的影响因素,收入水平的差异是最为显著的。高收入群体(两倍于平均工资中位值)和低收入群体(只有平均工资中位值的3/4)在医疗救助机会(35%和58%)、教育(14%和29%)和获得好工作机会(15%和31%)等方面感知度差距颇大。在收入不平等问题上,俄罗斯人认为工作更快更有效率的人和同样工作机会、教育程度越高的人获得更高收入是公正的,但现状是,有一半的俄罗斯人认为现有财富分配体系是不公正的,87%的俄罗斯人完全或者部分认为其所得要少于其付出的劳动。

---

① Информационно-аналитический доклад "Российское общество после президентских выборов – 2018: запрос на перемены", 2018.

第三，城乡社会发展的不平等。

近年来，俄罗斯农业发展势头迅猛，粮食丰收，并大规模出口。但与此同时，农村却被忽视，农村的生活质量一直在下降。目前，俄罗斯农业主要依靠农场大规模地机械化经营，如今的农场与苏联时代的集体农庄相比，吸纳的劳动力很少，农产品的生产链条是断裂的，可以说，农业生产和农村社会是分离的。这造成了农村工作岗位的缺乏。在这个背景下，农村人口开始向大城市大规模流动，小城市和农村人口逐渐减少，日渐凋敝。根据2010年人口普查的结果，超过10%的农村已经没有常住居民，多数村庄人口不超过50人，有3.6万个村庄人口不到10人。① 近年来，农村"空巢化"已经十分严重，而且这个趋势仍在恶化，很多村庄已经消失了。除了缺乏工作机会，人们离开农村还有一个重要原因，就是基础设施落后和社会保障不利。40%的村庄没有互联网，37%的村庄没有排水设备，32%的村庄没有天然气管道，29%的村庄存在垃圾处理问题，28%的村庄没有自来水，11%的村庄电力供应不足。② 从2001年开始，大约有2万所乡村学校关门，③ 49%的村庄缺乏课外教育机构，48%的村庄缺乏体育场馆，41%的村庄缺乏饭馆和食堂。④ 乡村的医疗机构、文化机构经费短缺，境况不佳。

目前，俄罗斯乡村社会的状况主要和宏观经济形势相关。国家除了加大农村基础设施建设力度外，应制定农业整体发展战略，即重建农业生产的产业链条，连接小城市和农村本地的农业生产和加工，以吸纳更多的农村劳动力。除了解决经济问题、平抑城乡发展不平衡外，还应该转变农村社会治理方式。俄联邦社会院认为，乡村居民的社会自组织参与决策是地方发展最为基本的制度。地方社团、地方预算和地方社会基金会是地方社会治理的积极力量。地方社团和地方自治机构最了解地方社会情况和发展中存在的问题，

---

① Деревня: земля не кормит, кормит лес//Такие дела, 23.01.2018. https://takiedela.ru/.
② Чего не хватает на селе? В ОП РФ представили результаты мониторинга «Стандарт села»//Сайт Общественной палаты Российской Федерации, 17.07.2018. https://www.oprf.ru/.
③ Карта сообществ//Русский репортер. №19 (458). 24 сентября. 8 октября. С. 8.
④ Доклад о состоянии гражданского общества в Российской Федерации за 2018 год. – М.: Общественная палата Российской Федерации, 2018.

应积极推动地方社团和自治机构合作。联邦社会院还建议向地方增加转移支付,通过具体的项目支持地方社会的发展。①

调查数据表明,苏联解体后,俄罗斯社会的不平等问题一直很严重。社会不平等和公正问题在民众眼中是当代俄罗斯社会面临的最大挑战,这会造成深远的负面影响:加剧社会紧张局势,导致俄罗斯人的社会心理状态恶化,使政权的社会合法性受到威胁。大多数人认为,联邦政府应该担负起弥合各个维度社会不平等的责任。根据高等经济研究院在 2011 年、2016 年和 2018 年的调查数据,在 6000 个受访者中,85% 的人认为国家应该出台弥合贫富差距的政策。② 对俄罗斯政府而言,这是一个严峻的挑战,这种理想和现实之间的不平衡会降低民众对政府的信任。

结语:"后克里米亚共识"出现裂隙

2018 年总统选举之后,民众都在期待改革,改变经济危机持续的现状。从民调可以看出,民众将希望寄托在他们选出的总统身上。但是普京政权并没有做出正向的回应,退休金制度改革方案的出台与民众期待相反,变成了一种明确的冲击,使他们改善生活的希望破灭。俄联邦社会院对此做出了严厉的批评:"退休金制度改革做了一个不良的示范,这个改革是传统的官僚主义式的,将既成事实呈现给人民。民众自然会有不满的情绪,按照社会调查的结果,公民不相信改革之后退休金会上涨,看到的变化只是国家想强迫上了年纪的人继续工作并剥夺其应得的退休金。这种社会情绪首先会造成不信任的增长。"③ 因此,在政治领域,受到关注的不是退休金制度改革本身,而是现政权不被民众信任。从这个意义上说,2014 年以来俄罗斯各界达成

---

① Проблемы малых городов—недофинансирование, недоинвестирование, недовнимание —Андрей Максимов//Сайт Общественной палаты Российской Федерации, 28.05.2018. https://www.oprf.ru/.
② Бедность и социальное неравенство в России. https://brodv.ru/.
③ Доклад о состоянии гражданского общества в Российской Федерации за 2018 год. – М.:Общественная палата Российской Федерации, 2018.

的"后克里米亚共识"已经出现裂隙。

刻赤海峡大桥的通车以及年底爆发的刻赤海峡事件试图制造"后克里米亚共识"式的团结一致、同仇敌忾的社会情绪。所谓的"后克里米亚共识",其基础是传统的价值——祖国、自由和公正。但是,在经济危机仍然持续、生活水平不断下降的背景下,自由的价值难以实现,社会公正更是无从谈起,难以在民众中培养爱国情绪。"'后克里米亚共识'作为俄罗斯社会稳定器的效应基本结束,分配问题重新成为俄罗斯的核心问题。分配问题反过来会放大发展问题的扩散效应,这是俄罗斯政治稳定的极大隐忧。"①

展望2019年俄罗斯的社会形势,状况不容乐观。外交政策导致制裁的持续,影响经济发展,一国不可能在制裁下孤立生活,政府并没有成熟的摆脱僵局的方案。卢布贬值、失业人数增加、收入下降、收入分配两极化趋势进一步加强,会使各种社会问题更加尖锐化。面对社会矛盾加剧,政府可能还是采取传统的压制手段,比如驱散集会游行,限制反对派行动,不让民众表达自己的观点。② 面对重重社会矛盾,政府压制的手段并不是积极的行动,更可能产生消极的后果。

---

① 庞大鹏:《世界政治中的俄罗斯:互动与传导》,《俄罗斯东欧中亚研究》2019年第1期。
② Реформы－2018: Зачем власть загнала страну в тупик. https://svpressa.ru/politic/article/220741/? lbq=1.

Y.4
2018年俄罗斯地方选举分析

吕 静*

摘 要： 2018年是俄罗斯的大选之年，上半年普京毫无意外地以创历史新高的得票率成功实现连任。但其连任后推行的延迟退休、增税等政策引起社会强烈不满，以致下半年的地方选举波折不断，普京支持的"统一俄罗斯"党颇为意外地失去了3个地区的领导权，在地、市一级议会中的席位也大幅缩水，反对派政党趁势扩大了在一些地区的政治影响力，这也预示着普京的第四个总统任期将面临前所未有的压力和挑战，地方选举制度或再度面临调整。

关键词： 俄罗斯地方选举 "统一俄罗斯"党 地方行政长官 地方议会 反对派政党

2018年9月9日是俄罗斯的"统一投票日"，这一天俄罗斯共有80个联邦主体进行了大约4800场不同层级的选举，其中26个联邦主体举行了地方行政长官选举，16个联邦主体进行了地方议会选举，同时还举行了4个地区首府的市长选举，12个市一级议会选举，以及7个单一选区的国家杜马议员增补等。这其中最为重要的是地方行政长官和地方议会议员的选举，然而，由于退休金制度改革方案等一系列社会政策所引发的社会不满情绪激增，此次地方选举并不顺利，"统一俄罗斯"党出现了前所未有的失利，议会内反对派趁势扩大了在一些地区的政治影响力。

---

* 吕静，博士，中国社会科学院俄罗斯东欧中亚研究所俄罗斯政治社会文化研究室助理研究员。

一 2018年俄罗斯地方选举的社会背景

2018年是俄罗斯的大选年,在上半年的总统选举中,普京以高投票率、高得票率再次当选,高调开启了其职业生涯的第四个总统任期。在5月7日宣誓就职当天,普京签署了以"维护国家和平繁荣、保障民众福祉"为主题的总统令,确定了国家未来六年在社会经济方面的战略任务,其中首要提及的便是在2024年前解决由于人口危机而引发的一系列社会问题。

2018年6月,俄罗斯政府宣布将分阶段实行以延迟退休年龄为主的退休金制度改革方案,旨在缓解劳动力紧缺、劳动人口退养比过高等问题,但此方案立即引起社会上下的强烈不满,延迟退休成为俄罗斯自2005年取消苏联时期福利而引发全国退休人士抗议以来最不受欢迎的政府措施,议会内三个反对派政党联合表示反对,并呼吁民众一致抵制养老金改革方案,全国多地爆发游行抗议活动,超过250万名俄罗斯人签署了在线请愿书,要求政府放弃该计划。然而,由于"统一俄罗斯"党在杜马中的优势地位,新草案依然在7月19日获得一读通过。随之而来的是民众对普京、政府和执政党反对情绪的飙升以及反对派领导的一轮又一轮抗议活动。民调显示,普京在2018年总统大选中积累起来的高民意支持率在9月跌到有史以来的最低值①,支持普京的选民中有1/2的人表示反对退休金制度改革②。

2018年6月开始,"统一俄罗斯"党的支持率首次跌至40%以下且呈现持续走低的趋势,而俄罗斯共产党等反对派政党的支持率则不断攀升,俄罗斯共产党的支持率甚至在9月达到了17%以上的历史最高点。③ 参与反对派发起的反对退休金制度改革大规模抗议活动的民众数量持续增加,2018

---

① Доверие политикам. https://wciom.ru/news/ratings/doverie_politikam/.
② Итоги 2018 года в социологическом измерении. https://kprf.ru/roscrisis/181630.html.
③ Рейтинг политических партий. https://wciom.ru/news/ratings/elektoralnyj_rejting_politicheskix_partij/.

年8月已经有超过半数的民众表示愿意走向街头去抗议。① 在地方选举当天，全国80多个城市爆发了由反对派领袖纳瓦尔尼发起的反对退休金制度改革的示威活动。可见，围绕乌克兰危机以后形成的民众对政治外交问题与经济民生问题区分对待的"后克里米亚共识"正在逐渐被关乎个人切身利益的退休金制度改革的负面影响而取代。

因此，确保"统一俄罗斯"党在支持率走低、社会不满情绪高涨的前提下实现地方选举的胜利，进一步扩大其在国家政治生活中的影响力和巩固其在国家政权体系中的垄断地位，对于当权者控制国内政治局势、维持国家政治稳定尤为重要。为了防止不满情绪在此次地方选举中集中爆发，普京于8月29日发表电视演讲，对此前备受争议的退休金制度改革方案进行了详细的阐述并做出让步。而对于反对派政党来说，利用选举前民众的不满情绪在地方选举中打破"统一俄罗斯"党独揽大权的局面，将是扩大其政治影响力、获取政治红利的良好时机。可见，此次地方选举对各派政党而言都不容小觑。

二 地方行政长官选举的基本情况

2018年9月9日，俄罗斯共有26个联邦主体举行了地方行政长官选举，其中除4个以少数民族为主的地区以议会选举的方式进行外，其余22个地区均以直接选举方式进行。"统一俄罗斯"党在4个议会选举行政长官的地区中获得全胜，但在直选的22个地区中，仅在16个地区取得了胜利②，除在奥廖尔州和鄂木斯克州没有参与选举以外，该党在弗拉基米尔州、哈巴罗夫斯克边疆区、哈卡斯共和国和滨海边疆区都竞选失利，被迫进入下一轮选举。复选阶段的选举也是波折不断，"统一俄罗斯"党最终失去了3个地区的领导权。

---

① Референдум о повышении пенсионного возраста. https://www.levada.ru/2018/09/03/referendum-protiv-povysheniya-pensionnogo-vozrasta/.
② 包括"统一俄罗斯"党最高委员会成员索比亚宁以个人身份参选莫斯科市长取得的胜利。

第一，首轮选举投票低迷，"统一俄罗斯"党未获全胜。

从此次地方选举的投票情况来看，平均投票率未超过40%，与上届相比，多数地区的投票率都有所下降。除哈卡斯共和国、阿尔泰边疆区、弗拉基米尔州、马加丹州、莫斯科州、鄂木斯克州和楚科奇自治州等7个地区的投票率略有上升以外，其他地区的投票率普遍有所降低，其中克拉斯诺亚尔斯克边疆区和新西伯利亚州的投票率不足30%。① 当局对此次地方选举的投票率表示满意，表示民众正处于总统选举之后的"疲劳期"，又正值假期，对低投票率有所预估。但选举当天晚间，俄罗斯共产党党报《真理报》刊文批评选举，称克里姆林宫操纵地区选举，选举结果显示"俄罗斯公民可能失去了以任何方式影响国家命运的期望"，公民对投票采取漠视的态度，对政治选举漠不关心，投票率极低。选举结果证明"60%～70%的国家公民选择不履行公民义务，拒绝参加选举"②。

从各政党候选人的参选结果来看，"统一俄罗斯"党在参选地区未获全胜，支持率普遍降低，打破了长期以来政权支持的候选人以高票战胜竞争对手的惯例。在上届地方选举中，除奥廖尔州的领导权被俄罗斯共产党候选人夺得以外，获胜的地方领导人均来自"统一俄罗斯"党。此次地方选举，为了给议会内部反对派政党分置席位，"统一俄罗斯"党放弃了在奥廖尔州和鄂木斯克州的参选资格，并提前在该地区任命了来自俄罗斯共产党和公正俄罗斯党的代理州长。这也就意味着，"统一俄罗斯"党将全力争取另20个地区的领导人席位。

实际上，为了给2018年的选举做准备，自2017年起普京便着手撤换了一批业绩不高的州长，以确保政权支持的候选人能够成功当选地方行政长官。然而，此次选举结果却未能让"统一俄罗斯"党满意。来自滨海边疆区的代理州长塔拉先科的得票率未过半数，来自弗拉基米尔州、哈巴罗夫斯

---

① Итоги голосования на выборах глав регионов России: таблица. https://regnum.ru/news/2479115.html.

② Итоги 9 сентября: Кремль проиграл региональные выборы. https://www.pravda.ru/politics/elections/09-09-2018/1392916-0/.

克边疆区和哈卡斯共和国的三位现任州长均未能在第一轮胜出，且得票率均未超过40%，与当选时的得票率相比几乎下降了一半。在其他胜选地区，"统一俄罗斯"党的得票情况也并不理想，除在萨哈共和国、阿穆尔州和马加丹州的支持率有所上升以外，其他地区的得票率均有所下降。①

第二，复选波折不断，反对派政党连下三城。

2018年9月23日，哈巴罗夫斯克边疆区和弗拉基米尔州举行了第二轮选举，自由民主党推荐的候选人在这两个地区取得了胜利。

在哈巴罗夫斯克边疆区的第一轮选举中，来自自由民主党的谢尔盖·福格尔和"统一俄罗斯"党的现任行政长官维亚切斯拉夫·什波特得票率均在35%左右。此后，现任州长什波特向福格尔提供了担任第一副州长的职位以换取其政治妥协，但最终遭到拒绝。在第二轮选举中，什波特仅获得27.97%的支持率，福格尔则以69.57%支持率当选为新任行政长官。

弗拉基米尔州的选举在此前由于缺乏竞争性而广受批评。被视为最具竞争力的俄罗斯共产党推荐的候选人马克西姆·舍甫琴科未通过"市政过滤器"的筛选而被挡在了竞选门外。在2018年9月9日的选举中，现任州长斯维特拉娜·奥洛娃仅获得36.42%的选票，紧随其后的是自由民主党人弗拉基米尔·西比亚津。首轮选举过后，自由民主党候选人并未开展积极的竞选活动，反而是现任州长奥洛娃积极为选举造势，通过网络向民众发布竞选视频，总统政治部门负责人安德烈·亚林也被派往当地支持选举，但在第二轮竞选中，奥洛娃的得票并未明显上涨，自由民主党候选人则得到了57.63%的选票，当选该州下一任领导人。②

这两个地区的共同点是：来自自由民主党的候选人此前都被视为"技术候选人"，并不具备竞争实力。有分析家指出，此次选举结果并非由于出

---

① Итоги голосования на выборах глав регионов России: таблица. https://regnum.ru/news/2479115.html.
② Второй тур выборов губернатора Владимирской области завершен. Онлайн-трансляция подсчета голосов. https://vladimir-smi.ru/item/271736.

现了强有力的竞争对手,而是民众因对当局、现任行政长官和社会的不满情绪激增所采取的抗议性投票行为的延续,民众投票不是为了选择谁,而是为了"反对"谁。① 选举结果表明,即使是毫无竞争力的"技术候选人"都能赢得选举,可见民众对当局的不满情绪有多么强烈。

另外两个地区的选举情况则更为复杂,经历了延期、违规、重新选举等一系列风波。

在哈卡斯共和国的选举中,共有来自"统一俄罗斯"党、俄罗斯共产党、生长党和公正俄罗斯党的四位候选人参选。其中俄罗斯共产党推举的候选人瓦连金·科诺瓦洛夫以领先优势与来自"统一俄罗斯"党的现任领导人进入下一轮选举。然而,当局先后三次让亲政府候选人退出选举来打乱俄罗斯共产党的竞选部署,导致第二轮选举迟迟未能举行:原定于9月23日的第二轮选举由于现任行政长官的辞职而未能举行;此后定于10月7日的选举又因公正俄罗斯党的候选人撤回了候选资格而再度延期;10月15日,来自生长党的候选人也退出了选举。这样,来自俄罗斯共产党的候选人科诺瓦洛夫将在11月11日面临独自参加竞选的政治压力,这在俄罗斯地方选举史上尚属首次。其间,共和国内部出现了各种形式的反对科诺瓦洛夫的宣传活动:广播电视频道和报界发布了大量关于候选人的负面新闻;10月11日,哈卡斯选举委员会甚至向当地最高法院提出了撤销科诺瓦洛夫竞选资格的诉讼②;10月22日,俄罗斯社会舆论调查中心公布了对哈卡斯共和国选举的民意调查,53%的受访者对参加仅有一名候选人的选举持消极态度,51%的公民认为取消选举并择期举行选举是正确的,仅有29%的受访者表示将在选举中支持科诺瓦洛夫③;新任代理长官也公开表示,如果科诺瓦洛

---

① Иван Давыдов: Почему власть проиграла в Хабаровске и во Владимире. https://echo.msk.ru/blog/openmedia/2283762-echo/.
② Избирком Хакасии попросит суд отменить регистрацию кандидата от КПРФ. https://www.vedomosti.ru/politics/news/2018/10/11/783407-izbirkom-hakasii?utm_source=yxnews&utm_medium=desktop.
③ Губернатор Республики Хакасия: выборы без выбора? https://wciom.ru/index.php?id=236&uid=9384.

夫在第二轮选举中失败，他将参加接下来的选举①。然而，当局并未能阻止俄罗斯共产党候选人的当选，11月12日，科诺瓦洛夫以57.57%的得票率在该地区获胜。

滨海边疆区的选举最具波折，在9月9日的选举中，来自"统一俄罗斯党"的代理州长安德烈·塔拉先科获得46.56%的选票，紧随其后的俄罗斯共产党候选人安德烈·伊先科仅获得24.63%的支持率。随后，俄罗斯共产党积极为选举造势，支持率明显提升。在9月16日的第二轮选举中，双方得票情况胶着上升，但均未超过50%的胜选门槛，且互相指责对方在选举中存在舞弊行为。全部投票结束后，当统计完95%的选票时，俄罗斯共产党候选人伊先科领先塔拉先科近7个百分点，但当统计完99.03%的选票时，情况发生变化，支持伊先科的票数仅增加了5票，而塔拉先科的支持票则增加了13595票，最终领先对方1.5个百分点。观察家据此分析，两轮选举出现了60万张选票，而滨海边疆区的投票总人数不足50万人，95%之后的票数统计数据应为伪造。②伊先科表示，有19个投票站的数据被伪造，实际上他已经赢得了足够获胜的选票。选举结束后，俄罗斯共产党领导人久加诺夫要求总统成立调查委员会对滨海边疆区第二轮选举计票作假一事展开调查，他指责滨海边疆区选举委员会伪造对"统一俄罗斯"党有利的选举结果。③随后，俄罗斯中央选举委员认定选举存在违规行为，但建议不是取消可疑投票站的选举结果，而是取消整个选举结果。9月20日，滨海边疆区选举委员会宣布此轮选举无效，新的选举将在3个月内举行。这一官方表态遭到俄共领导人和候选人的一致抗议。伊先科对此提出上诉："根据滨海边疆区选举法，必须有25%的投票站发现违规才能重新选举，而事实上并

---

① Михаил Развожаев заявил, что готов участвовать в выборах главы Хакасии. https://xakac.info/news/78288.
② 《俄罗斯地方选举出现丑闻　滨海边疆区行政长官选举结果取消》，《文汇报》2018年9月21日。
③ Зюганов потребовал от Путина вмешаться в ситуацию с выборами в Приморье. https://www.vedomosti.ru/politics/articles/2018/09/17/781031 – zyuganov.

未达到这一数字。"①分析人士也认为，只要取消违规投票站的选举结果，伊先科就能胜选，但若重新选举，结果将不可预料。

为了保证"统一俄罗斯"党候选人在选举中获胜，普京此后对滨海边疆区采取了一系列紧急公关手段。首先，其撤换了表现不佳的塔拉先科，任命萨哈林州州长奥列格·科热米亚科为滨海边疆区代理州长，且通过修改当地法律，允许其以独立候选人的身份参加选举，以淡化民众对执政党的不满情绪。② 其次，动用大量资源帮助科热米亚科组织竞选活动，俄总统办公厅事务局局长亚历山大·哈利切夫全程参与科热米亚科在符拉迪沃斯托克的竞选活动，与政权合作的多个竞选团队为科热米亚科提供服务。此外，当局动用大量行政资源许诺解决当地民生问题：如承诺将滨海边疆区设立为远东的经济中心，为边境村庄提供水源，为多子女家庭提供免费公寓，降低生活必需品的价格，为"战争之子"引入社会福利等。11 月初，俄罗斯共产党宣布将不再提名伊先科参加竞选，以表示对不公正选举的抗议。③ 此后，伊先科表示将以独立候选人的资格参加竞选，但正如俄罗斯共产党所料，伊先科最终没有通过"市政过滤器"的筛选，被排除在竞选门外。在 12 月 16 日的选举中，代理州长科热米亚科获得了 61.88% 的选票，如愿当选为新一任州长，来自自由民主党的候选人安德烈·安德烈琴科位居次席。

三 地方议会选举的基本情况

2018 年俄罗斯共有 16 个联邦主体举行了地方议会选举，"统一俄罗斯"党在绝大多数地区的得票率都有下降，议会席位大幅缩水，议会内反对派政党的支持率明显上升，俄罗斯共产党甚至在 3 个地区的得票率都超越了

---

① В Приморье отменены результаты выборов. https：//ria. ru/20180920/1528955666. html.
② Кожемяко надеется на поддержку партий во время выборов. ТАСС. 2018. 28 сентября.
③ Зюганов объяснил, почему его партия не выдвинула кандидата на новых выборах в Приморье.
Настоящее время (3 ноября 2018). Проверено 7 ноября 2018.

"统一俄罗斯"党,一些小党也在选举中分得了少许席位。

根据政党比例代表制选举结果,在此次地方议会选举中俄罗斯共产党在伊尔库茨克州、乌里扬诺夫斯克州和哈卡斯共和国的得票率超越了"统一俄罗斯"党。

在伊尔库茨克州,俄罗斯共产党获得33.94%的支持率,超"统一俄罗斯"党而成为该地区议会的第一大党,加上按单一选区多数选举制选出的席位,在议会中的总席位增至18个;而"统一俄罗斯"党的得票率仅为27.84%,下降了近15%,席位由原来的29个减至17个。①

在乌里扬诺夫斯克州,俄罗斯共产党的支持率达到36.24%,议会总席位从原来的4个升至14个;而"统一俄罗斯"党的支持率在该地区跌幅最大,在36个议会席位中从原来的31个锐减至17个;自由民主党增加了3个席位;俄罗斯共产党人党也获得了1个席位。②

在哈卡斯共和国,俄罗斯共产党的支持率达到31%;"统一俄罗斯"党在议会中的席位由原来的34个下降至17个,仅比俄共多出1个席位;自由民主党和"公正俄罗斯"党的席位也有所上升。③

"统一俄罗斯"党在伊万诺沃州和克麦罗沃州的支持率下降幅度超过20个百分点。伊万诺沃州的26个议会席位中"统一俄罗斯"党获得15个席位,减少了7个④,在克麦罗沃州的议会席位也减少了5个。⑤ 在巴什基尔共和国、后贝加尔边疆区和弗拉基米尔州,"统一俄罗斯"党的支持率都下降了10%以上。其中,该党在巴什基尔共和国的支持率下降近20%,议会

---

① Выборы в Законодательное собрание Иркутской области (2018). https://ru.wikipedia.org/wiki/Выборы_в_Законодательное_собрание_Иркутской_области_(2018).

② Выборы в Законодательное собрание Ульяновской области (2018). https://ru.wikipedia.org/wiki/Выборы_в_Законодательное_собрание_Ульяновской_области_(2018).

③ Выборы в Верховный совет Республики Хакасия (2018), https://ru.wikipedia.org/wiki/Выборы_в_Верховный_совет_Республики_Хакасия_(2018).

④ Выборы в Ивановскую областную думу (2018). https://ru.wikipedia.org/wiki/Выборы_в_Ивановскую_областную_думу_(2018).

⑤ Итоги выборов в Законодательное собрание Ростовской области: в донской парламент прошли шесть партий. https://www.rostov.kp.ru/daily/26879.5/3923078/.

席位减少了9个。① 在后贝加尔边疆区的50个议会席位中，"统一俄罗斯"党由原来的36个降至21个，丧失了绝对多数的控制权，俄罗斯共产党和自由民主党则由原来各占4个席位分别增至14个和10个。② 在弗拉基米尔州，38个议会席位中"统一俄罗斯"党获得了23个，相比上届下降了9个。③ 此外，在布里亚特共和国、阿尔汉格尔斯克州、雅罗斯拉夫尔州、斯摩棱斯克州、罗斯托夫州和涅涅茨自治区的得票率均下降了2~8个百分点。

在此次地方议会选举产生的778个席位中，"统一俄罗斯"党共获得472席，占比为59.90%④；俄罗斯共产党共获得160个席位，占比超过20%，相比上届增加了84席，其中在单一选举制选区的席位明显增加，共获得60个席位，而此前仅有13个；自由民主党的占比也达到9.26%⑤；此外，同为左翼政党的俄罗斯共产党人党在此次选举中表现不俗，共获得6个地方议会席位，是近年来上升势头最快的议会外政党。

四 2018年地方选举后俄罗斯未来的政治发展走向

2018年秋季的地方选举历时3个多月才宣告结束，这是俄罗斯有史以来首次在复选阶段进行多轮的地方选举，也是"统一俄罗斯"党遭遇最大

---

① Выборы в Государственное собрание—Курултай Республики Башкортостан （2018）. https：//ru. wikipedia. org/wiki/Выборы_ в_ Государственное_ собрание_ _ Курултай_ Республики_ Башкортостан_ （2018）.
② Выборы в Законодательное собрание Забайкальского края （2018）. https：//ru. wikipedia. org/wiki/Выборы_ в_ Законодательное_ собрание_ Забайкальского_ края_ （2018）.
③ Выборы в Законодательное собрание Владимирской области （2018）. https：//ru. wikipedia. org/wiki/Выборы_ в_ Законодательное_ собрание_ Владимирской_ области_ （2018）.
④ 在2012~2017年的地方议会选举中，"统一俄罗斯"党所获席位的占比从未低于70%，俄罗斯共产党的占比从未超过10%。
⑤ Приложение № 9. Сведения о количестве выборных должностей и депутатских мандатов, замещенных кандидатами от политических партий на выборах в органы государственной власти субъектов Российской Федерации и органы местного самоуправления 9 сентября 2018 года （дополнительные и повторные выборы）. http：//cikrf. ru/politparty/biluten/byulleteni/15/.

失利的一次地方选举。

长期以来，普京通过制度性扶持，使"统一俄罗斯"党始终占据联邦与各级地方立法与执行权力机构的大多数席位和职位，2017年更是获得了所有地方行政长官选举的胜利。一次性在3个地区竞选失利的情况对"统一俄罗斯"党而言尚属首次。

自2012年起，"统一俄罗斯"党在地方议会选举中所获席位从未低于70%，在市一级议会选举中的最差成绩是68.23%，而在此次选举中，席位占比均未超过60%。①

从此次"统一俄罗斯"党的巨大失利中可以看出2018年地方选举中几个不同以往的特点。

第一，社会经济形势和民意情绪对选举产生了重大影响。

自乌克兰冲突和克里米亚入俄以来，在俄罗斯社会上形成了以爱国主义和民族主义为背景的"后克里米亚共识"，即糟糕的经济形势、巨大的外部压力对选举几乎不造成负面影响，无论是2016年的国家杜马选举还是2018年的总统选举，现政权都取得了高支持率的胜利。但是，2018年的地方选举结果却表明，普京及其政府所实行的提高退休年龄、加税等政策导致民意沸腾，从而直接影响了选举结果，即便选举的竞争性差，选民依然可以通过"对现政权的抗议性投票"使"统一俄罗斯"党失去传统的胜利。

第二，现政权控制地方选举的能力下降，选举的不可预测性增强。

在以往的选举中，现政权利用手中掌握的行政资源、同体制内政党交易、个人扶持或各种技术手段可以屏蔽掉具备竞争实力的候选人，权力分配的核心问题往往在选举前已经得到解决，地方选举往往呈现为一场"默契选举"。但在此次地方长官选举中，"统一俄罗斯"党却意外失利。在复选阶段，同体制内政党交易的手段未能奏效，当局在弗拉基米尔州和哈巴罗夫斯克边疆区向自由民主党提供的该州副州长的副行政长官职位均在最后阶段

---

① 在12个市级议会选举中，"统一俄罗斯"党共获得387个席位中的237席，占比为59.55%，俄罗斯共产党、自由民主党和"公正俄罗斯"党的席位占比分别为16.08%、10.55%和8.79%。

遭到了拒绝,"统一俄罗斯"党虽然使用行政手段多次影响哈卡斯共和国的选举,但"统一俄罗斯"党还是"意外地"失去了这个地区的领导权。

第三,议会内反对派政党可以利用民意实现政治地位的提升。

长期以来,保持"统一俄罗斯"党在地方选举中一党独大的政治地位一直是普京维持国内政治稳定的基石,议会内其他三个政党一直处于受打压的状态,获胜或获取席位的方式往往要以与政权党的政治妥协为代价。然而,此次地方选举表明,制定正确的竞选策略、利用民意的不满情绪、在选举前进行积极的宣传和社会动员是有机会扩大政党的政治空间的。以俄罗斯共产党为例,早在2018年6月,该党便明确了地方选举的参选方针,即积极参加地方议会选举,放弃一些地区的行政长官竞选。① 在俄罗斯共产党积极反对退休金制度改革的政治鼓动和宣传中,该党的支持率明显提升,反映在地方选举中,是该党在联邦主体及其下属市一级议会中获选席位明显增加,其席位占比均超过15%。对于此次选举结果,俄罗斯共产党表示满意,称在2018年的地方选举中"获得了非常胜利的结果",甚至表示"统一俄罗斯"党的政治垄断已经走向终结②。

2018年的地方选举成为民众宣泄不满情绪的出口,对普京和执政党的满意度出现了前所未有的下降。这种现象在选举过后依然持续,2019年伊始,"统一俄罗斯"党的支持率更是跌到33%以下的历史最低值,③ 普京借助"统一俄罗斯"党的优势地位控制地方政府的传统方针出现风险。2019年将有18个联邦主体进行地方行政长官选举、13个联邦主体进行地方议会选举,因此,疏导民意、在谋求社会长期发展的同时确保俄罗斯的国内政治稳定,维护和加强"统一俄罗斯"党的政治地位,将是普京在第四个总统任期内面临的巨大挑战。选举过后,对现有地方选举制度进行改革的呼声在

---

① КПРФ в 2018 году считает своим приоритетом участие выборах в заксобрания регионов. https: //tass. ru/politika/5324621.

② От успеха на выборах к каждодневному труду. Заявление Президиума ЦК КПРФ. https: //kprf. ru/party – live/cknews/180417. html.

③ Рейтинг политических партий, https: //wciom. ru/news/ratings/elektoralnyj_ rejting_ politicheskix_ partij/.

执政党和反对派中都很强烈,是否保留现有州长直选制度成为热议话题。毋庸置疑,俄罗斯每一次选举制度的调整都朝着更加有利于现政权的方向发展,但是,为体现社会公正、使民众不满情绪有所释放,取消州长选举的可能性不大,继续通过代理州长、提前选举以及非竞争性的全民投票方式进行地方行政长官选举的方式将更为可行。

可以预见,为了确保"统一俄罗斯"党的政治地位、保障选举的可控性,选举制度改革已势在必行,继续加强对反对派的监督、遏制反对派在选举中获胜、防止反对派在议会中的联合可能成为现政权改革的优先方向。除制度性改革以外,加强自身建设、提升政治精英的竞选能力也被执政党提上日程。2018年12月,"统一俄罗斯"党第十八次代表大会提出建立高级党校的具体方案,其近期目标便是提高来自"统一俄罗斯"党的候选人在选举中的竞争实力,同时也为未来的国家杜马乃至总统选举提供后备力量。

Y.5
2018年俄罗斯政治反对派活动评析

郝 赫*

摘 要： 俄罗斯的国家治理进入攻坚阶段，社会矛盾开始尖锐化，退休金制度改革激起巨大社会震荡，导致普京及其团队的支持率大幅下滑。各反对派势力借势而动，力争扩大自身影响与实力，但仍难以撼动普京政权的执政根基，俄罗斯依旧没有出现可以与当局抗衡的有组织的政治力量，但民众的不满情绪在这一年内快速累积，已经成为普京政权必须严肃对待的执政隐忧。

关键词： 俄罗斯 政治反对派 退休金制度改革 民众抗议

2018年俄罗斯政坛不乏看点，前有3月的总统大选，在数个吸引眼球的候选人的喧嚣中，普京顺利连任；之后6月开始的退休金制度改革，更是引起轩然大波，激发起声势浩大的抵制运动；秋天则有地方联邦主体的密集换届选举，执政的"统一俄罗斯"党多地失手。一年间普京总统的支持率更是从高高在上的80%左右重挫至60%，直逼历史新低。在这个过程中，俄罗斯的各反对派势力表现活跃，频频出击，希冀在民间的反对浪潮中，借势得利，获得更多的政治认可，但仅从目前的情势来看，反对派势力并未获得实质性的竞争先机，俄罗斯政治的基本面仍牢牢把握在普京团队的手中，社会抗议对普京威望的冲击并没有撼动普京执政的根基，换言之，2018年

---

* 郝赫，博士，中国社会科学院俄罗斯东欧中亚研究所政治社会文化研究室副研究员。

大规模的抗议活动虽然影响深远，很大程度上促进了俄罗斯社会反对当局的情绪成形态、成规模发展，但反对派依然未成气候，俄罗斯政坛还没有出现能够挑战普京政权的有组织的反对派力量。

一 围绕总统大选的斗争

针对3月的总统大选，在普京连任几乎毫无悬念的背景下，体制内与体制外的反对派腾挪的空间与手段不多，因而不约而同地选择了吸引更多关注的方法，以求获得尽可能多的认可，谋求长久之计。因此除了自由民主党继续推出领袖日里诺夫斯基参选外，俄罗斯共产党放弃了由党魁久加诺夫参选的一贯做法，而是推选了无党派人士格鲁季宁参加选举。"公正俄罗斯"党更是干脆放弃了推选人，直接宣布将支持普京参加大选。在现政权巨大的优势面前，体制内的三个政党事前就放弃了对于总统宝座的觊觎，而是利用有限的政治空间来尽力宣传自己的政治理念，以扩大政治影响。

俄罗斯共产党此番推出新面孔参选，最主要的出发点无疑是希望保持关注度与影响力，但其宣扬的路线与理念并没有大的创新。从俄罗斯共产党提出的竞选纲领来看，几乎涵盖了其党纲中最低纲领的所有方面，一如既往地坚持社会主义的发展方向，主张经济战略部门国有化，将国家财政储备转回俄罗斯并用于社会和经济的发展，主张对政府部门加强监督、严厉打击腐败，主张促进社会公平，重点关注底层民众的社会福利问题，以及青少年的教育、发展和就业问题，注重对苏联历史和俄罗斯多民族文化传统的保护和传承，等等。

候选人格鲁季宁则在此基础上概括提出了"步入现代生活的20个步骤"，强调进行新的工业化，以提高劳动者待遇，保护弱势群体，保护自然环境与传统文化等。[①] 格鲁季宁竞选纲领的最大弊病是空泛，大多谈的是理

[①] 20 шагов Павла Грудинина. Кандидат в президенты России обращается к каждому, https://kprf.ru/activity/elections/171941.html.

想与原则，很少深入涉及具体的方法与举措，仅新工业化是一个较新的提法，但他提出的把工业化水平从目前的15%~20%提高到70%~80%又显然不切实际，不仅没有说服力，而且会产生其不专业、不懂经济的负面观感。

俄罗斯共产党于3月10日在革命广场举行了集会，主题是"诚实的、纯洁的选举"，并联合了若干小的左翼党派共同组织，包括"俄罗斯爱国者联盟""军人支持者运动""苏维埃人民联盟"和全俄妇女运动"俄罗斯的希望"、列宁共产主义青年组织等，为自己的候选人造势。强调诚实、干净的选举在过往的竞选活动中一直是俄罗斯共产党的主要发力点，但最终在普京团队的绝对优势下，俄罗斯共产党这最后的系列活动也没有掀起多大的波澜。

"公正俄罗斯"党则面临方向性选择的重大难题。大选前的党代会上，该党领袖米罗诺夫强调，"公正俄罗斯党"的核心价值观是公平、自由、团结和尊严。要坚持理性的协商，而不是鲁莽的、残忍的斗争。作为左派的反对党，"公正俄罗斯"党的经济社会发展战略目标不仅是俄罗斯国家的维系和发展、主权稳固、领土完整，同时也要为公民创造性的、建设性的活动创造完善的环境。米罗诺夫在报告中还提出了该党在杜马中的斗争纲领，要在杜马中提出25项法律修正案，这些法律修正案围绕着三个主题：社会公正、公正的经济和公正的政府。①

但这些措辞有欠清晰的理念使得"公正俄罗斯"党的发展态势并不如意，险些没有进入本届杜马，此次总统大选又没有推出候选人，对党自身的凝聚力和影响力显然都有所打击。结合党的纲领可以看到，"公正俄罗斯"党的理念在实际可行性上受到了怀疑与挑战，强调的"公平"和"保障"在实操中存在着逻辑上的矛盾：要实现"保障"就必须依托强有力的政权，而强有力的政权则势必破坏其要求的权利上的"公平"。这次"公正俄罗

---

① Законопроекты депутатов фракции "СПРАВЕДЛИВАЯ РОССИЯ" в Государственной Думе РФ。http：//www.spravedlivo.ru/17401.

俄罗斯黄皮书

斯"党转而支持普京,应该是对自身的矛盾有所意识。3月3日,"公正俄罗斯"党举行了集会,号召支持普京总统,并明确提出了新的理念:"强大的总统——强大的俄罗斯"。

"公正俄罗斯"党在坊间素有"第二政权党""第二'统一俄罗斯'党"之称,传闻其是政权安排的另一支政治力量,但至少在表面上其是作为左翼的反对派立身,这次几乎彻底倒向政权,是近乎方向性的战略调整,被诸多批评指出是寄希望政权感恩从而保持地位,甚至有分析认为"公正俄罗斯"党将与"统一俄罗斯"党进行整合,其政治威望在大选中颇受削弱。

而自由民主党自称"中右政党",实际上是一个右翼民族主义政党。该党信奉权威统治,宣扬大俄罗斯民族主义,主张把自由主义与爱国主义结合起来,同时遵循民主、公平、法治的原则。自由民主党是领袖型政党,一定程度上,自由民主党与日里诺夫斯基可以画等号。自由民主党的党建基本上就是日里诺夫斯基的宣讲,自由民主党基本上是代表一种社会情绪的政治组织,甚至很难将它定义为一个现代型的政党组织,其宣扬的极端民族主义也与现代政治文明格格不入,它之所以能够站稳脚跟并发挥影响,关键在于日里诺夫斯基并不去挑战现政权的权威,反而巧妙地为普京的强人政治铺垫社会情绪。因此,自由民主党的立身与追求都是尽可能多地获得各种资源,它不会放弃任何政治"作秀"的机会,但真正的治国理政并不是它的目的。自由民主党的支持力量为激进的民族主义者与民粹主义群体,这一派系的政治力量本来就在俄罗斯社会中长期而稳定地存在,是保守势力与孤立情绪交互作用的体现。加之如今全球民族主义大行其道,因而其支持率反而不时有所攀升。

体制外以纳瓦尔尼为代表的反当局组织,则一如既往地推行街头政治路线。在俄罗斯中央选举委员会决定禁止纳瓦尔尼参加总统选举后,纳瓦尔尼立即宣布将号召支持者在2018年1月28日在全俄罗斯范围内举行示威游行活动,以此抵制总统大选,来"阻止不诚实的选举"。这一天纳瓦尔尼的支持者在俄罗斯多个城市陆续展开了游行抗议,但普遍规模不大,活动基本以失利告终。示威活动效果不佳体现在各个环节。首先是规模不大,一般的小城镇只有十几人或几十人参加，在第三大人口都市新西伯利亚有500多人参加，参加人数最多的是在莫斯科，官方统计也只有1500人。其次，活动的现场激发效果很差，绝大多数城镇的活动在酷寒下都是草草收场，持续时间短，现场呼应少，与官方也没有爆发大规模的冲突。最后，传媒影响亦弱，境内外各大传媒都未爆出新闻热点，自然也没有产生联动的广泛的社会效应。

对比2017年3月和6月的大规模游行示威行动，本次组织失利的原因至少有如下因素。其一，在于反抗行动的主题差异，2017年两次活动的落脚点在于反腐，此番则在于反大选，即是反普京。显然，俄罗斯民众对于腐败的憎恨要远远大于对普京的厌恶，此前多次的民调都显示，普京参选总统的支持率稳定在75%左右，在这样的政治氛围中，纳瓦尔尼基本没有能力挑战普京的权威。其二，抗议活动的号召手法正在失去新鲜感。纳瓦尔尼的号召手法一直是依托网络空间，利用即时通信工具如Twitter和Facebook进行鼓动，这种形式在最初以其快捷、容易相互传播，更重要的是"新奇"的特点，获得了大批青年人的追捧，但其弱点也隐在其中，时时刻刻受到信息"轰炸"，平时资讯应接不暇和过于频繁的宣传鼓动很容易导致青年人的厌倦甚至逆反，这次响应号召上街的人群基本上都是纳瓦尔尼的"铁杆"，2018年大批青年人涌上街头的现象没有出现。其三，政府的及时应对与稳妥处理大大削弱了示威活动的效果。几次经历之后，政府对付反对派的经验与能力都得到明显提升，尤其是在有备而来的情况下，反对派被政府完全压制了下去。其四，此次反对活动选择的时机也欠恰当，正值俄罗斯新年刚过，心气难以聚集，且遇上天气严寒，组织保障难以做到适时妥当。

这次示威活动直接联动于纳瓦尔尼的大选被排除，是事关体制外反对派前途命运的关键事件，且准备了一个月之久，因而这次失利是对反对派势力的一次重大打击，体制外反对派势力的士气大为挫伤。之后的5月5日，纳瓦尔尼及其追随者发起的反普京就任活动中，原申报1.5万人的大规模集会只聚集了1500人左右，且因路线擅自变更很快被驱散，随后纳瓦尔尼本人也因此被判以30日的监禁。纵观2018年的历程，可以看到以纳瓦尔尼为代

表的体制外反对派势力的发展空间日益逼仄,发展势头与行动效果都给人以不复从前的印象。

二 退休金制度改革引发的抗议浪潮

2018年6月14日,梅德韦杰夫在联邦会议上宣布,俄罗斯养老金已经入不敷出,为避免基金破产,政府有意于2028年前将男性公民的退休年龄从现在的60岁提高到65岁,于2034年前将女性公民的退休年龄从现在的55岁提高到63岁。这一计划从2019年开始分阶段施行。在此后3个多月的时间里,民众对该政策的强烈抵制一浪高过一浪,组织起数次有万人参加的大规模的游行示威,总理梅德韦杰夫、政权党——"统一俄罗斯"党、总统普京的民调支持率均大幅下挫,全部达到或接近2012年普京新任期以来的低点,克里米亚和世界杯的双光环都无法折冲,俄罗斯社会一度呈现政治危机的苗头。及至8月29日普京提出新的妥协方案,抵制势头才趋于缓和。最终在9月27日,俄罗斯国家杜马三读(终读)通过了退休金制度改革法案,这场政治风波才告一段落。

早在7月1日世界杯比赛期间,在几个不举办世界杯足球赛的俄罗斯城市就爆发了数万人的示威游行,集会反对政府提高退休年龄。这些活动由反对派领袖纳瓦尔尼的支持者和俄罗斯共产党等党派所号召,以表达对改革退休年龄的愤慨。当天在远东和西伯利亚的一些城市,如符拉迪沃斯托克、哈巴罗夫斯克、阿穆尔共青城、鄂木斯克、奥尔加、布良斯克等地,俄罗斯共产党与纳瓦尔尼的支持者共同参与了示威游行。7月19日,俄国家杜马利用"统一俄罗斯"党在议会中的绝对优势,以328∶104强行通过该法案一读,但全部在野党议员都投了反对票,议会中四大党派中其余三个政党被迫联手。而克里米亚的"美女检察长"议员娜塔莉亚·波克隆斯卡娅则在表决中投下了来自"统一俄罗斯"党内的唯一一张反对票。议会中的其他派别在俄罗斯政坛中此前一直表现温和,但此次政府的傲慢举动不仅激起了反对派的怒火,更是逼迫他们形成合力。

由于世界杯期间有集会限制，民众对于退休金制度改革的大规模抗议从7月末才兴起。俄政坛反对派势力纷纷积极利用机会，引导民众反对当局政策。7月28日，爆发了规模空前的全国性示威活动，这次活动由俄罗斯共产党首倡，在全国百余城市同时发起，在莫斯科聚集了万人以上，标志性的诉求是"我们希望靠养老金生活，而不是死在工作岗位上"。俄罗斯共产党领导人久加诺夫对当天在莫斯科集会的民众讲道："政府提高退休年龄的计划对我们国家每一个公民都是打击。"抗议者认为，政府应该从富人手中攫取资金，而不是从普通的劳动人民那里"偷"。① 第二天，即星期日的集会主要由影响力远小于俄罗斯共产党的俄罗斯自由党（ЛПР）组织，在莫斯科依旧聚集了万人规模。"公正俄罗斯"党主席米罗诺夫也在电视上疾呼，要求取消这项"反人类"的政策。7月末的示威活动是前期抵制情绪的一次集中爆发，一直到9月，延绵不绝的大小抗议集会达数十次，最终形成了大约有300万人签署的反对退休金制度改革的请愿书，并在俄罗斯共产党的倡议下提出了全民公投的动议，但后被俄罗斯中央选举委员会（ЦИК）否决。

8月29日，普京在电视讲话中拿出了让步方案，而且幅度不小，显然临时吸收了诸多抗议激烈的诉求。如此前因人均寿命过低而反应异常激烈的俄北方地区现在被直接宣布不参加改革；女性的新退休年龄也从63岁降至60岁，有多个孩子的母亲可以提前退休；对于矿工、化工厂工人等危险职业人群将保留原来的福利政策；农村的退休老人将获得超过25%的额外退休金；向50岁以上的人提供额外的劳动保障，并为他们增加失业救济金；减少退休前要求的工作年限，男性从45年改为42年，女性从40年改为37年；为了缓解地方政府压力，甚至同意向地方政府大幅放权。这个最新版本的方案具有明显的迎合味道，社会的愤懑情绪开始纾解。虽然厌恶当局暧昧狡黠的态度及进退失当的举措，社会情绪并没有立即平复，当天在克里姆林宫附近仍聚集了大量抗议人群，"公正俄罗斯"党也另外组织了一个有1500

---

① Russia protests: Thousands rally over plan to raise pension age-BBC New, https://www.bbc.com/news/world-europe-44992376.

人参加的抗议活动，但集会的规模明显缩小，在全俄其他地区，据当时统计有十余个城市，即圣彼得堡、新西伯利亚、符拉迪沃斯托克、巴尔瑙尔、鄂木斯克等地也爆发了抗议活动，但声势已经大为缩减。

退休金制度改革风波严重冲击了民众对普京及政府的信任基础，在这一过程中，民意调查机构列瓦达中心的民调结果显示，对总统普京表示满意的俄罗斯人只占65%，而2017年12月这一调查的结果是82%。根据更为苛刻的民调数据，即"我只单选一位自己认可的政治人物，其他人选都不信任"的调查方式，10月全俄舆情调查中心给出的数据是普京为37%，列瓦达的数据是普京为39%，均比高点下滑了20个百分点左右。如此"断崖式"的下滑在普京整个政治生涯中也当属首次，就其政治光环而言，可谓受到重创。

三 地方选举中的杯葛与争夺

2018年是俄罗斯地方选举的重要一年，9月9日举行的地方选举，有22个地区选举地区领导人，还有16个地区举行立法机关选举，同时各自治机构也举行诸多选举活动，包括莫斯科市长的选举。纳瓦尔尼一派的抗议活动选在了地方选举日这一天，号召全俄境内的支持者走上街头来抗议退休金制度改革，其杯葛现政权的目的非常明确，结果遭到政府方面的强力阻击。遭拘留人数超过了1200人，仅圣彼得堡一地就有近500人被捕，纳瓦尔尼本人在行动前半个月即遭逮捕，到远东地区开始第一批集会以前，纳瓦尔尼团队几乎所有核心成员均已被捕。值得注意的是，纳瓦尔尼的此次行动并没有获得俄罗斯共产党、"公正俄罗斯"党等体制内反对派的支持，只是动员起了自身的骨干，基本上没有获得大的社会影响，这也进一步验证了其势力衰减的事实。

体制内的反对派借势抗议浪潮在地方选举中有所斩获，在各自支持率高的地区全力争胜。结果在现政权威信下滑的时机中，长于鼓动的俄罗斯自由民主党成了赢家，其候选人在俄两大地区——哈巴罗夫斯克边疆区和弗拉基米尔州的选举中获胜，自由民主党候选人谢尔盖·富尔加尔9月23日在哈巴罗夫斯克边疆区第二轮行政长官选举中获胜，他的得票率高达69.57%。"统一俄罗斯"党的候选人、现任行政长官维亚切斯拉夫·什波尔特只获得27.97%的支持率。另一位自由民主党候选人弗拉基米尔·西皮亚金在弗拉基米尔州州长选举中获胜，他获得57.03%的支持率。其对手"统一俄罗斯"党的现任州长斯维特兰娜·奥尔洛娃只获得37.46%的支持率，从而落败。两处情况如出一辙，都是在任的"统一俄罗斯"党地方长官位置不保。俄罗斯共产党的收获也不遑多让，在乌里扬诺夫斯克州、伊尔库茨克州、哈卡斯共和国三个联邦主体都获得了胜选，在季米特洛夫格勒、大诺夫哥罗德等城市的选举中，俄罗斯共产党也成为胜利者。而俄罗斯共产党与"统一俄罗斯"党在滨海边疆区的争夺更是激烈，滨海边疆区是俄罗斯远东头号重镇符拉迪沃斯托克所在地区，是9月召开的东方经济论坛承办地，亦即政权在远东的权力支点，意义非凡，不容有失。结果9月9日投票结束后，在首轮中得票46.56%的"统一俄罗斯"党现任行政长官塔拉先科和得票26.63%的滨海边疆区议会俄罗斯共产党议员伊先科进入了第二轮。第二轮的选情开始变得胶着，9月17日，在统计完百分之百的选票之后，选委会宣布塔拉先科后来居上，以49.55%的选票力压伊先科的48.06%。但媒体随即爆出多项舞弊投诉，两位候选人开始相互指责选票记录造假，最终，9月20日，滨海边疆区选举委员会在当天会议上按照中央选举委员会建议，决定取消滨海边疆区行政长官选举的结果，并定于3个月内重新选举。之后俄罗斯共产党候选人伊先科为抗议不公裁决而弃选，普京临危授命的滨海边疆区代理行政长官科热米亚科（萨哈林州原州长）在12月16日赢得选举①，整个过程波澜起伏，"统一俄罗斯"党和普京可谓费尽九牛二虎之力才保住这一战略要地。由上述可见，政权威望严重受挫给反对派势力提供了机会与空间，尤其是体制内的反对派，在2018年获得了颇为出乎意料的扩张与发展。

---

① 《俄罗斯滨海边疆区选举产生新一任行政长官》，人民网，http://world.people.com.cn/n1/2018/1218/c1002-30474636.html。

四 反对派势力尚难撼动普京的执政根基

时至2019年2月,普京总统的支持率仍然在60%以上,延续着退休金制度改革后的水准,并未出现大的反弹。俄罗斯目前的政治局势是稳定的,政治格局也没有发生大的变动,仅支持率的下滑显然没有影响整体政局的安稳,对普京总统个人也谈不上有多大的政治冲击。目前看来,民意支持的走低与反对派势力的扩张还难以动摇当局执政的根基。

究其原因,首先,从政权自身的视角看,毕竟支持者仍占大多数。支持普京总统的还有65%的民众,占总体的2/3,这是大的基本面,仍然具有压倒性的优势。尤其是在涉及养老这种关系到甚至损害到每个人切身利益的民生问题背景下,2/3的民众仍然克制、理智地选择支持普京,更从侧面反映了普京总统具有深厚的民意基础。而且,之前高达80%的支持率也并非常态,既不稳定也无必要,出现比率回调也属正常。此外,冲击来源于短期因素。退休金制度改革方案的推出确有鲁莽之嫌,瞬间点燃了社会不满情绪,引发了近年来最大的政治冲击波。但随着政府的调整与让步,政府与社会已经走向妥协,毕竟从客观来讲,退休金制度改革势在必行,随着时间的推移和社会情绪的平复,这次风波终会淡化,很难激化成为统治危机。

其次,从整体政治格局的视角看,政权党"统一俄罗斯"党的地位保持稳定。虽然同样受到社会不满情绪的影响,"统一俄罗斯"党在地方选举中失掉了几个行政长官的位置,但总体的实力还是压倒性的,加上单席位选举中的绝对优势,"统一俄罗斯"党一党独大的格局没有改变,仍由其牢牢把握着整体的政治局面。而且适度的政治竞争也有利于活跃政治生态,缓解体制内反对派的愤懑与不满,从而保证其处于可控状态。另外,反对派势力没有质变性的起色,还不具备颠覆性的实力。退休金制度改革危机是反对派势力可资利用的绝好机会,但从目前的结果来看,尽管反对派竭尽全力组织了多场示威活动,但其影响大多还是局限在自身的组织内,并没有广泛延伸到民众中间去,民众对当局的不满也并没有广泛转化为对反对派的信任。例如，最新的民调数据显示，俄罗斯共产党推举的总统候选人格鲁季宁的信任率为2.8%，对纳瓦尔尼的信任率只有1%（前文已列，普京是37%），两人的信任度尚远不及口无遮拦的民族主义领袖日里诺夫斯基（为9.6%）。反对派势力扩张乏力、影响有限的局面还将持续，也就很难产生撬动政局动荡的杠杆。

结 语

回顾2018年俄罗斯政坛当局与各反对派势力的角逐，可以看到，在派系层面，普京团队仍然牢牢把控着局势，体制外的反对派被规制得江河日下，体制内的反对派也还远未成为心腹大患。但在整体社会情绪层面，民众开始下降的信任与支持正逐渐成为真正的挑战。2018年的政治冲击波至少可以为俄当局带来如下的警示。

第一，民众的支持不是一成不变的。民众支持的基础意愿中，排在第一位的永远是自身的利益，国家利益、民族荣耀等排在其后。以普京总统具有如此高的威望，尤其是在克里米亚问题带来的光环尚未散尽的情况下，触动了民众的切身利益后，依然会遭遇大规模抵制，可见在选举体制下，民生问题是重中之重，必须妥善处理。俄罗斯近年来在维护国家地位上投入了太多的精力与资源，如果不注意与国内民生问题相协调，政权的民意支撑恐将受到影响。

第二，民众参与度降低是长远的隐患。这次地方选举中，多地出现了不足30%的投票率从而无法进行选举，据称后来采取了应急措施才保持了投票的合法性。民众政治参与度的急剧降低大体上出于两个原因：一是对政权不满，而又不信任反对派，无可投票；二是认为没有意义，利益诉求根本无法传达，这实质上是对政治的失望。可见无论哪种原因，低参与度都是政治生态转向恶劣的表现。这也是俄罗斯政治中的痼疾，精英及其利益的固化、僵化、腐化已经侵蚀了社会良性运转的肌体，不利因素在沉默中累积，在中长期的时段内将是非常危险的隐患。这需要当局高度关切且找到有效应对的办法。

第三，反对派不成气候，但反对情绪已经成型。这次退休金制度改革风波波及全国，引起广泛关注与讨论，虽然已经渐渐平复，但其造成的后续情绪与信任冲击还将持续。一定程度上，这种全民型的政治风波会造成类似于启蒙的政治效果，众多民众会突然意识到，政府不是永远可靠，只有依靠奋争才能够争取到自身的利益。所以，俄罗斯的稳定在很大程度上要归于没有高明的反对派，但国家治理不能寄希望于此，尤其在普京总统任期届满之后，改善民生和继续获得民众支持，将是俄罗斯政权面临的艰巨挑战。

Y.6
2018年俄罗斯政治进程中的宗教因素

刘博玲[*]

摘 要： 2018年10月俄罗斯东正教会决定与君士坦丁堡牧首区断绝关系。双方走上决裂的原因是他们对乌克兰教会独立问题持不同态度。乌克兰教会独立进一步激化了乌克兰国内矛盾，恶化俄乌关系，降低俄罗斯东正教会在东正教世界的影响力。美国希望借此削弱俄罗斯的势力，以达到在一些俄美有争议的国际问题上进一步钳制俄罗斯的目的。

关键词： 俄罗斯东正教会 乌克兰教会独立 俄乌关系

2018年10月15日，俄罗斯东正教圣主教公会会议（东正教最高会议）首次在明斯克举行。这次会议决定俄罗斯东正教会所有教区——包括乌克兰教区（莫斯科圣统）和白俄罗斯教区与君士坦丁堡牧首区正式断绝关系。这个事件被视为自1054年基督教分裂为天主教和东正教之后，基督教世界的最大分歧。乌克兰教会独立事件引起的东正教世界的分裂，不仅仅是宗教问题，更是一个重要的国际政治问题，不仅仅会对欧亚局势也会对世界局势产生重要影响。因此我们有必要厘清这次分裂事件的前因和后果。

一 莫斯科牧首区与君士坦丁堡牧首区分裂的原因

2018年10月11日，君士坦丁堡牧首区圣主教公会做出如下决议：决定

---

[*] 刘博玲，博士，中国社会科学院俄罗斯东欧中亚研究所俄罗斯政治社会文化研究室助理研究员。

授予乌克兰教会自主地位,恢复隶属于君士坦丁堡牧首区基辅代表处,恢复(不受俄罗斯东正教会承认的)基辅圣统的乌克兰东正教会领袖主教职位,使其担任乌克兰自主教会首领,撤销1686年颁布的将基辅都主教区交由莫斯科宗主教管辖的命令。这导致俄罗斯东正教会与君士坦丁堡牧首区彻底决裂。①

君士坦丁堡牧首区这一指令意味着莫斯科牧首不再具有管辖乌克兰教会的权力。

在俄罗斯牧首区与君士坦丁堡牧首区决裂之前,东正教会有15个自主教会(独立教会)和5个自治教会。

自主教会在行政上完全独立,可以自行选举和祝圣首席主教。各个自主教会管辖着各个教区以及其所属的自治教会。这15个地区教会完全平等,没有从属关系。按历史顺序先后形成的15个自主教会分别如下:君士坦丁堡自主教会、亚历山大自主教会、安提阿自主教会、耶路撒冷自主教会、俄罗斯自主教会、格鲁吉亚自主教会、塞尔维亚自主教会、罗马尼亚自主教会、保加利亚自主教会、塞浦路斯自主教会、希腊自主教会、波兰自主教会、阿尔巴尼亚自主教会、捷克及斯洛伐克自主教会、美国自主教会。

东正教会与天主教会不同,没有全世界最高领袖,在东正教会所有级别上,都按大公会议制定的原则运行。在东正教的观念中,"基督是教会的头,他又是教会全体的教主"②。东正教会中的每个主教都不是一个人管理其主教区,而是与神职人员和信徒一起协调管理,地区教会的首席主教也不是一个人管理教会,而是与神圣公会一起管理。

获得自治地位的东正教会被称为自治东正教会。自治东正教会的首脑由上级自主教会任命,其教会章程须获得上级教会的认可,但在教会管理方面有自主权。自治教会在管理上是独立的,但与其母教会保持着精神和管辖权上的联系。自治教会进行侍奉圣礼所用的圣膏是从其所属的自主教会首席主

---

① Заявление Священного Синода Русской Православной Церкви в связи с посягательством Константинопольского Патриархата на каноническую территорию Русской Церкви http://www.patriarchia.ru/db/text/5283708.html.

② 本文所引用的《圣经》内容为中文和合本的圣经译文。

教处获得的。在其他方面自治教会是自主的，有自己的宪章及教会的最高权力机构。自治教会的大主教一般会参加母教会的大公会议（主教、神职人员及平信徒代表会议）。

君士坦丁堡正教会是在拜占庭帝国首都君士坦丁堡（今土耳其伊斯坦布尔）教区的基础上成立的，在15个正教会中居于"荣誉上的首席地位"，享有"普世的尊号，由牧首领导"①。尽管君士坦丁堡牧首区被尊称为普世牧首，但实际上这只是名誉上的首位。当今君士坦丁堡牧首区东正教教徒人数不足400万②，并且将近一半信徒位于境外，大多在美国和加拿大。"目前，该教会在土耳其管辖四个都主教区和一个大主教区。此外，芬兰自治正教会、12个希腊教区、南北美洲教区、澳大利亚教区、新西兰教区等亦受其监管。"③长期以来君士坦丁堡正教会一直想扩大自己的势力，企图将其他正教会置于自己的控制之下。

俄罗斯自主东正教会"成立于11世纪，原属于君士坦丁堡教会牧首管辖……1589年，在沙皇支持下，俄罗斯正教会举行会议。大会决定建立牧首制，选举莫斯科都主教约夫为第一任莫斯科和全俄牧首，宣布脱离君士坦丁堡牧首的管辖，成为独立自主的正教会"④。属于莫斯科牧首区的教会有：俄罗斯、乌克兰、塔吉克斯坦、乌兹别克斯坦、土库曼斯坦、哈萨克斯坦、吉尔吉斯斯坦、阿塞拜疆、摩尔达维亚、爱沙尼亚、立陶宛和拉脱维亚的东正教会，以及两个自治教会。

全世界属于这15个自主教会的东正教徒约有1.7亿，其中1亿多信徒都属于俄罗斯圣统。⑤俄罗斯东正教会网站的数据显示，根据不同的统计方法，全世

---

① 乐峰、文庸：《基督教知识问答（修订版）》，宗教文化出版社，2009，第77页。
② 数据来源参见 https：//ru.wikipedia.org/wiki/%D0%A7%D0%B8%D1%81%D0%BB%D0%B5%D0%BD%D0%BD%D0%BE%D1%81%D1%82%D1%8C_%D1%85%D1%80%D0%B8%D1%81%D1%82%D0%B8%D0%B0%D0%BD。
③ 乐峰、文庸：《基督教知识问答（修订版）》，宗教文化出版社，2009，第77页。
④ 乐峰、文庸：《基督教知识问答（修订版）》，宗教文化出版社，2009，第81~82页。
⑤ 数据来源参见 https：//ru.wikipedia.org/wiki/%D0%A7%D0%B8%D1%81%D0%BB%D0%B5%D0%BD%D0%BD%D0%BE%D1%81%D1%82%D1%8C_%D1%85%D1%80%D0%B8%D1%81%D1%82%D0%B8%D0%B0%D0%BD。

界东正教信徒有1.25亿~1.8亿。① 这意味着全球一半以上的东正教信徒都在莫斯科牧首的领导下,而理论上的最高领袖——君士坦丁堡普世牧首,仅仅享有名义上的首席地位,并且当今君士坦丁堡牧首区将近一半的堂区位于美国和加拿大。

俄罗斯东正教会与君士坦丁堡东正教会分别作为东正教世界中的实力首位与荣誉首位,不仅客观实力悬殊,而且两个牧首之间的斗争也一直存在。2016年6月,在君士坦丁堡牧首的号召下,世界东正教领袖在希腊举行了历史性会晤,而俄罗斯东正教会拒绝参加此次世界东正教大会。由此可见,君士坦丁堡牧首无疑想借乌克兰教会独立事件,削弱俄罗斯东正教会的实力,壮大自己的势力。

目前,乌克兰东正教会主要有三个自主教会,分别是乌克兰东正教会(莫斯科圣统),乌克兰东正教会(基辅圣统)和乌克兰自主正教会。其中乌克兰东正教会(莫斯科圣统)不接受君士坦丁堡牧首区的决议,反对建立乌克兰自主教会;而乌克兰东正教会(基辅圣统)和乌克兰自主正教会同意乌克兰教会独立,是该事件的积极推动者。

乌克兰东正教会(莫斯科圣统)是在建立于988年、曾属于君士坦丁堡牧首区的基辅都主教区的基础上形成的,17世纪,基辅都主教区法律上归入了莫斯科牧首区,其首脑是都主教奥努福利(Онуфулий)。历史上,乌克兰与俄罗斯在很长时间都同属一个国家。莫斯科及全俄大牧首领导的俄罗斯东正教管辖着大部分俄罗斯、白俄罗斯和乌克兰的东正教信徒。1991年苏联解体,乌克兰独立后,除了承认莫斯科圣统的乌克兰东正教会之外,乌克兰国内很快出现了想要从俄罗斯东正教独立出来的东正教团体,包括不受俄罗斯东正教会承认的基辅圣统的乌克兰东正教会和乌克兰自主正教会。乌克兰东正教会(基辅圣统)由都主教菲拉列特领导。苏联解体后,乌克兰东正教会(莫斯科圣统)前主教菲拉列特,作为主教的候选人,没有被圣主教公会选中担任这一职位。1992年,菲拉列特被剥夺教职以后离开了乌克兰东正教会,组建了自己的牧首区——乌克兰东正教会(基辅圣统),任命自己为都主教,因此乌克兰东正教会(基辅圣统)是不被俄罗斯东正

---

① ЧИСЛО ПРАВОСЛАВНЫХ В МИРЕ,http://www.pravoslavie.ru/put/worldorth.htm.

教会承认的教会，它想在教会问题上独立于莫斯科，不具有合乎教规的继承性。这些不被俄罗斯东正教会承认的团体因教会归属等问题甚至多次与莫斯科牧首圣统的乌克兰东正教会的信徒发生冲突，乃至出现流血事件。乌克兰东正教会（莫斯科圣统）是合乎教规，并受俄罗斯东正教会承认的教会。这个教会不支持乌克兰获得自主教会地位的运动。俄罗斯东正教会认为，只有这个教会有权申请获得自主教会地位。乌克兰东正教会（莫斯科圣统）在乌克兰有几百万信众（波罗申科本人在前不久也属于其中一员）。乌克兰东正教会（莫斯科圣统）被许多自认为是乌克兰公民的民众默认为母亲教会。但是自俄乌冲突后它开始逐渐失去影响力。当时教会拒绝为在顿巴斯冲突中牺牲的乌克兰士兵举行教会葬礼，这个事件激怒了大部分乌克兰人。

对于授予乌克兰东正教会自主教会地位的问题，各方持不同看法。乌克兰方面认为，君士坦丁堡牧首可以颁布这一指令（但是乌克兰方面没有向其他各方求证这一想法），而俄罗斯东正教会代表反对这一看法。俄罗斯一方认为授予自主教会的决议应该由所有地方自主教会（15个自主教会）统一做出决定，并且只能授予现有的合乎教规的教会。俄罗斯东正教会认为只有乌克兰东正教会（莫斯科圣统）是合乎教规的东正教会。

事实上，乌克兰教会独立事件并不是突然发生的，各方对此运筹已久。早在2008年尤先科任乌总统时就曾计划组织普世牧首、乌克兰东正教会（基辅圣统）领袖菲拉列特以及当时的莫斯科牧首阿列克谢二世三方会谈，讨论乌克兰教会问题。但君士坦丁堡普世牧首拒绝了这一提议。2016年，乌克兰内战爆发，乌克兰当局将教会独立与国家独立、民族独立联系起来，再次要求乌克兰教会自主权。一直主张与俄罗斯东正教会决裂的乌克兰总统波罗申科公开表示，这是民族安全和"全球地缘政治问题"[1]。他将该问题

---

[1] Чем опасен церковный конфликт на Украине, Thomas deWaal, https：//carnegie.ru/commentary/77742？utm_source=rssemail&utm_medium=email&mkt_tok=eyJpIjoiWWpjMU5qSXlNelpoTWpkayIsInQiOiJYT2FUZGpDMVVyajFpZlg2bVc5Tjk0eTBnRjR5b3dUUXh0YWxHd3NNseWNybHRPdlwva0d5Y01HdDVCT04xWVM1MjJONlJ0dIIdQSUhsNDNLT0Nsb3VVWEw5UG81Wm1EeVh0UnZsM1lhWHVXXYlozUEIyUE02NVpfWjuU3dmUzlwNXkifQ%3D%3D.

与乌克兰寻求加入北约和欧盟捆绑起来。波罗申科还将选举运动与教会独立联系起来。波罗申科打算于2019年再次参加总统大选，但是他的民众支持率不高。2014年波罗申科是以商人和改革者的身份参加总统选举的，为应对2019年即将举行的总统大选，波罗申科提出了极端爱国主义的竞选口号"军队！语言！信仰！"。显然，波罗申科将教会问题纳入了选前日程中，这毫无疑问会给他带来额外的选票。在乌克兰当局的积极斡旋之下，2018年4月，君士坦丁堡普世牧首巴尔多禄茂宣布准备赋予乌克兰教会自主权。2018年9月，莫斯科牧首基里尔与君士坦丁堡普世牧首在土耳其伊斯坦布尔会面，双方对谁将担任乌克兰自主教会牧首一事没有达成一致，显然俄方希望莫斯科圣统的乌克兰东正教会都主教阿努福利担任乌克兰自主教会领袖，而君士坦丁堡希望基辅圣统的菲拉列特担任这一职位。2018年9月7日，君士坦丁堡牧首区圣主教公会总秘书处发表公告，任命美国总主教达尼尔和加拿大主教伊拉里昂为君士坦丁堡牧首区在基辅的"督主教"。该任命并未征得莫斯科及全罗斯牧首基里尔和基辅与全乌克兰都主教阿努福利的同意，俄罗斯指责君士坦丁堡牧首野蛮地践踏了教会法中禁止一个地方教会的主教干涉另一地方教会内部事务的法条。俄罗斯东正教会最高宗教会议表示，君士坦丁堡牧首和君士坦丁堡教会内支持这一违背教会法行为的人将为此负全责。

二 俄罗斯不同意乌克兰教会独立的原因

俄罗斯不同意乌克兰教会独立的原因有两条：一是认为此举不符合教规；二是认为此举出于政治动机。

其一，俄罗斯东正教会认为乌克兰教会不属于君士坦丁堡普世牧首区，君士坦丁堡牧首无权恢复曾经被革除教籍的乌克兰东正教会分裂派首脑的教籍。俄罗斯东正教圣主教公会认为，君士坦丁堡此举并未经过俄罗斯正教会代表和东正教会在乌克兰的唯一合法领袖、基辅与全乌克兰都主教的同意，君士坦丁堡方面"以一个地方教会的身份入侵另一个地方教会，野蛮地践踏了教会法"①。

　　1992年5月27日乌克兰东正教会主教会议曾做出决议，由于都主教菲拉列特没有在十字架和福音书前履行其在上一次俄罗斯主教会议上所做的誓约，特撤销其基辅的教职以及禁止其做礼拜。俄罗斯东正教会在1992年6月11日的主教会议上确认了乌克兰主教会议的决议，撤销了菲拉列特的教职。被撤掉主教教职以后，菲拉列特不止一次地表达了忏悔，但是他仍然继续分裂活动，甚至在其他地方的自主教会进行分裂活动。1997年，俄罗斯东正教会主教会议做出决定，将菲拉列特绝罚出教会，这个决议是在15个地方自主教会共同号召下做出的，包括君士坦丁堡自主教会。1997年，君士坦丁堡牧首巴尔多禄茂写给俄罗斯东正教会牧首阿列克谢二世的信中明确指出不再与这种人有任何教会沟通。② 20多年过去了，君士坦丁堡牧首区出于政治动机改变了自己的立场。在他们的决议中恢复了乌克兰东正教会分裂派领袖的名誉，使他的教阶合法化，并且撤销了1686年做出的将基辅都主教区交由莫斯科牧首区管理的决议，准备在乌克兰建立自主教会。这一系列措施显然违背了东正教会的教规。俄罗斯圣主教公会教会和社会与大众传媒关系处处长认为，君士坦丁堡自主教会违背教规的行为是史无前例的，他们开始与分裂分子和被绝罚出教会的人交流。君士坦丁堡自主教会这样做是在"试图破坏东正教教规体系的根基"③。

　　其二，俄罗斯东正教会认为君士坦丁堡自主教会单方面做出这一决定是有政治动机的。首先，乌克兰总统波罗申科上台伊始就表明了争取让乌克兰教会独立于俄罗斯教会的想法。波罗申科认为教会自主，不仅是乌克兰东正教会的问题，更是乌克兰的独立问题，是乌克兰的民族安全问题。波罗申科认为，也正是因此，莫斯科和受其管辖的乌克兰东正教会（莫斯科圣统）

---

① Заявление Священного Синода Русской Православной Церкви в связи с посягательством Константинопольского Патриархата на каноническую территорию Русской Церкви, http://www.patriarchia.ru/db/text/5283708.html.
② Там же.
③ Константинополь приступил к предоставлению автокефалии украинской церкви, https://ria.ru/20181012/1530497559.html.

才强烈反对乌克兰教会获得自主教会地位。对于波罗申科而言,解决教会归属的争论是其在2019年总统大选前夕提高声望的方式之一。其次,君士坦丁堡牧首想通过帮助乌克兰教会独立,将乌克兰东正教会置于自己的势力范围内,从而壮大其实力。拥有东正教信徒最多的莫斯科牧首区的领袖和名誉上首位的君士坦丁堡牧首区首脑对彼此都有微词,各自都感觉自己是东正教世界的领袖。近年来,君士坦丁堡牧首巴尔多禄茂一直想凸显其普世牧首的地位。在乌克兰教会独立事件中,君士坦丁堡牧首派遣两位来自美国和加拿大的特使驻基辅,名义上是帮助乌克兰教会成立自主教会,实际上是想掌握乌克兰东正教会的实际状况,控制乌克兰教会事态的发展趋向,使其处于自己的掌握之中。

三 乌克兰教会独立对俄罗斯东正教会和国际形势的影响

(一)乌克兰教会独立对俄罗斯东正教会的影响

1. 削弱俄罗斯教会对乌克兰的控制力

乌克兰教会独立之前虽然处于莫斯科牧首区管辖之下,但实际上已几乎拥有自主教会的所有属性,除此之外,教会有多大程度的自主权对信徒而言差别不大。波罗申科主要是想通过乌克兰教会独立授予不合教规的、不被俄罗斯东正教会承认的乌克兰东正教会(基辅圣统)自主地位,从而削弱俄罗斯教会对乌克兰教会的影响力,因此这件事主要是针对莫斯科牧首区的。虽然现在莫斯科圣统的乌克兰东正教会还可以控制乌克兰一半以上的教区。但未来数年里,基辅圣统的乌克兰东正教会实力势必进一步增长,俄罗斯教会对乌克兰的控制力将会进一步下降。

2. 乌克兰教会的独立是分裂东正教世界的一步

以美国为首的西方势力希望产生一个以基辅为代表的新的斯拉夫东正教

中心，从而达到在东正教世界中孤立俄罗斯东正教会的目的。美国宗教自由代表山姆·布朗贝克在2018年9月10~19日访问了乌克兰、波兰和乌兹别克斯坦，他与乌克兰政府代表和神职人员就"努力保护和推进宗教自由"问题进行了讨论。在与乌克兰总统和议员会见时，山姆表示美国已准备好在实现教会统一事件上对乌克兰提供帮助。美国驻乌大使除了与乌克兰政府代表会面，也与乌克兰东正教会的领袖进行私人会见。"外交官们和我，以及菲拉列特牧首（基辅圣统）举行了会面。"都主教马卡里（乌克兰自主正教会首脑）说道："他们很想知道我们对此事的态度，是否已经准备好教会统一以及接受御旨（君士坦丁堡牧首颁布的承认乌克兰东正教会自主地位的指令）。"①

君士坦丁堡牧首决定任命美国主教和加拿大主教作为君士坦丁堡驻基辅都主教，为授予乌克兰教会自主权事宜做准备之后，美国国务院派布朗贝克访问这些国家。俄东正教大司祭认为这两位主教是公开的民族主义分子，美国这一举动让人联想到，君士坦丁堡牧首巴尔多禄茂是在美国的影响下决定用新的力量煽动乌克兰内战。

（二）乌克兰教会独立对国际形势的影响

1. 加剧乌克兰国内矛盾，导致乌克兰国内爆发宗教战争，再次引燃乌克兰内战

乌克兰东正教会（基辅圣统）获得自主教会地位后，会将乌克兰民众按照宗教符号分裂开来，在乌民众间造成纠纷和对立，也必然会在乌政府的支持下与其他两个东正教会抢夺国内教会资源，包括教堂、教民等。乌克兰将被刚建立的自主教会和莫斯科牧首圣统的东正教会撕裂。

由于教会独立引起的乌克兰国内矛盾现在已经凸显出来。2018年11月3日，乌克兰东正教会（莫斯科圣统）在主教会议上做出决议，明确"反对

---

① Игра Престолов: Кому Достанется Украинская Православная Церковь, https://newsone.ua/articles/society/ihra - prestolov - komu - dostanetsja - ukrainskaja - pravoslavnaja - tserkov.html.

政府高官已经宣布的任何改变乌克兰东正教会名称的企图，以及其他在立法层面歧视乌克兰东正教会信徒的现象。如果乌克兰最高拉达通过了相关法案，则乌克兰东正教会将运用一切法律手段保护由《乌克兰东正教会基本社会观》、乌克兰法律和欧洲人权公约所赋予的权利"①。他们认为："君士坦丁堡牧首区圣主教公会 2018 年 10 月 11 日关于乌克兰教会问题的决议无效，且没有任何教法效力。"② 决议宣布，君士坦丁堡牧首区做出这种违背教法的决定，承认教会分裂者的神品身份，按照教会法规，表明其自身也已走上了分裂之路，因此决定与君士坦丁堡牧首区断绝关系。

君士坦丁堡牧首宣布乌克兰教会获得自主教会地位后，乌克兰国内各方矛盾的激化已逐渐凸显出来。2018 年 12 月 15 日，乌克兰统一宗教大会在基辅召开。参加此次大会的大部分代表来自基辅圣统的乌克兰东正教会和乌克兰自主正教会。这次大会的主要目的是选举教会的领袖，确立新教会的章程及名称。在这次大会上选举出了"新教会"的首脑——基辅圣统的乌克兰东正教会的主教叶皮凡尼为该教会的都主教。随后乌克兰总统波罗申科宣布"乌克兰自主教会"已经建立。基辅圣统的乌克兰东正教会前领袖菲拉列特获得了新成立的乌克兰自主东正教会终身牧首的荣誉称号。大会选出的"新教会"领袖叶皮凡尼将这个教会命名为"乌克兰东正教会"（Православная Церквь Украины）。莫斯科圣统的乌克兰东正教会认为，基辅统一宗教大会上成立的"新教会"是分裂教会。可以预见，将来双方势必会在信徒派别、教堂归属等问题上展开争夺。

2. 乌克兰教会获得自主权将导致俄乌关系更加恶化

乌境内的一些东正教派可能会跟基辅牧首区行动，这将导致莫斯科牧首区所属的乌克兰东正教会的活动更加受限，在特定情况下乌克兰东正教会（莫斯科圣统）势必会寻求俄罗斯方面的帮助，如果俄罗斯强力干涉乌克兰国内的教会问题，又势必会使本已疏远的俄乌关系雪上加霜。

---

① Постановление Собора епископов Украинской Православной Церкви от 13 ноября 2018 года，https://mospat.ru/ru/2018/11/13/news166569/.

② Там же.

3. 美国希望借此削弱乌克兰亲俄势力，加强亲美力量

美国如此热切关心乌克兰的"宗教自由"是有其政治企图的。美国想将乌东正教世界置于自己的掌控之下。俄罗斯东正教会是一个重要的政治参与者，它不仅仅依靠俄罗斯政府的支持，其自身也具有相当实力。东正教分裂在美国反俄战略中占据重要地位，美国需要东正教世界的分裂。乌克兰教会获得自主权，意味着东正教会精神上的进一步分裂。这是意在疏远俄罗斯东正教会和君士坦丁堡牧首区的关系，试图将俄罗斯东正教会变为东正教世界的弃儿，孤立俄罗斯东正教会。美国想创建另一个可替代的东正教中心，在这个东正教世界中俄罗斯东正教会将处于边缘位置。伊朗问题是美国的核心任务。由于俄罗斯不放弃与伊朗联盟，不准备与华盛顿达成协议，美国想借助于制裁和宗教分裂对俄施加压力，并达到削弱俄罗斯的目的。

Y.7
2018年普京治国理政思想概述

吴德堃*

摘　要： 2018年是普京开启第四任期的第一年。这一年中，普京高票当选，俄罗斯经济走上缓慢增长之路，社会民生改革砥砺前行，西方经济制裁依旧持续，俄美斗争风波不断，2018年对于普京这位老资格的"新"总统来说依然是充满挑战的一年。每年普京都会通过四场大型公开活动："与普京直接连线"电视节目、瓦尔代会议、总统年度记者会和国情咨文向国内民众和国际社会宣传和解释自己的执政理念，因此，通过分析普京在这四场活动中的公开讲话能够理解其在政治、经济和外交领域的重要思想。

关键词： 治国理政　"与普京直接连线"电视节目　瓦尔代会议　总统年度记者会　国情咨文

一　引言

2018年是普京开启第四任期的开局之年。在这一年，普京以76.69%的超高得票率获得了第七届俄罗斯总统大选的绝对胜利，再次刷新俄罗斯选举纪录。对普京来说，2018年是其制定未来战略规划和实行国内社会经济改革的关键一年。在俄罗斯经济逐渐走出阴霾、缓慢向前推进的背景下，普京

---

* 吴德堃，中国社会科学院研究生院俄罗斯东欧中亚研究系博士研究生。

在5月宣誓就任之后马上发布了新的"五月命令",要求总理梅德韦杰夫制订相应计划,使俄罗斯到2024年进入全球五大经济体之列;未来六年,保证俄罗斯每年的GDP增长率高于全球平均值。此外,普京还强制推行延长退休年龄和退休金制度改革,并逐步实施石油税制改革。与此同时,2018年俄罗斯成功举办世界杯,更是把国际社会关注的焦点聚集到俄罗斯,为俄罗斯打造了良好的对外形象。

2018年对于普京来说也是充满挑战的一年,俄罗斯仍面临很多发展难题。以前提出的经济发展目标没有实现,贫富差距拉大,贫困和收入低下带来的社会抗议活动增多。2018年因延迟退休年龄和退休金制度改革引发的抗议浪潮影响到"统一俄罗斯"党(简称统俄党)在地方选举中的优势地位,一些地方出现了统俄党席位下降和候选人败选的情况,同时,普京的支持率也受到影响。另外,乌克兰危机后俄罗斯面临的严峻地缘政治环境没有发生改变,以美国为首的西方国家没有放弃对俄罗斯的经济制裁。虽然普京和特朗普有相互走近、缓和关系的主观意愿,但国际形势和两国的社会情绪使俄罗斯和美国很难走出对抗博弈的状态,俄罗斯与西方还将处于长期的对抗状态。

未来六年,如何发展国内政治经济民生,以及如何为国内发展创造良好的外部环境关系到2021年国家杜马选举和2024年的总统大选,并直接影响普京对最高权力的布局。为了凝聚民心,回应民众的关切,同时也为了增强民众对政策的系统性解读,普京每年都会参加四场大型的公开活动:6月,举办针对国内民众的"与普京直接连线"电视节目,普京会在节目中直接回答普通民众所关切的问题;10月,举办针对国际政治经济事务和俄罗斯对外政策的瓦尔代俱乐部年度会议,普京会亲临现场发言;12月,举行普京年度记者会;年底或第二年年初发布总统国情咨文。根据普京在这些公开场合的讲话内容能够系统分析出普京治国理政的基本思想。

二 "与普京直接连线"电视节目

2018年6月9日,普京在长达4小时20分钟的"与普京直接连线"电视节目中共回答了73个问题。节目共收到大约200万个问题,主要涉及经济、政治、外交和民生领域的话题。与以往不同的是,本次直播连线普京可以与各联邦主体行政长官和政府部门负责人直接视频连线,普京将一些地区问题或具体问题通过视频连线直接交给各负责人回答。

(一)经济持续增长,稳定向好

普京第一个回答的是关于俄罗斯经济发展的问题。普京表示,俄罗斯经济已进入可持续发展轨道,经济增长速度虽然低,但是保持了增长的态势,2017年保持了1.5%的增长率,工业和农业也在稳步增长。通货膨胀率处于历史最低水平。直接投资增长4.4%,表明未来经济增长是有保障的。对外贸易保持顺差,达到1150亿美元。外债占国内生产总值的比重不到20%,而且中央银行的黄金和外汇储备在增加,当前达到4500亿美元左右。这一切表明俄罗斯具有很好的经济发展条件。居民收入稳步上涨,实际收入增长3.8%,虽然不是所有人都能感受到,但是数据是真实和客观的。机械设备和农产品出口大幅增加表明俄罗斯经济结构发生变化,其中农产品出口达到200亿美元,超过武器出口额。

(二)政府成员新老搭配,保证发展计划快速实施

针对新政府内阁组成人员的争议,普京表示,任何政府首先需要制订发展计划。上届政府在过去几年一直在讨论和制订发展计划,如果现在将政府成员全部换成新人,那么即便这些新人能力出众,重新制订发展计划也要花费两年的时间,这将使俄罗斯失去两年的发展时间。普京还表示,他决定通过引进一些新人来重振政府工作,但这些人必须有足够的经验和能力。

此外,关于政府是否有能力实现"五月命令"中的国家战略目标,普京对此表示乐观,他认为新政府保留了上一届政府的核心人员,并已制订好相应的实施计划。而经济增长、宏观经济调控和未来六年稳定的税收政策将为该计划提供资金支持。

（三）政府通过税收和预算对资源进行再分配以达到减少贫困人口的目标

针对贫困问题，普京表示政府的目标是将贫困人口减少一半。2000～2008年，俄罗斯生活在贫困线以下的人口减少了一半。在2008～2012年复杂的经济形势下，俄罗斯贫困人口有所增长，但随着工资水平的提高（增长率为9.8%或9.6%）和居民实际收入的增长（增长3.8%），贫困问题会逐步缓解。普京表示政府将通过税收和预算对资源进行再分配以解决俄罗斯的贫困人口问题。

（四）实行首长问责制，普京针对油价上涨直接问责能源部部长

针对能源问题，普京称价格上涨是不能容忍的，这是能源领域不正确管理的结果。随后，普京通过视频连线联系了能源部部长诺瓦克，了解俄罗斯汽油价格现状。诺瓦克称，汽油价格上涨态势已停止，俄国内市场目前不存在燃料短缺现象，能源部已与石油公司就稳定油价以及扩大对国内市场的石油供应达成协议。2018年5月，俄国内市场燃油价格环比上涨5.6%，政府随即采取一系列措施，旨在稳定批发市场和加油站的燃油价格。当前，燃油价格上涨已经停止。

（五）俄罗斯必须维护本国利益，但不排除与西方达成妥协

普京表示，俄罗斯与西方国家的关系终究会改善，但没有明确的期限。对俄罗斯来说，首要任务是保护本国经济和安全领域的利益，但是俄罗斯不排斥与西方国家达成和解。当西方国家认识到与俄罗斯对抗会损害各方利益时，它们就不得不正视和尊重俄罗斯的国家利益，制裁与对抗将因此而结束。

（六）军事大国确立的战略平衡维护了二战后相对的全球和平

普京表示，自第二次世界大战以来，国际局势处于相对和平的状态。虽

然有区域冲突和战争爆发,如朝鲜战争、越南战争、伊拉克和利比亚战争,但这些冲突没有引发全球性的战争。原因在于军事大国之间形成的战略实力平衡使国际行为体之间保持了充分的相互尊重。惧怕相互摧毁是遏制大规模战争爆发的重要因素。此外,在回答关于第三次世界大战的问题时,普京援引爱因斯坦的话说道:"我不知道第三次世界大战用什么武器,但第四次世界大战人们将只会用木棒和石头。"① 最后,普京指责美国退出《中导条约》打破了这种战略实力平衡,俄罗斯为维护这种平衡将开发更为先进的武器系统。同时,普京还认为世界需要制定新的国际安全方案。

(七)反对美国单边主义,国际社会需要在安全和经济领域制定共同的行为准则

谈及贸易战时,普京表示自己曾在2007年慕尼黑会议演讲时说过,美国希望构建单极世界,但当时没有人听俄罗斯的,现在这个问题对所有人已显而易见,法国和德国的财政部部长公开表示美国不能成为"世界警察",德国政府官员甚至表示德国自1945年以来从未成为一个完全意义上的主权国家。美国已对自己的伙伴实施制裁,不仅对欧洲国家,对加拿大和墨西哥实行的钢铝关税也是一种变相的经济制裁。对于美国为维护自身利益采取的单边行动,国际社会需要在安全和经济领域制定统一的行为准则。

(八)审慎对待退休金制度改革,增加退休人员收入是关键

普京谈到延迟退休年龄问题时表示,他一直都是以慎重的态度对待退休金制度改革。普京已向政府提出要保证增加退休人员的收入,他相信在不久的将来政府会完成这项任务,因为提高退休人员的收入还包含在政府提出的另一项计划当中,即减少一半的贫困人口。普京最后强调,退休金制度改革的关键任务是大幅增加退休人员的收入。

---

① Прямая линия с Владимиром Путиным. http://www.kremlin.ru/events/president/news/57692.

（九）出兵叙利亚维护了俄罗斯的安全和经济利益，同时稳定了叙利亚局势

普京在回答关于俄罗斯从叙利亚撤军的问题时指出，俄罗斯出兵叙利亚有三个目的。第一，增强俄罗斯军队实力。俄罗斯军队在战斗条件下得到的经验是任何演习都无法比拟的。第二，以战止战。俄罗斯参与叙利亚战争有利于叙利亚局势的稳定，叙利亚政府已经控制90%以上的领土，大规模作战行动已经停止，通过和平谈判手段解决问题已提上日程。第三，维护俄罗斯在该地区的利益。俄罗斯军队参与战争是确保俄罗斯在叙利亚的利益不受侵犯，同时有助于履行俄罗斯的国际责任。到目前为止，俄罗斯军队很好地维护了俄罗斯在该地区的安全和经济利益。

（十）发展尖端武器以备不时之需

普京表示，俄罗斯早在2004年就已开始研究尖端武器系统。作为对美国退出《中导条约》的回应，俄罗斯已经完成"先锋"高超音速导弹的研制，该导弹系统可以改变弹头飞行轨迹和高度，同时具有20马赫的速度，是音速的20倍。此外，具有10倍音速的"锆石"高精度超高音速航空导弹已经在俄南部军区正式服役。到2020年俄罗斯将装备"萨马特"新型洲际弹道导弹系统。

（十一）先进技术和人民的自由是俄罗斯未来取得成功的关键因素

在节目的最后，普京首先回顾了俄罗斯两次发展被迫中断的历史。他指出，苏联在20世纪30年代提出了工业化发展目标，但被纳粹德国的入侵打断；而40年代末50年代初，苏联又面临着核打击的威胁，导致国家资源集中到核武器领域，生存是当时俄罗斯首要的目标。今天俄罗斯的国家安全得到了保障，同时拥有广阔的土地和巨大的矿产资源，还有受过良好教育的人民，因此先进技术在当今的俄罗斯就显得尤为重要。如果俄罗斯不引进人工智能和数字经济，不发展航空和铁路基础设施，不实现国家通信线路的联

通,不关注医疗卫生和教育领域的发展,那么俄罗斯将会不可逆转地落后于世界,俄罗斯的国家主权也会受到侵犯。

其次,必须实现人的自由,这样才能保证每个人都能充分发挥自己的创造力,驱动创新发展。同时,还需要继续完善俄罗斯的政治制度和实行有效的管理。

最后,普京表示,为实现这些目标需要每个人专注于自己的工作,当然问题会有很多,但是只要俄罗斯人民团结一致,所有的目标都会达成。

三 瓦尔代国际辩论俱乐部第十五届年会

2018年10月15~18日在俄罗斯索契召开的第十五届瓦尔代国际辩论俱乐部年会的主题是"俄罗斯:21世纪的计划",关注点聚焦于俄罗斯政治和社会经济发展的前景、社会和文化的发展以及俄罗斯在新兴世界中的地位。按照惯例,普京每年都会在会议总结性议题中参与讨论和发言,本次会议的总结性议题是"我们生活的世界:21世纪的稳定与发展"。与以往不同的是,本次会议普京没有发表主旨演讲,而是同与会嘉宾就国际局势进行了讨论。

(一)携手合作是解决恐怖主义问题的有效方式

普京在回应叙利亚战争的问题时指出,恐怖主义是最严重和最具挑战性的问题,对抗恐怖主义的唯一有效方法就是世界各国根据相关的国际法和联合国决议携手合作。但是,当前世界各国还没有将这种合作付诸实施。普京还表示,俄罗斯是恐怖主义的受害者之一,当前俄罗斯还没有彻底根除恐怖主义威胁,这也是俄罗斯在叙利亚展开反恐战争的原因。随后,普京列出了俄罗斯参与叙利亚战争取得的成果:"首先,我们这些年已解放叙利亚95%的领土。其次,我们保住了叙利亚国家体制,没有让这个国家分裂。我们对这一地区的恐怖分子造成了很大的破坏,大部分恐怖分子已经被消灭,还有一些人已经放弃恐怖活动,放下武器,不再相信他们曾认为正确的原则。"① 最后，普京表示，俄罗斯已经达成在叙利亚的行动目标，下一步将组建宪法委员会，寻求以政治途径解决叙利亚问题。

（二）俄罗斯需要真正的民族主义者

在谈到民族主义和沙文主义时普京强调，俄罗斯族并非一直存在，它是由各个斯拉夫部落根据相同的信仰和共同的利益组成的，在某种程度上并不存在纯正的俄罗斯人。俄罗斯首先是一个多民族国家，然后成为一个多宗教的国家，不同民族和宗教在一千年的发展中相互包容促成了基本的稳定，这也是俄罗斯得以存在的基础。真正的民族主义者将维护俄罗斯人民的利益作为首要目标，而狭隘的民族主义者会摧毁这个国家。普京还宣称自己是真正的民族主义者。

（三）国家自始至终要捍卫自己的利益

普京在回答"俄罗斯如何回应西方制裁以及对于遭遇贸易战的中国可以给出哪些建议"时说道："对于一些可能导致局势更加恶化的事情，不需要立马就做出回应，但肯定要捍卫自己的利益。中国和俄罗斯也都是这样做的。"② 此外，普京还表示，如果中美贸易战继续下去，消耗的资金将达到1.5万亿美元，占全球经济的0.4%，未来全球经济都将会衰退。同时，普京还认为中国的经济结构能经受住贸易战的考验，中国的经济已经超越美国，但在创新技术和高科技领域俄罗斯和中国仍需要向美国学习。

（四）俄罗斯可以为朝鲜半岛提供经济和安全保障

在被问及美朝关系缓和的问题时，普京提出朝鲜半岛局势正朝着积极的方向发展，俄罗斯希望美国和朝鲜积极接触，但在没有提供任何安全保

---

① Заседание дискуссионного клуба "Валдай". http://www.kremlin.ru/events/president/news/58848.
② 《普京谈俄遭制裁以及中美贸易战：自始至终要捍卫自己利益》，http://sputniknews.cn/politics/201810181026609344/。

障的情况下要求朝鲜全面无核化是不可能的。俄罗斯可以在该问题上发挥两点积极作用：第一，发展俄、韩、朝三边计划，包括连接俄罗斯、韩国和朝鲜的铁路和电力线路以及建设通过朝鲜的俄罗斯—韩国天然气管道，还可以成立相关的合资企业；第二，俄罗斯可以在保障朝鲜安全方面发挥一定的作用。

（五）全球贸易保护主义为中俄合作提供了契机

针对"一带一路"倡议和欧亚经济联盟的对接，普京表示"一带一路"倡议与俄罗斯密切相关，当前世界的贸易壁垒和经济制裁为中俄合作提供了窗口，也为俄罗斯开辟新市场提供了动力。普京举例说，中美大豆贸易规模在过去一直很庞大，但现在俄罗斯大豆将慢慢进入中国市场，俄罗斯将为中国在远东地区大豆业的投资提供帮助；在航空技术领域，中国此前一直是波音公司的主要客户，但现在中俄加强了对宽体远程飞机和重型直升机的共同研制；中俄在军事技术领域的合作也取得积极进展，俄罗斯不仅向中国销售军事装备，还向中国进行技术转让，这说明两国之间存在高度的互信。在基础设施建设领域，俄罗斯欢迎中国参与北极航道的开发。另外，普京还强调俄罗斯与欧盟的贸易额占俄对外贸易总额的42%，与亚洲国家贸易额占31%，并且还在增加，俄罗斯将与所有伙伴开展积极的合作。

（六）支持或同情他国政权，但不轻易干涉他国内政

提到中东军事化问题，普京表示中东所有问题的关键是巴以冲突，其次是恐怖主义威胁。美国针对恐怖主义的打击对地区局势的改善没有起到丝毫作用。例如，入侵伊拉克削弱了当地政权，导致恐怖主义的威胁急剧增加，利比亚内战导致国家四分五裂。因此，摧毁现有政权只能导致该地区局势恶化。随后，普京强调俄罗斯的立场是可以支持他国政权，但不会直接干涉他国事务。俄罗斯会以谨慎的态度处理所出现的问题，任何来自外部势力的干涉都会导致严重的后果。

（七）国家向正确方向发展，改革势在必行

针对普京引领的俄罗斯正在向错误方向前进的指责，普京表示，20世纪90年代的俄罗斯处于动荡、瘫痪和贫困的状态，过去几年俄罗斯保持了国内政治稳定，有效打击了恐怖主义，没有人愿意再回到那个动荡的时代。俄罗斯当前的首要任务是解决贫困问题和实现经济增长，政府延迟退休年龄和改革退休金制度是必要的措施，2024年俄罗斯人均寿命将达到78岁，到2030年将达到80岁，因此政府不可避免地要提高退休年龄。未来，那些达到退休年龄但尚未退休的人员将在税收以及其他方面获得便利。最后，普京强调人民对领导层和政府的信任是很重要的，他认为这种信任没有丧失。

四 总统年度记者会

2018年12月20日普京第十四次年度记者会在莫斯科国际贸易中心召开，普京在将近4个小时的时间里回答了记者提出的66个问题，内容涉及国内经济民生、俄美关系以及俄罗斯对外政策等相关议题。

按照惯例普京首先对2018年国内情况做了总结：2018年前九个月，俄罗斯国内生产总值增长1.7%。工业生产增长速度更快，2018年前十个月总计增长2.9%，其中加工业增长3.2%。此外，2018年前三季度固定资本投资增长4.1%，货运和零售贸易增长2.6%。居民实际收入增长0.5%，薪资水平增长7.4%，预计到年底将达到6.9%或7%。通货膨胀率为4.1%~4.2%，仍处于可接受的水平。2018年失业率从2017年的5.2%降至4.8%。贸易顺差正在增长，2017年约为1150亿美元，到2018年底将达到1900亿美元。黄金外汇储备增长7%以上，2018年初为4320亿美元，目前接近4640亿美元。自2011年以来，俄罗斯将首次实现预算盈余，联邦预算盈余占GDP的比重将达到2.1%。国家福利基金增长约22%。与2017年相比，居民预期寿命也有所增加，从72.7岁增至72.9岁。总体来说，俄罗斯经济处于稳步增长状态。

（一）国家需要突破，如何分配资源是关键

有记者质疑国家推出的新项目的可行性，普京对此表示，国家需要突破传统发展范式，为此必须制定分配可用资金的具体方案。此外，没有明确的目标不可能获得最后的成功，因此政府在医疗卫生、教育和制造业领域设立了12个国家项目。普京表示在中央政府和地方政府共同努力下，这些项目将会得到有效推进。

（二）俄罗斯应成为世界第五大经济体

普京表示，2019～2020年俄罗斯年均经济增速将达到2%，从2021年开始经济增速计划达到3%。俄罗斯在未来有可能成为世界第五大经济体，在经济实力和购买力方面重新回归世界第五名，这些都是俄罗斯政府国家项目要达到的目标。

（三）俄罗斯首先要维护安全利益和战略平衡

面对记者关于核武器的提问，普京表示，美国退出《中导条约》，俄罗斯为维持战略威慑的平衡不得不升级导弹系统。当前，美国退出《中导条约》破坏了战略平衡，降低武器管控可能引发全球核灾难。

针对日本记者提出的俄日和约问题，普京表示，安全问题对俄罗斯来说至关重要，俄罗斯对美国在日本部署反导系统表示不安，因为在日本的反导系统可以作为进攻性武器使用，俄罗斯不对美国的该系统抱有幻想，但俄罗斯仍希望同日本签署和平条约，因为俄罗斯需要发展同日本的经济关系。

（四）总统是全体俄罗斯人民的代表，不代表任何党派的利益

普京在回答2018年地方选举中"统一俄罗斯"党败选问题时表示，这是当地居民自愿的选择，而且这也不是反对党候选人第一次赢得地方选举，他将以各种方式帮助这些地区的任何领导人。此外，普京强调他虽然创建了

"统一俄罗斯"党，但他本人不属于任何一个党派，对他而言最重要的是改善俄罗斯各地区人民的生活水平。

（五）俄罗斯经济已经适应外部经济制裁

普京表示，回顾俄罗斯 19 世纪和 20 世纪的历史，俄罗斯面临着各种制裁和限制，他认为这是俄罗斯实力和影响力增加所带来的结果。事实上，俄罗斯经济已经适应这种制裁常态。普京认为，美国财政部所说的"俄罗斯 GDP 下降 2.5% 有 1/3 是制裁所致，2/3 是石油价格下跌所致"有点言过其实，他认为制裁导致的经济下降不足 1/3，制裁对俄罗斯经济的影响微乎其微。另外，普京还表示西方的经济制裁也有利于俄罗斯经济的发展，自 2000 年以来俄罗斯出口量增加了 16 倍。

（六）俄罗斯外交政策的目的是确保俄罗斯与其他大国具有平等地位

普京在回答《华尔街日报》记者提问时首先表示，美国在防务方面的支出超过 7000 亿美元，而俄罗斯的军费开销只有 460 亿美元。俄罗斯人口有 1.46 亿，而北约国家的人口是 6 亿。因此，想统治世界的国家并不是俄罗斯。普京说道："关于统治世界，我们知道试图这样做的总部不在莫斯科。"① 其次，普京认为西方国家渲染"俄罗斯威胁论"是为了解决内部问题而刻意打造的，西方国家需要一个外部威胁存在。最后，普京说明了俄罗斯外交政策的主要目的：首先要为俄罗斯的经济和社会发展创造有利条件，确保俄罗斯的发展不受约束；其次是确保俄罗斯在国际舞台上占有一席之地，在《联合国宪章》框架内平等地发展与其他国家的关系。

---

① Большая пресс-конференция Владимира Путина. http://kremlin.ru/events/president/news/59455.

俄罗斯黄皮书

五 国情咨文

2019年2月20日普京向联邦会议发表了2019年度国情咨文。针对俄罗斯经济、国防、外交、医疗、教育和人口等领域阐述了相关政策,其中民生领域是普京这次国情咨文的重点。

(一)民生问题:既要提高数量也要提高效率和质量

在国情咨文中,普京用2/3的篇幅阐述了俄罗斯民生发展问题。普京在国情咨文开头便指出:"今天的演讲主要是关于国内社会和经济发展。我想集中讨论2018年5月行政命令中所规划的目标,并详细说明国家将实施的项目。这些内容集中反映了俄罗斯公民的要求和期望。"① 可以说,2019年的国情咨文实际上是普京未来六年的施政计划书。

首先,普京在咨文中谈到俄罗斯人口问题。他指出,俄罗斯人口已经进入极具挑战的时期,新生儿出生率呈下降趋势。针对这一问题,普京提出多子女家庭将会得到两倍的生活保障补贴,降低其纳税税率以及在偿还贷款过程中享受优惠政策。普京表示,这一政策将惠及70%的俄罗斯家庭,政府将在三年内尽快提供财政支持。

关于教育问题,普京提出到2021年底将尽快建设9万个托儿所,解决27万多名儿童的教育问题,联邦中央和地区在三年内将提供1470亿卢布的预算补贴。到2021年底所有俄罗斯学校必须安装高速互联网。到偏远地区或小城市执教的教师将一次性获得100万卢布的补助。

普京提出,为解决贫困人口问题,国家将帮助人们找到工作并提高他们的工作技能。政府将向经营家庭农场和开办小型企业的公民提供财政支持。未来五年将有900多万人从这项政策中受益。

---

① Послание Президента Федеральному Собранию. http://kremlin.ru/events/president/news/59863.

在医疗领域，普京表示到 2020 年底，在俄罗斯所有人口稠密地区都可以享受医疗服务。此外，2019～2020 年将建造或翻修 1590 个诊所和护理站。政府还将采取措施提高医务工作者的工作质量，精简就诊规定。普京还提出在未来六年内将提供至少 1 万亿卢布的资金用于癌症治疗计划。

在环保领域，普京强调俄罗斯的垃圾处理问题一直没有得到很好的解决，未来两年政府计划将垃圾处理率从当前的 8%～9% 提至 60%。在公共服务行业和运输行业将实施更严格的环境评估标准，敦促企业尽快启动天然气发动机项目并投资建设液化天然气加气站和燃料系统网络。与此同时，政府还将利用法律手段严格监督工厂的排放标准。

（二）经济发展：为经济增长创造良好条件

关于经济发展问题，普京表示 2021 年俄罗斯的经济增长速度必须达到 3%，并高于全球平均水平。中央银行和政府必须确保通货膨胀率达到预期目标，为促进经济增长创造有利的宏观环境。普京指出，实现经济的高速增长首先要提高劳动生产率；其次是改善营商环境和国家管理质量，消除影响经济发展的限制性措施；最后是培养现代化的人才。未来，俄罗斯要推动数字经济的发展，提高数据处理的能力。

（三）外交政策：通过合作解决问题

普京指出，俄罗斯永远是独立的主权国家，没有主权的俄罗斯就不能被称为一个完整的国家。与俄罗斯建立外交关系意味着共同寻找解决复杂问题的方案，而不是试图向俄罗斯强加解决方案。俄罗斯对自己的外交优先方向毫不掩饰，其中包括加强互信以应对全球威胁，促进经济、教育、文化、科学和技术方面的合作，以及加强人与人之间的互动。这些原则是俄罗斯在联合国、独联体、G20 集团、金砖国家和上海合作组织开展工作的基础。

普京强调，与中国的平等互利关系是当前国际局势稳定和欧亚安全的重要因素。俄罗斯还重视与印度的战略伙伴关系，积极推动与日本的经济合

作,寻求俄日和平条约的签署,同时俄罗斯还将与东南亚国家联盟开展更深层次的联系。对于西方国家,普京希望与欧盟和欧洲主要国家的关系恢复正常,他强调这些国家期待着与俄罗斯开展合作,这符合俄欧双方的共同利益。

(四)国防安全:谴责美国违反规则,莫斯科不会坐视不理

关于美国将退出《中导条约》,普京认为美国应与俄罗斯就该问题开展对话,而不是单方面宣布退出条约。普京警告美国,俄罗斯不会率先在欧洲部署中短程导弹系统,但如果美国在欧洲部署反导弹系统,这对于俄罗斯来说是严重的威胁,莫斯科将会采取相应措施。普京还指出,美国企图通过建立全球导弹防御系统来获得绝对的军事优势,但俄罗斯已经完成了"锆石"超高音速导弹的研制,"萨马尔特"超重型洲际弹道导弹正在进行一系列的测试,到2027年将有16艘潜艇在俄罗斯海军服役,因此美国不会获得绝对的军事优势。尽管如此,普京在最后还是表现出与美国保持良好关系的愿望。

普京在2019年国情咨文中以大量篇幅描绘了俄罗斯未来六年的发展图景。这里需要指出的是,尽管普京在国情咨文中列出大量关于民生发展的计划,但一些问题积重难返,难以在短期内解决,如人口问题一直是困扰俄罗斯发展的老大难问题。另外,这些计划需要大量的资金支持,俄罗斯政府能否提供这样的财政支持仍须打个问号。这些问题将给普京未来六年的执政提出挑战。

六 结语

纵观普京在上述四场大型公开活动中的讲话内容,其核心理念仍秉承着以"主权民主"为内核的俄罗斯保守主义。普京"主权民主"思想的内涵是俄罗斯要首先维护自己的主权,即强国地位和独立自主权。其次,民主是作为维护主权的工具,民主程序和准则服从于加强大国主义和国家体

制的标准。① "主权民主"思想的官方意识形态表现为俄罗斯保守主义,其政策和意识形态基本原则包括了精神和道德复兴、振兴国家、强有力的领导人、集体主义和历史传统、统一的国家、各民族宗教结合的整体、恢复超级大国地位。俄罗斯保守主义的常量是文化、精神、爱国主义和国家力量,其变量是科学技术的发展、新技术的运用和民众生活水平的提高。② 因此,普京在2018年列出了众多改变变量因素的措施。

2018年普京治国理政思想的基本逻辑路线是,俄罗斯首先要维护本国的利益,尤其是安全利益;同时还要提高人民的生活水平,尤其是减少贫困人口,提高居民的收入。为完成这两项任务,普京在经济方面提出了先进技术和人民自由是经济可持续发展的必要条件。其次要合理规划资源分配。在外交方面,普京仍秉承以现实主义为主导的地缘政治理念,认为维护国家安全的有效手段首先是维持战略实力的均势,其次才是国际社会制定相应的准则,而维持均势的方法就是发展更为尖端的武器装备。普京在2019年2月发表的国情咨文中大篇幅谈及民生计划,一方面有其传统理念思想的因素;另一方面则是为了缓解2018年退休金制度改革后引发的社会民意动荡以及自身支持率的下跌。

普京治国理政思想经过多年的发展和完善已经在具体的实践中得到巩固。以"主权民主"思想为内核的俄罗斯保守主义意识形态作为指导,提升国家自主性和权威性,并将民主与集权相结合,以达到强国富民的目的。未来,普京将在调整国家与社会、政府与市场、民主与集权的关系中继续完善自己的治国理政思想。

---

① 庞大鹏:《观念与制度——苏联解体后的俄罗斯国家治理(1991~2010)》,中国社会科学出版社,2010,第137~155页。
② 庞大鹏:《观念与制度——苏联解体后的俄罗斯国家治理(1991~2010)》,中国社会科学出版社,2010,第137~155页。

Y.8
俄罗斯网络安全状况评析

许文鸿*

摘　要： 随着互联网的发展，网络安全日益成为各国重点关注的问题。当前俄罗斯既受到有关通过网络活动介入2016年美国大选的指控，本国的网络也不断受到攻击，为保障网络安全，甚至进行了相关的"断网"演习。网络安全成为俄罗斯互联网发展和政治生活中一个不可回避的重要问题。近年来俄罗斯先后采取了一系列具体的措施来保障本国的网络安全发展。俄罗斯有关网络安全的认识和某些保障措施值得借鉴。

关键词： 俄罗斯　网络安全　数据安全　网络主权

从人类历史的发展角度来看，人类社会的工业文明经历了以机械化、电气化、信息化为标志和动力的三个革命性阶段，目前，一些国家开始进入以数字技术、物理技术和生物技术相融合的第四次工业革命时代。信息化和数字化水平成为第四次工业革命发展的关键因素，而互联网的发展是信息化和数字化的基础，网络安全则是信息化和数字化的保障。

网络安全涉及多方面因素，主要包括网络硬件（网络基础设施）、软件及数据不因恶意损害而影响正常的运转。网络安全是涉及面较广的概念，既包括传统安全的内容，也包括非传统安全的内容。随着近年来国际形势的变化和互联网技术的发展，越来越多的领域出现网络安全的问题。2017年1

---

* 许文鸿，博士，中国社会科学院俄罗斯东欧中亚研究所俄罗斯经济研究室副研究员。

月美国情报共同体（United States Intelligence Community）发布了《俄罗斯干涉美国选举评估报告》①，指控俄罗斯的互联网研究所（Internet Research Agency，IRA）介入 2016 年的美国总统大选。此事件蔓延成为严重影响俄美首脑赫尔辛基会晤乃至影响近年俄美关系的一个重大事件。② 2019 年 2 月 8 日，俄罗斯主流媒体 RBK 报道称，俄罗斯将进行一次"断网"演习。③ 演习假想俄罗斯网络"遭遇别国攻击"，俄在被"切断"与国际互联网连接的情况下，启用本国的网络 Runet 替代国际互联网以确保本国网络的安全。④

上述直接和间接影响俄罗斯国内、国际等一系列问题的事件都与网络安全有关，使得网络安全问题在俄罗斯显得尤为重要。

一 俄罗斯的互联网发展现状

俄罗斯的互联网主要是指以位于俄罗斯联邦境内的网络基础设施为基础、以俄罗斯企业运营的互联网为主体、以其本民族的通用语言俄语为主要载体而形成的俄罗斯独有的网络体系（虽有部分网络用英语或其他民族语种，但不占主要部分），并在此基础上逐渐形成俄罗斯的 Runet 体系，是国际互联网的一个重要组成部分。近年来，随着全球范围内互联网技术和产业的发展，俄罗斯的互联网相关产业也取得了显著的成就，涌现了一批网络企业，如 Yandex. ru、Mail. ru、VK、Avito、卡巴斯基公司、1C 公司等。同时，国际上的大型网络企业如谷歌、推特、Youtobe. com 等在俄罗斯也有良好的发展。

---

① "Assessing Russian Activities and Intentions in Recent Elections", https：//www. fbi. gov/news/testimony/assessing – russian – activities – and – intentions – in – recent – elections.
② 2018 年 7 月俄美首脑会晤时，特朗普总统曾直接询问普京，俄罗斯是否介入了美国大选。可见该事件对俄美关系产生了直接影响。
③ Законопроект о «суверенном интернете» принят в первом чтении, http：//duma. gov. ru/news/29748/.
④ https：//www. rbc. ru/technology_ and_ media/08/02/2019/5c5c51069a7947bef4503927 Атака изнутри：операторы протестируют закон об устойчивости Рунета.

俄罗斯传统上是一个科技大国，在苏联时期良好的科技发展水平上，互联网技术也有着与世界同步的发展水平。网络数据传输技术始于20世纪50年代，随后美国于1965年开始组建互联网。① 苏联科学家最早于1952年在谢尔盖·列别杰夫的带领下建立了早期的计算机网络，作为自动导弹防御系统的一部分。② 在随后互联网技术迅速发展的过程中，俄罗斯基本保持与世界同步。

俄罗斯国民总体受教育水平高，互联网适龄人口基数较大。据2016年的统计数据，在俄罗斯，24~54岁的人口占总人口的44.21%。早在2011年俄罗斯就已超过德国成为欧洲互联网用户数量最多的国家。③ 2016年俄罗斯互联网用户数量超过1亿人，占全俄总人口76.4%以上（2016年6月）。④ 互联网经济从业人员数量也逐年增加，俄罗斯移动终端（智能手机、平板电脑）互联网用户比例接近60%，4G服务已可覆盖俄罗斯70%的居民区（见表1）。

表1 2015年俄罗斯网民通过Yandex.ru浏览器上网情况

每周上网基本指标	台式机	安卓系统智能手机	安卓Pad
上网次数（次）	11.5	7.5	7.5
平均上网时间（分钟）	331	99	133
登录网站数量（个）	27	13	17
浏览页面（页）	252	78	103

注：本调查是俄罗斯的搜索引擎Yandex.ru 2015年所做的俄罗斯网民通过该公司浏览器上网情况的调查报告，通过该调查可以对俄罗斯互联网的普及和发展有初步了解。

资料来源：Развитие интернета в регионах России，https：//yandex.ru/company/researches/2016/ya_internet_regions_2016。

---

① 互联网技术源于美国的"阿帕"（ARPA）项目，"阿帕"是美国国防部高级研究计划署（Advanced Research Project Agency）于1968年在美国拉里·罗伯茨（Lawrence G. Roberts）领导下开发的世界上第一个网络项目，于1969年正式投入使用，由此成为全球互联网的始祖。
② http：//www.ccas.ru/jubilee/sbornik.pdf.
③ "Comscore Releases Overview of European Internet Usage in September 2011"，https：//www.comscore.com/Insights/Press - Releases/2011/11/comScore - Releases - Overview - of - European - Internet - Usage - in - September - 2011？cs_edgescape_cc = CN.
④ Russia, communications, The world factsbook，https：//www.cia.gov/library/publications/the - world - factbook/geos/rs.html.

长期以来，俄罗斯传统的经济发展严重依赖能源部门。近年来随着国际经济、政治局势的变化，国际能源价格长期在低位徘徊，俄罗斯能源经济发展模式受到挑战。俄罗斯一直在探索转变经济发展的新模式，随着科技的发展和工业4.0概念的提出，信息化、数字化逐渐成为俄罗斯未来经济发展的一个方向。① 为此，俄罗斯采取了多重措施，不断推动本国互联网经济的发展，如加大人才培养力度，对IT公司采取税收优惠，在IT领域加大财政投入，支持国产软件产品，追踪和促进移动通信技术从第四代向第五代迈进，等等。因而，同其他国家一样，互联网在俄罗斯也逐渐成为国民经济中不可或缺的基础设施，发挥着越来越重要的作用。

二 俄罗斯对网络安全的认识

如同世界各国一样，互联网作为俄罗斯国民经济生活中不可或缺的基础设施，也存在严重和普遍的安全问题，如缺乏加密技术、网络空间没有防火墙、没有双重认证、没有复杂的密码保护等，导致网络瘫痪、用户信息泄露、域名系统攻击、网络诈骗、网络攻击、网络渗透，网络恐怖主义、各国间网络攻击事件的增多，传统的网络安全问题逐渐从信息技术领域向工业网络、关键基础设施、制造控制等系统扩散。

近年来，俄罗斯遭受不同程度的网络攻击事件逐渐增多。据俄罗斯国家信息安全监测中心（Roskomnadzor）监测到的数据，仅2017年第一季度就监测到有约1.37亿次可能违反俄信息安全政策的现象，同时发生多次对俄信息安全造成威胁的事故，其中包括恶意软件事故、网络攻击、密码破解、违反信息安全政策、网络漏洞和DDoS攻击。它们的占比分别为52%、16%、14%、9%、6%和3%。② 2018年第一季度与2017年同期相比，俄罗

---

① 2018年9月27日俄罗斯总理梅德韦杰夫在政府工作会议上强调，创建数字经济是俄罗斯的国家目标，在未来几年内数字经济对俄罗斯国内生产总值的贡献率将达到1/3左右。
② Отчёт Центра мониторинга информационной безопасности заIквартал 2017 года. 23.08.2017. https://habrahabr.ru/company/pm/blog/326810/.

斯境内发生的黑客攻击事件数量增加了约 1/3。①

在人类历史的发展进程中,最先进的科学技术总是优先使用在军事领域。互联网技术的发展也毫不例外。据报道,俄罗斯曾在 2007 年对爱沙尼亚、2008 年在俄格战争中、2014 年在乌克兰事件中多次使用网络攻击这种全新的打击方式。2008 年俄格战争爆发后,俄军对格鲁吉亚实施了网络攻击,使得格鲁吉亚的媒体、金融、通信和运输等系统在短时间内陷入瘫痪,机场、物流和通信等信息网络崩溃,俄罗斯的网络攻击对格鲁吉亚军队指挥和调度以及社会秩序造成了一定影响,网络攻击在俄格战争中发挥了重要作用。此后,在 2014 年克里米亚事件中俄罗斯也实施了"赛博蛇"(Cyber Snake)计划。②

因此,俄罗斯对自身的网络安全问题有着清醒的认识。由于美国在互联网领域的垄断优势,以及乌克兰危机以来以美国为首的西方国家对俄罗斯的制裁,使俄罗斯对本国的网络安全一直充满危机感。③ 在 2014 年俄罗斯媒体峰会上,普京指出,"互联网是由美国中情局的项目发展起来的"④,俄罗斯对此应保持警惕。最早从 2014 年起俄罗斯就已开始研究防范 Runet 与互联网断开连接的情景。同时,着眼于互联网的国际共享与治理,俄罗斯采取了一系列措施,呼吁发展中国家一起关注互联网的国际治理与安全问题。2012 年 12 月国际电联大会在迪拜举行,在该次会议上俄罗斯联合中国、印度等发展中国家,希望改变美国控制国际互联网的状况(根处理器和域名

---

① Как Россия будет бороться с киберпреступностью. Путин назвал 5 шагов. http://gov.cnews.ru/news/top/2018-07-06_putin_prizval_strany_ne_byt_egoistami_v_tsifrovoj.

② "Russia's cyber weapons hit Ukraine: How to declare war without declaring war", https://www.csmonitor.com/Commentary/Global-Viewpoint/2014/0312/Russia-s-cyber-weapons-hit-Ukraine-How-to-declare-war-without-declaring-war.

③ 曾任普京总统的互联网顾问科里门科(German Klimenko)早在 2018 年 3 月就宣称俄罗斯为切断国际互联网做好了准备。Russia Is Ready for a Shut-Down of the Internet—Putin's Adviser, https://www.themoscowtimes.com/2018/03/05/russia-is-ready-for-a-shut-down-of-the-internet-putins-adviser.

④ Путин: Интернет возник как проект ЦРУ, так и развивается, https://www.vesti.ru/doc.html?id=1512663.

等事务的垄断），提出国际性共享资源应该由全球各国共同监督和管理，要求将美国对互联网的控制权转移到联合国下属的国际电信联盟，至少国际电信联盟应该部分参与国际域名的分配等倡议。①

　　2015年12月在第二届世界互联网大会（中国乌镇）上，习近平主席阐述了"网络主权"的主张，俄总理梅德韦杰夫积极回应并呼吁建立"网络空间治理的世界性标准"，中俄两国倡导加强网络空间治理的主张得到了与会各国代表的积极响应。② 2016年6月25日，中俄两国在北京签署了《中俄元首关于推进信息网络空间发展的联合声明》③。该声明的签署将进一步促进两国在信息安全领域的合作，推动双方在网络安全领域的合作水平迈上一个新高度。该协议也表明，中俄两国有意就探索全球互联网治理模式加强合作。2017年11月，梅德韦杰夫总理在回答记者的提问时阐述了俄罗斯关于网络主权的态度，他认为俄罗斯必须"自给自足但不封闭"④。由此可见，俄罗斯对保障本国网络安全的网络主权主张持积极态度。

　　相对中国主张的"网络主权"而言，俄罗斯更强调"信息主权"或"数字主权"。⑤ 俄罗斯专家伊戈尔·阿什玛诺夫（Игорь Ашманов）认为，加强网络安全管理"不是言论自由问题，而是事关国家主权的问题"，"失去信息主权就将失去一切主权"。他认为，利比亚和乌克兰就是先失去信息主权，而后出现国内混乱，最后失去国家传统主权的。⑥

---

① Requiem for Failed UN Telecom Treaty: No One Mourns the WCIT https://www.forbes.com/sites/netapp/2012/12/14/un – business – itu/#2622b05c6d07.
② Дмитрий Медведев выступил за международное регулирование интернета, https://rg.ru/2015/12/16/internet – site.html.
③ «Совместное заявление Президента Российской Федерации и Председателя Китайской Народной Республики о взаимодействии в области развития информационного пространства», http://www.kremlin.ru/supplement/5099.
④ Киберс уверенитет, Эксперты о разговоре с Медведевым, http://www.apecom.ru/articles/?ELEMENT_ID=4270.
⑤ "Информационный суверенитет" "цифровой суверенитет" или «электронный суверенитет».
⑥ Игорь Ашманов: "Сегодня информационное доминирование-это все равно, что господство в воздухе", https://ain.ua/2013/05/01/igor – ashmanov – segodnya – informacionnoe – dominirovanie – eto – vse – ravno – chto – gospodstvo – v – vozduxe/.

三 俄罗斯保障互联网安全的应对措施

近年来，俄罗斯对网络安全的重视程度不断提高，主动采取了一系列具体措施来保障本国的网络安全，并逐渐加强同发展中国家的合作，特别是要求在全球领域的网络治理方面逐步排除美国的垄断地位和霸权。同时，在乌克兰危机后与西方的制裁与反制裁对抗中采取了相应的措施。

第一，从战略和国家层面强调网络安全的重要性。2017年普京总统在联邦安全委员会会议上明确提出俄罗斯信息空间国际合作的思路，积极推动国际信息安全体系建设。[①] 近年来，俄罗斯先后出台了多个有关信息领域发展的战略性文件，特别是2017年俄罗斯出台了关于信息社会建设的第三个指导性文件——《2017~2030年俄罗斯联邦信息社会发展战略》，该战略明确了2030年前俄罗斯在确保信息空间国家利益、实现国家战略目标的优先任务，以及促进信息社会发展的国家政策（包括对内及对外）的目标、任务、建设原则等。2017年8月，俄罗斯联邦安全委员会秘书签署了有关《俄罗斯联邦信息安全领域科学研究主要方向》的文件。该文件明确规定了俄罗斯联邦信息安全领域科学研究工作的四个主要发展方向。2018年7月6日，普京总统出席了在莫斯科召开的国际网络安全大会。

第二，俄罗斯政府先后出台一系列文件和政策，如2017年俄罗斯总理梅德韦杰夫要求法律界适应经济数字化发展要求，密切关注创新、经济数字化领域情况，提早布局并研究制定相关的法律框架，以填补这一领域的法律空白，因为"这对保护公民利益十分重要"。

第三，推动立法，为俄罗斯的网络安全提供法律保障。俄罗斯通过推动立法打击网络黑客行为。2017年底俄罗斯对《俄罗斯联邦刑法》和《俄罗斯联邦刑事诉讼法》进行了相关的修订。[②] 修改的主要内容就是将"黑客行

---

① Путин призвал повысить безопасность рунета, https://tass.ru/politika/4679273.
② 主要涉及《俄罗斯联邦刑法》第146，第272，第273，第274的相关条款和《俄罗斯联邦刑事诉讼法》的相关条款。

为"入刑，为对黑客攻击行为进行刑事处罚提供法律依据。与此同时，俄还于2017年成立了专业的反黑客机构——俄罗斯技术国家公司"反黑客中心"①。该中心的主要任务是预防和制止网络攻击，并对可能发生的网络攻击及时做出反应。

第四，指定专门机构具体负责网络安全。俄罗斯从联邦政府机构设置上和人员安排上进一步明确职责，明确由负责俄罗斯国家通信监管的机构——俄罗斯联邦通信、信息技术和媒体监管局对全俄境内的网络安全进行监管。2018年下半年建立了全俄境内"国家检测、预防和防止计算机攻击系统"（ГосСОПКА②，见图1）。此外，格尔曼·克里门科（Герман Клименко）曾一度被普京聘请为总统互联网事务顾问，专门负责网络安全方面的相关问题。③

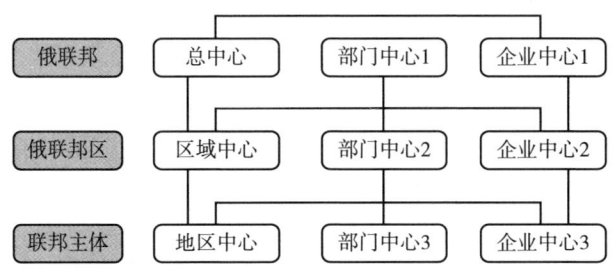

图1 国家检测、预防和防止计算机攻击系统

第五，组建网络军队和网络安全指挥系统。2017年2月，俄罗斯宣布成立俄军信息作战部队④，从武装力量、内务部、安全部门整合相关人员，并吸收了大量网络技术领域的专家。

第六，强调信息基础设施的重要性。2017年7月，俄罗斯颁布了《俄

---

① В «Ростехе» создан антихакерский центр，https：//lenta. ru/news/2016/11/07/antihacker/.
② Государственная система обнаружения, предупреждения и ликвидации последствий компьютерных атак Критическая информационная инфраструктура 2019 год，https：//rtmtech. ru/articles/kriticheskaya – informatsionnaya – infrastruktura – 2019/.
③ Клименко намерен принять предложение Путина стать его советником，https：//ria. ru/20151222/1346947346. html.
④ В России созданы войска информационных операций，https：//ria. ru/20170222/1488596879. html.

罗斯联邦关键信息基础设施安全法》①，此后，还通过一系列的相关立法、文件，对信息领域基础设施的安全保障做出了明文规定。②

第七，强调数据的重要性。俄罗斯保障网络安全的一个突出特点是强调数据的重要性。早在2014年，俄罗斯就通过相关法律，要求收集俄罗斯公民个人信息的本国或者外国公司在处理与个人信息相关的数据时，必须使用俄罗斯境内的服务器。③ 2018年7月24日，根据俄联邦安全委员会的第366号令，建立了"计算机事件国家联络点"④。2018年12月14日，俄联邦委员会（议会上院）宪法立法和国家建设委员会向俄罗斯杜马提交了关于俄罗斯"主权网络"（sovereign internet）的法案。根据该法案，俄罗斯本国的网络数据都将在本国网络上传输，任何离开俄罗斯的数据都通过在政府登记的互联网交换中心（registered exchange points）流出。

第八，禁止匿名和VPN技术的应用和普及。随着互联网技术的发展和形势的变化，俄罗斯先后对《信息、信息技术和信息保护法》⑤进行了多次修订，2017年7月进行的相关修订曾引发了高度关注，此次修订明确提出，禁止使用VPN及匿名技术访问被封堵和禁止的网站。该修订案出台后，在俄罗斯国内外引起了较大的反响。俄罗斯国家杜马信息政策委员会主席随后做了说明，该修订案禁止的只是针对"非法内容"的访问，而不是对公民获取信息的自由加以限制，最终该修订案获得通过并于2017年11月1日正式生效。

第九，采取措施，实战应对。如前文所述，俄罗斯计划在2019年4月1日前实施"断网"演习，该演习的主要目的是测试俄罗斯自身的网络安全能力。如俄杜马主席沃洛金所言，其目的"不是关闭，不是切断，只是为

---

① 187 – ФЗ «О безопасности критической информационной инфраструктуры», https：// rtmtech. ru/articles/kriticheskaya – informatsionnaya – infrastruktura – 2019/.

② Там же.

③ Федеральный закон от 27 июля 2006 г. N 152 – ФЗ О персональных данных，https：//rg. ru/ 2006/07/29/personaljnye – dannye – dok. html.

④ Критическая информационная инфраструктура 2019 год，https：//rtmtech. ru/articles/ kriticheskaya – informatsionnaya – infrastruktura – 2019/.

⑤ Об информации, информационных технологиях и о защите информации, Федеральный закон от 27 июля 2006 г. N 149 – ФЗ.

了保障俄罗斯的网络安全"①。负责这项"断网"测试信息安全工作的娜塔莉娅·卡巴斯卡娅（Natalya Kasperskaya）对 RBC 表示，该项法案"有很好的目标，但实施机制引发了许多争议。此外其实施方法尚未明确"。

第十，注重互联网安全领域的国际合作。一方面，目前网络空间的行为标准尚未有国际性的标准，需要各国共同努力，加强协调，制定能被普遍认可和接受的标准；另一方面，网络无边界，网络安全事件往往影响范围较广，实现网络安全需要加强国际合作。无论从维护俄罗斯自身网络安全的角度出发，还是从争夺网络安全领域内的国际话语权出发，俄罗斯在网络安全领域都处于比较积极主动的地位。俄罗斯在独联体、上合组织框架内曾多次提出加强成员国之间在互联网安全领域的合作，并联合中国、哈萨克斯坦等国，以联合国和国际电信联盟为主要平台，积极推动互联网领域的安全合作。俄罗斯作为主要倡导国积极推动联合国大会通过了《保障国际信息安全领域行为规则文件》②，2018 年 12 月又推动联合国通过了《国际安全背景下信息和电信领域的发展》的决议。③ 这些文件经过联合国的推动，逐渐形成了全球范围内网络安全领域中普遍和共同的行为标准，为世界各国在互联网安全领域的和平互动和防止网络攻击、网络对抗和任何其他妨碍网络安全的行动打下基础。与此同时，俄罗斯在强调加强国际范围内网络安全的同时，强调信息自由和自由交流在互联网时代的重要性，强调为网络安全所采取的措施不应该以牺牲科技进步和技术创新为代价。④

---

① Законопроект о «суверенном интернете» принят в первом чтении, http：//duma. gov. ru/news/29748/.

② An International Code of Conduct for Information Security, http：//www. unidir. ch/files/conferences/pdfs/a‒cyber‒code‒of‒conduct‒the‒best‒vehicle‒for‒progress‒en‒1‒963. pdf.

③ Press release on the adoption of a Russian resolution on international information security at the UN General Assembly http：//www. mid. ru/en/foreign_policy/news/‒/asset_publisher/cKNonkJE02Bw/content/id/3437775.

④ Как Россия будет бороться с киберпреступностью. Путин назвал 5 шагов, http：//gov. cnews. ru/news/top/2018‒07‒06_putin_prizval_strany_ne_byt_egoistami_v_tsifrovoj.

第十一，中俄在网络安全领域内的合作。中俄两国经过多年的相向努力，目前已经确立了面向21世纪的全面战略协作伙伴关系。在网络安全领域，双方也有着密切的合作，俄罗斯对于加强同中国在网络安全方面的合作持非常积极的态度。2015年12月，在第二届世界互联网大会（中国乌镇）上，习近平主席全面阐述了"网络主权"的主张，俄总理梅德韦杰夫在随后的发言中予以积极呼应，中俄两国倡导加强网络空间治理的主张得到了与会各国代表的积极响应。2016年4月27日，在莫斯科召开了"中俄网络空间发展与安全论坛"。2016年6月25日，两国元首签署了《中俄元首关于推进信息网络空间发展的联合声明》，明确提出两国将相互不采取网络攻击对方的行为，这是世界主要国家首次签署类似的协议。该协议的签署将进一步促进中俄两国在网络安全领域的合作，推动双方在网络安全方面的合作迈上一个新高度。

综上所述，网络安全是世界各国都面临的普遍性的问题，且其重要性和紧迫性日益加强。互联网仍在发展中，网络安全涉及范围较广，解决网络安全面临的问题需要有专业知识和技能。俄罗斯在网络安全方面也还存在许多问题：俄罗斯干涉美国总统选举的指控还未有定论；俄罗斯与西方国家还处在制裁与被制裁的状态之中；受政治因素影响，互联网领域的争夺或明或暗还在持续；与西方国家相比，俄罗斯在网络安全技术上还存在一定的差距，高端专业技术人员不足、信息技术设施落后、企业和居民对发展网络安全的意识和技术准备程度不足等，这些问题亟待破解。上述诸多因素既是俄罗斯采取"断网"演习的动因，也是促使俄罗斯加强网络安全的压力，网络安全问题将会是一个持续讨论的议题。

Y.9
当代俄罗斯人文社会科学发展状况及前景

陈 余*

摘　要： 苏联解体后，俄罗斯便开始了痛苦的国家转型。伴随着国家急剧的政治、经济和社会转轨，俄罗斯的人文社会科学遭受巨大冲击，经历了史上最寒"严冬"。经过20多年的建设和发展，俄罗斯人文社会科学已经走出低谷，取得了较大成绩，并逐渐形成了一套符合自身发展的制度体系。

关键词： 俄罗斯人文社会科学　俄罗斯人文科学基金会　俄罗斯基础研究基金会　俄罗斯文化政策

一　当代俄罗斯人文社会科学发展现状

（一）俄罗斯官方对人文社会科学发展的态度

同自然科学研究成果转化为科技生产力的"硬实力"属性相比，人文社会科学的研究成果对于国家而言往往属于间接的、隐性的"软实力"，因此决定了人文社会科学在科学中的"次要"地位，但这并不意味着人文社会科学受到国家的关注度就应该比自然科学少，恰恰相反，它的发展更有赖

---

* 陈余，博士，中国社会科学院俄罗斯东欧中亚研究所俄罗斯历史与文化研究室助理研究员。

于国家的高度关注和大力扶持,除了经济上的投入之外,国家对人文社会科学首先应给予政策上的倾斜和保护。可以说,俄罗斯人文科学基金会的建立、发展及其所取得的一系列成就,同俄罗斯历届政府对人文社会科学发展的重视是分不开的。

叶利钦时期,人文社会科学在一些纲领性的国家文件中频频出现,如《俄罗斯科学发展方略》就将人文科学和自然科学以及科学技术放在同等重要的位置进行考量,该方略第一章第一段明确指出:"现代情况下,自然科学、人文科学和科技知识的实际应用越来越成为保障社会活力、精神和身体健康的源泉。"① 再如 1996 年 8 月颁布的《科学与国家科技政策法》(О науке и государственной научно-технической политике)将基础研究界定为"旨在获得关于人类、社会和自然环境的结构、功能和发展的基本规律的新知识的那些实验性或理论性研究"②。然而,在一些更为具体的国家文件中,人文社会科学没有被摆到优先发展的地位,如时任俄罗斯总理切尔诺梅尔金于 1996 年 7 月 21 日签署批准的《科学和技术优先发展方向》(Приоритетные направления развития науки и техники)中就没有提及人文社会科学。③ 可见,20 世纪 90 年代对于百废待兴的俄罗斯而言,国家虽然清楚人文社会科学的重要性,但在实际工作中,能够直接促进经济发展、提升国家科技国防实力的科学技术仍是这一阶段国家科学领域的优先发展方向。

进入 21 世纪后,随着国家经济的恢复,普京政府对人文社会科学的关注日渐提高。普京曾多次在各种场合强调发展人文社会科学的重要性,"社会科学和人文科学在俄罗斯同样重要和优先,因为它们是创造性技能培养、

---

① Указ Президента РФ от 13.06.1996 N 884(ред. от 23.02.2006)"О доктрине развития российской науки". http://legalacts.ru/doc/ukaz-prezidenta-rf-ot-13061996-n-884/.

② Федеральный закон от 23.08.1996 N 127-ФЗ "О науке и государственной научно-технической политике". http://legalacts.ru/doc/federalnyi-zakon-ot-23081996-n-127-fz-o/.

③ Приоритетные направления развития науки и техники. http://docs.cntd.ru/document/9034171.

道德价值观形成以及激励心灵和良心工作的基础"①，并对新的历史条件下俄罗斯人文社会科学各方面的发展提出了新的要求。

2007年6月18~21日，俄罗斯召开全国人文社会科学教师会议，会后，普京同与会者进行了座谈并强调了人文社会科学的重要性："没有人文基础，我们就不可能巩固和发展我们的国家。没有社会科学的成就，就不可能从根本上提升俄罗斯科学的整体水平。社会科学的成就与自然科学各学科的发展一样，都是完成国家发展任务的重要保障。"② 同时，普京表示有关历史和社会知识的教材还停留在20世纪90年代的水平，他呼吁在历史和社会学教材中增加爱国主义教育内容，反对抹黑俄罗斯历史的历史虚无主义，随后，普京政府开始组织重新修订历史教科书。

2013年末，普京在致联邦会议的国情咨文中提出，2014年是俄罗斯的"文化年"，"我们要挖掘文化根源，研究爱国主义、道德和伦理问题。文化、历史、俄语对我们的多民族人民起着全面的团结作用，所以，在制定国家政策包括教育政策时应考虑到这一点"③。

时任俄罗斯教育与科学部部长利瓦诺夫在2016年6月出席全俄青年教育论坛的发言中谈道："要以比物理、化学、生物学、数学、信息技术等更快的速度发展人文社会科学领域。……资助研究对质量有着很高要求，但也须认识到不同学科有不同的质量标准，它们对于资助和支持方式有着不同需求。……人文和社会科学是21世纪的优先发展科学。"④

从近几年俄罗斯政要在公开场合对人文社会科学重要性的评价以及俄罗斯政府所采取的相关措施来看，俄罗斯官方对本国人文社会科学的发展越来越重视，且关注点主要集中于历史、文化、语言等方面。俄罗斯人文社会科

---

① Президент РФ Владимир Путин: гуманитарные науки в России должны быть востребованы и приоритетны. https://www.vedu.ru/news3421/.
② Стенографический отчет о встрече с делегатами Всероссийской конференции преподавателей гуманитарных и общественных наук. http://www.kremlin.ru/events/president/transcripts/24359.
③ 《普京文集》(2012~2014)，华东师范大学出版社，2014，第509页。
④ Ливанов: России необходимо уделять больше внимания развитию социально-гуманитарных наук. // Независимая газета. No. 134, 06, 06, 2016.

学的发展有利于国家的爱国主义宣传，有利于加强民族凝聚力、提高人民的国家和民族认同感，为俄罗斯的国际大国地位、为俄罗斯"人文传统"的复兴保驾护航。正是因为获得了国家的大力支持，俄罗斯人文社会科学才得以较快的步伐向前发展。

（二）俄罗斯人文社会科学发展特征

20多年来，俄罗斯人文科学基金会见证了俄罗斯人文社会科学的发展轨迹，通过对基金会发展历程的剖析，我们可以知晓当代俄罗斯人文社会科学发展呈现如下状况和总体趋势。

首先，以点带面，促进俄罗斯人文社会科学的全面复兴。从地理层面讲，俄罗斯人文社会科学研究出现了一个以中心学术区（中央）带动边缘学术区（地方）的浪潮。首都莫斯科作为俄罗斯学术中心的地位虽不可撼动，但人文科学基金会通过举办学术会议、跨地域项目合作，为中央和地方的学者提供深度学术信息交流和相互学习相互启发的机会等手段扶持地方学术发展，从而令地方的学术研究状况和研究水平得到较大提升，俄罗斯人文社会科学的整体水平也得以提高。西伯利亚和伏尔加河沿岸联邦区的异军突起就是极好的佐证，从中标项目所属区域结构变化来看，据统计，1996年，莫斯科占比达68%，圣彼得堡超13%，整个乌拉尔地区仅占2%，西伯利亚占7.5%，远东地区占比不到1%；2004年，莫斯科占比下降至47.6%，圣彼得堡下降到11.9%，而乌拉尔地区的占比上升至7%，西伯利亚占10.7%，远东地区占1.4%；2013年，乌拉尔地区占比6%，西伯利亚占19%，远东占2%，伏尔加河沿岸联邦区的占比高达33%。[①] 同时，通过地区项目的实施有效吸引地方的财政预算资金，中心学者同地方政府建立起良好的新型合作关系，不仅有利于解决地方遇到的问题，也有助于提高地方政府对人文社会科学的重视度，从而激励人文科学工作者。

---

① Фридлянов В. Н., Грантовая поддержка гуманитарной науки в России: к 20 - летию РГНФ. // Вестник РГНФ. 2014. № 4., С. 13.

从科研力量分布情况来看，科学院系统仍旧是人文社会科学研究的重镇，但高等院校的研究力量也日益提升，教学和科研并举。1996年，高达54%的资助项目都是"科学院出身"，到2004年，这个数量下降到46.4%，2013年，又恢复到52%。而"大学出身"的资助项目数量由1996年的19.7%上升到2004年和2013年的33%，基本处于上升和稳定状态。①

从学者年龄层次分布看，俄罗斯近几年来持续关注学术继承和学术创新问题，加大了对青年学术人才的培养力度。人文科学基金会推出了专门的青年学者科研项目，无论是本科生还是青年博士，都有机会获得基金会相应的资助。每年有超过5000名未满35周岁的青年才俊的科研项目获得资助，占中标总数的40%。② 这不仅能为那些有志于人文社会科学研究的青年创造学术研究所必需的物质条件和学术环境，而且获得资助本身也是对青年学者科研成绩的肯定，这将大大增强青年学者的自信心，吸引他们投身俄罗斯人文社会科学研究事业，成为俄罗斯人文社会科学发展的有生力量。

其次，学科发展重心变化，跨学科研究相互交融。随着时代发展，俄罗斯人文社会科学领域研究重心也发生了变化，逐渐从基础类研究转向实用型研究。基金会成立之初，在所有获得资助的项目中，历史和哲学类项目比重较高，此后这一比重逐年减少，分别从1996年的30.97%和19.94%下降到2013年的25%和17.6%；与此同时，心理学、教育学和研究人的综合学科得到快速发展，比重从1996年的8.5%上升到2013年的19%；经济学比重略有增加，从1996年的12.5%上升到2013年的14%；而艺术类则略有下降，从1996年的5%下降到2013年的4.4%。③ 由此可见，苏联解体后，人们对人文社会科学的兴趣已不再局限于历史和哲学这两类传统的人文学科，

---

① Фридлянов В. Н., Грантовая поддержка гуманитарной науки в России：к 20 - летию РГНФ. // Вестник РГНФ. 2014. No 4., С. 12.
② Блинов А. Н., Российский гуманитарный научный фонд и социогуманитарные исследования в современной России. //Вестник МГИМО-Университета. 2012. No 1., С. 235.
③ Фридлянов В. Н., Грантовая поддержка гуманитарной науки в России：к 20 - летию РГНФ. // Вестник РГНФ. 2014. No 4., С. 12.

而是越来越关注那些研究人本身和人类社会的学科，如心理学、教育学、经济学、环境健康等社会问题。

跨学科交融主要体现在人文社会科学内部各学科之间的交融以及人文社会科学与自然科学和技术的融会贯通。人文科学基金会在设立项目时，往往会视情况推出系列研究项目，从不同角度研究同一个问题。不同角度的研究就会涉及不同学科之间的合作，即跨学科研究。这类项目鼓励从多学科角度来研究问题，促进了人文社会科学各学科间的交流。在保持各学科研究特点的基础上，各领域各学科的交叉研究有利于拓展研究视野，得出新结论。政府将俄罗斯人文科学基金会并入俄罗斯基础研究基金会的目的之一也在于"增加跨学科研究的数量，有机会获取学科领域交叉点的新知识"①。

再次，俄罗斯人文社会科学的现代化和国际化程度稳步提高。信息技术的飞速发展正在改变人文社会科学的研究方式，俄罗斯人文科学基金会为学术研究的信息技术化做出了重要贡献。基金会有针对信息技术领域的项目招标，支持学术资源和学术成果的信息化工程建设，信息化项目资助创建了多媒体信息系统、数据库、电子学术图书馆、信息门户网站、搜索引擎，出版了电子词典和电子学术出版物。俄罗斯的学术信息化不仅使本国学者能够更加方便快捷地获取相关研究资料，也让世界其他国家学者能在第一时间获取俄罗斯学者的研究成果，促进俄罗斯科研成果在全世界的传播，提升俄罗斯学者在国际学术界的影响力和知名度。在基金会的资助下诞生了一大批较为有影响力的学术门户网站。

除了学术研究资源的信息技术化之外，科研人员、教师和学生的国际交流和国际科研项目合作促进了俄罗斯人文社会科学研究的国际化。自2000年起，俄罗斯人文科学基金会开始运行国际合作项目的招标。这种国际合作项目的优势在于，资助双方在资助本国学者的同时，也获得了合作方学者的科研成果，无疑达到了事半功倍的效果。为争取到国际合作项目资助，俄罗

---

① Комментарий Аркадия Дворковича к распоряжению о реорганизации Российского фонда фундаментальных исследований и Российского гуманитарного научного фонда. http：//government. ru/news/22016/.

斯学者必须加大同国外学者的联系，因此，国际合作项目的开展不仅在客观上扩大了俄罗斯学者的国际交流面，促使俄罗斯学者进一步融入国际学术圈，还合理利用了国际学术资源，以解决国际问题。

最后，俄罗斯人文社会科学为国家和民族的复兴提供思想文化支持。虽然在俄罗斯人文社会科学领域早已出现了私人资本或外国资本支持，但俄罗斯人文社会科学依然是由国家主导和支持，因而在其发展过程中必然会体现出国家意识的特征。从俄罗斯人文科学基金会的招标项目中我们不难看出，近年来，基金会每年会推出契合当年实际情况的研究专题项目，以响应政府的年度文化政策。例如，2006 年是俄罗斯杰出学者和人文学家利哈乔夫一百周年诞辰，俄总统普京将 2006 年确定为"俄罗斯人文科学、文化和教育年"，暨"利哈乔夫年"，俄罗斯人文科学基金会与利哈乔夫基金会共同举办了以"俄罗斯文化遗产"为主题的项目招标；2007 年"俄语年"时，俄罗斯人文科学基金会又推出了"当代世界中的俄语"的专题项目；围绕2012 年"历史年"举办的活动更多，为配合俄罗斯联邦政府 2012 年 4 月 17日签发的第 493－P 号令中规定的俄罗斯"历史年"主要活动计划安排，俄罗斯人文科学基金会亦进行了一系列相应的项目招标；2017 年是十月革命百年纪念，早在 2015 年，俄罗斯人文科学基金会就进行了主题项目招标，资助有关 1917 年十月革命研究论著的出版。

俄罗斯人文社会科学界为响应国家文化政策而举办的类似学术活动不仅促进了俄罗斯学界在本国历史文化方面的全面深入研究，更重要的是，这些研究项目和研究成果向世界人民展现了一个有着丰富历史文化传统的俄罗斯，为俄罗斯国家和民族的复兴提供了思想和文化支持。

二 俄罗斯人文科学基金会的建立及改组

（一）俄罗斯人文科学基金会建立的背景

随着苏联大厦顷刻间的崩塌，俄罗斯随即开始了政治制度、经济制度和社会制度的全面转轨。在转型的最初阶段，俄罗斯人文社会科学遭遇到前所未有的冲击，面临着全方位的危机。

首先，苏联解体后，官方意识形态的消失和国家政治体制的转变使得人文社会科学恢复了"自由身"，一些具有明显的苏联官方政治色彩的研究机构都被更名或撤销，政治意味浓的研究方向也得到了调整，很多学术禁区被打破，人文社会科学研究迎来了一个民主化和自由化的过程。但苏联解体初期俄罗斯经济的崩溃直接导致国家对人文社会科学的资金支持呈断崖式下降。失去了国家经济支持的人文社会科学陷入了前所未有的困境。资金的匮乏令俄罗斯人文社会科学研究人员的个人收入锐减，其经济收入状况远落后于国民经济其他各部门人员。科研人员经济地位下降的同时其社会地位也被降低，昔日崇高的职业光环不再，人文社会科学研究沦为社会低薪行业之一。

其次，面对人文社会科学研究职业社会地位和经济状况出现的巨大落差，俄罗斯人文社会科学研究领域掀起了人才"外流"和"内转"的浪潮。很多优秀科研人才由于社会地位的下降和经济收入锐减被迫离开原本从事人文社会科学研究的单位，要么投奔西方发达国家继续自己的研究事业，要么在国内转而从事更具经济利益的职业。这一时期俄罗斯人文社会科学建设人才队伍规模急剧缩减。

最后，国家对人文社会科学投入的锐减导致俄罗斯人文社会科学科研环境恶化，科研水平骤降，丧失了苏联/俄罗斯文化的国际影响力。转轨初期，俄罗斯国民经济崩溃，通货膨胀、物资匮乏，再加上国家对人文社会科学的资金投入锐减，令很多俄罗斯人文社会科学研究机构缺乏购买办公用品、科研设备、研究资料的资金，科研人员无法开展正常的科研活动。此外，各类人文社会科学期刊也因失去国家资金支持而停刊或期刊学术质量大打折扣。

总而言之，苏联解体初期的俄罗斯人文社会科学处于几乎失去国家财政资助的状态，一盘散沙。1996年6月13日由叶利钦总统批准签署的《俄罗斯科学发展方略》（О доктрине развития российской науки）对解体初期俄罗斯科学（包括人文社会科学）的状况做出了客观描述："国家社会政治结构调整时期所带来的体制危机导致我国科学面临着新的严峻困难：用于科学研究和开发工作的资金预算严重不足，无法保证科学的材料技术基础及时更新，无法为科学家们的生活和工作创造正常条件，使科学领域的国家有效调控复杂化。学者的职业声望在社会上已经下降到令人无法接受的低水平，科学对于青年才俊已经失去了吸引力。"① 人文社会科学急需国家和社会的支持以走出困境。同时，国家也意识到"很有必要对科学领域进行彻底重组，以吸引更多的资金来源。在经济中更为有效地利用科研成果依然是一个尖锐的问题"②。

在经历了市场经济的洗礼后，失去了国家财政支持的人文社会科学必须学会在市场经济中寻找出路，一些科研机构迫于经济压力而进行了改制，由国有制变成股份制或者完全私有化，出现了一批独立的研究机构。这些机构获得资助的方式相对灵活，资金来源面广，可以接受来自国内外任何形式的资助。但是对于整个俄罗斯人文社会科学而言，国家仍然是支持其恢复和发展的主体，来自国家层面的政策和经济支持对于俄罗斯人文社会科学的发展至关重要。令人感到欣慰的是，尽管经济体制转轨的阵痛仍在，国家对人文社会科学的支持没有完全消失，而是出现了一种新的支持形式——人文科学基金会。

（二）俄罗斯人文科学基金会的建立及改组

1992 年 4 月 27 日，俄罗斯首任总统叶利钦签署了第 426 号总统令——《关于保护俄罗斯科学技术潜力的紧急措施》③，下令成立俄罗斯基础研究基金会（Российский фонд фундаментальных исследований，РФФИ）。两年后，根据俄罗斯政府总理切尔诺梅尔金于 1994 年 9 月 8 日签署的《关于

---

① Указ Президента РФ от 13.06.1996 N 884（ред. от 23.02.2006）"О доктрине развития российской науки". http: //legalacts. ru/doc/ukaz – prezidenta – rf – ot – 13061996 – n – 884/.

② Там же.

③ Указ Президента РФ от 27 апреля 1992 г. N 426 "О неотложных мерах по сохранению научно-технического потенциала Российской Федерации". http: //www. kremlin. ru/acts/bank/1239.

俄罗斯人文科学基金会》第 1023 号政府令，在俄罗斯基础研究基金会的基础上又分离出一个独立的基金会——俄罗斯人文科学基金会（Российский гуманитарный научный фонд，РГНФ）。其成立初衷是从国家层面支持人文科学研究，宣传普及人文科学知识，保护享誉世界的学术团体和学术流派，恢复国家人文科学的崇高传统，促进和发展国内外人文科学联系。①

作为俄罗斯联邦政府下属的唯一一个专门资助人文科学领域研究的非营利性国家组织，基金会的经费来源主要依靠国家财政拨款，同时也接受社会各机构组织和个人的捐赠。俄罗斯人文科学基金会是一个有 40 人左右的组织机构，不从事具体的科研工作，其主要活动包括：开展人文科学研究课题招标竞争和择优资助的活动；制定关于鉴定和验收以及专家评审招标课题制度；组织专家评审，落实竞争资助金额和监督其使用情况；出版和发行学术刊物、文献、资料和视听产品，成立分会和代表处；建立和发展国际人文科学联系。其活动以自主管理原则为基础，有权自行选择人文研究领域、分配预算外资金，通过自由竞争原则批准联邦预算拨款在人文科学领域和项目中的分配。

2016 年 2 月 29 日，俄罗斯联邦政府总理梅德韦杰夫签署了第 325 - P 号政府令，即《关于俄罗斯基础科学基金会和俄罗斯人文科学基金会重组的命令》（О реорганизации Российского фонда фундаментальных исследований и Российского гуманитарного научного фонда）（以下简称《重组命令》），宣布对上述两个基金会进行重组，即撤销原独立的俄罗斯人文科学基金会，将其并入俄罗斯基础科学基金会，成为基础科学基金会内部专门分管人文社会科学项目的部门——人文与社会科学部（Отделением гуманитарных и общественных наук РФФИ）。文件规定，新成立的俄罗斯基础科学基金会活动的"主要目标是为基础科学研究提供资金支持，包括向法人和自然人提供项目资助，对基础科学研究提供组织支持，其中包括人文科学领域，有

---

① Постановление Правительства РФ от 8 сентября 1994 г. N 1023 "О Российском гуманитарном научном фонде". http：//base. garant. ru/1584956/.

助于实现国家科学技术政策，促进科学知识的社会普及，坚持赋予学者自由创作、自主选择研究方向和研究方法的权力这一原则"。① 至此，以独立基金会的形式存在了22年的俄罗斯人文科学基金会（1994～2016年）的活动告一段落，自2017年起，它以另一种身份继续履行拯救和复兴俄罗斯人文社会科学的职责。

俄罗斯人文科学基金会同其他科学基金会一样，对学术组织和学术团体起到了保护作用。当众多俄罗斯学者对本国科学的未来失去希望、准备放弃学术活动或离开祖国的时候，基金会对学术研究的资助在危急存亡时刻挽留了俄罗斯学者，挽救了俄罗斯的人文社会科学。可以说，人文科学基金会一方面是国家科学政策在人文社会科学领域的实施者，另一方面也是调动人文科学工作者的主动性、发展人文科学团体自我组织能力的有效机制，它在俄罗斯人文社会科学发展中所起到的作用有目共睹。俄罗斯人文科学基金会之于俄罗斯人文社会科学发展的重大意义是不言而喻的，它不仅彻底扭转了苏联解体初期俄罗斯人文社会科学所面临的一系列危机，延续了俄罗斯人文社会科学的传统，更使俄罗斯人文科学发展迈向了一个新台阶。

三 俄罗斯人文社会科学面临的困境及挑战

苏联解体至今，经过20多年的发展，俄罗斯人文社会科学的发展水平在稳步回升，但取得成就的同时俄罗斯人文社会科学也面临一些亟待解决的问题，在某些方面还有待完善和提高。

（一）俄罗斯人文社会科学的国际学术话语权有待加强

面对学术全球化的趋势，俄罗斯人文科学基金会不遗余力地支持俄罗斯学者广泛进行国际学术交流，大力促进俄罗斯的学术信息化，不仅为俄罗斯

---

① Распоряжение от 29 февраля 2016 года №325 - р. О реорганизации Российского фонда фундаментальных исследований и Российского гуманитарного научного фонда. http://static.government.ru/media/files/vVxSeqVVXoOZQeUfrfyhFRlwIE6K5zwI.pdf.

学者汲取世界科学养分提供了便捷，同时也让世界学者有了深入了解俄罗斯人文社会科学的机会。但是摆在俄罗斯人文社会科学面前的仍是一条艰辛的道路：俄罗斯学者无论是要在西方数据库索引杂志上发表文章，还是在 Web of Science 和 Scopus 上推广俄罗斯人文社会科学类杂志都并非易事，他们面临着同样的问题——受到具有不同于西方价值观的限制。基于不同于西方价值体系的俄罗斯学者的学术研究成果（尤其是人文社会科学方面的）很难引起西方学术界的关注，甚至会遭到西方学术界的排斥。俄罗斯学者和民众感兴趣的当代社会政治问题并不一定能为西方杂志和读者所关注和需要，有时候俄罗斯学者为了文章能被西方杂志和读者接受而不得不迎合他们的关注点。

俄罗斯国立莫斯科国际关系学院拉伊茨卡娅副教授认为，除价值观因素之外，在西方杂志推广俄罗斯人文社会科学研究成果的另一个问题是学术研究方法的传统不同。俄罗斯的学术研究结构有别于西方，有其自己的学术文化和科学发展传统，甚至学术逻辑都具有自身特点。①

此外，语言也是限制俄罗斯学者在国际刊物发表文章和俄罗斯刊物国际化的一个重要因素。俄罗斯学者外语（主要是英语）的平均熟练程度往往还达不到能够向西方读者充分阐释自己观点和进行学术辩论的外语水平要求，尽管自然科学学者的英语水平同人文社会科学学者的英语水平相差不大，但语言问题更多发生在后者身上，这往往是同人文社会科学需要经过复杂翻译和深刻理解的原因分不开。如果不经英语人士实质性地修改和编辑，语言不纯熟的文章绝不会在西方著名杂志发表，而收入相对较低的俄罗斯学者无法负担高昂的文本语言加工费用。

以上几个因素是横亘在俄罗斯学者与西方数据库索引杂志之间的障碍。拉伊茨卡娅副教授认为，解决问题的关键除了在于学者们自身努力提高外语水平、熟练掌握用外语（英语）进行学术写作和交流的能力之外，还需要国家积极推进俄罗斯学术期刊进入西方数据库，通过建立比现在更多的重要

---

① Раицкая Л. К., Место гуманитарных наук в российской науке. // Вестник современных исследований. 2017 No. 1 – 1 (4), С. 53.

学术合作平台，在全球学术界推广俄语，同时俄罗斯各大学和科研机构也应采取措施积极协助学者们在国际学术期刊上发表文章。①

（二）人文社会科学的发展离不开全社会的支持

人类社会的进步不光体现在掌握和使用先进的科学技术，更体现在人的人文社会科学素养的提升。俄罗斯人文科学基金会的发展历程表明，在全社会普及人文社会科学知识也是基金会的一项任务。自2006年起，基金会每年都会举办人文科普读物创作项目的招标，主题涉及广泛，具有一定的现实意义。但限于其学术属性，基金会的工作更侧重于人文社会科学的学术研究和交流。实际上，人文社会科学的真正发展离不开非专业受众的支持，换言之，人文社会科学不仅需要获得国家的保护和支持，更期待被整个社会所肯定和需要，成为推动社会进步的精神动力。

就目前而言，俄罗斯人文社会科学的社会功能还有待进一步发挥。为此，国家应在社会生活中重视人文社科学者的工作，努力为人文社会科学工作者创造一个良好的学术研究环境，提供必要的物质生活保障，提高人文社会科学工作者的社会地位，从物质上和精神上解决他们的后顾之忧。从大学和科研机构的人文社科学者的角度而言，学者们需要增强社会责任感，积极参与人文社会科学的大众传播，灵活合理地利用社会资金，同社会机构展开合作，利用电台、电视台、网络媒体和出版社等传播途径实现人文社会科学的大众化，提高公众人文素养的同时满足人民对人文社会科学的社会需求，回馈社会。只有这样，俄罗斯人文社会科学才能真正被国家和社会所需要和支持，步入良性循环的发展轨道。

四 结语

苏联解体至今，俄罗斯人文科学基金会从无到有，经过20多年来的发

---

① Там же, С. 54.

展取得了令人瞩目的成绩,在俄罗斯甚至在国际学界的影响力逐渐增强,体现出俄罗斯国家对人文社会科学的重视程度和支持力度在不断增加。不可否认,俄罗斯人文社会科学从苏联解体初期时的岌岌可危到如今的稳步发展,确实发生了质的改变,与此同时,俄罗斯人文社会科学也面临着一些发展困境。当然,在中国人文社会科学的发展过程中也出现了类似的困境。"他山之石可以攻玉",俄罗斯人文社会科学的发展状态和成功经验值得我们持续关注和借鉴。

俄罗斯经济

Russia's Economy

Y.10
2018年俄罗斯宏观经济形势：
弱增长下寻求突破

徐坡岭*

摘　要： 俄罗斯经济2016年第四季度开始从危机中复苏，但2017年以来增长动力日趋弱化。2018年宏观经济表现出弱增长的特征。这表明，俄罗斯经济的突破性增长和发展还有赖于经济结构问题、基础设施问题、投资问题、进口替代问题的解决和财政货币政策的优化选择。2018年，俄罗斯退休金制度改革、增值税改革、进口替代政策和投资政策的效果，以及西方制裁的长期影响，是观察俄罗斯宏观经济形势的重要指标。不过，投资问题和对外经济民族主义政策与国内宏观财政货币政策的新自由主义之间存在逻辑矛盾，这将是影响俄罗斯

---

* 徐坡岭，博士，中国社会科学院俄罗斯东欧中亚研究所俄罗斯经济研究室主任、研究员。

长期经济增长的关键问题。

关键词： 俄罗斯经济　弱增长　进口替代周期

俄罗斯国家统计局在2019年2月7日突然推翻其于2019年1月24日发布的《2018年俄联邦社会经济发展状况》，把原先只有1.6%（前三季度）的GDP增长率调高为2.3%，使得人们对俄罗斯2018年宏观经济总体状况的判断产生了混乱。本报告将首先对俄罗斯国家统计局2019年1月24日和2月7日的两版《2018年俄联邦社会经济发展状况》进行对比和解读，然后给出关于2018年俄罗斯宏观经济形势的判断。

一　《2018年俄联邦社会经济发展状况》第二版与初次报告的两种宏观经济状况

（一）宏观经济指标调整，使得宏观经济趋势从弱增长变为更积极的增长态势

根据第二版的报告，2018年俄罗斯全年国内生产总值为103.63万亿卢布，比上年增长2.3%。其中，工业生产增长2.9%，农业增长-0.6%，交通运输增长2.9%，电信服务增长0.8%，商品零售增长2.6%，居民生活服务增长2.5%，进出口增长18.7%（其中，出口增长27.4%，进口增长5.9%），固定资产投资增长4.1%，居民可支配收入增长0.3%。消费品物价指数增长2.9%，工业品物价指数增长11.9%。

按照1月24日公布的第一版社会经济发展状况报告，除了经济增长是三季度的数据，GDP增长率为1.6%，农业产出是1～11月的数据，增长率为-0.8%之外，其他诸如工业产出、交通运输等的数据与第二次公布的数据完全一致。

（二）产出的部门构成基本稳定，但部门增速变化较大，外溢效应更强的部门增速更高

2月7日公布的第二版报告没有季度运行数据，根据第一版报告，GDP增长率在前三季度分别为1.3%、1.9%和1.5%。

综合两版报告，前三季度和全年的产出增加值部门构成，以及部门产出增长率如表1所示。2018年全年数据与前三季度数据有大幅变化的主要是：(1) 产出增长率由三季度增长1.6%，调整为全年增长2.3%；(2) 建筑业前三季度负增长（-0.3%），全年增长率为4.7%；(3) 采掘业由前三季度增长2.8%，调整为全年增长3.8%；(4) 教育、文体休闲娱乐、自我雇佣和家政服务增长率分别由前三季度的-0.2%、-0.2%和-0.9%，变为全年增长1.5%、0.6%和2.4%。

表1 2017～2018年俄罗斯商品和劳务产出的部门构成

单位：%

统计时间区间 总产出的部门构成 及增长率（比上年）	2018年1~9月		2018年全年		2017年全年	
	部门产出占比	增长率	部门产出占比	增长率	部门产出占比	增长率
总产出及年增速	100	1.6	100	2.3	100	1.6
农业	4.0	-3.3	3.5	-2.0	3.9	1.4
采掘业	12.6	2.8	12.8	3.8	10.8	2.4
加工业	13.1	1.9	13.6	1.5	13.5	1.1
供电、燃气和供热	2.7	1.0	2.7	1.1	2.9	-1.4
供水与废水垃圾处理	0.5	0.0	0.5	1.2	0.5	-1.2
建筑业	5.4	-0.3	6.0	4.7	6.1	-1.2
批发零售与维修服务	13.9	1.4	14.3	2.2	14.5	2.5
运输与仓储	7.1	2.7	7.0	2.9	7.1	0.1
宾馆与餐饮服务	0.9	5.4	0.9	6.1	0.9	3.1
信息通信	2.2	2.1	2.4	1.8	2.5	1.3
金融保险	4.2	8.0	4.3	6.3	4.4	2.8
不动产交易	9.5	0.5	9.2	0.5	9.9	2.2
专业与科学技术活动	4.5	1.2	4.2	1.3	4.5	2.3

续表

统计时间区间	2018年1~9月		2018年全年		2017年全年	
总产出的部门构成及增长率(比上年)	部门产出占比	增长率	部门产出占比	增长率	部门产出占比	增长率
行政及相关服务	2.5	1.8	2.3	2.6	2.4	1.3
国家安全与社会保障	8.0	1.8	7.6	3.5	7.7	3.4
教育	2.7	-0.2	3.2	1.5	3.2	1.4
医疗卫生与社会服务	4.1	1.1	3.4	0.0	3.1	0.1
文体休闲娱乐	1.0	-0.2	0.9	0.6	0.9	3.6
其他服务	0.5	2.1	0.6	3.7	0.6	2.4
自我雇佣及家务	0.6	-0.9	0.6	2.4	0.6	-2.0

资料来源：根据2019年1月24日和2月7日的《2018年俄联邦社会经济发展状况》统计公报整理。

俄罗斯国家统计局在数据调整说明中指出，将之前预测1.5%左右的经济增长率调整为2.3%，有几个方面的原因。一是建筑业2017年的一些投入，如亚马尔油气项目，在2018年形成产出，因此应该计入2018年的经济增长中。二是增长幅度较大的几个部门，包括建筑业（4.7%）、采掘业（3.8%）、运输仓储（2.9%）和金融保险（6.3%）等，在总产出中的占比较高，而且对经济变动的溢出效应较大。三是2018年俄罗斯对外贸易中，出口增速（27.4%）大大高于进口增速（5.9%），贸易的经济增长效应比往年更大。

二 2018年俄罗斯宏观经济形势：弱增长和消极性稳定

（一）弱增长判断的依据

之所以说2018年俄罗斯的宏观经济态势是弱增长，理由有三。第一，包括普京在内的俄罗斯领导层不认为俄罗斯经济增长是积极向上的态势。普京在 2018 年 11 月 28 日俄进出口银行主办的"'俄罗斯召唤'投资论坛"上强调,"俄罗斯当前的经济增长速度不能满足大幅提高人民生活水平的需要"①。在 2018 年 12 月 20 日的年度大型记者招待会上,普京再次强调,经济增速必须有所突破,结构转型是前提,为此,需要大量资源,需要创新。② 普京的上述表态从一个侧面表明,俄罗斯从 2016 年第四季度走出经济危机之后,2017 年呈现的经济复苏势头正在减弱。2017 年第四季度 GDP 增速由第三季度的 2.2% 降为 0.9%,2018 年前三季度分别增长 1.3%、1.9% 和 1.6%。受内外部因素的影响,2018 年第四季度 GDP 增速不会超过 1%。这样看,2018 年全年增速应在 1.5% 左右。这种经济增速属于弱增长。至于俄罗斯国家统计局在 2 月 7 日公布的新数据,其依据的逻辑是权数更大的部门增速较快,因此调整全年增长率。这实际上改变了过去按照月度和季度数据,累积计算全年经济增长率的统计逻辑。这种做法可能有宏观政策调整方面的考虑,但既没有得到俄罗斯国内学者的认可,也缺乏可靠的证据。

第二,2017 年以来俄罗斯经济增长的主要动力,在消费、投资和净出口三大要素中,消费增长受居民实际收入增长停滞甚至负增长的影响,没有为经济增长提供稳定动力;投资增长受外部制裁和国内投资环境的影响,增速缓慢;净出口增长在 2018 年表现较好,但其溢出效应也难以帮助将 GDP 增长率提高近 50%。

第三,俄罗斯 2017 年第四季度开始的季度经济增长趋势减弱表明,俄罗斯为举办 2018 年世界杯足球赛所进行的大项目投资的增长效应已经基本消失,与此同时,经济从 2015 年危机中反弹和复苏的固定资产投资与增加库存的冲动也在减弱。考虑到 2018 年 9 月增值税改革、退休金制度改革和

---

① Путин: Темпы роста ВВП РФ недостаточны для сильного повышения уровня жизни,——https://rusfinans.info/2018/11/pytin-tempy-rosta-vvp-rf-nedostatochny-dlia-silnogo-povysheniia-yrovnia-jizni/.
② Большая пресс-конференция Владимира Путина,——http://www.kremlin.ru/events/president/news/59455.

10月下旬油价下跌的消极影响，2018年第四季度的经济增速是下行的。

综合以上情况，俄罗斯2018年全年经济弱增长的趋势应该没有改变。

（二）2018年俄罗斯经济弱增长是对上年趋势的继承

2018年前三季度，俄罗斯的GDP增长率分别为1.3%、1.9%和1.5%，1~9月增长1.6%。作为对比，2017年前三季度的增长率则分别为0.6%、2.5%和2.2%，2017年1~9月增长1.8%。历史地看，季节原因，俄罗斯第四季度的GDP增长率加速的概率很小，比如自2012年以来，只有2016年第四季度的GDP增长率由于危机反弹因素而高于第三季度，其余年份均低于第二和第三季度，2017年第四季度的增长率更是直接从2.2%降为0.9%。考虑到2018年第四季度石油价格下跌、增值税改革效应和制裁扩大的因素，俄罗斯2018年第四季度经济加速的可能性很小。因此，俄罗斯央行预测2018年俄罗斯GDP全年增速在1.6%~1.7%[1]已经是相当乐观的。有鉴于此，从趋势上看，2017年俄罗斯经济从危机中复苏向上的势头，在2018年已经减弱，全年弱增长的态势明显。

从经济增长的行业特征看，2017年为经济复苏做出重要贡献的农业、仓储运输和不动产交易等行业，在2018年的增长速度均有较大幅度下降，不仅出现停滞甚至出现了负增长。2018年1~9月，农业增速-3.3%（上年同期1.8%），仓储运输增速2.7%（上年同期4.5%），不动产交易增速0.5%（上年同期2.4%）。2018年1~9月，表现突出的行业中金融保险增长8.0%（上年同期0.2%），餐饮旅馆增长5.4%（上年同期1.5%）。仓储运输业减速，说明物质部门的生产活动不活跃。金融保险业和餐饮旅馆业活跃，则说明资本成本过高，这使得技术密集度低、轻资产和短周期行业的经济机会更多。这在一定程度上表明，俄罗斯产业扶持政策的效果仍然没有显现。为了促进投资和社会经济发展，俄罗斯在2015年以后设

---

[1] https://rusfinans.info/2018/12/departament-cb-prognoziryet-rost-vvp-rf-v-2018-gody-na-yrovne-1-6-1-7/.

立了许多创新和投资扶持基金,但运行效果并不理想。在2012年"五月命令"的经验基础上,2018年5月普京再次签署新"五月命令",力图以战略规划和战略支持的方式实现社会经济发展的战略目标。但在实际执行中,部门、领域、行业、地区的发展扶持项目和基金还没有有效促进投资增长和经济发展。

在2015年开始执行的反危机和进口替代政策中,俄罗斯的制造业部门包括农业和工业部门就居于中心地位。2016年和2017年延续了相关政策扶持。2018年这一领域仍是政策重点。2018年1~11月,俄罗斯工业部门的增速为2.9%,高于2017年同期的2.5%。其中,对俄罗斯经济增长一直起到支柱作用的采掘业增速在1~11月达到3.8%,快于上年同期的2.4%。加工业基本保持不变,1~11月增速为2.9%(上年同期为3.0%)。加工业内部,属于最终消费品的造纸、木制品、信息存储介质、制药与药用原材料、家具和其他制品行业快速增长,1~11月增速甚至达到10%以上。但那些投资品行业如金属制品(0.7%)、机械设备(-0.1%)、运输设备(-2.4%)机械设备维修与安装(0.8%)等的表现则较差。

(三)金融市场基本稳定,保证了卢布汇率和物价水平的基本稳定

第一,俄罗斯银行体系运行稳健。2018年俄联邦中央银行继续以控制通货膨胀为货币政策目标,实行了比较审慎的宏观货币政策。在银行监管方面,央行继续加强对商业银行和资本市场的监管。2008年金融危机后,俄罗斯中央银行持续加大对商业银行资产充足率和合规经营方面的监管力度,不合规银行的经营许可证被吊销。10年来俄罗斯商业银行数目已经从2008年1月1日的1136家减少到2018年1月1日的561家。[1] 截至2018年12月14日,俄罗斯央行又取缔了64家违规商业银行的经营许可证。[2] 目前的商

---

[1] https://bankirsha.com/kolichestvo-bankov-v-rossii-na-konec-goda-finansovyi-krizis-ustavnoi-kapital-i-chislennost-bankov.html.

[2] http://1eb.ru/bank/otozvannye-licenzii/4856-banki-lishennye-licenzii-v-2018-godu.html.

业银行数是497家。

第二,根据俄罗斯中央银行的金融风险和金融稳定报告,2018年俄罗斯金融形势基本稳定。其中,金融市场风险主要是外汇货币市场风险在第二季度显著上升,卢布货币市场、外汇市场、国债市场、私人债券市场和证券市场风险均处于较低水平。俄罗斯央行评估认为,俄罗斯外汇货币市场风险的上升一方面与2018年美联储加息和资本从新兴市场回流美国有关,另一方面与西方对俄罗斯的制裁有关,与俄罗斯经济的基本面无关。制裁和资本回流美国提高了俄罗斯国债的收益率,该收益率从2018年4月的0.19上升到6月的0.58和8月的0.85。10月之后,俄罗斯的国债收益率趋于稳定,外汇货币市场风险水平显著下降。①

第三,俄罗斯卢布汇率的变化在2018年出现了新的特征。卢布汇率与石油价格变化的相关性下降。无论是上半年国际能源市场石油价格的逐渐上升,还是进入12月石油价格的较大幅度下降,都没有引发卢布汇率的较大波动。② 从全年的趋势看,2018年1月1日至4月7日,卢布汇率为1美元兑换56~58卢布。2018年4月11日之后,卢布汇率为1美元兑换61~67卢布。卢布在4月的这次贬值与美元加息和西方制裁引发的俄罗斯外汇市场融资成本的变化和资本从新兴市场回流美国有关。

第四,在审慎的宏观货币政策框架下,俄罗斯全年通货膨胀水平基本保持稳定。2018年1~11月,消费物价指数(CPI)呈现一个逐渐升高的趋

---

① Обзор финансовой стабильности, http://www.cbr.ru/Collection/Collection/File/10438/OFS_18-02.pdf.
② 关于这种油价与卢布汇率相关性下降的结论还需要更长的时间样本来验证。目前2018年卢布汇率和石油价格的相关性下降,是基于这样一个事实,即2018年4月开始的石油价格上涨没有推动卢布价格上涨,但当时的这种相关关系变化可能是由于美元加息导致资本向美国市场回流对冲了石油价格上涨对卢布估值的影响。另外,在通胀压力下降情况下,俄罗斯央行在外汇市场上购买美元,向市场释放卢布的行为,也对冲了卢布升值的市场力量。2018年12月油价进入下降通道,卢布同时表现出贬值的迹象,这表明,现在说卢布汇率与油价已经脱钩还为时过早。俄罗斯学者谢尔盖·维杰夫(Алексей Ведев)在盖达尔所的经济形势分析会上表达了相同的观点。https://www.iep.ru/ru/aleksei-vedev-ia-ne-veriu-v-zaiavleniia-o-tom-chto-korreliatciia-mezhdu-tcenoi-na-neft-i-ekonomicheskim-rostom-v-rossii-oslabla.html.

势。根据俄国家统计局的数据，1~11月的消费品价格指数比2017年同期上涨了3.5%，实现了把通胀率控制在4%以内的目标。但在美元加息、西方制裁和俄罗斯把增值税由18%提高到20%的背景下，俄罗斯第四季度国内金融市场的预期发生变化，货币供给和货币需求之间的关系变得更加复杂。例如，2018年9月上旬曾出现一波货币回购和货币掉期利率的快速上升，尽管央行监测认为，这次货币回购和掉期利率的增长是短期的，与货币流动性的资金因素无关，但卢布贬值的通胀效应和增值税改革的价格效应还是在消费品领域有所显现。11月和12月的月度通胀率有所抬头。因此，俄罗斯央行预测全年通胀率将超过4%，在4.1%左右。[①] 输入型通货膨胀仍然是2018年通货膨胀的主要成因。卢布贬值通过进口品价格上升影响国内价格水平，也通过提高出口部门的收益水平，提高了国内需求，从而影响通货膨胀率。

第五，在通货膨胀水平的变动趋势中，工业品价格指数（PPI）的变动需要重点关注。2018年1~11月，PPI比上年同期上涨了15.5%，其中，采掘业产品价格上涨了30.8%，加工业上涨了12.6%，成为PPI总体上涨的主要原因。水电气供应的价格基本保持平稳，仅上涨了3.7%。从全年看，2018年4月之前，俄罗斯的PPI基本保持稳定，进入5月之后开始加速上涨。采掘业产品价格5月环比上涨7.3%，6月环比上涨11.4%。作为上游原材料产品，采掘业产品价格上涨，传导到加工部门，引发加工业产品成本上升、价格上涨。与此同时，4月卢布贬值，也提高了进口设备和原材料的价格。成为加工业产品价格上涨的重要原因。

（四）2018年俄罗斯社会就业状况好于2017年，居民生活水平有所提高

2018年11月，15~72岁劳动人口中，失业人口为365.4万人，失业率

---

① Центральный банк Российской Федерации：ДОКЛАД О ДЕНЕЖНО-КРЕДИТНОЙ ПОЛИТИКЕ：（ДЕКАБРЬ 2018 № 4），——http：//www.cbr.ru/Collection/Collection/File/14169/2018_04_ddcp.pdf.

由2017年的5.2%下降到4.8%。居民实际可支配收入在2018年1~11月为月人均31299卢布，比2017年同期增加0.4%。在职职工名义工资1~12月为月人均42355卢布，增长10.3%，扣除物价因素实际上涨7.4%。与居民最终消费相关的社会零售总额比上年同期增长了2.6%。居民预期寿命从2017年的72.7岁增长到72.9岁。

（五）内外部收支状况有所改善

俄罗斯经济的内外部均衡发展状况可以从财政收支、外贸净余额、资本净流入和外汇储备四个方面进行观察。

首先，从财政收支来看，2018年是俄罗斯2008年以来的首次财政盈余年度。1~10月财政收入15.8万亿卢布，支出12.78万亿卢布，财政盈余资金3万亿卢布，大约相当于GDP的2.1%。由于能源价格上涨，2018年1~10月财政收入中，油气收入贡献了7.2万亿卢布，占比达到45.7%。比2015年的36.9%有较大幅度上升。

其次，外贸盈余比上年大幅增长。2018年1~10月外贸总额5670.28亿美元，同比增长19.5%。其中，出口3620.24亿美元，增长28.1%；进口2050.04亿美元，增长6.7%；外贸盈余1570.2亿美元。出口品中，能源原材料占60.7%，金属及其制品占10.2%，机械设备占7.1%，化工产品占6.8%，农产品及食品原料占5.6%。进口品中，机械设备占比为48%，食品及农产品占12.6%，化工产品占17.9%。贸易伙伴中，中国仍是其最大贸易伙伴国，1~10月贸易额为883.56亿美元，占其外贸总额的比重达15.7%，比2017年同期提高了1个百分点。

再次，资本净流入和投资增速状况有所改善。2018年1~10月资本净流入652亿美元（2017年全年净流入292亿美元），其中，外国直接投资124亿美元（2017年外国直接投资流入471亿美元）。固定资产投资增长了4.1%。

最后，外汇储备保持稳步增长。外汇储备从年初的4320亿美元增长到12月初的4640亿美元，增长了7%。外债总额4671亿美元，持续减少

(2017年同期5295亿美元，2014年10月7450亿美元），其中，政府债务总额186亿美元。

三 退休金制度改革和增值税调整

俄罗斯经济结构改革的呼声一直很高。2017年5月，俄联邦中央政府和库德林领导的战略发展中心、季多夫领导的斯托雷平俱乐部就2018～2025年俄罗斯经济改革的任务和方案达成共识。[①] 2018年进行了两项最迫切的经济和社会领域改革，即退休金制度改革和增值税改革。

（一）退休金制度改革及其影响

俄罗斯退休金制度改革是一项久拖未决的重大社会改革。2018年6月14日，梅德韦杰夫政府提出退休金制度改革方案，6月16日将方案提交杜马，社会支持和反对的声音尖锐对立，此后多地反复出现抗议退休金制度改革的游行示威。改革方案经过3个月的社会讨论和征求意见，最终在9月27日在杜马三读通过，成为正式法律文本，10月3日普京签署生效。这一改革的社会政治效应是引起政治动荡，尽管不足以威胁俄罗斯的政治稳定，但普京的支持率还是受到了不小的影响。因为以延迟退休年龄为主要内容的改革方案影响了作为普京重要支持阶层及中老年选民的政治立场。

退休金制度改革不仅是必须进行的一项改革，而且其经济影响是正面且积极的。根据俄罗斯国家统计局的数据，年龄在18～22岁即将进入工作岗位的劳动人口总数只有年龄在55～60岁即将退休的人口总数的70%。新增劳动人口每年减少40万，新退休人口每年增加150万左右，加上预期寿命延长，养老金体系已经不堪重负。俄罗斯上述人口结构变化的趋势，使得俄罗斯现收现付的养老金体系已经难以为继，改革势在必行。新的养老金方案

---

① Экономические реформы 2018－2025，https：//priminvest.ru/ekonomicheskie－reformy－2018－2025/.

的核心是分阶段延迟退休年龄,男性退休年龄由60岁逐渐延长到65岁,女性退休年龄分阶段延迟到60岁。按照新的退休保障方案,每年可以减少8000亿卢布的支出,其中的7000亿卢布将用来提高退休人员的保障水平。2019年起,退休金指数年增长率将达到7%,高于3.5%~4%的通货膨胀水平。该退休金指数化方案持续下去,将能够保证每月退休金领取额从2018年的每月1.4万卢布增加到2024年的每月2万卢布。同时,节约退休金支出总额,将大大减轻财政压力,并为实现普京在2018年5月提出的新"五月命令"的任务提供财政支持。

(二)增值税调整的动因和影响

俄罗斯进行增值税调整的目的是增加财政收入中非石油税收的比重,降低联邦财政对能源收益的依赖。俄罗斯杜马6月通过法令,增值税从原来的18%提高到20%,并从2019年1月1日起执行。普京总统在8月签署了该法令。

增值税调整一方面有利于增加财政收入中非能源税收的比重,降低联邦财政对能源收益的依赖,进而降低财政风险;另一方面,增值税调整有可能降低俄罗斯债务与能源价格的关联度,进而有利用于维护卢布汇率的稳定,为企业投资和引进外资提供更有利的经济环境。不利的一面是,提高增值税税率将提高企业的经营成本。目前这项改革措施已经引发了价格上涨的预期,前三季度保持在3.5%的通胀水平在2018年10月以后出现抬头向上的趋势,11月甚至达到5.2%。这给央行维持4%的通胀目标带来了压力。预计增值税调整对通胀率的影响要到2019年第二季度才能消除。

四 影响俄罗斯经济长期增长的关键因素

(一)进口替代政策的效果

1. 俄罗斯进口替代政策的根源及其长期性

当代俄罗斯经济增长开始于1999年,2009年金融危机和2015年经济危机两次中断了经济增长进程，但2010年恢复增长的速度大大高于2016～2017年恢复增长的速度，这种差异与危机的原因和增长动力的变化有关。

圣彼得堡国立大学梁赞诺夫教授根据俄罗斯国家统计局的数据用当年价格估算，1999～2008年新增GDP中，有66.9%用于最终产品消费，24%用于固定资产投资，8.3%用于出口，消费是这一时期经济增长的主要动力。在国内市场总消费中，国内产品消费占76.4%，进口品占23.6%。这与之前人们认为的能源价格上涨和出口拉动的结论相反。换一种角度，如果以不变价格计算，用于最终产品消费的比重高达80%，净出口则为-28.8%，固定资产投资占36.7%。国内市场总消费中，进口品占53.3%，国内产品和劳务占46.5%。① 这表明，俄罗斯1999～2008年新增的消费能力中，超过一半以上是流到国外了。2010～2014年的情况更加严重，这一时期以当年价格计算的全部GDP最终用途中，最终产品消费为72.1%，投资总计占23.9%（其中固定资产投资为18.9%），净出口6.2%。如果以2008年不变价格计算，则全部新增GDP中，用于最终产品消费的比重高达105.4%，净出口-42.9%，总积累44.6%（其中固定资产投资30.4%）。国内市场新增消费中，进口品占47.5%，国产商品和劳务占52.5%。② 国内消费能力的净流出成为俄罗斯经济减速的根本原因。而消费净流出的扩大，是与卢布实际汇率升值和国内制造业竞争力下降分不开的。2014～2016年，居民实际收入下降了9.5%，投资减少了10.8%，这是经济危机的重要表现。同时，由于卢布贬值，进口下降，消费漏出减少，出现最终消费品的进口替代，为国内产业复苏和整体经济复苏创造了条件。

2. 制造业部门产出结构在2018年发生的变化与进口替代

俄罗斯2018年制造业部门的产业结构变动中，有明显进口替代效果的仍然是最终产品生产部门，但资本品的生产增速显示，该领域对进口品的依

---

① К. Писсаридеса, О. Мargania, С. Белозерова, 《Занятость и Экономический Рост》, Издательство С. Петерб. ун-та, 2018, стр. 167.

② К. Писсаридеса, О. Мargania, С. Белозерова, 《Занятость и Экономический Рост》, Издательство С. Петерб. ун-та, 2018, стр. 176.

赖度仍然较高。

具体而言，工业部门2018年1~11月增长2.9%，与上年同期的3.0%的增速相比，略有下降。农业产出萎缩，1~11月增长-0.8%，上年同期增长3.1%；粮食产量1.05亿吨，比2017年的1.354亿吨减少了3040万吨；10~11月大牲畜的出栏数也比上年同期下降，这是农业产出萎缩的主要原因。采掘业微弱加速，上期增长2.4%，本期增长3.8%。加速的原因是能源价格和大宗商品在4月之后快速上升，产值增加。

对俄罗斯经济结构转型具有重要指示性意义的加工制造业表现平稳，增速略有下降，从上期的3.0%微弱下降为2.9%。其中的结构变化反映了俄罗斯进口替代的效果。加工制造业内部，木制品（9.3%）、造纸（13.4%）、数据存储介质（14.7%）、制药（7.3%）、航空（14.4%）、拖车等运输设备制造（11.4%）和其他制成品（14.4%）增长比较明显。但机械设备（0.4%）、金属制品（0.4%）、计算机与电子产品（-3.9%）、冶金（2.3%）等资本品的生产增长微弱，甚至在萎缩。这种结构现象表明，俄罗斯的进口替代仍然主要发生在最终产品生产领域，资本品生产能力依旧很差。

3. 2018年进出口商品结构与进口替代进展

俄罗斯2018年1~10月的进出口增速及其结构变化反映出进口替代加速的趋势。根据俄罗斯国家统计局公布的数据，2018年1~10月俄罗斯外贸增速19.5%，比上年同期的25.5%下降6个百分点。但出口增长加快，增速28.3%（上年同期26.2%），进口增速大幅下滑，增速为7.5%（上年同期24.5%），外贸盈余从上年同期的904.89亿美元增加到1157.02亿美元，增加了73.52%。

在俄罗斯的出口品中，能源原材料占60.7%，与上年同期的61%基本持平，这表明能源部门仍是俄罗斯的竞争优势部门。金属及其制品占10.2%，机械设备占7.1%，化工产品占6.8%，农产品及食品原料占5.6%。进口品中，机械设备占比为48%，食品及农产品占12.6%，化工产品占17.9%。尽管俄罗斯的谷物产量较上年减少3000万吨，但2018年1~

9月，俄罗斯农产品出口仍高达4077.7万吨，比上年同期增长46%。

另外，一个不好的迹象是，卢布贬值的进口替代效应已经基本消失，但卢布升值的进口刺激效应仍然显著。2018年卢布对美元贬值8%，据俄海关统计，食品进口比上年增长了2.4%，占总进口的12.6%；机械设备进口增长了2%，占总进口的48%；化工产品进口增长了8%，占总进口的17.9%。食品领域的进口替代也出现了停滞和倒退。

4. 经济制裁对俄罗斯经济的影响与进口替代

西方对俄罗斯的制裁仍然在持续。一方面，美国借口间谍中毒案和俄罗斯干预美国大选，扩大了制裁名单和范围；另一方面，欧盟在2018年再次延长了对俄制裁。俄罗斯经济正在逐渐适应制裁带来的消极影响，同时，制裁也迫使俄罗斯不得不在一些特定行业加快进口替代的速度。制裁对俄罗斯经济的影响主要体现在以下几个方面。

（1）金融制裁。2013年俄罗斯在欧洲债券市场融资规模464亿美元，2015年缩减为50亿美元。制裁提高了俄罗斯的资本成本，减少了投资的金融资源。俄罗斯除了转向亚洲市场特别是中国寻找金融支持之外，不得不出售战略资源部门的股份，这使得俄罗斯被迫降低了能源等部门的投资门槛，提高了对外资的开放度。

（2）技术封锁和制裁。这方面受影响最大的是能源领域。石油开采设备和技术封锁，使得俄罗斯新增油田的数量和石油产量受到限制。在军事工业领域，俄罗斯国防工业联合体（предприятия ОПК）的进口替代在2016年完成了70%~80%，2018年计划达到100%。俄罗斯内燃机生产企业Рыбинское НПО "Сатурн" 2017年底2018年初开始研制生产军舰发动机。直升机发动机基本可以实现进口替代。

（3）食品和农产品领域的反制裁，提高了俄罗斯农产品的产出和国内市场占有率。

（二）投资是制约俄罗斯经济长期增长的关键因素

俄罗斯2018年经济增长的动力主要有两个，一个是能源价格在2018年

4月之后快速上涨，出口增速加快；另一个是卢布贬值使得进口增速下降，对国内产品的需求增加。

另外，2018年的国内价格环境有利于经济增长。前10个月，消费品价值指数控制在3.5%的水平上。由于能源价格上涨，以及制裁导致的资本品供给不足，国内产出能力不足，投资需求旺盛（库存投资下降），生产者价格指数相对较高，前11个月上涨了15.5%。由于增值税改革的预期价格效应，2018年底和2019年第一季度，PPI上涨仍将加速。为应对可能的通胀率上升，2018年9月17日，俄联邦中央银行把关键利率从7.25%提高到7.5%。12月17日再次加息，关键利率提高至7.75%。

在消费、出口和投资的三驾马车中，消费占比变动不大，净出口增加有利于经济增长，但投资仍是俄罗斯经济增长的关键制约因素。2018年1~10月，俄罗斯固定资产投资增速有所提升，从3.0%提升至4.1%。但总积累率、固定资产投资率和库存投资都比2017年同期有所下降。总积累率从24.3%下降到22.5%，其中，固定资产投资率从19.4%下降到18.8%，库存投资从3.9%下降到3.7%。在投资资金来源中，企业自有资金比重从2014年的52.5%上升到2018年上半年的59.7%。资金成本和金融系统融资能力与融资效率制约投资成长。投资领域主要分布在金融和经济中心、发达地区和落后地区，原料部门和中等发达地区投资大幅下降。

五 俄罗斯经济的未来走势

第一，总体上看，俄罗斯2017年以来的经济增长属于进口替代周期中的经济增长。增长速度缓慢，投资增速和投资占GDP的比重是关键变量。普京的新"五月命令"设定的目标要求固定资产投资占GDP的比重达到25%。这一比例如果能够实现，经济增速的可持续性和速度将会大大改观。

第二，2019年的经济增长速度不会高于1.5%。总体上看，增值税调整对经济增长和价格的影响要到2019年第二季度以后才能被吸收。俄罗斯进口替代和反危机政策对经济增长的积极作用是缓慢和长期的。2017年的经济增长与世界杯之前的大项目投资密切相关。这些刺激因素对经济的影响已经消失。

第三，俄罗斯用产业政策发展进口替代产业，刺激农业发展，补贴飞机制造等，一定程度上限制进口，事实上对外践行了重商主义经济政策。但在国内宏观政策协调方面，经济发展部、财政部和中央银行各自为政，实际上执行的还是新自由主义经济政策，即通胀目标制、财政平衡、保守的负债率，期待市场实现自我增长。联邦政府没有为改善投资环境进行根本性的改革，包括降低经济的垄断程度、限制寡头对经济资源的控制等。

第四，卢布汇率和石油价格的相关性下降，天然气和液化气价格正在摆脱石油价格，这对俄罗斯是好消息。但俄罗斯卢布汇率的变动，仍然在很大程度上受到资本流动和经常账户变动的影响，劳动生产率变动对卢布汇率估值的积极效应仍未显现。通货膨胀目标制可以有效吸收外部冲击造成的经济风险，但也限制了以货币政策刺激经济增长的政策空间。

Y.11
2018年俄罗斯财政金融形势及政策走向

丁 超*

摘 要： 普京连任总统后签署的新"五月命令"确定了俄罗斯政府未来一段时期的主要目标，即提高生活质量和公民福祉，消除贫困和不平等。在这一总目标下，近两年俄罗斯在财政税收和货币金融领域推出了一系列结构性改革措施。在财政税收领域，设置了新的预算规则，增加财政收入的同时严格控制支出，政策执行的结果是2018年实现了财政盈余，国家储备也重新充盈；税制改革密切配合，提高矿产资源开采税税率的同时，降低石油出口关税税率，以期弱化能源价格和卢布汇率变动对国家财政收入的影响。在货币金融领域，俄罗斯继续实行基于利率管理的通货膨胀目标制，但2018年未能成功守住通胀4%的目标值。另外，预算新规也为央行平衡国际账户收支、对抗通货膨胀提供了重要手段。同时，那些尚未实施的改革措施，也已经产生某些社会经济效应。增值税税率提高引发了公众对于未来消费品价格上涨的担忧，从而推动了通货膨胀预期的高涨；而延迟退休年龄虽能增加未来养老金领取的额度，却也加重了现阶段的工作负担。总之，俄罗斯财政税收和货币金融领域的重大改革能否成功还有待观察。

关键词： 俄罗斯 财政 税收 货币政策

---

* 丁超，博士，中国社会科学院俄罗斯东欧中亚研究所俄罗斯经济研究室助理研究员。

2018年5月7日,成功连任的普京总统签署了题为《2024年前俄罗斯联邦发展战略任务和国家目标》的总统令(新"五月命令"),描述了政府未来六年的工作前景,在几乎所有公共领域提出了共同的发展目标——提高生活质量和公民福祉,减少贫困和不平等,提高医疗卫生和教育的质量及可获得性,创造现代化的基础设施。

同年10月,俄罗斯经济发展部通过的《2024年俄联邦社会经济发展预测》中提出,在财政部调整预算规则并提高增值税、央行适度紧缩货币政策以便降低通胀预期的前提下,2019年将成为俄宏观经济政策调整的"适应期",预计经济增速仅为1.3%。但基于政府提出的一揽子结构性改革措施(包括有效实施涵盖社会经济发展关键领域的国家项目,以及基础设施综合发展计划;改善投资环境,提高经济发展的长期可预测性,提高国有或参股企业的竞争和效率水平,形成新的融资来源,强化行业监管;推进养老金改革,提高养老保障水平),通胀加速和经济增长放缓都将是暂时的。① 总体来看,俄罗斯财政税收和货币金融政策的制定与实施,不仅关系到经济的高速增长,更关系到居民生活质量的提升。

一 俄罗斯财政税收系统运行情况

近两年俄罗斯财税形势不断好转,这一点从联邦统一预算收入变化趋势中可以看出,2016年以来联邦统一预算收入实现了超高速增长,2017年和2018年增速分别为10.2%和18.9%;而联邦预算支出增速则呈现明显的下降,从2015年的7.7%降至2018年的4.6%;预算收入相对于支出的超高速增长,使经济陷入长期衰退的俄罗斯于2018年首次出现了联邦统一预算收入盈余30362亿卢布的局面(见表1)。

---

① Прогноз социально-экономического развития Российской Федерации на период до 2024 года. http://economy.gov.ru/minec/activity/sections/macro/201801101.

表1 2014~2018年俄罗斯联邦财政收支情况

单位：亿卢布

年份	2014	2015	2016	2017	2018
收入					
联邦统一预算	267661	269220	281815	310467	369169
联邦预算	144969	136592	134600	150889	194549
联邦主体预算	89057	93082	99238	107581	123924
国家预算外基金预算	79794	92415	98993	106890	104969
地方自治政府预算	14175	15890	16377	17267	20676
支出					
联邦统一预算	276117	297415	313237	323957	338807
联邦预算	148316	156202	164164	164203	167129
联邦主体预算	93533	94780	99364	108101	118822
国家预算外基金预算	80050	99212	100847	106453	107155
地方自治政府预算	14552	15961	16254	17363	20650
盈余或赤字（-）					
联邦统一预算	-8456	-28195	-31422	-13490	30362
联邦预算	-3349	-19610	-29564	-13314	27420
联邦主体预算	-4476	-1698	-126	-520	5102
国家预算外基金预算	-256	-6797	-1854	437	-2186
地方自治政府预算	-377	-71	123	-96	26

资料来源：http://www.roskazna.ru/ispolnenie-byudzhetov/konsolidirovannyj-byudzhet/（注：2018年根据俄联邦国库公布的2019年1月1日数据整理，可能与年度数值存在偏差）。

图1展示了2014~2018年俄罗斯联邦统一预算收支占GDP比重的变化情况。如图1所示，2016年前后呈现了完全不同的发展态势，联邦统一预算收入占GDP的比重从2016年的32.7%稳步增至35.6%，支出占比从2016年的36.4%降至2018年的32.7%，预算盈余占GDP的比重达到3%左右。

俄联邦财政收入由税收收入和非税收入构成，其中，税收收入是财政收入的主要来源，约占全部财政收入的90%。主要税种为：企业利润税、个人所得税、强制社会保险费、增值税、消费税、自然资源使用税、对外经济活动所得等。如图2所示，2014年以来，各种税收收入基本呈现增长态势，

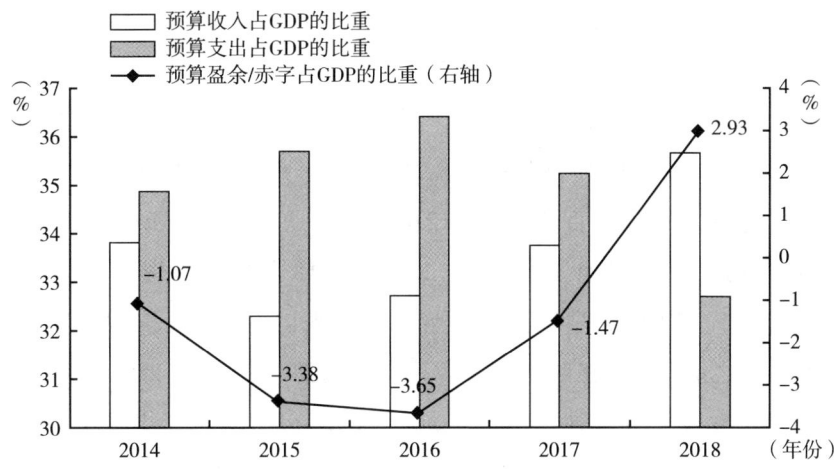

图 1　俄罗斯联邦统一预算收支占 GDP 的比重

资料来源：http：//www.roskazna.ru/ispolnenie - byudzhetov/konsolidirovannyj - byudzhet/。

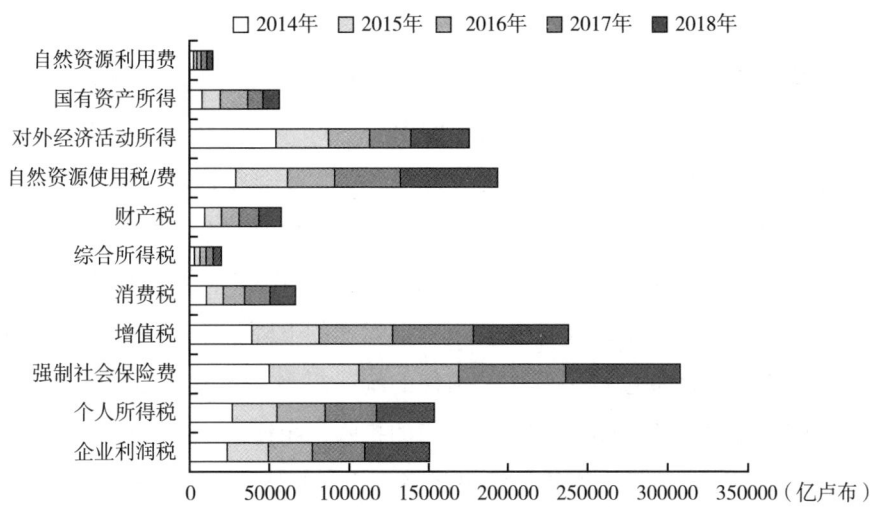

图 2　2014～2018 年俄罗斯联邦统一预算收入来源结构

资料来源：http：//www.roskazna.ru/ispolnenie - byudzhetov/konsolidirovannyj - byudzhet/。

在 2018 年尤其明显，企业利润税、个人所得税、增值税、自然资源使用税均实现了高出平均水平的增长，增速分别达到 25%、12%、17% 和 48%。

强制社会保险费一直是统一财政收入的最大来源,占比基本维持在20%左右,2018年收入为71950亿卢布。增值税是2018年统一财政收入的第二大来源,收入规模达60170亿卢布,占比也从2014年的14.7%增长到16.3%。居于第三位的是企业利润税(41002亿卢布),占比达到11.1%,比2014年上升了2.3个百分点。居于第四位的是对外经济所得。对外经济所得变化态势与其他税种有所区别,2014~2018年收入呈现"U"字形变化。原因在于,对外经济所得的绝大部分收入来自关税收入,国际油价大幅度下跌,加之俄罗斯为摆脱能源依赖下调油气出口关税,使得以石油及石油产品为主要收入来源的对外经济活动所得在2014~2017年出现明显下降,而随着国际能源价格的回升、对外贸易环境的改善,2017年之后对外经济活动所得日益增长。五年间,对外经济活动所得占统一财政收入的比重经历了从2014年的20%到2017年的8%,再到2018年的10%的过程。其后是个人所得税,2018年税收收入为36542亿卢布,占比从2014年的10.1%降至9.9%。

从俄罗斯统一财政支出的方向来看,规模最大的依然是社会文化措施支出,2014~2018年占到统一财政支出的55%~60%,并呈现上升态势。社会文化措施包括教育、文化和影视、医疗卫生、社会政策(主要是为养老和为居民提供的社会保障)、体育、大众传媒,2018年该领域的支出从2014年的151542亿卢布增至199789亿卢布,增长了31.8%,同比增长4.8%。其中,社会政策支出在2018年出现了一定幅度的下降,原因在于,2017年1月俄罗斯对退休金进行了一次全国性的统一提高,每人增加5000卢布,使得2017年社会政策支出出现了大规模的扩张,相比之下,2018年的支出则相对下降。① 居于第二位的是国民经济支出,2018年占到13.1%,随着俄罗斯经济结构性问题日益凸显,该领域的预算支出将有所增长。国防占比虽有所降低,但仍是联邦统一预算支出的重要方向,2018年支出28284亿卢布,占到8.3%(见表2)。总体来说,民生支出依然是俄罗斯财政支出

---

① 童伟:《2018年俄罗斯财经发展报告》,经济科学出版社,2018,第27~28页。

的重心，财政支出60%以上的资金用于住房公用服务支出和社会文化措施支出。2018年社会文化措施中各项支出占比情况见图3，从高到低依次为养老保障41.4%、教育18.4%、医疗卫生16.6%、社会保障12.9%、文化和电影2.6%、体育1.7%、大众传媒0.7%。

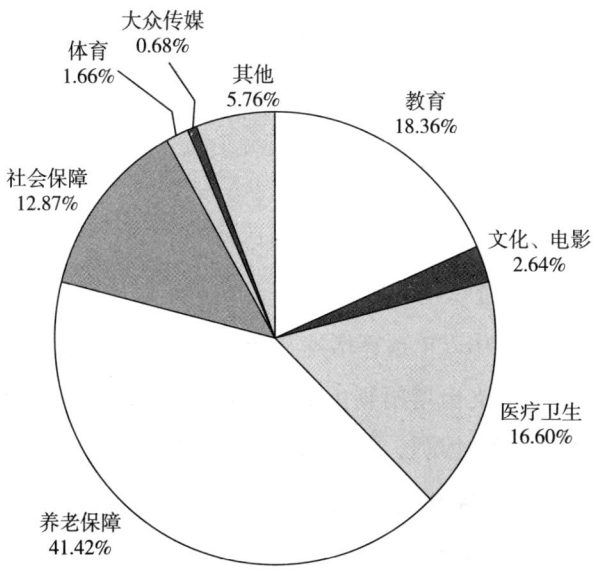

图3　2018年俄罗斯社会文化措施支出的主要方向

数据来源：http：//www.roskazna.ru/ispolnenie-byudzhetov/konsolidirovannyj-byudzhet/。

表2　2014~2018年俄联邦统一财政支出结构占比情况

单位：%

年份	2014	2015	2016	2017	2018
全国性问题	5.9	6.2	5.9	6.0	6.3
国防	9.0	10.7	12.1	8.8	8.3
国家安全和执法	7.9	7.0	6.4	6.3	6.2
国民经济	16.5	12.7	12.4	13.4	13.1
住房和公用经济	3.6	3.3	3.2	3.7	3.9
社会文化措施	54.9	57.7	57.3	58.8	59.0
教育	11.0	10.2	9.9	10.1	10.8

续表

年份	2014	2015	2016	2017	2018
文化和影视	1.5	1.3	1.3	1.5	1.6
医疗卫生	9.2	9.6	10.0	8.7	9.8
社会政策	31.9	35.2	34.8	37.1	35.4
体育	0.9	0.9	0.8	1.0	1.0
大众传媒	0.4	0.4	0.4	0.4	0.4
国家和地方债务偿还	1.9	2.2	2.5	2.6	2.7

数据来源：http：//www.roskazna.ru/ispolnenie－byudzhetov/konsolidirovannyj－byudzhet/（注：2018年根据俄联邦国库公布的2019年1月1日数据整理，可能与年度数值存在偏差）。

2018年俄罗斯联邦政府预算收入194549亿卢布，支出167129亿卢布。如表1所示，与联邦统一预算收支相比，2017年以来联邦政府的预算收支变化幅度更为明显：2017年预算增速从2016年-1.5%的负增长急剧提高到12.1%的正增长，支出增幅则由5.1%降至0.02%；在此基础上，2018年联邦政府预算收入同比增长28.9%，支出增长1.8%，这一结果扭转了预算赤字态势，实现了27420亿卢布的预算盈余，占到GDP的2.6%。

财政收支的上述变化主要取决于两方面因素：一是国际油价上升导致的预算收入高速增长；二是预算新规出台引起的预算支出急剧缩减。自2004年俄罗斯确立预算规则以来，几经变更，2017年为适应经济增速的放缓和贸易条件的恶化，俄罗斯推出了"预算规则4.0"①，《2018～2020年联邦预算法案》便是根据新的预算规则制定的。新的预算规则明确了预算支出的限额，即对于超过每桶40美元出售石油获得的预算收入，不再安排预算支出，全部进入国家储备体系，并由财政部与央行合作，在外汇市场上开展等值购买外币的业务。这也是俄罗斯抑制油气价格波动对预算、汇率和通货膨胀的影响，实现经济多元化发展，向非资源性经济过渡而采取的重要举措。2018年联邦预算中，油气收入达90178亿卢布，占到46.4%，其

---

① Кудрин А. Л., Соколов И. А. Бюджетные правила как инструмент сбалансированной бюджетной политики. http：//institutiones.com/politika/3080－byudzhetnye－pravila.html.

中矿产资源开采税收入60098亿卢布，占油气收入的66.6%，出口关税30079亿卢布。根据每桶40美元的标准，2018年俄罗斯额外油气收入为42614亿卢布，全部用于外汇市场交易。① 然而，与2017年相比，油气收入占比提高了近7个百分点，俄罗斯摆脱油气依赖的尝试没有在2018年取得成效。

预算规则变更使得国家储备体系重新充盈。2018年俄罗斯国家福利基金的变化情况见图4。根据2019~2020年中期预算法，至2021年，国家福利基金占GDP的比重将增至9.7%。②

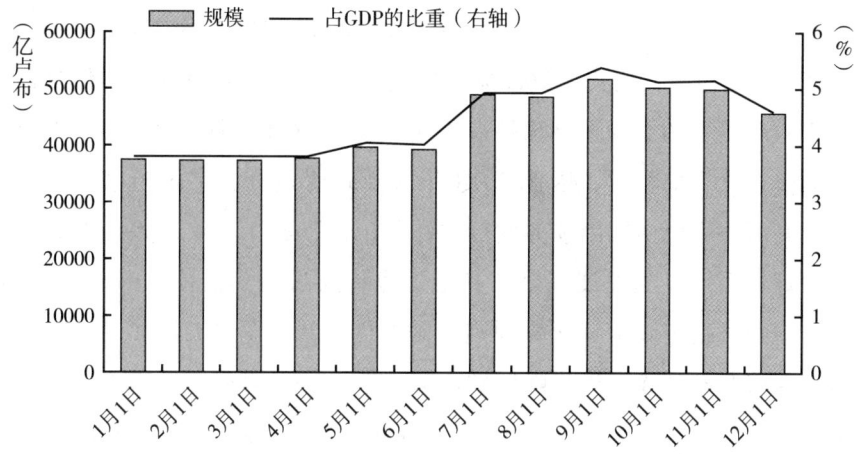

图4 2018年1~12月俄罗斯福利基金变化情况

资料来源：俄罗斯财政部。https：//www.minfin.ru/ru/perfomance/nationalwealthfund/statistics/。

俄罗斯政府债务主要由内债和外债组成。出于保障国家经济安全的考虑，俄罗斯对国家债务总额进行严格控制，政府债务一直保持在14%左右

---

① Информация о дополнительных нефтегазовых доходах федерального бюджета. https：//www.minfin.ru/ru/statistics/fedbud/oil/.
② Совет Федерации одобрил закон о федеральном бюджете на 2019 год и на плановыйпериод2020и2021годов. https：//www interfax ru/russia/639137.

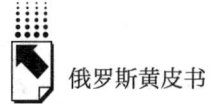

的较低水平。根据 2018~2020 年俄罗斯中期预算法规定，2018 年国家外债上限为 716 亿美元，内债上限为 105018 亿卢布。为刺激经济增长，增加财政收入，未来几年俄罗斯将适度上调国家债务比重，至 2021 年国家债务将占到 GDP 的 16.5%。其中，内债占比将达到 77.7%，继续增长 5 个百分点。① 近年来，俄罗斯国家债务结构发展呈现两大特征，一是由于俄罗斯推行了以内债取代外债的国家债务政策，使得外债规模不断缩减，内债规模加速扩大；二是联邦中央债务规模下降的同时，各联邦主体和地方自治机构债务水平在上升。②

2018 年俄罗斯外债规模为 491.6 亿美元，同比减少了 6.7 亿美元，与 2014 年相比降低了近 10 个百分点。内债规模则由 2014 年的 72412 亿卢布增长到 91764 亿卢布，增长了 26.5%，同比增长 5.6%。③ 目前，内债是俄罗斯联邦政府预算的主要赤字弥补来源（截至 2018 年 1 月 1 日，俄罗斯储备基金的资金已全部耗尽，因此 2018 年联邦政府预算赤字由国家福利基金弥补，其后将主要由国内债务发行弥补）（详见表 3）。自 2019 年起，将在联邦预算体系中设立发展基金，其融资也将通过内部借债。财政部认为，实施宏观经济稳定政策（预算规则）加之创立新的发展工具（发展基金），可以确保将非石油赤字逐步降低到占 GDP 的 6.0% 以内，而不会威胁到公共财政的稳定性和私营部门信贷资金的可获得性。此外，财政部还强调，预算融资的增加应该为私人投资者参与基础设施项目提供额外的动力。目前，俄罗斯正在制定一揽子公私伙伴关系立法修正案，以确保私人资金的投入。

---

① Основные направления бюджетной, налоговой и таможенно-тарифной политики на 2019 год и на плановый период 2020 и 2021 годов. https：//www.minfin.ru/ru/document/%3Fid_4%3D123006.
② 杨攻研、曲文轶：《俄罗斯政府债务演进的政治经济逻辑及风险研究》，《俄罗斯研究》2018 年第 2 期。
③ https：//www.minfin.ru/ru/perfomance/public_debt/.

表3 2018~2021年俄罗斯联邦政府赤字弥补来源

单位：亿卢布

指标	年份	2018	2019	2020	2021
联邦政府赤字弥补来源		-4820	-19320	-12240	-9520
国家福利基金		11137	44	37	33
国家有价证券		10440	17050	18000	15780
私有化		150	130	110	0
预算贷款		550	530	740	1530
超额油气收入		-27400	-33690	-27770	-26320
外部融资渠道		-780	-3090	-2810	-70

数据来源：俄罗斯财政部。Основные направления бюджетной, налоговой и таможенно-тарифной политики на 2019 год и на плановый период 2020 и 2021 годов.

2018年俄罗斯国家预算外基金呈现完全相反的变化态势：收入为104969亿卢布，比2017年减少了1921亿卢布，降低了1.8%；而支出增长了702亿卢布，使得2018年国家预算外基金预算出现赤字2186亿卢布（见表1）。俄罗斯国家预算外基金主要由养老基金、社会保险基金和强制医疗保险基金构成，在其他基金收入保持微弱增长（养老基金增长0.12%、强制医疗保险基金增长9.14%）的同时，2018年社会保险基金收入大幅缩减，由2017年的6918亿卢布降至3313亿卢布，减少了52%（见表4）。2019年俄罗斯还将降低社会保险缴费费率，这将给业已严重赤字的社会保险基金带来更大的冲击。[1]

表4 2014~2018年俄罗斯预算外基金的运行情况

单位：亿卢布

年份	2014	2015	2016	2017	2018
养老基金					
收入	61591	71266	76252	82601	82696
支出	61901	76703	78297	83195	84287

---

[1] Совфед одобрил закон о бюджете на три года. https://rg.ru/2018/11/23/sovfed-odobril-zakon-o-biudzhete-na-blizhajshie-tri-goda.html.

续表

年份	2014	2015	2016	2017	2018
社会保险基金					
收入	5698	5413	6164	6918	3313
支出	5462	6121	6649	6708	2983
联邦强制医疗保险基金					
收入	12505	15735	16576	17372	18959
支出	12687	16388	15902	16550	19885

资料来源：http://www.roskazna.ru/ispolnenie-byudzhetov/byudzhety-gosudarstvennykh-vnebyudzhetnykh-fondov/。

二 货币金融体系运行情况

自2015年以来，俄罗斯实施了基于利率管理的货币政策模式，央行转向通货膨胀目标制（见表5）。[1] 央行认为，经济政策目标应该是通货膨胀的稳定下降，并将其保持在可接受的最低水平。而低通胀只能通过采取紧缩的货币政策来实现，因为通货膨胀始终是一种货币现象。[2] 俄罗斯央行在2019~2021年货币政策的主要方向报告中指出，货币政策的主要目标是维持价格稳定，即稳定的低通胀。[3]

当然，央行实行通货膨胀目标制（年通胀率4%）引起了广泛的争议。反对者指出，通胀目标制至少存在三大弊端：第一，这是一项过于紧缩性的货币政策，旨在通过不合理的高利率抑制经济增长来对抗通货膨胀；第二，央行忽视了国家金融体系稳定运行和发展的目标，这与其任务直接相

---

[1] Пестова А. Режимы денежно-кредитной политики Банка России: рекомендации для количественных исследований/Вопросы экономики. 2017. No 4. С. 38–60.

[2] Кудрин А. Л. Инфляция: российские и мировые тенденции / Вопросы экономики. 2007. No 10. С. 4–26; Кудрин А., Горюнов Е., Трунин П. Стимулирующая денежно-кредитная политика: мифы и реальность / Вопросы экономики. 2017. No 5. С. 5–28.

[3] Основные направления единой государственной денежно-кредитной политики на 2019 год и период 2020 и 2021 годов. https://www.cbr.ru/Content/Document/File/48125/on_2019(2020–2021).pdf.

悖；第三，央行通过的货币政策决议不透明。① 也有专家提出，相较于此项政策更为有效的替代方案应该是软性（或混合）目标制，其设想不仅要通过稳定价格来实现卢布稳定的目标，还应为中短期内经济增长创造必要条件。

表5 俄罗斯央行公布的货币政策的最终目标

货币政策的最终目标	目标有效期
维持金融稳定，为非通胀经济的可持续增长奠定基础	2000~2001年
降低通货膨胀水平	2002~2013年
通过达到通胀目标确保价格稳定	2014~2018年

资料来源：对应年份俄罗斯央行发布的《关于统一国家货币政策的主要方向》，http://www.cbr.ru/publ。

2018年俄罗斯通货膨胀水平超出了央行设定的4%的目标值，达到4.3%（见图5）。由于关键利率决策不会立即影响价格动态，俄罗斯央行往往通过评估通货膨胀影响因素的稳定性来形成宏观经济预测，并以此为基础做出利率决策。2018年上半年，俄罗斯通胀率维持在2.2%~2.4%的水平，远低于4%的目标，主要原因在于农产品供应过剩，以及粮食价格的低增长。因此，2月9日央行将关键利率由年初的7.75%下调至7.5%，3月23日继续下调0.25个百分点，至7.25%。② 与此同时，央行计划在2018年底之前由紧缩性的货币政策转向中性货币政策。

然而，由于欧美国家将扩大对俄经济制裁等言论导致俄罗斯国家风险溢价增长，以及财政部宣布2019年提高增值税税率等因素，4月和8月卢布兑美元急剧贬值。在此背景下，俄罗斯央行不得不对预测中的通货膨胀进

---

① Апокин А., Белоусов Д., Голощапова И., Ипатова И., Солнцев О. О фундаментальных недостатках современной денежно-кредитной политики / Вопросы экономики. 2014. № 12. С. 80；Глазьев С. Ю. Санкции США и политика Банка России：двойной удар по национальной экономике / Вопросы экономики. 2014. № 9. С. 13－29；Ершов М. Новый курс старого лечения / Эксперт. 2015. № 42. С. 34－36.

② 俄罗斯央行网站。https：//www.cbr.ru/DKP/cal_mp/

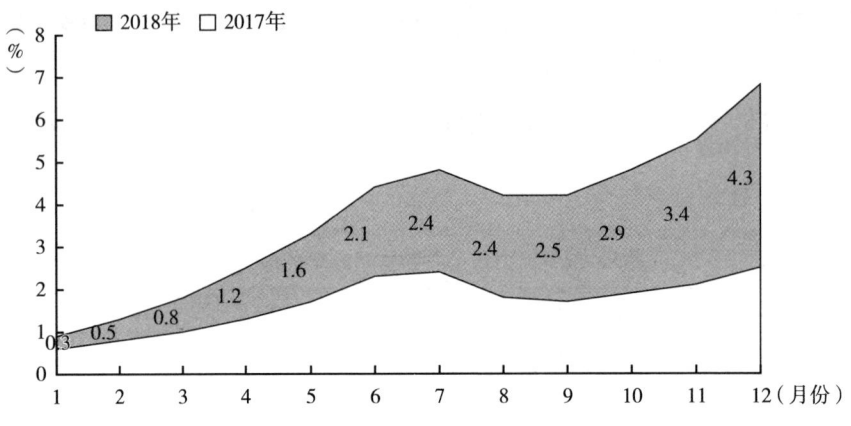

图5　2017~2018年俄罗斯通货膨胀发展态势

资料来源：俄罗斯联邦统计局。

行调整，预期通胀率将达到3.8%~4.2%。同时，为了稳定金融市场，央行决定在预算规则的框架内，暂停国内市场的外币购买，以便限制通胀因素的影响范围。随着汇率波动幅度的增大，居民和企业的通胀预期稳步上升，未来可能出现长期向上偏离目标的风险。因此，2018年9月俄央行将关键利率提高到7.5%，12月14日再次恢复到年初7.75%的水平。与央行的关键利率相适应，2018年俄罗斯实际贷款利率也经历了8.36%（1月）、7.68%（3月）、7.16%（7月）、8.23%（9月）、8.69%（10月）的先降后升的变化。① 2017~2018年俄罗斯汇率变动情况见图6。2018年1月汇率是1美元兑56.29卢布，至年底已增至1美元兑69.47卢布，全年卢布贬值23%。

为了抑制国内石油产品价格的进一步上涨，10月31日俄罗斯石油公司、联邦反垄断局和能源部达成协议，至年底将汽油和柴油价格控制在6月2日的水平（5~6月汽油价格大幅上涨，下半年汽油价格虽保持稳定，但民意调查仍显示公众对汽油成本上升担忧），至2019年3月底根据通货

---

① Среднемесячные фактические ставки по кредитам в рублях, предоставленным московскими банками. http://www.cbr.ru/hd_base/mkr/mkr_monthes/.

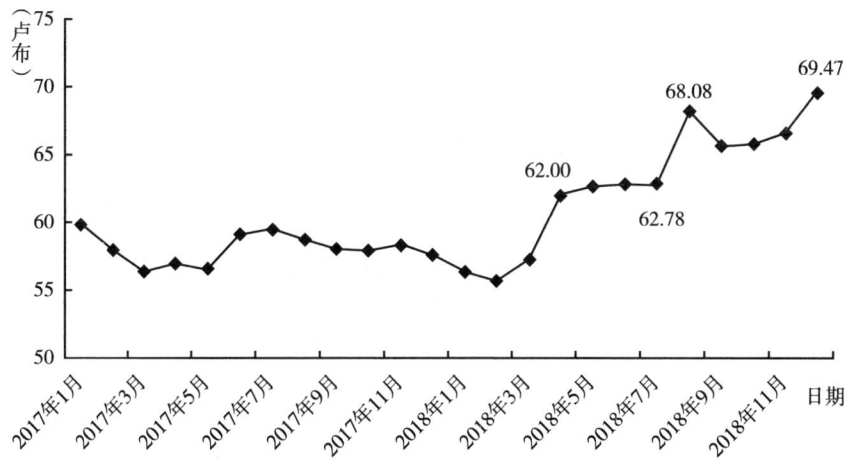

图6 2017~2018年俄罗斯卢布汇率变动态势

资料来源：俄罗斯联邦统计局。

膨胀进行调整，提高1.7%以补偿增加的增值税。同时降低了汽油和柴油的消费税税率。2019年1月石油行业税收制度改革进入最后阶段，有专家认为，此举对政府、企业和消费者来说，均不是最优选择，政府为炼油企业提供的补贴将用于弥补企业损失的利润而不是保障其现代化转型。[①] 根据俄统计局公布的数据，2018年按经济活动类型划分的生产价格指数中，资源开采价格增长了25%，加工业价格上涨了9.3%。图7展示了2017~2018年俄罗斯主要商品或服务价格变动态势的对比情况。随着生产和消费价格指数的上升，经济实体的通胀预期保持在较高的水平，并具备了一定的适应性。

货币稳步扩张、信贷资金增长和居民工资收入的增加为消费需求的提高创造了条件。近年来，俄罗斯广义货币量（M2）保持稳定的增长，2018年底达47.1万亿卢布，同比增长11%，与2014年相比更是增长了49%。与

---

① А. Жемкова, Г. Идрисов, А. Каукин, Е. Миллер. Заморозка цен на нефтепродукты-остановка налогового маневра. http://edrussia.ru/analititsheskie-materialy/2019/yanv-2019/357-zamorozka-tsen-na-nefteprodukty-ostanovka-nalogovogo-manevra.

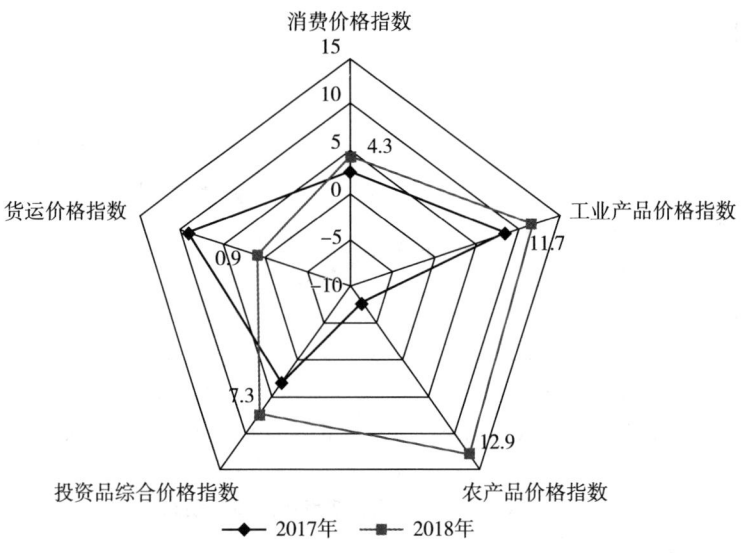

图7 2017～2018年俄罗斯价格变动态势

资料来源：俄罗斯联邦统计局。

之相反，流通中的现金（M0）占比一直呈现下降的态势，从22.7%降至19.8%。这也反映出俄罗斯经济的货币化正在加强。企业和居民贷款、存款等资金从1月的55.81万亿卢布增加到60.99万亿卢布，同比增长了10%。贷款的增长也有助于推动俄罗斯从储蓄型向消费型的转变。2018年俄罗斯的总零售额达到31.55万亿卢布，同比增长2.6%。可见，消费需求的增长相对温和，并没有对商品和服务的价格产生显著的通胀效应。

俄罗斯海关公布的数据显示，2018年1～11月，俄对外贸易总额为6250亿美元，其中出口4082亿美元，进口2168亿美元，顺差1914亿美元。其中，第三季度经常账户盈余达到2018年以来同时期的最高水平。[①] 欧盟依然是俄罗斯最大贸易伙伴，占其对外贸易的43%；中俄双边贸易额达到987亿美元，占15.8%，年底首次突破了千亿美元大关；独联体国家仅占到11.8%。根据央行的初步估计，截至2019年1月，俄联邦国际收支经常账户盈余为118

---

① Доклад о денежно-кредитной политике. №4, 2018. https://www.cbr.ru/publ/ddcp/.

亿美元，与2018年1月相比减少11亿美元，原因是货物出口下降。① 由于经济形势的改善，2018年初俄罗斯对于外部投资者的吸引力有所增长，尤其是政府债券。2月，标准普尔将俄罗斯主权评级提升至投资水平。然而，受到制裁扩大舆论的影响，第二、第三季度资本流出逐渐增加，根据央行数据，1～4月非居民购买的联邦贷款债券从2.23万亿卢布增至2.35万亿卢布，7月则是降到1.91万亿卢布的低谷。② 前三季度的外国直接净投资也呈类似变化，分别为76.38亿美元、23.1亿美元，第三季度资本净流出42.45亿美元。③

值得注意的是，俄罗斯央行在预算规则框架内暂停和恢复在市场上购买外币，对国际收支账户起到关键作用。2018年上半年，经常账户盈余490亿美元，外汇储备累计为310亿美元，私营部门资本净流出为130亿美元。下半年，在预算规则框架内暂停购买货币后，这一比率出现了颠倒。预计经常账户为630亿美元，资本净流出为540亿美元，外汇储备则仅为80亿美元。④ 2019年1月15日，央行恢复在国内市场收购外币，使得俄罗斯国际储备增加了19亿美元。2014～2018年俄罗斯国际储备的变动情况见表6。鉴于预算规则的影响，油价变化对经济增长的影响将是有限的。

表6 2014～2018年俄罗斯国际储备状况

单位：亿美元

年份	2014	2015	2016	2017	2018
总计	3855	3684	3777	4327	4685
外汇储备	3394	3198	3175	3561	3816
外币	3277	3094	3080	3465	3717

---

① Оценка ключевых агрегатов платежного баланса Российской Федерации в январе 2019 года. http：//www.cbr.ru/statistics/?PrtId=svs.
② Доля инвестиций нерезидентов в объеме выпусков облигаций федерального займа. http：//www.cbr.ru/statistics/?PrtId=svs.
③ Прямые инвистиции Российской Федерации по институциональным секторам экономики. http：//www.cbr.ru/statistics/?Prtid=svs&ch=ITM_12733#CheckedItem.
④ Доклад о денежно-кредитной политике. №4, 2018. https：//www.cbr.ru/publ/ddcp/.

俄罗斯黄皮书

续表

年份	2014	2015	2016	2017	2018
特别提款权	82	77	65	69	67
储备头寸	34	26	30	27	31
货币黄金	461	486	602	766	869

资料来源：俄罗斯央行。http：//www.cbr.ru/hd_base/mrrf/。

三 俄罗斯财税和货币政策调整的主要方向

近两年，俄罗斯经济虽已基本适应西方经济制裁和油气价格低迷带来的影响，开始了缓慢增长，但随着结构性矛盾日益凸显，经济增长动力不足，据此，俄罗斯政府着手制定了多项改革措施。而财政和货币领域的改革，无论是从方案提出，还是到具体实施，均受到来自社会各界的高度关注，且深刻影响着居民对于未来生活的预期。更有专家指出，政府采取的诸多措施旨在提高国家财政收入，具体包括：（1）将增值税率提高到20%；（2）促进预算增收2万亿卢布，发行基础设施债券（贷款）3万亿卢布；（3）提高退休年龄；（4）提高石油工业税收1万亿卢布。未来等待俄罗斯企业和居民的将是持续增加的财务负担。①

总体而言，目前俄罗斯财税和货币改革思路主要有以下几点。

第一，变更预算规则，降低国际市场油气价格和卢布汇率波动对于财政收入的影响。一般而言，通过适当的设计，预算规则应有助于防止财政可持续性风险的形成，并扩大预算适应经济需求的能力。预算规则必须足够灵活，才能应对产出和通货膨胀的急剧变化、利率和汇率的短期波动，以及其他不可预见事件的冲击。卢布汇率对油价依赖性的下降有助于彻底消除"荷兰病"的隐患，为非油气行业的竞争性发展创造条件。紧缩性的财政支出将保证国家储备的不断累积，然而，很明显的是，新的预算规则对联邦预算支出的数额实行过于严格的限制，将无法为经济发展和结构改革融资提供

---

① Мягкая версия сталинского пути：путинская мобилизация началась. http：//www.iarex.ru/articles/57979.html.

必要的资金，也会威胁到居民的社会保障水平。2018～2020年中期预算法规定，至2020年，政府支出占GDP的比重还将继续下降2个百分点。对此，财政部前部长库德林提出两项建议：一是稍微软化基准价格的确定，将其从每桶40美元增加到45美元，因为国际组织对于油价动态的预测比俄罗斯更为乐观；二是将私有化收益支出上限上调到GDP的0.5%，他认为，私有化收益是一种被低估的资源，可以成为联邦赤字临时融资的额外来源。但是，即使是这种"宽松"的预算规则也无法完全解决问题，还必须继续推动油气领域的改革。①

第二，加快油气税制改革，逐步降低油气收入在联邦预算中的占比，从而降低经济对能源的依赖。降低石油出口关税税率，提高矿产资源开采税税率，这一降一升的变化在2018年俄罗斯财政收入的构成中也有所显现。俄罗斯2019～2021年预算、税收和关税政策的主要方向报告指出，自2019年起的五年内，在降低石油和石油产品出口关税的同时，等额地提高矿产资源开采税税率，并引入客观标准，通过反向消费税机制为炼油厂提供补贴；逐步提高补贴资金的利用效率，促进炼油厂的现代化转型，向国内市场提供优质产品，争取六年内形成欧亚经济联盟单一燃料市场。此外，为刺激新产区开发以及合理利用油气资源，俄罗斯提出试行新税种——超额收入税（НДД），并选取了部分产区作为试点。超额收入税将实行分阶段课税，初期税率低，以保障新产区在开采初期的正常运行，之后逐步提高以弥补第一阶段的税收损失。这种设计体现了税收制度的灵活性，实现了税负的重新分配。预计至2024年征收超额收入税的产区石油产量将占到总产量的5%。未来还将根据试点项目的实施情况，决定超额收入税应用范围的调整和扩展。②

---

① Кудрин А. Л., Соколов И. А. Бюджетные правила как инструмент сбалансированной бюджетной политики. http://institutiones.com/politika/3080 - byudzhetnye - pravila.html.
② Основные направления бюджетной, налоговой и таможенно-тарифной политики на 2019 год и плановый период 2020 и 2021 годов. https://www.minfin.ru/ru/document/%3Fid_4%3D123006.

俄罗斯黄皮书

第三，提高增值税税率，促进联邦预算增收。俄罗斯央行在制定2019年宏观经济预测并就关键利率做出决策时，增值税税率提高对通胀的影响是其最重要的考量因素。央行估计，增值税税率从18%增加到20%，通过价格变动、预算规则、通胀预期等渠道，对通胀的实际影响范围可能在0.6~1.5个百分点。首先，增值税基本税率的增加不会影响消费者购物篮子中全部商品和服务的价格，其余类别将继续按照10%的优惠税率或免征增值税；其次，根据预算规则，增值税的额外收入将转化为同期的预算支出，影响最终消费需求，推动价格上涨；再次，在需求对价格变化更为敏感的商品和服务市场中，价格对间接税增加的反应将会降低，为了保持市场容量并在新环境中挽留消费者，企业可能会选择不将其转移到最终价格上；最后，通货膨胀变化的规模、速度和可持续性在很大程度上取决于居民和企业对通胀的预期，这也是引起2018年俄罗斯通胀率高涨的最主要因素。为此，俄罗斯央行不得不采取配套措施，如调整基准利率、暂停或恢复预算框架内的外币购买等，来平衡快速走高的通货膨胀压力，争取将通胀率控制在4%。[1]

第四，提高退休年龄，缓解财政补贴压力。在长期预算危机的情况下，俄罗斯联邦的养老金制度面临两个挑战：养老金领取者的贫困加剧和养老金预算对联邦预算的依赖性增加。在俄罗斯少子高龄化的背景下，提高退休年龄将有助于提高劳动力参与率，改善养老金长期收支均衡情况。[2] 因此，自2019年起，俄罗斯将开始分阶段逐步提高退休年龄，至2028年结束。推行新政策的前两年，即2019年和2020年，本应退休的职工可享受适应期的特殊福利，提前预约养老金。然而，也有学者提出，退休年龄标准在理论和实践上都被视为社会政治工具。在以市场为基础的养老保险制度中，

---

[1] Основные направления единой государственной денежно-кредитной политики на 2019 год и период 2020 и 2021 годов. https://www.cbr.ru/Content/Document/File/48125/on_2019（2020－2021）.pdf.

[2] 柳如眉：《俄罗斯为什么要提高退休年龄？——基于OLG模型的实证分析》，《俄罗斯东欧中亚研究》2018年第6期。

这种方式越来越多地表现为对保险原则的严重忽视,从而催生了国家养老金长期财务平衡的额外风险。低预期寿命将导致一些被保险人不能活到领取养老金的时间而无法享受该权利。也有计算表明,只有在前10~15年才能观察到提高退休年龄带来的微弱的经济效应,之后养老金体系将开始承担额外费用。①

---

① Соловьев А. К. Повышение возраста выхода на пенсию в России и его влияние на социальную безопасность граждан. Социальная безопасность и защита человека в условиях новой общественной реальности. Материалы VII Междунар. науч. -практ. конф. (г. Пермь, 16 декабря 2015 г.) / Под общ. ред. З. П. Замараевой, М. И. Григорьевой. Перм. гос. нац. исслед. ун-т. Пермь: Изд. центр «Perm University Press», 2015. С. 227 – 233.

Y.12
2018年俄罗斯工业发展形势及工业政策

郭晓琼*

摘　要： 2018年俄罗斯工业整体保持增长态势，大部分工业部门实现增长，采掘业增速快于加工工业。工业在国民经济中的比重增加，但能源及原材料化趋势仍在继续，机器制造业等高技术部门的比例也在缩小。工业企业固定资产投资有所增长，大部分工业部门保持较高的投资积极性，国际市场行情、获得项目贷款的机制复杂、汇率变动、商业贷款利率高、投资风险高、自有资金不足、通货膨胀率较高、国内经济形势的不确定性等因素是阻碍俄罗斯工业企业投资的主要因素。近年来，俄罗斯政府为促进工业发展，制定了一系列战略规划及政策措施：制定国家纲要，规划重点行业发展；建立工业发展基金，为工业发展提供资金支持；发放各类补贴，扶持制造业发展；鼓励工业品出口，推行进口替代政策。

关键词： 俄罗斯工业　工业结构　固定资产投资　工业政策

2014年后，俄罗斯经济发展的外部条件持续恶化，乌克兰危机引发西方国家实施经济制裁、国际油价大跌、美元加息等不利的外部因素连续打击

---

* 郭晓琼，博士，中国社会科学院俄罗斯东欧中亚研究所战略研究室副研究员。

着本已脆弱的俄罗斯经济,在内忧外患之下,俄罗斯经济陷入危机,同时也再次凸显了俄罗斯经济能源及原材料化的结构弊病。在随后的反危机政策中,俄罗斯大力推行进口替代政策,力图通过进口替代减少机器设备进口和增加非能源产品出口,降低俄罗斯经济的对外依赖程度。然而,进口替代政策仅在食品工业、化工业等领域取得比较明显的效果,对促进机器制造业发展仍收效甚微。2018年,俄罗斯工业整体保持增长态势,采掘业增速快于加工工业,但从工业结构上看,能源及原材料化趋势仍在继续。

一 2018年俄罗斯工业发展总体形势

(一)工业增长态势

从2017年1月1日起,俄罗斯联邦国家统计署对经济活动进行重新分类,根据新的划分方法,工业内部包含四个大类别:采掘业,加工工业,电力、燃气和蒸汽及空调的供应业,给排水、废品收集及加工利用和清污业。2018年俄罗斯工业增加值为27.73万亿卢布,其中,采掘业增加值为11.95万亿卢布,比上年同期增长3.8%;加工工业增加值为12.78万亿卢布,同比增长1.5%;电力、燃气和蒸汽及空调的供应业增加值为2.53万亿卢布,同比增长1.1%;给排水、废品收集及加工利用和清污业增加值为4667亿卢布,同比增长1.2%。

1. 采掘业增速快于加工工业

俄罗斯主要采用工业生产指数这一指标来衡量工业生产发展趋势。工业生产指数是用加权算数平均数编制的工业产品实物量指数,是衡量工业企业产品物量的综合指标。2018年俄罗斯工业生产指数增长2.9%,其中,采掘业比上年同期增长4.1%,加工工业增长2.6%。与上年相比,2018年工业生产保持在相对稳定的状态,同比增长率始终保持在2%~4%(见图1)。

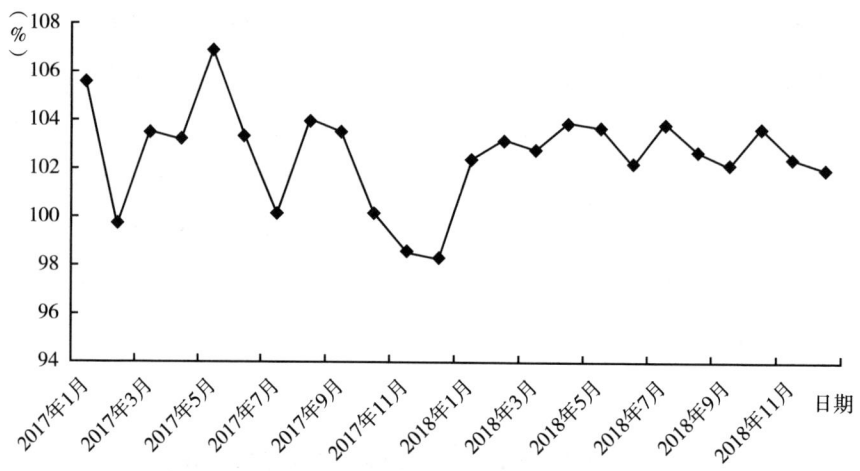

图1　2017～2018年俄罗斯工业生产指数变化形势

资料来源：http://www.gks.ru/free_doc/doc_2018/social/osn-12-2018.pdf。

2. 工业中大部分行业实现增长

2018年工业中大部分行业生产实现了增长，其中，汽车、拖车及半挂车制造，纸及纸制品生产、印刷及复印，其他制成品生产，木材加工、木材及软木制品生产（家具除外），秸秆制品及编制材料生产，这五个行业生产增长较快，增速超过10%。不包含在其他分类中的机器和设备制造，电脑、电子及光学产品生产，机器和设备的修理及安装，其他运输工具及设备制造，皮革及制品生产，这五个行业生产仍在下降，但降幅均未超过4%，其余行业均实现不同程度的增长（见表1）。

3. 大多数工业企业对未来发展持负面预期

商业信心指数反映企业对经济形势所做出的基本估计，商业信心指数为负表示企业对经济前景持负面预期。根据俄罗斯联邦国家统计署数据，2018年12月，除木材加工、木材及软木制品生产（家具除外）和其他运输工具及设备制造两个行业之外，大多数行业的商业信心指数均为负值，表示企业对未来发展持负面预期。其中，其他非金属矿产品生产、印刷及复印、饮料生产、烟草制品生产、其他制成品生产、电气设备制造，这六个行业商业信心指数低于-10，说明这些行业对未来预期最为负面。

表1　2018年工业中各行业工业生产指数与商业信心指数

	工业生产指数	商业信心指数（2018年12月）
工业	102.9	—
采掘业	104.1	-1
加工工业	102.6	-8
食品生产	104.9	-7
饮料生产	102.6	-14
烟草制品生产	103.8	-15
纺织品生产	103.6	-2
服装生产	104.1	-10
皮革及制品生产	96.3	-4
木材加工、木材及软木制品生产（家具除外）、秸秆制品及编制材料生产	110.6	0
纸及纸制品生产	112.6	-5
印刷及复印	112.5	-17
焦炭及石油产品生产	101.8	-2
化工业	102.7	-7
药品及医用材料生产	108.2	-2
塑料及橡胶制品生产	102.4	-5
其他非金属矿产品生产	104.4	-23
冶金业	101.7	-2
金属制品生产（机器和设备制造除外）	101.3	-8
电脑、电子及光学产品生产	98.5	-5
电气设备制造	102.9	-11
不包含在其他分类中的机器和设备制造	99.4	-6
汽车、拖车及半挂车制造	113.3	-5
其他运输工具及设备制造	97.8	5
家具生产	105.5	-7
其他制成品生产	111.2	-12
机器和设备的修理及安装	98	-5
电力、燃气和蒸汽及空调的供应业	101.6	-5
给排水、废品收集及加工利用、清污	102	—

资料来源：http://www.gks.ru/free_doc/doc_2018/social/osn-12-2018.pdf。

（二）工业结构变化

1.工业在GDP中的比重增加

2010年，工业增加值在GDP中的占比为28.2%。2014~2015年俄罗斯经济深陷危机，工业中各行业的生产也出现不同程度的下降。2014年，工业增加值在GDP中的比重仅为25.6%。从2016年下半年起，随着经济的逐步复苏，俄罗斯工业生产也逐步恢复。2018年俄罗斯工业增加值在GDP中的占比增长至29.6%，比上年同期增长了近2个百分点（见图2）。工业占比的增加主要得益于采掘业的增长，2018年国际原油价格回升，采掘业生产随之恢复，采掘业占GDP的比重提高至12.8%（2017年为10.8%）；加工工业占GDP的比重为13.6%（2017年为13.5%）；电力、燃气和蒸汽及空调占GDP的比重为2.7%（2017年为2.9%）；给排水、废品收集及加工利用和清污业占GDP的比重为0.5%（2017年为0.5%）。

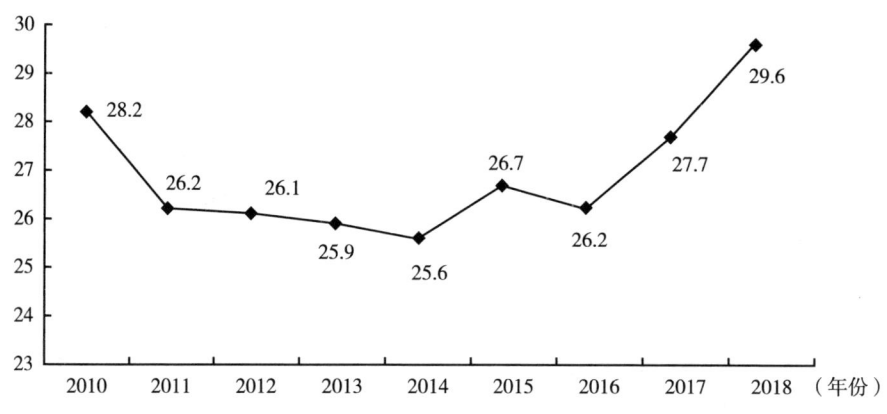

图2 2010~2018年工业在产业结构中的比重

资料来源：作者根据俄罗斯联邦国家统计署数据绘制。

2.能源及原材料化趋势仍在继续

工业结构能源及原材料化一直是俄罗斯经济多年的痼疾。2016~2018年，随着国际能源价格的逐步回升，采掘业在工业中所占比例从22.3%提高至26.9%，加工工业的比例从66.4%下降至63.5%。如将采掘业、木材加工，造纸和印刷，焦炭及石油产品生产，冶金，其他非金属矿产品生产，金属制品生产（机器和设备制造除外），电力、燃气和蒸汽及空调的供应业，这些与能源和原材料生产相关行业进行简单加总，2016～2018年，能源及原材料相关行业在工业中的比例从63%提高至67.5%。由此可见，俄罗斯工业结构畸形的问题仍在加剧。

新的统计分类还将加工工业下的细分行业按照技术水平从低到高的顺序进行排列。低技术水平部门为原材料初级加工及劳动密集型部门，具体包括食品生产、饮料生产、烟草制品生产、纺织品生产、服装生产、皮革及制品生产、木材加工、木材及软木制品生产（家具除外）、秸秆制品及编制材料生产、纸及纸制品生产、印刷及复印；中技术水平部门包括焦炭及石油产品生产、化工业、药品及医用材料生产、塑料及橡胶制品生产、其他非金属矿产品生产、冶金业、金属制品生产（机器和设备制造除外）；高技术水平部门主要为机械制造业，具体包括电脑、电子及光学产品生产，电气设备制造，不包含在其他分类中的机器和设备制造，汽车、拖车及半挂车制造，其他运输工具及设备制造。2016～2018年，低技术水平部门实际产值在工业中的比例从16.1%下降至13.1%，中技术水平部门比例略有提高，从35.7%提高至36.8%，高技术部门的比例由12.4%下降至11.6%（见表2）。

表2 2016～2018年俄罗斯工业结构变化

单位：%

年份	2016	2017	2018
工业	100	100	100
采掘业	22.3	23.6	26.9
加工工业	66.4	65.0	63.5
食品生产	10.3	9.3	8.3
饮料生产	1.5	1.3	1.1
烟草制品生产	0.5	0.3	0.3
纺织品生产	0.4	0.3	0.3
服装生产	0.3	0.3	0.3
皮革及制品生产	0.2	0.1	0.1

续表

年份	2016	2017	2018
木材加工、木材及软木制品生产（家具除外）、秸秆制品及编制材料生产	1.0	0.9	0.9
纸及纸制品生产	1.4	1.3	1.4
印刷及复印	0.5	0.4	0.4
焦炭及石油产品生产	13.0	14.3	15.4
化工业	4.9	4.7	4.7
药品及医用材料生产	0.8	0.7	0.7
塑料及橡胶制品生产	1.8	1.7	1.6
其他非金属矿产品生产	2.5	2.3	2.2
冶金业	8.6	8.9	8.7
金属制品生产（机器和设备制造除外）	4.1	3.8	3.5
电脑、电子及光学产品生产	2.4	2.1	1.9
电气设备制造	1.6	1.5	1.4
不包含在其他分类中的机器和设备制造	2.0	1.9	1.8
汽车、拖车及半挂车制造	3.2	3.7	3.7
其他运输工具及设备制造	3.2	2.9	2.8
家具生产	0.4	0.4	0.3
其他制成品生产	0.4	0.4	0.4
机器和设备的修理及安装	1.5	1.4	1.3
电力、燃气和蒸汽及空调的供应业	9.6	9.1	8.1
给排水、废品收集及加工利用、清污	1.7	1.6	1.6

资料来源：作者根据俄罗斯联邦国家统计署中各年份实际产值计算得出。

（三）固定资产投资

1. 工业企业固定资产投资有所增长

固定资产投资是推动工业增长的重要因素，2018年1～9月，工业固定资产投资额为40828亿卢布，其中采掘业固定资产投资额为21532亿卢布，同比增长3.2%，加工工业固定资产投资为13477亿卢布，同比增长4%，电力、燃气和蒸汽及空调的供应业固定资产投资为5117亿卢布，同比增长3.7%，给排水、废品收集及加工利用和清污业固定资产投资为702亿卢布，同比增长2.3%。

工业固定资产投资占比持续增长。2014~2018年,工业在固定资产投资总额中的比例从39.5%提高至51.3%,采掘业固定资产投资占比快速提高,从15.4%提高到27.1%(见表3)。加工工业占比略有增长,加工工业中固定资产投资快速增长的行业为纸及纸制品生产(固定资产投资占比从0.3%提高至0.7%)、化工业(从1.6%提高至3.6%)、冶金业(从1.5%提高至2.3%)和除机器设备外的金属制品制造业(从0.3%提高至0.7%)。

表3　2014~2018年俄罗斯工业各行业在固定资产投资总额中的比例

单位:%

年份	2014	2015	2016	2017	2018年1~9月
整个经济	100	100	100	100	100
工业	39.5	40.3	39.6	40.1	51.3
采掘业	15.4	17.2	18.4	19	27.1
加工工业	15	15.6	14.3	14.3	16.9
电力、燃气和蒸汽及空调的供应业	7.9	6.6	5.9	5.9	6.4
给排水、废品收集及加工利用和清污业	1.2	0.9	1.0	0.9	0.9

资料来源:Федеральная служба государственной статистики. Структура инвестиций в основной капитал в январе - сентябре 2018 г. http://www.gks.ru/wps/wcm/connect/rosstat_main/rosstat/ru/statistics/enterprise/investment/nonfinancial/。

2. 工业企业各行业投资积极性

2018年俄罗斯工业企业保持较高投资积极性,根据俄罗斯联邦国家统计署数据,工业企业中有11个行业进行固定资产投资的企业占比高于95%,其中,金属矿产开采业中99%的企业进行了固定资产投资,石油和天然气开采、焦炭及石油产品生产业中进行固定资产投资的企业占比为98%,煤炭开采、冶金业中97%的企业进行了固定资产投资,药品及医用材料生产、矿产开采服务、化工业中96%的企业进行了固定资产投资,饮料生产、汽车制造、电气、燃气蒸汽及空调供应业中进行固定资产投资的企业占比为95%。从行业分布看,采掘业固定资产投资积极性高于加工工业。具体各行业投资积极性见图3。

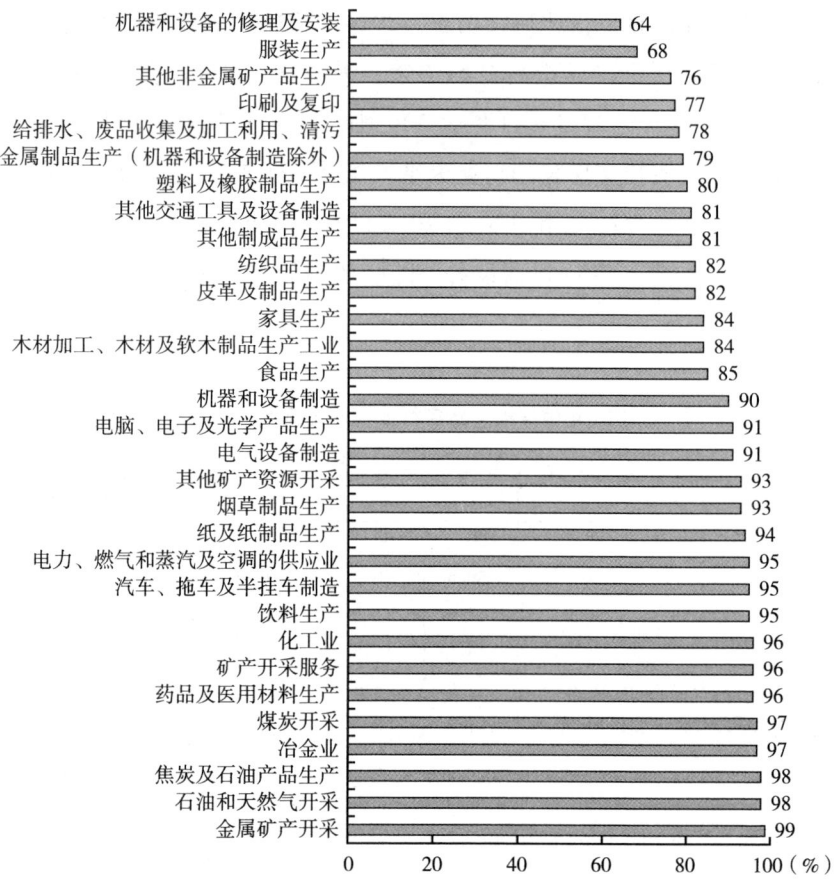

图3 2018年工业各行业中进行固定资产投资的企业比例

资料来源：Федеральная служба государственной статистики. Инвестиционная активность организаций в 2018 году（обновлено 13.02.2019г.）. http://www.gks.ru/wps/wcm/connect/rosstat_main/rosstat/ru/statistics/enterprise/investment/nonfinancial/。

从资金来源看，80%的工业企业的固定资产投资为自有资金。在煤炭开采、石油天然气开采、金属矿产开采、焦炭及石油产品生产、化工业、冶金业等行业中有95%~99%的企业使用自有资金进行投资。26%的工业企业在投资中会使用信贷资金，信贷资金使用较为活跃的行业为其他矿产资源开采业（56%的企业使用信贷资金），矿产开采服务业（54%），煤炭开采业（47%），焦炭及石油产品生产（45%），冶金业（42%）及化工业

（40%）。投资积极性高的行业除使用自有资金进行投资之外，还使用信贷资金。仅有6%的工业企业使用预算资金进行固定资产投资。①

3. 阻碍工业企业投资的主要因素

根据俄罗斯联邦国家统计署问卷调查结果，阻碍工业企业投资的主要因素包括：国际市场行情，获得项目贷款的机制复杂，汇率变动，商业贷款利率高，投资风险高，自有资金不足，通货膨胀率较高，国内经济形势的不确定性等。这些因素对不同行业的影响程度也不同。如，国际市场行情对煤炭开采、石油和天然气开采业的投资影响最为显著，70%的煤炭开采企业和66%的石油天然气开采企业认为国际市场行情影响投资行为；汇率变动对石油和天然气开采业（61%的企业认为汇率变动影响其投资行为）、纸及纸制品生产业（67%）、化工业（67%）、冶金业（69%）及汽车制造业（65%）等出口产品较多的行业影响相对显著；对投资风险较为敏感的行业有石油和天然气开采业（84%的企业认为风险高阻碍投资），金属矿产开采业（71%）、其他矿产开采业（68%）、矿产开采服务业（68%）、纸及纸制品生产（68%）、焦炭及石油产品生产（70%）、化工业（73%）、冶金业（88%）、电脑及电子、光学产品生产（65%）；商业贷款利率较高、自有资金不足、通胀率较高、国内经济的不确定性这几个因素对各行业投资的影响均较为显著。

二 促进工业发展的主要政策措施

（一）制定国家纲要，规划重点行业发展

为促进工业发展，俄罗斯政府先后制定了《发展工业和提高工业竞争力》《航空工业发展》《电子和无线电工业发展》《医药和医疗产业发展》

---

① Федеральная служба государственной статистики. Инвестиционная активность организаций в 2018 году (обновлено 13.02.2019г.). http://www.gks.ru/wps/wcm/connect/rosstat_main/rosstat/ru/statistics/enterprise/investment/nonfinancial/.

《造船业发展》《军工综合体发展》这六份国家纲要。其中《发展工业和提高工业竞争力》国家纲要①旨在激发工业领域发展潜能、提高工业企业在国内外市场上的竞争力。该纲要提出,在俄罗斯,没有国家的参与,工业领域重大的基础设施、投资和创新任务很难完成,在国内和国际市场上的竞争力水平也很难有所提高。21世纪之初的发展经验表明,俄罗斯应当制定国家工业政策,形成系统的工业发展战略及相应的实施手段,这份国家纲要是俄罗斯政府专门针对工业发展而制定的系统的长期政策,也是当前指导俄罗斯工业发展的重要战略文件。其余五份国家纲要则是分别对航空、电子和无线电、医药和医疗、造船、军工这五个俄罗斯工业中的重点及优势领域进行规划的战略文件,纲要明确了这些行业的发展目标,设定了长期及短期发展任务,并划拨预算资金落实纲要中的各项措施,对推动这五大领域未来发展起重要作用。

(二)建立工业发展基金,为工业发展提供资金支持

制造业大多为资本密集型产业,企业固定资产更新需要大量资金,因此资金短缺一直是困扰制造业发展的难题。2014年,俄罗斯联邦工业和贸易部对之前的俄罗斯技术发展基金进行了改革,并在此基础上建立了工业发展基金。该基金为工业项目提供优惠的融资条件,帮助工业企业解决技术设备更新、大型机器设备租赁及大型工业项目实施过程中遇到的棘手的资金问题。工业发展基金的建立对推动俄罗斯工业现代化、建立新的产业组织及实施进口替代政策将发挥重要作用。

1. 提供长期优惠贷款

工业发展基金为工业企业提供长期优惠贷款,在执行过程中贯彻"四不"原则:一是该基金支持的重点方向为工业发展、机床、组件、军民两用技术、租赁、药品商标、劳动生产率、数字工业,以促进产业结构升级为

---

① Министерство промышленности и торговли Российской Федерации. «Развитие промышленности и повышение ее конкурентоспособности». http://minpromtorg.gov.ru/.

目标，采掘业、电力、燃气和蒸汽及空调的供应业，给排水、废品收集及加工利用和清污等行业不在支持范围之内；二是该资金旨在实现工业现代化，促进制造业长远发展，因此基金不允许用于厂房建设及大修、购买不动产、军用产品生产、偿还贷款及贷款利息，也不能用于补充流动资产；三是该基金资助的对象为具有发展潜力的企业，而不是拯救陷入困境的企业；四是该基金不追求高盈利，因此不参股企业，也不向受资助企业收取利益分成和佣金，但贷款抵押品要可靠，以保证当项目出现问题时能够收回资金。

截至2019年2月22日，工业发展基金已向375个工业项目提供了854亿卢布的贷款支持。从行业分布看，机器制造业项目最多，共135个项目，获得的贷款资金占总额的30.6%，化工业44个项目，贷款规模占10.9%；生物制药业项目48个，贷款规模占9.7%；冶金业44个项目，贷款规模占8.8%；电气设备制造业22个项目，贷款规模占6.1%；林业20个项目，贷款规模占4.8%；电子行业18个项目，贷款规模占4.5%；轻工业18个项目，贷款规模占4.1%；建筑材料13个项目，贷款规模占2.9%；新材料10个项目，贷款规模占2.8%；家具制造2个项目，贷款规模占0.2%；生物技术1个项目，贷款规模占0.014%。从资金用途看，大部分工业企业将获得的贷款用于购置机器设备，占贷款总额的77%，12%的资金用于支付第三方服务（包括工程承包、新产品生产等），7%的资金用于购买生产所需材料及组件，4%的资金用于支付工资。①

2. 签订"特别投资合同"，吸引投资

根据《俄罗斯联邦工业政策法》，为吸引对工业部门的投资，支持大型工业项目的实施，工业发展基金还积极推行"特别投资合同"政策。"特别投资合同"由投资者与国家签订，明确规定了合同双方的义务，项目发起人（即投资者）有义务在规定期限内组织工业品生产，俄罗斯联邦（或联邦主体）有义务保证税收及监管条件的稳定，并提供相关支持。"特别投资合同"要求最低投资额为7.5亿卢布，投资者在建立现代化工厂或对企业

---

① http://frprf.ru/download/prezentatsiya-fonda-na-russkom-yazyke.pdf.

进行现代化改造时，新购置设备的比例不超过25%，项目应使用最佳生产技术，生产出的产品应经俄罗斯工业和贸易部确定其在俄罗斯无同类产品。"特别投资合同"有限期为项目盈利之后5～10年。国家支持项目的具体措施包括：税收优惠、政府采购、租用联邦主体土地的特殊优惠等，具体支持力度取决于项目参数。① 截至目前，已签订34项"特别投资合同"，其中，医药行业7项，汽车制造业7项，化工业5项，机器制造业5项，机床制造5项，农机及特殊机器制造2项，冶金（材料）业2项，航空工业1项。吸引投资4383亿卢布，创造了17669个工作岗位。②

3. 为工业项目贷款及债券发放利息补贴

工业发展基金还为工业项目贷款及债券提供利息补贴，要求项目总价在1.5亿～75亿卢布，贷款期限不超过三年，贷款额不超过项目总价的80%。具体办法为：如贷款或债券为卢布，当利率高于基准指标，按基准指标的70%发放补贴，当利率低于基准指标，按利率的70%发放；如贷款或债券为外币，当利率高于4%，按4%的90%发放补贴，当利率低于4%，按利率的90%发放。2017年，工业发展基金为107个工业项目发放了45.47亿卢布利息补贴，2018年上半年，为90个工业项目发放了15.93亿卢布利息补贴，其中，化工业获得的利息补贴最多，林业次之，此后依次为冶金业、生物技术、重型机械制造、运输工具制造、汽车制造、能源机械制造、车床制造、农机制造等。

（三）发放各类补贴，扶持制造业发展

多年来，能源行业一直是俄罗斯经济的支柱产业，而制造业的发展则一直滞后于能源及原材料行业。俄罗斯政府为扶持制造业发展，通过对不同行业发放不同类型工业补贴的方式，给予制造业更多政策倾斜，鼓励制造业企业投资，促进制造业发展。

---

① http：//frprf.ru/gospodderzhka/o‐spetsialnykh‐investitsionnykh‐kontraktakh‐dlya‐otdelnykh‐otrasley‐promyshlennosti/#s28.

② http：//frprf.ru/download/prezentatsiya‐fonda‐na‐russkom‐yazyke.pdf.

汽车制造企业获得补贴的范围包括：第一，汽车制造企业创新项目投资的贷款利息；第二，将远东联邦区生产的汽车运往俄罗斯国内其他地区所产生的运输费用；第三，因处理车辆（底盘）报废所产生废弃物的支出；第四，补贴俄罗斯信贷机构在2013~2014年因发放个人购车贷款而造成的收入损失；第五，轮式车辆制造企业在维持就业岗位方面的支出；第六，生产符合欧Ⅳ和欧Ⅴ排放标准的车辆尾气排放及完成质保义务等方面产生的费用；第七，汽车行业中能源密集型企业使用能源的部分成本；第八，轮式车辆制造企业用于采购、生产线模具更新、生产设备现代化所需贷款的利息；第九，轮式车辆制造企业建立及组织生产远程和自主操控交通工具的支出。

运输工具制造企业获得补贴的对象为：俄罗斯租赁企业因在收购新型大轴重货车时提供折扣而带来的收益损失；运输工具制造企业2008~2011年从俄罗斯信贷机构、俄罗斯开发与对外经济银行（外经银行）以及国际金融组织获得的用于技术改造的贷款利息。

农业机械及食品加工机械制造业获得补贴的范围包括：自行式及牵引式设备制造企业在维持就业方面的支出，在能源密集型生产中的能源支出和生产及保养所需费用。

（四）鼓励工业品出口，推行进口替代政策

2014年乌克兰危机后，西方国家对俄罗斯金融、能源及军事三大重要领域实施制裁，此后随着国际能源价格的大幅下跌，俄罗斯经济结构能源化的弊病凸显。在2015年的反危机政策中，俄政府推出进口替代政策，对农业、食品工业、医药业、生物技术、机械制造业、石油化工业、轻工业、信息行业、航空航天工业、国防工业、原子能产业等20多个行业实施进口替代，力图通过进口替代减少机器设备进口，增加非能源产品出口，降低俄罗斯经济的对外依赖程度。

为鼓励工业品出口，俄罗斯政府推出一系列政策措施，具体如下。第一，为高科技产品出口提供资金支持。对俄罗斯开发与对外经济银行和俄罗斯进出口银行因向俄罗斯高科技产品的外国买家提供优惠贷款而产生的部分

费用提供补贴；补偿军工产品出口企业在俄罗斯信贷机构和外经银行贷款的部分利息；出台一项新的补贴机制，用于补偿出口企业在海外市场获得相关认证的费用。第二，举办并参与博览会。组织举办国际工业博览会来展示俄罗斯工业发展成果，将产品推广到国外市场；组织并参与世界博览会 EXPO－2020（阿联酋，迪拜）。第三，开展多边工业合作。参与欧洲尖端科技领域"尤里卡"计划框架内的国际创新活动，与金砖国家及各种多边国际组织进行先进工业技术的交流。第四，加强与独联体国家高新技术领域的合作。积极将俄罗斯产品的供应与采购、联合项目、成立合资企业等问题纳入独联体合作框架；协助开展独联体国家的商业访问活动，组织俄罗斯工业产品成果展；在独联体框架内制定并跟踪监测俄罗斯具有竞争力的产品清单，并每年更新；为独联体框架内高效的工业合作创造条件。第五，与中东和非洲国家在高新技术领域的合作。参与俄罗斯与中东和非洲国家政府间经贸合作委员会的工作；组织工业企业代表赴中东和非洲国家进行商务访问；在中东和非洲国家推广俄罗斯产品和服务；吸引中东和非洲国家投资俄罗斯工业，并在俄境内建立合资公司。第六，在欧洲国家持续对俄实施制裁的情况下，加强与欧洲国家的双边合作。通过召开工业部门间工作组会议、与欧洲国家先进领域代表进行交流、组织工业企业代表出访、吸引外国企业定期参加俄罗斯国际创新工业展和圣彼得堡经济论坛等方式，促进国家优先领域发展。第七，加强与亚洲和美洲国家的高新技术领域合作。参与俄罗斯与亚洲和美洲国家政府间经贸合作委员会的工作；组织工业部门代表赴亚洲和美洲国家进行商务访问；在亚洲和美洲推广俄罗斯的产品和服务；吸引亚洲和美洲国家对俄罗斯工业部门的投资和技术转让，并在俄罗斯境内建立合资公司。

Y.13
俄罗斯2018年农业总体发展形势

蒋菁*

摘　要： 近三年来，俄罗斯农业在经济下滑的大背景下逆势增长，成绩斐然，它为稳定俄罗斯社会和克服经济危机做出了积极的贡献。与此同时，俄罗斯农产品和农机设备的出口竞争力不断提升，在世界农业领域的国际影响力逐步提高。2018年，俄罗斯农业受天气和其他因素影响，种植业产值略有下降，畜牧业产值有所提高。总体而言，俄罗斯农业向好的发展趋势没有改变，农产品出口势头良好。俄罗斯政府一如既往对农业发展提供必要的国家支持，并努力不断完善各项保障措施。此外，2018年还是俄罗斯农业发展战略从进口替代转向出口发展的转折之年。未来，进一步提升农产品的出口潜力是俄罗斯国家资金支持的重点方向，而提高高附加值农业加工成品出口的比例是俄罗斯农产品出口的重要任务。

关键词： 俄罗斯　种植业　畜牧业　粮食出口　农业保险

自欧美国家对俄罗斯实施经济制裁以来，农业一直是俄罗斯经济发展的一个亮点，也是俄罗斯经济研究的一个热点。近三年来，俄罗斯农业在俄经

---

* 蒋菁，博士，中国社会科学院俄罗斯东欧中亚研究所俄罗斯经济研究室副研究员。

济下滑的大背景下逆势增长，成绩斐然，为稳定俄罗斯社会和克服经济危机发挥了积极的作用。与此同时，俄罗斯农产品和农机设备的出口竞争力不断提升，在世界农业领域的国际影响力逐步提高。

按俄罗斯国家统计局公布的最新数据，2018年俄罗斯国内生产总值增速达到2.3%，而农业受天气和其他因素影响，2018年总体发展形势不如预期，种植业产值有所下降，畜牧业产值有所增加，但农产品出口增势良好。从长远看，俄罗斯未来农业发展向好的趋势没有改变，农产品出口潜力巨大。俄罗斯政府一如既往对农业发展提供必要的政策和资金支持，并努力不断完善各项保障措施。

值得注意的是，俄罗斯国家统计局依据2016年全俄农业普查的结果，对俄罗斯2015年、2016年和2017年的农业总产值进行了修正，修正后的农业总产值相对减少，分别是48019.15亿卢布、51191.82亿卢布和51198.44亿卢布。2018年俄罗斯农业全年实现总产值51197.56亿卢布（按实际价格计算），按可比价格同比下降了0.6%，其中种植业总产值实现25689.66亿卢布，比2017年减少了412.08亿卢布，按可比价格同比下降了2.4%；畜牧业总产值实现25507.90亿卢布，比2017年增加了411.2亿卢布，按可比价格同比增加了1.3%。进出口方面，俄罗斯的粮食出口保持持续增长，而粮食进口则不断减少。有关统计数据显示，2018年1~11月，俄罗斯出口谷物粮食5031.5万吨，同比增长32.7%，其中出口小麦和混合麦共计4018.7万吨，同比增长39.6%。同期，俄罗斯进口谷物粮食55.6万吨，同比下降19.1%。这表明俄罗斯粮食的国内自给率和出口创汇能力不断提高。此外，2018年俄罗斯的鱼类产品、猪肉和油料作物的出口增势强劲。

一 俄罗斯种植业总体发展形势

俄罗斯土地资源丰富，境内有1.913亿公顷的农业用地，其中耕地1.155亿公顷，饲料用地7050万公顷，常年耕种用地1700万公顷，此外还有3600万公顷的撂荒地。①

俄罗斯的农业生产经营主体分为三类：一是农业企业，包括各种股份公司、农业生产合作社、国营农场等；二是居民经济，指公民个人的副业经济、个人菜园和集体果园等；三是农户（农场）经济，指农民以私有土地组建的家庭农场。在俄罗斯所有农产品生产的构成中，农业企业所创造的产值最多，它是俄罗斯大宗农产品最主要的生产者。

（一）主要农作物的分布

俄罗斯的中央联邦区、南方联邦区和伏尔加河沿岸联邦区集聚了自然、人力、资金和技术等优势，是俄罗斯农业的主产区。俄罗斯主产的农作物包括：谷物和豆类作物、向日葵、大豆、甜菜、亚麻纤维、马铃薯、蔬菜和浆果。谷物和豆类作物的主产区在中央联邦区、南方联邦区和伏尔加河沿岸联邦区；向日葵的主产区在伏尔加河沿岸联邦区、中央联邦区和南方联邦区；大豆的主产区在中央联邦区和远东联邦区；甜菜的主产区在中央联邦区和南方联邦区；亚麻纤维和马铃薯的主产区在中央联邦区和伏尔加河沿岸联邦区；蔬菜的主产区在伏尔加河沿岸联邦区、中央联邦区和北高加索联邦区；浆果的主产区在南方联邦区、中央联邦区、伏尔加河沿岸联邦区和北高加索联邦区。2018年俄罗斯各联邦区主要农作物总产量的占比见表1。

表1 2018年俄罗斯各联邦区在主要农作物总产量中的占比

单位：%

地区＼种类	谷物和豆类作物	向日葵	大豆	甜菜	亚麻纤维	土豆	蔬菜	浆果
俄罗斯联邦	100	100	100	100	100	100	100	100
中央联邦区	25.2	26.9	42.6	56.6	36.0	31.0	17.9	22.0
西北联邦区	0.7	—	0.1	—	11.2	4.5	3.7	3.5
南方联邦区	25.8	26.0	7.9	20.5	—	6.1	27.8	29.7

---

① Сельское хозяйство России. Министерство сельского хозяйства Российской Федерации. Москва. отпечатано в типографии ФГБНУ "Росинформагротех". 2016. С. 15.

续表

地区＼种类	谷物和豆类作物	向日葵	大豆	甜菜	亚麻纤维	土豆	蔬菜	浆果
北高加索联邦区	10.6	4.6	1.3	4.4	—	4.8	17.5	17.0
伏尔加河沿岸联邦区	19.0	37.1	3.9	16.4	21.6	25.6	19.4	18.3
乌拉尔联邦区	4.8	0.8	0.2	—	3.7	9.1	4.3	4.4
西伯利亚联邦区	13.4	4.6	4.0	2.1	27.5	15.3	7.3	4.0
远东联邦区	0.5	—	40.0	—	—	3.6	2.2	1.2

资料来源：俄罗斯国家统计局。

（二）主要农作物的播种面积

俄罗斯国家统计局的数据显示，2018年俄罗斯的总播种面积为7921.84万公顷，较上年同期减少了0.6%（2017年俄罗斯的总播种面积参考2016年全俄农业普查数据后修订为7970.82万公顷，比之前公布的数据有所减少）。其中农户（农场）企业的播种面积同比有所提升，而农业企业和居民经济的播种面积同比均有小幅下降。2018年，俄罗斯农业企业的播种面积为5334.85万公顷，是2017年同期播种面积的98.3%，占全俄播种面积的67.4%；农户（农场）企业的播种面积为2342.12万公顷，是2017年同期播种面积的102%，占全俄播种面积的29.5%；居民经济的播种面积为244.87万公顷，是2017年同期播种面积的97.7%，占全俄播种面积的3.1%。俄罗斯播种的农作物仍旧以谷物和豆类作物为主，其次是饲料作物和油料作物，马铃薯和蔬菜瓜类作物在播种面积中所占的比例相对较少。2018年播种的主要农作物中，65.5%的谷物和豆类作物、63.8%的向日葵葵花籽、88.6%的甜菜（工厂制糖原料）、74.3%的亚麻和77.2%的饲料作物由农业企业播种生产，而76.9%的马铃薯和66.5%的蔬菜则由居民播种。

在所有播种的农作物中，种植面积占比最高的是谷物和豆类作物，主要以小麦种植为主，其次是大麦、燕麦、豆类作物、玉米、荞麦、黑麦等。2018年俄罗斯播种的主要农作物中，大幅提高了油菜籽、豆类作物和大豆的种植面积，其增幅分别为56.7%、24.0%和10.7%，大麦、葵花籽和浆果的种植面积小幅增加,增幅分别是 3.9%、2.1% 和 0.3%。其余的农作物,播种面积都有不同幅度的减少,其中降幅最大的荞麦,同比 2017 年的播种面积减少了 38.3%。俄罗斯主要农作物近五年的种植面积详见表2。

表2 俄罗斯主要农作物种植面积（2014~2018年）*

单位:万公顷

	2014	2015	2016	2017	2018	2018/2017(%)
谷物和豆类作物	4615.7	4660.9	4170.0	4770.5	4631.74	97.1
其中:						
谷物类作物	4456.2	4502.2	4534.8	4548.4	4356.4	95.8
冬播和春播小麦	2525.8	2682.7	2770.9	2792.4	2725.3	97.6
冬播和春播黑麦	187.7	129.2	126.5	118.5	98.0	82.7
冬播和春播小黑麦	25.1	25.1	22.8	17.47	15.37	87.9
谷物玉米	267.7	276.2	288.7	301.9	245.2	81.2
冬播和春播大麦	935.5	886.6	832.2	801.0	832.2	103.9
燕麦	325.8	304.7	286.0	288.7	284.9	98.7
水稻	19.7	20.2	20.8	18.67	18.15	97.2
荞麦	100.8	95.7	120.5	169.2	104.4	61.7
黍米	50.6	59.5	43.5	26.5	26.0	98.1
其他	17.6	22.4	22.9	14.0	7.0	50.0
豆类作物	159.5	158.7	175.2	222.1	275.3	124.0
向日葵葵花籽	691.1	701.3	760.7	799.4	815.8	102.1
大豆	201.2	213.1	223.7	263.6	291.9	110.7
冬播和春播油菜籽	119.0	102.2	98.0	100.5	157.5	156.7
甜菜头	91.7	102.1	110.7	119.8	112.7	94.1
亚麻	5.1	5.3	4.9	4.75	4.47	94.1
马铃薯	159.9	156.2	144.1	135.0	132.8	98.4
蔬菜	56.3	56.1	55.1	53.46	52.6	98.4
饲料作物	1713.5	1699.3	1642.5	1634.2	1610.3	98.5
浆果种植	47.2	46.7	46.0	46.23	46.37	100.3

* 为参考2016年全俄农业普查后修订的数据。
资料来源:根据俄罗斯国家统计局和农业部公布的数据整理。

(三)主要农作物的产量

从主要农作物的总产量来看,谷物和豆类作物全面减产,向日葵、大豆和油菜籽等油料作物,以及马铃薯和浆果的总产量有所增加,其他农作物的产量大多出现了不同程度的减少,且为三年来的最低值。谷物和豆类作物的总产量为11290.2万吨,同比下降16.7%,其中小麦的总产量为7206.8万吨,同比2017年下降了16.2%;黑麦的总产量下降24.9%、小黑麦的总产量下降20%;谷物玉米的总产量下降15.5%;大麦、燕麦、荞麦、黍米和豆类作物的总产量分别下降17.7%、13.7%、39%、31.6%和19.4%。水稻由于2017年减产,总产量的基数较小,因此2018年的产量略有增加,增幅为5.2%。俄罗斯近五年主要农作物总产量的变化情况见表3。

表3 俄罗斯主要农作物的总产量(2014~2018年)*

单位:万吨

	2014	2015	2016	2017	2018	2018/2017(%)
谷物和豆类作物(加工后)	10521.2	10472.9	12067.7	13553.9	11290.2	83.3
其中:						
谷物类农作物	10301.9	10237.5	11773.7	13127.7	10946.8	83.4
小麦(冬季和春季)	5971.3	6181.1	7334.6	8600.3	7206.8	83.8
黑麦(冬季和春季)	328.3	208.8	254.8	254.9	191.5	75.1
小黑麦(冬季和春季)	65.4	56.5	62.0	50.1	40.1	80.0
谷物玉米	1129.0	1313.8	1528.2	1320.8	1116.3	84.5
大麦(冬季和春季)	2037.7	1749.9	1796.7	2062.9	1698.1	82.3
燕麦	528.0	453.8	476.6	545.6	470.7	86.3
水稻	104.9	111.0	108.1	98.7	103.8	105.2
荞麦	66.2	86.1	118.7	152.5	93.0	61.0
黍米	49.3	57.2	62.9	31.6	21.6	68.4
其他	21.8	19.3	31.1	10.3	4.9	47.6
豆类作物	219.2	235.4	294.0	426.2	343.4	80.6
向日葵葵花籽(加工后)	848.1	928.9	1101.5	1048.1	1260.1	120.2
大豆(加工后)	237.1	271.6	314.3	362.2	392.7	108.4
油菜籽(冬季和夏季,加工后)	133.6	101.3	100.1	151.0	198.0	131.1
甜菜(制糖原料)	3347.6	3898.9	5132.5	5191.3	4124.0	79.4

续表

	2014	2015	2016	2017	2018	2018/2017（%）
亚麻纤维	3.7	4.5	4.1	3.9	3.7	94.5
马铃薯	2428.4	2540.6	2246.3	2170.8	2242.6	103.3
其中：						
农业企业	381.0	465.6	421.0	423.3	430.8	101.8
居民经济	1810.6	1785.1	1559.4	1496.3	1528.4	102.1
农户（农场）经济	236.8	289.9	265.9	251.2	283.4	112.8
蔬菜	1282.1	1318.5	1318.1	1361.2	1360.4	99.9
其中：						
农业企业	255.4	289.3	307.6	348.0	349.3	100.4
居民经济	817.9	789.6	772.4	754.6	758.8	100.5
农户（农场）经济	208.8	239.6	238.1	258.6	252.3	97.6
浆果和野果	277.8	267.5	305.5	268.2	334.6	124.8

*为参考2016年全俄农业普查后修订的数据。

资料来源：俄罗斯国家统计局

（四）主要农作物的收成

从主要农作物每公顷的收成来看，由于受天气因素的影响，2018年俄罗斯主要农作物收割面积每公顷的收成大多出现了不同程度的减产，且基本低于前五年的平均值。谷物和豆类作物收割面积每公顷的收成为26.1公担（1公担相当于100公斤），同比减产12.1%，其中粮用豆类作物收割面积每公顷的收成仅为13公担，同比降幅最大，减产幅度达到35.3%，为五年来最低；谷物和豆类作物中播种面积最大的是小麦，其收割面积每公顷的收成为27.2公担，同比减产12.8%；黑麦收割面积每公顷的收成为20公担，同比减产7.8%；小黑麦收割面积每公顷的收成为27公担，同比减产7.2%；谷物玉米收割面积每公顷的收成为47.9公担，同比减产2.2%；大麦、燕麦、荞麦和黍米收割面积每公顷的收成比上年分别减产17.6%、11.7%、6.9%、13.4%。谷物和豆类作物中，只有稻米收割面积每公顷的收成比上年增产了8.5%。其他农作物中，向日葵、大豆和油菜籽等油料作物，以及马铃薯、蔬菜和浆果每公顷的收成均为增产，其中浆果的收成每公顷增产

24.2%，向日葵每公顷增产11.7%，大豆每公顷增产5.0%，马铃薯每公顷增产4.7%，蔬菜每公顷增产0.8%。

二 俄罗斯畜牧业总体发展形势

俄罗斯草场辽阔，具有很好的发展畜牧业的条件。苏联解体后，原有的畜牧业生产力遭受重创，牲畜存栏数出现大幅下滑，畜牧业主要农产品的产量也随之锐减。普京上台之后，随着对农业生产的重视，出台了相应的国家农业发展规划。2000年后，俄罗斯畜牧业开始逐渐复苏，畜牧业主要农产品的产量开始出现较为平稳的增长。

（一）主要牲畜和家禽的存栏量

从主要牲畜的存栏量来看，大牲畜的养殖由于受气候和养殖规模成本的限制，俄罗斯大多数牲畜的存栏数依旧在下降，但降速在放缓。2018年，大牲畜的存栏量下降0.8%，其中奶牛的存栏量下降0.4%，猪的存栏量增加2.9%，羊的存栏量下降了6.1%。而家禽的存栏量结束了多年增长的势头，2018年出现了2.3%的下降（见表4）。

表4 俄罗斯牲畜和家禽的存栏数（2014~2018年）*

	2014	2015	2016	2017	2018
大牲畜(万头)	1819.99	1862.09	1834.61	1829.42	1814.93
其中:农业企业	852.27	844.78	835.59	825.21	813.65
居民经济	826.15	793.18	756.72	750.08	740.89
农户(农场)经济	213.57	224.13	242.30	254.13	260.39
——奶牛(万头)	826.32	811.52	796.60	795.06	791.76
其中:农业企业	343.93	338.74	335.95	331.57	328.17
居民经济	376.59	362.19	342.68	340.02	334.61
农户(农场)经济	105.80	110.59	117.97	123.47	128.98
猪(万头)	1945.16	2140.55	2192.46	2307.55	2373.53
其中:农业企业	1559.02	1760.18	1839.06	1984.30	2082.32
居民经济	343.17	333.53	307.95	280.59	252.82

续表

	2014	2015	2016	2017	2018
农户（农场）经济	42.97	46.84	45.45	42.66	38.39
羊（万只）	2444.54	2460.65	2471.69	2438.91	2290.85
其中：农业企业	436.89	434.69	422.33	405.08	370.15
居民经济	1150.02	1154.27	1135.25	1127.97	1073.06
农户（农场）经济	857.63	871.69	914.11	905.86	847.64
家禽（百万只）	524.2522	543.9135	550.1694	555.8272	543.0103
其中：农业企业	425.3743	445.0481	451.5394	460.1057	450.0043
居民经济	90.3374	88.9518	88.3781	85.8741	83.9865
农户（农场）经济	8.5405	9.9136	10.2519	9.8474	9.0195

* 为参考2016年全俄农业普查后修订的数据。
资料来源：根据俄罗斯国家统计局的数据整理得出。

（二）畜牧业主要农产品的产量

从畜牧业主要农产品的产量来看，肉禽屠宰量（活物称重）自2000年以来一直保持持续增长，并且取得了较快的发展。2000年全俄肉禽屠宰量仅为702.9万吨；2010年首次突破1000万吨，达1054.9万吨；2018年俄罗斯的肉禽屠宰量达1487.54万吨，同比上年增长2.5%。牛奶产量自2000年以来总体处于下降趋势，近些年一直维持在3000万吨左右的水平。2000年全俄牛奶产量为3225.9万吨；2010年下降到3150.8万吨；2018年为3063.94万吨，同比上年增长1.5%。鸡蛋产量自2000年以来一直是增产，2000年全俄的鸡蛋产量为340.85亿枚；2010年首次超过400亿枚，达到407.59亿枚；2018年鸡蛋产量达448.909亿枚，同比增长0.1%，增幅为2015年以来的最低。

（三）畜牧业主要农产品生产的构成

从畜牧业农产品生产的构成来看，2018年俄罗斯农业企业的肉禽屠宰量占全俄的75.8%、牛奶产量占全俄的53%、鸡蛋产量占全俄的80.6%，其产量同比上年分别增长3.8%、3.6%和0.7%。农业企业在畜牧业农产品生产中占据绝对的霸主地位,也是2018年俄罗斯畜牧业产值实现增长的重要保证。此外,居民经济类企业的肉禽屠宰量占全俄的20.6%、牛奶产量占全俄的38.9%、鸡蛋产量占全俄的18.4%,其产量同比上年分别减少2.4%、1.8%和2.2%。而农户(农场)经济类企业的肉禽屠宰量占全俄的3.6%,同比上年增加4.8%;牛奶产量占全俄的8.1%,同比上年增加5%,鸡蛋产量占全俄的比重为1.0%,同比上年减少了0.3%。

俄罗斯畜牧业近五年主要农产品的产量和构成详见表5。

表5 俄罗斯畜牧业主要农产品的产量和构成(2014~2018年)*

年份	2014	2015	2016	2017	2018	2018/2017(%)
肉禽屠宰(毛重,万吨)	1284.32	1339.70	1389.60	1451.34	1487.54	102.5
其中:农业企业	892.41	958.77	1016.24	1086.58	1127.93	103.8
居民经济	347.33	333.60	324.62	313.47	305.86	97.6
农户(农场)经济	44.58	47.33	48.74	51.29	53.75	104.8
牛奶产量(万吨)	2999.52	2988.75	2978.72	3018.45	3063.97	101.5
其中:农业企业	1436.50	1471.80	1506.12	1567.37	1623.14	103.6
居民经济	1372.82	1315.86	1255.20	1213.54	1191.49	98.2
农户(农场)经济	190.20	201.09	217.40	237.54	249.33	105.0
鸡蛋(亿枚)	417.473	425.096	435.145	448.292	448.909	100.1
其中:农业企业	325.630	334.108	345.175	359.243	361.759	100.7
居民经济	88.511	87.253	85.452	84.387	82.502	97.8
农户(农场)经济	3.333	3.735	4.518	4.662	4.648	99.7

* 为参考2016年全俄农业普查后修订的数据。
资料来源:根据俄罗斯国家统计局的数据整理得出。

三 俄罗斯促进农业发展的新举措

西方经济制裁后,由于俄罗斯采取了积极的反制裁措施,粮食进口量已经连续四年下降,农业领域进口替代政策的实施效果开始显现。目前,俄罗斯完全有能力做到主要农产品的自给自足,并积极推动主要农产品的出口。与此同时,农业的发展还带动了俄罗斯农业机械制造业的增长和对外出口。

2019年初，普京在国情咨文中特别提到，2018年俄罗斯农产品出口额达258亿美元，同比增长了19.4%，而小麦全年出口量达到4400万吨，继续稳坐全球小麦出口的头把交椅。普京强调，农业领域的重大成就之一在于俄罗斯确保了小麦种子的独立性，这也是俄罗斯保持小麦出口霸主地位和国内粮食安全的重要保障。

过去的一年中，俄罗斯为保持农业持续稳定的发展，围绕农业基础设施现代化改造和农机设备更新、扩大农业保险和优惠农业贷款补贴、加大农业税收调整力度和加快农业高科技人才培养等方面，主要采取了以下一些措施。

一是加大对农工综合体的国家支持力度，设立新的联邦项目。农工综合体是俄罗斯农业生产的主力军，2007～2017年，农工综合体保持了良好的增长态势，按当年价格计算的农产品产值增长了近3倍，年均增速约为3.5%。俄罗斯出口中心的数据表明，2018年，俄罗斯农工综合体的农产品出口增加了20%，达到250亿卢布，创历史新高，埃及、土耳其、中国和韩国是俄罗斯农产品出口的主要国家。[1] 俄罗斯农业部副部长叶琳娜·法斯托娃在2018年12月参加第十三届"俄罗斯农业集团-2018"的会议时指出，国家支持农业发展的国家项目将延至2025年，除了之前立项的农业发展扶持项目之外，还要设立新的农业发展的联邦项目，为此，2019年俄罗斯计划新增478亿卢布的财政拨款，从2018年的2558亿卢布增至2019年的3036亿卢布。[2] 主要扶持的重点包括：农业仓储设施的建设和现代化改造；加快建立葡萄栽培的育种和育苗中心、种植业的种子繁育中心和家禽业的繁育中心；提高儿童营养食品中干乳制品的生产能力；加大对羊肉加工和亚麻加工企业的扶持。

---

[1] Россия увеличила экспорт продукции АПК в 2018 году на 20%. 16 января 2019 г. https://www.vestifinance.ru/articles/113163.

[2] Елена Фастова рассказала о господдержке АПК на конференции "Агрохолдинги России - 2018". 10 декабря 2018 г. http://mcx.ru/press - service/news/elena - fastova - rasskazala - o - gospodderzhke - apk - na - konferentsii - agroholdingi - rossii - 2018/.

二是调整"统一农业补贴"的分配原则，不断完善农业保险制度。从2019年开始，"统一农业补贴"的分配原则将发生变化。根据该原则，俄罗斯农业部将为接受农业保险承保的地区提供额外的财政支持，除提高地区的补贴限额外，还计划在试点地区制订加速发展农业保险的计划。2019年，俄罗斯政府将拨款18亿卢布，2020年至少拨款22.6亿卢布，用于支持农业保险的补贴。此外，农业部还制定了《2018~2020年农业保险发展路线图》，提出了提高农作物保险保障覆盖率的措施。全俄农业保险公司联盟的数据表明，2018年前11个月，俄罗斯农作物和农场动物的农业保险覆盖率有所增加。种植业方面，有113万公顷的农作物投保，比2017年同期增加了3%；畜牧业方面，有8310万头动物投保，较2017年同期增长11.2%。2019年3月1日，新修订的俄罗斯农业保险国家支持法将生效，届时将有更多地区的农业企业参保。俄罗斯农业部估算，2018~2025年，受国家支持的保险保障的播种面积将从0.7%增至12%~15%，而补贴保险的畜牧业覆盖率将从14%扩大至30%。①

三是修订《农业发展与农产品、原料和粮食市场调控国家规划（2013~2020）》。2019年2月8日，俄罗斯政府对2012年制定的《农业发展与农产品、原料和粮食市场调控国家规划（2013~2020）》进行了修订。首先将该规划的实施时间延至2025年，2013~2017年为规划阶段，2018~2025年为项目实施阶段，规划下设农工综合体行业发展子规划、农工综合体条件保障子规划、农工综合体产品出口子规划、农村地区稳定发展子规划等，旨在促进俄罗斯农业未来全方位的发展。其中新增了几个方向，包括促进农产品出口、发展农业领域的数字经济和加大对小微农商企业的扶持。至2025年，实施该规划的联邦和地方两级财政预计拨款2.5万亿卢布，其中2.3万亿卢布来自联邦财政预算。

四是扩大向农民的优惠贷款额度，支持小型农场的发展。俄罗斯农业部

---

① На субсидирование страхования посевов в 2019 году может быть выделено 1,8 млрд рублей. 27 сентября 2018 г. http://grainboard.ru/news/na-subsidirovanie-strahovaniya-posevov-v-2019-389749.

指出，截至 2018 年 12 月 20 日，俄罗斯银行与 2.37 万名农产品生产者签订了优惠贷款合同，其中包括 1.79 万份短期贷款合同和 5800 份投资贷款合同，总金额达 1.79 万亿卢布，同比 2017 年几乎增长了一倍。在所有获得贷款的申请者中，有 1.14 万份来自小型农场，说明俄罗斯政府在大力扶持农工综合体发展的同时，也注重支持小型农场的发展。

五是加大国产农机采购的折扣补贴和优惠贷款，提高农机设备的国内保有量和国际竞争力。2018 年俄罗斯政府给包括拖拉机、谷物和饲料联合收割机在内的 1.75 万台农机设备提供了折扣补贴，2019 年联邦预算计划拨款 80 亿卢布用于该项补贴。此外，俄罗斯工业与贸易部表示，自 2018 年 6 月起，俄罗斯银行发放的用于购买农机设备的贷款金额超过了 21 亿卢布，通过实施 5% 的优惠利率贷款计划，七个月内已售出 350 多台俄罗斯国产的农机设备。目前，俄罗斯国产农机设备的保有量已从 2013 年的 30% 提高到 60%。[①] 在出口方面，俄罗斯国内有超过 100 家的农机设备生产企业具备一定的国际竞争力，这些企业依靠国家支持不断扩大生产能力，提高生产工艺水平，开发适合国际市场的新产品，取得了很好的出口效益，农机出口供货量连续五年保持增长。2018 年农业机械制造公司对外出口额增加 40%，达到 110 亿卢布。目前，俄罗斯已进入世界农业机械生产商前 5 位，俄罗斯的联合收割机占据了 15% 左右的全球市场份额，大功率拖拉机占据了全球 25% 左右的市场份额。此外，政府还出台相关措施积极鼓励中小农户（农场）企业加大与俄罗斯农机租赁集团公司的合作，帮助他们提高农业生产效率。

六是将"统一农业税"的纳税人变为增值税纳税人，设定免征额，且税率制定权交由地方。根据俄罗斯税法的最新规定，自 2019 年 1 月 1 日起，俄罗斯所有"统一农业税"的纳税人自动成为增值税纳税人。如果该纳税人 2018 年总收入额低于 1 亿卢布，包括商品、工程和服务所得的收入在内，

---

① Министерство сельского хозяйства Российской Федерации. Информационный бюллетень аграрный пульс великой страны. № 2 2019 г. С. 1.

则该纳税人（农产品的生产者）在规定时间向联邦税务局提交相关材料后，2019年可免缴增值税。但免缴增值税的标准会逐年下调1000万卢布，即2020年为上一年收入不高于9000万卢布，2021年降至8000万卢布，以此类推。目前，俄罗斯"统一农业税"的税率为6%，但自2019年1月起，俄罗斯各地区有权下调该税率。例如，莫斯科州已将该税率降至为零。

七是加大农业遗传技术的研究力度，加快农业高科技人才培养，制定《2019～2027年遗传技术发展科学规划》。该规划的主要研究方向包括生物安全、生物独立、医学遗传技术和农业遗传技术、工业微生物遗传技术，计划建造三个世界级的遗传中心，总投资额为122亿卢布，其中90%的资金来自联邦预算。同时，还计划在该规划框架内培养3000名青年科学家，包括组织他们前往世界级的科学研究中心进行实习深造。此外，政府还通过了《俄罗斯联邦马铃薯育种和种子生产发展子规划（2018～2025年）》，计划至2025年前培育出12种高质量的不逊于国外同类马铃薯的品种，并生产出1.8万吨马铃薯种子，从而打破国外的垄断，并成为马铃薯种子的出口国家。

八是俄罗斯政府加快农业领域电子化信息建设的步伐。例如，自2018年下半年在俄罗斯全面实施兽医卫生证明电子化办理以来，不仅大大提升了工作效率，节约了成本，还全面强化了国家监管。

未来，俄罗斯政府将一如既往对农业发展提供必要的国家支持，并努力不断完善各项保障措施。

结　语

2018年，尽管俄罗斯种植业由于不利的自然气候条件受到了一些影响，但农产品生产保持了良好的态势，粮食出口再创新高。2019年，基于农产品价格的上涨和冬播的顺利结束，俄罗斯农业部预计2019年农业总产值可实现1%～1.5%的增长，而谷物类粮食的产量预计将高于2018年。目前，谷物类作物的冬播面积达到历史最高，约为1760万公顷，其中90%的播种土地处于良好的生长状态。俄罗斯农业部部长德米特里·帕特鲁舍夫表示，

俄罗斯2018年农业总体发展形势

2019年俄罗斯所有农作物的总播种面积预计将达8050万公顷，同比上年新增120万多公顷；粮食生产预计将达1.1亿吨，其中小麦的产量预计将达6700万吨；2018~2019年农业年度粮食出口预计可达4200万吨，其中包括3600万吨小麦。[①] 畜牧业方面，包括奶牛在内的大牲畜存栏量预计还将小幅减少，猪、羊和家禽的存栏量将持续增加，而畜牧业产品的产值则有望延续2017年小幅增长的趋势。

在国家支持方面，考虑到2018年是俄罗斯农业发展战略从进口替代转向出口发展的转折之年。未来，进一步提升农产品的出口潜力是俄罗斯促进农业发展国家支持的重点方向，而提高高附加值农业加工成品出口的比例是俄罗斯农产品出口的重要任务之一。为此，俄罗斯农业部门计划在2019~2024年，为实现"农工综合体产品出口"项目额外提供4068亿卢布的国家资金。[②] 对农产品出口商提供国家支持的主要措施包括提供优惠贷款、返还交通运输费，以及发放土地改良补贴等。此外，为提高高附加值农产品出口的比例，俄罗斯农业部门计划大力发展谷物加工业、油脂加工业、糖果和奶产品等加工业，同时将全面推广俄罗斯农产品走向国际市场的"绿色"品牌计划，力争2024年农产品出口额达到普京总统2018年新"五月命令"提出的450亿美元的目标。

从长远来看，俄罗斯农业整体发展的前景主要取决于能否充分利用现有的自然资源（首先是土地资源），进一步克服部分农业技术滞后的问题，以及补齐农业基础设施落后的短板。在此过程中，国家支持、进口替代和农产品出口增长是俄罗斯农业持续稳定发展的决定性因素。而构建现代化的育种育苗基地、发展高效快捷的物流网络、加强动植物的防疫保护、继续增强农产品出口潜力是俄罗斯农业未来发展的关键。

[①] Глава Минсельхоза дал прогноз по урожаю зерна в 2019 году. 28 января 2019г. https://tass.ru/ekonomika/6049463.

[②] «Итоги - 2018. Сельское хозяйство получило новый толчок для роста—Государство готово инвестировать в развитие экспорта агропродукции сотни миллиардов рублей». 27 декабря 2018 г. https://www.vedomosti.ru/business/articles/2018/12/27/790586 - dlya.

Y.14
2018年俄罗斯对外贸易形势、特点及政策评价

李中海*

摘　要： 2018年俄罗斯对外贸易继续保持中高速增长势头，贸易总额同比增长17.1%。中国继续保持俄罗斯第一大贸易伙伴国地位，且双边贸易额首次突破1000亿美元大关。在欧美对俄经济制裁背景下，俄罗斯与欧盟国家和美国的贸易额仍有较大幅度的增长，与欧亚经济联盟成员国之间的贸易额继续提高。从贸易商品结构看，俄罗斯出口商品仍以矿物原料、金属等初级加工品为主，进口商品仍然以机电产品为主，贸易结构没有改善。2018年俄罗斯对外贸易的增长，既得益于国际油价的上涨，也在很大程度上得益于政府的贸易政策，尤其是欧亚经济联盟正在成为俄罗斯促进对外贸易的得力工具。2018年欧亚经济联盟继续与欧盟国家开展商业对话，并推动与有关国家商签自由贸易协议。在欧美经济制裁不涉及货物贸易情况下，如果国际油价维持相对稳定，俄罗斯对外贸易将维持平稳趋势。

关键词： 俄罗斯　对外贸易　贸易结构　贸易政策　欧亚经济联盟

---

* 李中海，博士，中国社会科学院俄罗斯东欧中亚研究所研究员，《俄罗斯东欧中亚研究》执行主编。

进入21世纪以来,俄罗斯对外贸易载沉载浮。2000~2008年的多数年份,对外贸易总额增幅都维持在20%~30%的水平,但2009年受国际金融危机影响出现断崖式下滑,对外贸易总额骤降36.3%,2010~2011年快速恢复到30%以上后,2012~2013年增幅下降,2014~2016年则出现小幅下滑,到2017年才恢复中高速增长。2018年外贸形势延续2017年势头,继续维持平稳增长,对外贸易总额增长17.1%。俄罗斯对外贸易受国际政治经济形势、国际油价和产业结构的多重影响,前两者影响贸易额和贸易的伙伴结构,后者则影响贸易的商品结构。

一 2018年俄罗斯对外贸易的总体情况

2018年俄罗斯对外贸易与其经济运行情况相类似,继续平稳增长,虽然亮点不多,但稳中有升。从货物贸易看,俄方顺差较大;从服务贸易看,则逆差较大。

(一)货物贸易情况

从货物贸易额看,2018年俄罗斯出口增速明显高于进口增速,外贸顺差继续增大。据俄罗斯国家统计局发布的数据,2018年俄罗斯外贸总额达到6931亿美元,同比增长17.1%。其中,出口额为4440亿美元,同比增长25.6%;进口额为2491亿美元,同比增长4.6%;外贸顺差为1949亿美元,同比增长近70%。但是上述数据与俄罗斯海关发布的数据略有出入。据俄罗斯海关统计,2018年俄罗斯对外贸易总额为6881.15亿美元,同比增长17.82%。其中,出口额为4499.64亿美元,同比增长26.01%;进口额为2381.51亿美元,同比增长4.93%;贸易顺差为2118.13亿美元,同比增长62.79%(见表1)。虽然两者存在一些差异,但都不可否认,2018年俄罗斯外贸形势好于预期。

从货物贸易的商品结构看,2018年俄罗斯进出口商品结构与过去相比没有明显变化,矿物原料的出口占相当大比重,机器设备和交通工具的进口在进口商品中占一半左右。具体情况如下。

表1 2018年俄罗斯与主要贸易伙伴的贸易额及增长速度

国家	中国	德国	荷兰	白俄罗斯	意大利	土耳其	美国	韩国	波兰	日本
贸易总额（亿美元）	1082.48	596.07	471.64	399.99	269.86	255.61	250.22	248.41	216.81	212.73
增长速度（%）	24.5	19.3	19.4	10.9	12.7	15.7	7.9	29.1	31	17

资料来源：俄罗斯国家统计局，http：//www.gks.ru/bgd/free/b04_03/IssWWW.exe/Stg/d04/35.htm。

（1）出口商品以矿产品为主。2018年俄罗斯矿物原料产品出口占出口总额的63.7%，同比增加4.42个百分点；金属及其制品占9.88%，同比减少0.55个百分点；化学工业产品占6.09%，同比减少0.61个百分点；粮食和农产品占5.53%，同比减少0.27个百分点；机器、设备及交通工具占6.5%，同比减少0.89个百分点；木材及纸浆制品占3.1%，同比减少0.21个百分点；贵金属、贵宝石占2.24%，同比减少0.85个百分点（见图1）。出口增幅最大的产品是矿物燃料、石油及其蒸馏产品，沥青物质，矿物蜡以及黑色金属等。

（2）进口商品以机器设备等机电产品为主。2018年俄罗斯进口的机器、设备和交通工具占进口总额的44.58%，同比减少1.04个百分点；化学工业产品占18.29%，同比增加0.55个百分点；粮食和农产品占12.44%，同比减少0.26个百分点；金属及其制品占7.16%，同比增加0.27个百分点；纺织品和鞋占2.09%，同比增加0.14个百分点；木材和纸浆制品占1.64%，同比增加0.1个百分点。进口增长幅度最大的商品是电机和设备、音像设备、交通工具、塑料及其制品等，降幅最大的商品是核反应堆、锅炉、机械设备等。

（二）服务贸易

服务贸易是俄罗斯的弱项。2018年1~9月，俄罗斯服务贸易总额为1199.08亿美元，其中出口额为486.55亿美元，进口额为712.52亿美元，俄方逆差为225.97亿美元。

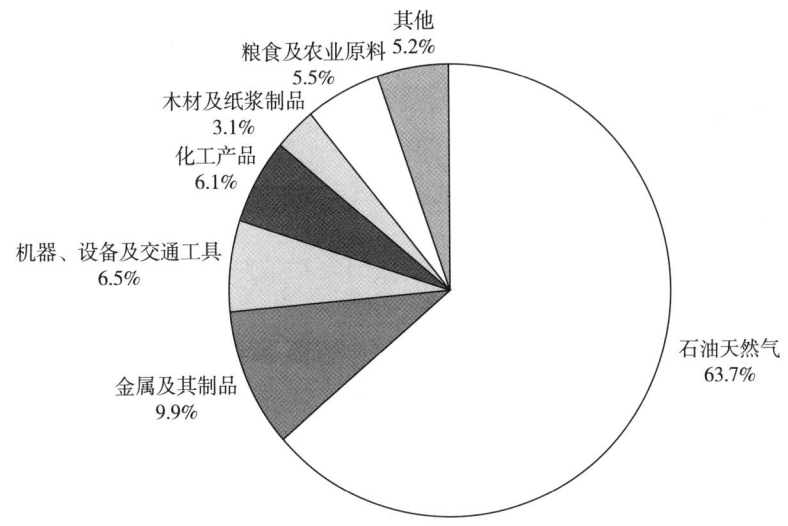

图 1　2018 年俄罗斯出口的商品结构

资料来源：俄罗斯国家统计局，http：//www.gks.ru/bgd/free/b04_03/IssWWW.exe/Stg/d04/35.htm。

按照俄罗斯中央银行的统计口径，2018 年服务贸易的具体情况是：商品加工服务总额为 12.91 亿美元，商品技术维护维修服务总额为 27.29 亿美元，交通服务贸易总额为 276.61 亿美元，出行服务总额为 376.41 亿美元，建筑服务总额为 70.25 亿美元，保险和养老服务总额为 11.1 亿美元，金融服务总额为 23.69 亿美元，知识产权使用贸易额为 51.74 亿美元，电信、电脑和信息服务贸易总额为 77.71 亿美元，此外还有其他一些服务贸易项目。① 总的来看，俄罗斯服务贸易的出口少于进口，存在较大逆差。

二　2018年俄罗斯对外贸易的总体特点

2018 年俄罗斯在对外贸易伙伴结构、商品结构方面变化不大，突出特

---

① Внешняя торговля Российской Федерации услугами в структуре расширенной классификации услуг（по методологии платежного баланса）. http：//www.cbr.ru/statistics/? PrtId = svs.

点是中俄贸易首次突破1000亿美元大关，中国继续处于俄罗斯第一大贸易伙伴国、第一大进口国和第一大出口国地位；在美欧制裁情况下，俄罗斯与美欧国家的贸易额不降反升；俄罗斯与欧亚经济联盟成员国之间的贸易额稳定增长。

1. 对外贸易伙伴结构

按地区来说，欧盟、亚太和独联体国家是俄罗斯主要贸易伙伴。2018年俄罗斯对外贸易伙伴结构没有明显变化，其中，与欧盟国家之间的贸易额为2941.67亿美元，同比增长18.5%，占俄对外贸易总额的42.7%；与亚太国家之间的贸易总额为2132.55亿美元，同比增长19.8%，占俄对外贸易总额的31%；与独联体国家之间的贸易总额为808.23亿美元，同比增长10.7%，占俄对外贸易总额的11.7%。按国别来说，俄罗斯主要贸易伙伴国依次为中国、德国、荷兰、意大利、美国和韩国等。具体情况如下。

（1）中俄贸易量价齐升。据俄罗斯海关统计数据，2018年中俄贸易总额为1082.83亿美元，同比增长24.51%，其中中国对俄罗斯出口额为522.18亿美元，同比增长8.69%，中国自俄罗斯进口额为560.65亿美元，同比增长44.05%。俄方顺差为38.48亿美元（2017年俄方逆差为91.2亿美元）。2018年中俄贸易占俄罗斯对外贸易总额的15.74%，比上年略有提高，其中，中国在俄罗斯出口中所占的比重为12.46%，在俄进口中所占的比重为21.93%。中国继续保持俄罗斯第一大贸易伙伴、第一大进口国和第一大出口国地位。

2018年中国自俄进口的商品结构是：矿物原料占俄对中国出口总额的76.19%，同比增长8.39个百分点；木材和纸浆制品占8.62%，同比减少2.09个百分点；机器、设备和交通工具占3.26%，同比减少3.6个百分点；化工产品占2.83%，同比减少1.52个百分点；金属及其制品占2.38%，同比增加0.73个百分点。俄罗斯对中国出口增长最快的商品分别是矿物燃料、石油及其蒸馏产品，沥青物质，矿物蜡，铜及其制品，鱼类，木材，等等，降幅最大的商品是电机和设备、地面交通工具等。全长932.1公里的中俄石油管道二线于2018年1月1日投入使用，管道运力大幅提升。2018年前10

个月，俄罗斯通过管道向中国出口石油 2337 万吨，同比增长 71.35%。

2018 年中国对俄出口的商品结构是：机器、设备和交通工具占俄自中国进口总额的 57.12%，同比减少 1.83 个百分点；纺织品和鞋占 11.17%，与 2017 年大体持平；化工产品占 9.91%，同比增加 0.94 个百分点；金属及其制品占 7.75%，同比增加 0.66 个百分点；粮食及农业原料占 3.64%，略有减少。中国对俄出口增长最快的商品是电机及设备、塑料及其制品、黑色金属及其制品等，降幅最大的商品是核反应堆、锅炉等。[①]

从以上数据可以看出，中俄贸易总额大体平衡，但贸易的商品结构失衡，矿物原料占俄罗斯对中国出口总额的比重过大，机电产品占俄罗斯自中国进口商品的比重过大，这虽然是两国经济结构的反映，符合国际贸易的一般规律，但贸易商品结构的长期单一化可能导致出口初级产品国家的不满。如何平衡贸易的商品结构，可能是中俄贸易中需要逐步解决或改善的问题。

（2）俄欧贸易稳定增长。2018 年，德国是俄罗斯在欧洲的最大贸易伙伴，占俄对外贸易总额的 8.66%，其他依次是：荷兰占 6.85%，白俄罗斯占 4.94%，意大利占 3.92%，波兰占 3.15%，乌克兰占 2.18%，芬兰占 2.14%，英国占 2.0%，比利时占 1.7%。俄罗斯在欧洲最大的出口对象国依次为荷兰、德国、白俄罗斯、波兰、意大利、芬兰、英国、乌克兰、比利时和法国；进口来源国依次为德国、白俄罗斯、意大利、法国、乌克兰、波兰、英国、捷克、荷兰和西班牙。在此仅简略分述俄德贸易情况。

2018 年俄德贸易总额为 596.06 亿美元，同比增长 19.27%。其中，俄对德出口额为 340.96 亿美元，同比增长 32.43%；俄自德进口额为 255.1 亿美元，同比增长 5.29%；俄方顺差为 85.86 亿美元。2018 年，德国在俄罗斯对外贸易总额中所占的比重为 8.66%，比 2017 年略有提高，成为俄罗斯

---

① Отчёт о внешней торговле между Россией и Китаем в 2018 году: товарооборот, экспорт, импорт, структура, товары, динамика. Подготовлен сайтом Внешняя Торговля России на основе данных Федеральной таможенной службы России. http://russian－trade.com/reports－and－reviews/2019－02/torgovlya－mezhdu－rossiey－i－kitaem－v－2018－g/.

第二大贸易伙伴国；在俄罗斯出口总额中所占的比重为10.71%，为俄罗斯第三大出口对象国；在俄罗斯进口总额中所占的比重也为10.71%，为俄罗斯第二大进口来源国。

2018年俄罗斯对德国的出口商品结构为：矿物原料占85.41%，同比增加0.65个百分点；金属及其制品占5.57%，同比增加1.42个百分点；化工产品占2.28%，同比减少0.62个百分点；机器、设备和交通工具占2.22%，同比减少0.68个百分点；贵金属和贵宝石占1.67%，同比增加0.74个百分点；木材及纸浆制品占1.46%，比上年略有减少。2018年俄罗斯对德出口增加最多的商品依然是矿物原料、金属等。

俄罗斯自德国的进口商品结构为：机器、设备和交通工具占53.97%，与2017年相比略有提高；化工产品占26.59%，减少0.51个百分点；金属及其制品占6.6%，减少0.7个百分点；粮食和农业原料占5.51%，增加0.46个百分点；木材及纸浆制品占2.29%，略有增加；纺织品和鞋占0.98%，略有下降。2018年俄罗斯自德国进口增长最快的商品是核反应堆、锅炉、交通工具等。①

从以上数据可知，德国虽然是俄罗斯在欧洲最大的传统贸易伙伴国，双方经贸合作密切，但俄德贸易已远远落后于中俄贸易，中国稳居俄罗斯第一大贸易伙伴国地位，同时，俄罗斯对德国出口中原材料所占比重也高于对中国的出口，这表明俄罗斯对外贸易商品结构的原材料化并不是中俄贸易独有的问题。需要注意的是，在美欧对俄进行经济制裁背景下，俄德贸易仍有大幅增长，表明美欧制裁没有影响到商品贸易领域，欧盟国家对俄罗斯矿物资源的依赖是刚性的，俄罗斯并未限制对欧能源出口，也表明俄无意对欧使用"能源武器"，俄欧之间的"经济战"是有限度的。

---

① Отчёт о внешней торговле между Россией и Германией в 2018 году: товарооборот, экспорт, импорт, структура, товары, динамика. Подготовлен сайтом Внешняя Торговля России на основе данных Федеральной таможенной службы России. http://russian-trade.com/reports-and-reviews/2019-02/torgovlya-mezhdu-rossiey-i-germaniey-v-2018-g/.

（3）俄美贸易额有限，但维持增长趋势。据俄罗斯海关统计数据，2018年俄美贸易总额仅为250.22亿美元，同比增长7.86%，占俄对外贸易总额的3.64%，同比下降0.33个百分点，美国成为俄罗斯第七大贸易伙伴国，比2017年下降一位。其中，俄对美出口额为125.06亿美元，同比增长16.88%，在俄出口总额中所占的比重为2.78%，同比减少0.22个百分点，美国成为俄罗斯第十大出口对象国；俄自美进口额为125.16亿美元，同比增长0.14%，在俄进口总额中所占的比重为5.26%，同比减少0.24个百分点，美国成为俄罗斯第三大进口商品来源国；俄对美贸易逆差为1031万美元，同比下降99.43%。

俄罗斯对美国的出口商品结构为：矿物原料占俄对美出口总额的39.17%，同比增加7.2个百分点；金属及其制品占24.22%，同比减少11.81个百分点；化学工业产品占16.51%，同比增加2.66个百分点；贵金属和宝石占9.5%，同比增加1.82个百分点；机器、设备和交通工具占4.88%，同比减少0.44个百分点；木材及纸浆制品占1.96%，同比增加0.16个百分点。俄对美出口增幅最大的商品是矿物原料、化肥、金属、塑料及其制品等；降幅最大的商品是铝及其制品。

俄罗斯自美国的进口商品结构是：机器、设备和交通工具占自美进口总额的44.19%，同比减少0.19个百分点；化工产品占17.75%，同比增加1.11个百分点；金属及其制品占3.58%，同比增加0.27个百分点；粮食及农业原料占3.35%，同比减少0.35个百分点。俄罗斯自美国进口增幅最大的商品是交通工具、塑料及其制品和其他化学品，降幅最大的商品是核反应堆、锅炉等。[①]

由上述数据可以看出，俄美贸易总量不大，美国在俄罗斯对外贸易中所占比重不大，美国对俄罗斯外贸的影响应该是有限的，但是同样应该看到，

---

① Отчёт о внешней торговле между Россией и США в 2018 году: товарооборот, экспорт, импорт, структура, товары, динамика. Подготовлен сайтом Внешняя Торговля Россиина основе данных Федеральной таможенной службы России, http://russian - trade.com/reports - and - reviews/2019 - 02/torgovlya - mezhdu - rossiey - i - ssha - v - 2018 - g/.

乌克兰危机以来，虽然美国对俄罗斯的经济制裁不仅没有缓解甚至有不断加重的趋势，但对俄美贸易几乎没有影响。

（4）与欧亚经济联盟成员国之间的贸易继2017年止跌回升后，2018年继续增长。根据俄罗斯海关统计，2018年俄罗斯与欧亚经济联盟成员国的对外贸易总额达到561亿美元，其中俄罗斯的出口额为377亿美元，进口额为184亿美元，继续保持顺差地位。具体国别情况是：与亚美尼亚的贸易额为19.68亿美元，同比增长10.8%，占俄对外贸易总额的0.3%；与白俄罗斯的贸易额为339.99亿美元，同比增长10.9%，占俄对外贸易总额的4.9%；与哈萨克斯坦的贸易额为182.19亿美元，同比增长4.2%，占俄对外贸易总额的2.6%；与吉尔吉斯斯坦的贸易额为18.84亿美元，同比增长16.9%，占俄对外贸易总额的0.3%。欧亚经济联盟成员国相互贸易额从2017年起止跌回升。欧亚经济联盟成员国认为，联盟内部贸易额快速增长的主要动力在于成员国内需拉动，对提振内需贡献最大的因素是成员国经济政策的作用以及私人消费的回暖，这表明成员国企业界相互信任程度提高。欧亚经济联盟框架内统一商品、服务、资本和劳动力市场的持续发展，有利于贸易商品结构多元化和贸易额的提高。

三 对俄罗斯对外贸易和贸易政策的简要评价

对外贸易对俄罗斯经济的重要性不可替代。近年来，俄罗斯经济一直面临投资不振、消费不足的制约，经济增长乏力，对外贸易是其经济领域不多的亮点之一。无论从对外贸易的乘数效应还是从外贸依存度来说，对外贸易对俄罗斯经济的影响都非常显著。综合分析俄2018年对外贸易情况，可以得出以下几点结论。

第一，俄罗斯对外贸易的发展取决于国际经济贸易形势。2018年，尽管世界经济中的不确定、不稳定因素增加，但全球货物贸易仍然保持平稳和较快复苏态势。世界贸易组织（WTO）数据显示，按美元计价，2018年前8个月，全球70个主要经济体出口平均增长12.0%，较2017年同期提高

2.9个百分点；进口平均增长13.6%，较2017年同期提高3.5个百分点。近年俄罗斯外贸也与世界贸易呈现相似的走势。由于俄罗斯出口商品以能源和原材料为主，这些商品的国际市场行情直接影响俄罗斯的出口量和出口收入。

第二，俄罗斯对外贸易收入直接取决于国际油价。多年来，国际石油价格与俄罗斯GDP一直存在正相关关系，油气产品的生产和出口是俄罗斯经济的主要拉动力量，油气产品贸易条件直接影响俄罗斯经济走势。2018年国际油价上涨，油气价格远高于过去三年水平，俄罗斯油气出口量价同时增长，使得俄罗斯对外贸易继续保持中高速增长趋势。2018年俄罗斯开采原油5.56亿吨，环比增长1.7%，其中出口2.6亿吨，环比增长2.9%，占总开采量的46.8%。根据俄罗斯财政部发布的数据，2018年Urals石油平均价格为每桶70.01美元，同比上涨32%。① 俄罗斯主要出口商品贸易条件的改善，为出口增长创造了条件。

第三，进口替代战略对对外贸易的影响并未明显显现。2018年进口替代主要体现在农产品领域。机器、设备和交通工具类商品占进口总额的比重一直维持在45%左右，其他投资品的进口占42%左右，粮食和农业原料的进口占进口总额的13%左右。这种进口商品结构多年来没有明显变化，可以说，俄罗斯进口替代战略实施效果并不显著。

第四，俄罗斯对外贸易的伙伴结构存在一种"悖论"，即俄罗斯虽然与欧美国家和乌克兰关系紧张，但与这些国家的贸易额均呈现增长趋势。如上所述，俄罗斯与美欧的贸易额持续提高，令人感到意外的是，与乌克兰的贸易额同样恢复增长。2018年前10个月，俄罗斯对乌克兰出口增长25.6%，增速超过俄对欧亚经济联盟任何一个成员国的出口增速，俄对哈出口增长5%，对白俄罗斯出口增长22.5%。2018年乌克兰超过哈萨克斯坦成为俄罗斯在独联体的第二大出口对象国，同时继续维持俄在独联体的第三大贸易伙

---

① Роман Маркелов. Минфин назвал среднюю цену нефти Urals в 2018 году. https://rg.ru/2018/12/29/minfin-nazval-sredniuiu-cenu-nefti-urals-v-2018-godu.html.

伴国地位。①

第五,俄罗斯政府继续与美欧国家保持外交接触,对贸易往来起到促进作用。2018年,在美欧对俄持续施压背景下,普京总统与欧美主要国家领导人均实现了会晤,双方对发展经贸关系达成一定共识。2018年7月16日,俄美两国总统在赫尔辛基会晤,同意建立一个包括两国大企业代表在内的高级小组,普京在会晤中指出,俄罗斯和美国作为最大的油气国家,应该开展建设性合作,共同管理好国际市场,保障油气价格稳定。5月18日,普京总统与德国总理默克尔就北溪-2号管道进行了磋商,普京指出,俄罗斯政府始终将该管道视为一个经济项目,而不是一个政治项目,在北溪-2号管道投入运营后,也不会停止通过乌克兰过境运输天然气。5月24日,普京与法国总统马克龙举行会晤,普京指出,2017年俄法贸易增长16.5%,法国公司正在积极参加亚马尔液化天然气项目和核能合作项目。同时,俄罗斯与欧美国家之间的贸易纠纷仍在持续解决中。4月19日,俄罗斯在世贸组织框架内与美国就提高输美钢材和铝的关税问题进行磋商,由于美国对俄罗斯钢材和铝的关税增加,俄罗斯对来自美国的某些类型的商品征收25%~40%的额外进口关税。

第六,欧亚经济联盟正在成为俄罗斯拓展对外经济合作的有力工具。首先,欧亚经济联盟制度建设不断取得进展。欧亚经济联盟成员国已完成关税法典条约审批程序,从2018年1月1日起,统一的关税法典正式生效。其次,欧亚经济联盟最高决策机构对联盟运转的指导作用增强。5月14日,欧亚经济最高理事会在俄罗斯索契召开会议,成员国元首或政府首脑参加会议,对联盟一体化、宏观经济、贸易、数字化、服务市场、交通、农工综合体和技术协调问题做出一系列重要决定。② 最高理事会批准了欧亚经济委员

---

① Под ред. Гуревич В. С., Колесников А. В. Мониторинг экономической ситуации в России. № 1 (84) Январь 2019 г..

② Итоги ВЕЭС: Молдове предоставлен статус государства-наблюдателя при ЕАЭС, страны Союза укрепляют основу для устойчивого экономического развития. http://russian-trade.com/news/2018-05/itogi-vysshego-evraziyskogo-ekonomicheskogo-soveta/.

会与成员国政府共同起草的深化一体化声明。普京作为联盟轮值国总统主持会议，他强调指出，联盟要加强合作，为成员国经济融合创造新动力，共同促进成员国全面发展。普京提出，联盟的优先方向是努力建立统一的货物贸易市场，继续发展经贸投资合作，强化生产和技术合作。普京认为，必须继续强化财政金融和货币政策的接近，建立新的更加有效的交通和物流链。再次，欧亚经济委员会作为联盟常设机构，保持较高的工作效率。欧亚经济委员会主席萨尔基相指出，目前欧亚经济联盟还有约60项尚未解决的障碍，成员国政府有解决问题的愿望，预计2017~2018年解决13项，2018~2019年解决10项左右。2018年欧亚经济委员会多次召开会议，就技术标准、海关监管、食品添加剂、进口关税、欧亚技术转移网络创建与运行、解除市场障碍等问题做出决策和安排。

值得关注的是，2018年5月，欧亚经济联盟与中国在经过多轮谈判后签署了经贸合作协定，涵盖海关合作和贸易便利化、知识产权、部门合作以及政府采购等诸多领域，为减少非关税壁垒、提高贸易便利化水平创造了条件，对推动"一带一路"与欧亚经济联盟对接具有重要意义。同时应该看到，在与越南等国签署自贸协议后，2018年欧亚经济联盟继续推进与新加坡、印度、埃及和伊朗等国的自贸区谈判，但迄今仍没有与中国进行建立自贸区谈判的意愿，这对联盟及其成员国扩大与中国的经济合作无疑是一种制约。

综上所述，2018年俄罗斯的对外贸易延续了上一年的增长态势，在欧美经济制裁背景下，对外贸易的发展为俄罗斯经济增长和国库充实创造了有利条件，但是俄罗斯出口的原材料化趋势仍未改变，国际油价对其出口和经济增长仍具有基础性作用，这种情况在短期内难以改变，俄罗斯对外贸易将继续随着国际油价的波动而起伏。

Y.15
2018年欧亚经济联盟运行情况综述

王晨星*

摘　要： 稳中有进是2018年欧亚经济联盟发展的总体态势。2018年，欧亚经济联盟组织机制运转正常，区域一体化效应继续显现，地区整体营商环境改善，内部及对外贸易继续扩大趋势，对区域内投资能力明显提高。在国际合作方面，欧亚经济联盟与新兴经济体合作效果好于与发达经济体合作效果，其对外合作向新兴经济体倾斜态势更为明显。

关键词： 欧亚经济联盟　欧亚一体化　新兴经济体

2018年是欧亚经济联盟运行的第四年，是第一个五年发展计划即将收官之年。2018年12月6日，欧亚经济联盟成员国元首共同发表《关于欧亚经济联盟框架内进一步发展区域一体化进程的宣言》，其中指出，在欧亚一体化思想提出二十五周年及《欧亚经济联盟条约》签署五周年之际可以看到的是，欧亚经济联盟在短期内夯实了在世界经济中的主体地位，这说明了其发展是成功的。建立欧亚经济联盟为成员国间经济合作注入了新的活力，降低了世界金融经济危机带来的消极影响，改善了成员国进入国际市场的条件。[①] 总体来看，欧亚经济联盟将保持稳中有进的发展态势。

---

* 王晨星，博士，中国社会科学院俄罗斯东欧中亚研究所战略研究室助理研究员。
① Декларация о дальнейшем развитии интеграционных процессов в рамках Евразийского экономического союза.

一 欧亚经济联盟机制运行状态

2018年度,俄罗斯是欧亚经济联盟轮值主席国。该年,欧亚经济联盟组织机制运行继续保持平稳,各项工作逐步推进。主要体现在以下方面。

第一,各层级工作机制运转正常,并成立新机构。2018年,最高欧亚经济委员会分别在索契和圣彼得堡举行例会2次,共通过决议23项。欧亚政府间委员会分别在阿拉木图、明斯克和圣彼得堡举行例会,共通过决议23项,指令10项。欧亚经济委员会理事会举行例会11次,共通过决议96项,指令34项及建议1项。欧亚经济委员会执委会举行例会39次,共通过决议221项,指令198项及建议28项(见表1)。为加强成员国部门间交流,协调相关政策,2018年5月经最高欧亚经济委员会批准,成立两个新机构,即欧亚经济联盟成员国认证机构负责人理事会[①]和欧亚经济联盟农业政策理事会。[②]

表1 2018年欧亚经济联盟各级机构工作情况量化统计 *

机构	例会(次)	决议(项)	指令(项)	建议(项)
最高欧亚经济委员会	2	23		
欧亚政府间委员会	3	23	10	
欧亚经济委员会理事会	11	96	34	1
欧亚经济委员会执委会	39	221	198	28

* 笔者根据欧亚经济委员会官方网站信息整理而成。

第二,人事调整进展顺利。欧亚经济联盟的人事机制吸收了当前其他国际组织的通用办法,也结合了本地区特点,概括来说为三个制度,即轮值主

---

① Решение №5 «О Совете руководителей органов по аккредитации государств-членов Евразийского экономического союза», 14 мая 2018 года, г. Сочи.
② Решение №6 «О Совет по агропромышленной политике Евразийского экономического союза», 14 мая 2018 года, г. Сочи.

席制、成员国推荐任命制、竞争上岗制。根据《欧亚经济联盟条约》，轮值主席制在"三委"层面实施。条约明确规定："最高欧亚经济委员会、欧亚政府间委员会、欧亚经济委员会理事会主席根据成员国国名俄文字母顺序在成员国间轮流担任，任期一年，且不能连任。"① 竞争上岗制在欧亚经济委员会执委会直属部门司局层级实施。条约指出，"欧亚经济委员会执委会直属各司负责人在兼顾成员国间平等原则前提下，采取竞争上岗的方式"，其管理方式参照国际公务员体制。② 而条约对欧亚经济委员会执委会直属各部领导则未做明确规定，该层面采取的是成员国推荐任命制。这一层面的人事任免权主要被成员国所掌握，由成员国提名，欧亚经济联盟只是走相应行政程序而已。从某种意义上说，欧亚经济委员会执委会直属各部主管领导人事变化是欧亚经济联盟人事机制变化的"晴雨表"。该层面人事机制运作主要有两个特点。一是成员国代表各主管若干部门，体现成员国间平等原则。2015 年以来，欧亚经济委员会执委会中俄罗斯官员主管一体化与宏观经济政策部和贸易部；白俄罗斯官员主管工业与农业综合体部和技术协调部；哈萨克斯坦官员主管经济与金融政策部和竞争与反垄断协调部；吉尔吉斯斯坦官员主管海关合作部和能源与基础设施合作部；亚美尼亚官员主管内部市场、信息化、信息与交流技术部。二是成员国对相关部门领导的提名基于国内政治变化需要，欧亚经济联盟在此方面的发言权有限。2018 年，欧亚经济委员会执委会直属部门完成 2 次人事调整，涉及吉尔吉斯斯坦主管的 1 个部门和白俄罗斯主管的 2 个部门（见表 2）。2018 年 2 月，吉尔吉斯斯坦外交部副部长卡伊基耶夫（Э. А. Кайкиев）接替茹努索夫（А. О. Жунусов）③出任能源与基础设施合作部部长。④ 2018 年 8 月 18 日，白俄罗斯总统卢卡申科"闪电式"解散科比亚科夫（А. В. Кобяков）政府，组建新的鲁马斯

---

① «Договор о Евразийском экономическом союзе», статья 8.
② «Договор о Евразийском экономическом союзе», статья 9.
③ 2018 年 12 月 5 日，茹努索夫（А. О. Жунусов）因涉嫌经济犯罪在阿塞拜疆巴库被捕。
④ Решение ВЕЭС №2 «О назначении члена Коллегии Евразийской экономической комиссии», 12 февраля 2018 года, г. Москва.

（С. Н. Румас）政府，随即9月12日，白俄罗斯派国家标准化委员会主席纳扎连科（В. В. Назаренко）替换克列什科夫（В. Н. Корешков）担任技术协调部部长，13日，派总统助理苏博金（А. М. Субботин）替换辛德尔斯基（С. С. Сидорский）担任工业与农业综合体部部长。①

表2 欧亚经济委员会执委会内部机构、人员、职能一览（2018年9月至今）*

主席：萨尔基相（Т. С. Саркисян），亚美尼亚籍 职责：主持欧亚经济委员会执委会日常工作	礼宾与组织司
	财务司
	法务司
	行政管理司
部长：瓦洛娃娅（Т. Д. Валовая），俄罗斯籍 分管：一体化与宏观经济政策部	宏观经济政策司
	统计司
	一体化发展司
部长：扎克瑟雷科夫（Т. М. Жаксылыков），哈萨克斯坦籍 分管：经济与金融政策部	金融政策司
	企业活动发展司
部长：苏博金（А. М. Субботин），白俄罗斯籍 分管：工业与农业综合体部	工业政策司
	农业政策司
部长：尼基什娜（В. О. Никишина），俄罗斯籍 分管：贸易部	关税与非关税协调司
	内部市场保护司
	贸易政策司
部长：纳扎连科（В. В. Назаренко），白俄罗斯籍 分管：技术协调部	技术协调与认证司
	卫生标准司
部长：卡得尔库洛夫（М. А. Кадыркулов），吉尔吉斯斯坦籍 分管：海关合作部	海关基础设施司
	海关法律与执行司
部长：卡伊基耶夫（Э. А. Кайкиев），吉尔吉斯斯坦籍 分管：能源与基础设施合作部	交通与基础设施司
	能源司
部长：库萨伊诺夫（М. А. Кусаинов），哈萨克斯坦籍 分管：竞争与反垄断协调部	反垄断协调司
	竞争政策与国家采购政策司
部长：米娜西昂（К. А. Минасян），亚美尼亚籍 分管：内部市场、信息化、信息与交流技术部	信息技术司

资料来源：笔者根据欧亚经济委员会官方网站信息整理而成。

① Решение ВЕЭС № 17 «О назначении Коллегии Евразийской экономической комиссии», 31 августа 2018 года, г. Москва.

第三，法律机制顶层设计进一步完善。2018年1月，新版《欧亚经济联盟海关法典》正式生效，这标志着欧亚经济联盟商品共同市场法律机制的顶层设计基本完成，下一阶段逐步向商品共同市场具体领域深入，同时向其他共同市场领域扩张。具体可关注以下法律文件。（1）2月签署的《欧亚经济联盟商品标识协议》，该协议对欧亚经济联盟国家产品标识体系一规则做出了明确规定，意味着联盟国家将使用统一的商品标记，而这些标识必须具备机读性、"互读性"，标记和读取设备也具有技术兼容性。① （2）5月签署的《与第三国及国际组织国际条约协议》。该协议进一步规范了欧亚经济联盟的对外合作，就与第三国及国际组织签署、终止及暂停国际条约进行了明确规定。（3）9月成员国央行行长签署《协调金融市场领域法律协议》。② 该协议涉及银行、保险、货币领域的成员国法律协调，这意味着欧亚经济联盟向金融一体化迈出坚实一步；（4）12月通过的《欧亚经济联盟建立石油及石油产品共同市场规划》。该规划进一步明确了建立联盟内石油及石油产品共同市场的"路线图"。根据规划，联盟内构建石油及石油产品共同市场分三阶段实施，即第一阶段从2018年至2021年，建立石油及石油产品共同市场的组织基础，协调成员国相关法律；第二阶段从2021年至2024年，起草并签署石油及石油产品共同市场相关法律文件；第三阶段从2025年1月起，相关法律文件正式生效，联盟内石油及石油产品共同市场最终建立。整个构建过程将受最高欧亚经济委员会监督和管理。此外，规划还就石油及石油产品的交易、运输、产品标准、监管等方面做出了具体安排。③ （5）12月，《欧亚经济联盟成员国劳工退休保障协议》通过成员国国内立法程序。基于该协议，成员国劳工将实现异地退休金核算，这将进一步

---

① 《欧亚经济联盟商品标识协议生效》，中国驻亚美尼亚使馆经济商务参赞处网站，http：//am. mofcom. gov. cn/article/jmxw/201809/20180902782739. shtml。
② Главы национальных банков государств ЕАЭС подписали Соглашение о гармонизации законодательства в сфере финансов，19 сентября 2018 года. http：//www. eurasiancommission. org/ru/nae/news/Pages/19－09－2018－2. aspx.
③ Решение ВЕЭС №23 «О формировании общих рынков нефти и нефтепродуктов Евразийского экономического союза»，6 декабря 2018 года，г. Санкт-Петербург.

夯实联盟内劳动力共同市场的基础。经济与金融政策部部长扎克瑟雷科夫提出，该协议将于2019年正式签署。①（6）12月，成员国元首共同发布《关于欧亚经济联盟框架内进一步发展区域一体化进程的宣言》。该宣言为下一阶段欧亚一体化进程指明方向，即确保联盟内共同市场高效运行及为商业与消费者提供机遇；构建"创新空间"及推动科技发展；挖掘一体化潜力，提高人民福祉和生活质量；将联盟打造成当代世界重量级的发展中心之一，与外部伙伴构建开放、互惠及平等的合作关系并开创新的互动方式。② 此外，欧亚经济联盟内标准化建设也取得新进展。俄罗斯总统普京指出，截至2018年底，对联盟内85%的商品已制定相应的技术标准。③

二 欧亚经济联盟经济一体化效应评估

四年来，欧亚经济联盟经济一体化效应日益显现。根据2018年10月世界银行发布的《2019年全球营商环境报告》，欧亚经济联盟成员国的营商环境均有不同程度的改善（见表3）。尽管如此，欧亚经济联盟的经济一体化效应距离理想目标仍然存在较大距离。具体有以下几个方面。

第一，内部与对外商品贸易继续保持恢复性增长，但增幅缩小。从联盟内部贸易总额来看，2018年成员国间贸易总额为597亿美元，比2017年增长9.2%。④ 与2017年27.3%的增长率相比，2018年增幅明显回落（见表4）。

---

① Завершилось внутригосударственное согласование проекта Соглашения о пенсионном обеспечении трудящихся ЕАЭС, 21 января 2019 года. http://www.eurasiancommission.org/ru/nae/news/Pages/21-01-2019-1.aspx.

② Декларация о дальнейшем развитии интеграционных процессов в рамках Евразийского экономического союза.

③ Заседание Высшего Евразийского экономического совета, 6 декабря 2018 года, г. Санкт-Петербург, http://www.kremlin.ru/events/president/news/59319.

④ Об итогах взаимной торговли товарами Евразийского экономического союза, Январь-декабрь 2018 года. Аналитический обзор, 26 февраля 2019 года. http://www.eurasiancommission.org/ru/act/integr_i_makroec/dep_stat/tradestat/analytics/Documents/2018/Analytics_I_201812.pdf.

表3 欧亚经济联盟成员国营商环境全球排名*

单位：名次

国家 \ 年份	2017	2018
俄罗斯	35	31
哈萨克斯坦	36	28
白俄罗斯	38	37
亚美尼亚	47	41
吉尔吉斯斯坦	77	70

资料来源：Doing Business－2018：Reforming to Creating jobs，World Bank Group，p. 4；Doing Business－2019：Training for reform，World Bank Group，p. 5。

就具体国别而言，俄罗斯和白俄罗斯对联盟内部贸易贡献最大，分别为386.8亿美元和138.9亿美元，占总额的64.8%和23.3%。从联盟内部双边贸易来看，俄白和俄哈贸易依旧是联盟内部贸易的"主心骨"。2018年俄白贸易总额为357.3亿美元，占联盟内部贸易总额的59.83%，比2017年增长了10%；俄哈贸易总额为180.9亿美元，占联盟内部贸易总额的30.28%，比2017年增长了5.7%。值得注意的是，2018年哈萨克斯坦在联盟内部贸易中表现不俗，与亚美尼亚、白俄罗斯的贸易额大幅度增长，分别增长了64%和25.7%，但在联盟内部贸易总额中占比依旧很小，仅为1.49%。

表4 2011~2018年欧亚经济联盟（含关税同盟、统一经济空间时期）
内部商品贸易总额及增长率一览

年份	总额（亿美元）	增长率（%）	年份	总额（亿美元）	增长率（%）
2011	622.73	—	2015	454.0	-25.8
2012	685.82	8.7	2016	430.0	-5.8
2013	641.0	-5.5	2017	547.0	27.3
2014	574.0	-11	2018	597.0	9.2

资料来源：Взаимная торговля товарами. Статистический бюллетень. 2011 - 2016. http：//www. eurasiancommission. org/ru/act/integr_ i_ makroec/dep_ stat/tradestat/publications/Pages/default. aspx；Об итогах внешней торговли товарами Евразийского экономического союза. Январь-ноябрь 2017 года. http：//www. eurasiancommission. org/ru/act/integr_ i_ makroec/dep_ stat/tradestat/analytics/Documents/2017/Analytics_ E_ 201711. pdf。

对外贸易长期是欧亚经济联盟贸易的"重头戏"。2018年欧亚经济联盟对外贸易在贸易总额中的比重比2017年增长1.1%，为86.5%。2018年欧亚经济联盟对外贸易总额为7534亿美元，比2017年增长18.8%。其中，出口额为4906亿美元，增长26.8%；进口额为2628亿美元，增长6.3%。[①]与2017年相比，2018年出口额继续保持大幅增长，超过2017年的25.5%，达到26.8%，而进口额增长幅度明显减小（见表5）。就成员国占比而言，在欧亚经济联盟对外贸易中，俄罗斯占比最大，占总额的84.1%，占出口额的84.1%及进口的84.2%（见图1）。从对外贸易区域划分上看，欧盟市场是欧亚经济联盟最大的出口对象，2018年向欧盟出口额为2476亿美元，占其出口总额50.5%。其次是亚太地区，向其出口额为1311亿美元，占出口总额的26.7%。亚太地区是欧亚经济联盟最大的进口来源市场，2018年从亚太地区进口额为1045亿美元，占其进口总额的43.2%。其次是欧盟，进口额为1045亿美元，占进口总额的38.8%。多年来，中国是欧亚经济联盟最大的贸易伙伴国。2018年，与中国贸易占欧亚经济联盟对外贸易总额的16.8%，比2017年增长0.6%。之后依次是德国（8.7%）、荷兰（7.4%）及意大利（5.5%）。[②]随着"一带一路"建设及"带盟对接"的顺利推进，中国作为欧亚经济联盟最大贸易伙伴国的地位将进一步巩固。

第二，商品贸易结构总体单一，但多元化趋势逐渐显现。从联盟内部商品贸易总体结构来看，2018年与2017年相比变化不大。矿物燃料产品占比为28.5%，比2017年增长1.2%；机械设备及交通工具产品占比为19.1%，比2017年增长0.6%；农产品占比为14.6%，比2017年下降0.6%。然而

---

① Об итогах внешней торговли товарами Евразийского экономического союза, Январь-декабрь 2018 года. Аналитический обзор, 26 февраля 2019 года. http：//www.eurasiancommission.org/ru/act/integr_i_makroec/dep_stat/tradestat/analytics/Documents/2018/Analytics_I_201812.pdf.

② Об итогах внешней торговли товарами Евразийского экономического союза, Январь-декабрь 2018 года. Аналитический обзор, 26 февраля 2019 года. http：//www.eurasiancommission.org/ru/act/integr_i_makroec/dep_stat/tradestat/analytics/Documents/2018/Analytics_I_201812.pdf.

表5 2011~2018年欧亚经济联盟（含关税同盟、统一经济空间时期）
对外商品贸易总额及增长率一览

单位：%

年份	对外贸易总额（亿美元）	出口额（亿美元）	进口额（亿美元）	对外贸易总额增长率(%)	出口额增长率(%)	进口额增长率(%)
2011	9130	5865	3265	33	34.2	31.1
2012	9393	6001	3392	3.2	2.6	4.1
2013	9310	5854	3456	-0.4	-1.4	1.4
2014	8685	5565	3120	-6.9	-5.3	-9.6
2015	5795	3741	2054	-33.6	-32.7	-35.3
2016	5094	3083	2011	-12.1	-17.5	-2.1
2017	6343	3870	2473	24.5	25.5	23
2018	7534	4906	2628	18.8	26.8	6.3

资料来源：Внешняя торговля товарами. Статистический бюллетень. 2011－2016. http://www. eurasiancommission. org/ru/act/integr_ i_ makroec/dep_ stat/tradestat/publications/Pages/default. aspx；Об итогах внешней торговли товарами Евразийского экономического союза. Январь-ноябрь 2017 года. http://www. eurasiancommission. org/ru/act/integr_ i_ makroec/dep_ stat/tradestat/analytics/Documents/2017/Analytics_ E_ 201711. pdf.

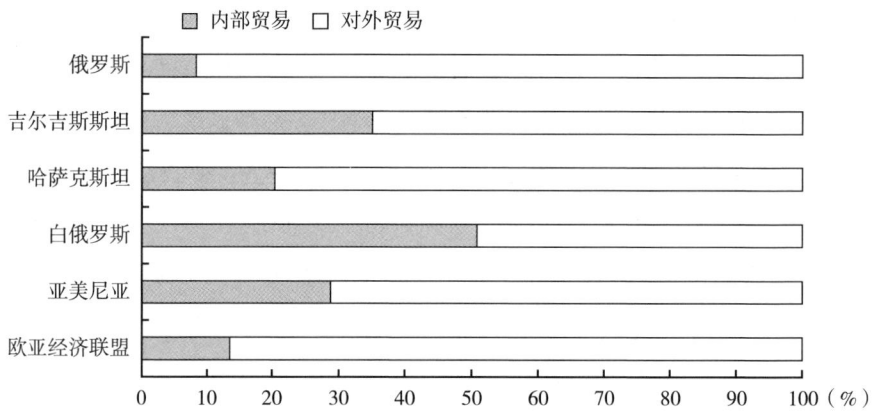

图1 2018年欧亚经济联盟内部与对外商品贸易占贸易总额比重一览*

资料来源：Об итогах взаимной торговли товарами Евразийского экономического союза, Январь-ноябрь 2017. http://www. eurasiancommission. org/ru/act/integr_ i_ makroec/dep_ stat/tradestat/analytics/Documents/2017/Analytics_ E_ 201711. pdf.

各成员国在不同商品贸易领域的表现是不一样的,大部分成员国对联盟内部市场出口额均有明显增长。2018 年,亚美尼亚对联盟内部市场出口额增长率最高,为 20.7%,其中棉纺品及鞋类产品增长幅度较大,为 22.2%。其次是哈萨克斯坦,对联盟内部市场出口额增长了 12%,其中机械设备及交通工具产品和化工产品出口增长较快,分别为 35.4% 和 26.1%。再次是俄罗斯,对联盟内部市场出口额增长了 11.5%,其中机械设备及交通工具产品增长速度最快,为 17.7%。吉尔吉斯斯坦对联盟内市场出口额增长了 5%,其中农产品出口增长明显,为 18.6%。与其他成员国相比,白俄罗斯表现平平,增长率仅为 1.8%。① 从对外商品贸易结构看,在出口结构中,矿物燃料产品占比为 67.2%。从具体国别上看,2018 年实现出口贸易大幅增长的成员国均已出口矿物燃料产品为主。如俄罗斯出口额增长了 26.9%,其中矿物燃料产品出口额增长 36.1%;哈萨克斯坦对外出口额增长 127.3%,其中矿物燃料产品出口额增长了 38.2%。值得注意的是,白俄罗斯是传统的工业国,但是其出口商品结构中矿物燃料产品比重明显上升,2018 年占出口总额的 42.6%,与 2017 年相比增长了 24.8%。② 在进口结构中,成员国以进口机械设备及交通工具产品为主,占进口总额的 44.5%,其次是化工产品,占 18.3%。2018 年,哈萨克斯坦和俄罗斯进口额增幅较大,分别为 113.1% 和 105.2%。在俄、哈两国进口商品结构中,进口机械设备及交通工具产品分别占 45.5% 和 46.3%。③

第三,域内投资能力提高,与其他国际金融机构竞争的比较优势日益明

---

① Об итогах взаимной торговли товарами Евразийского экономического союза, Январь-декабрь 2018 года. Аналитический обзор, 26 февраля 2019 года. http://www.eurasiancommission.org/ru/act/integr_i_makroec/dep_stat/tradestat/analytics/Documents/2018/Analytics_I_201812.pdf.

② Об итогах внешней торговли товарами Евразийского экономического союза, Январь-декабрь 2018 года. Аналитический обзор, 26 февраля 2019 года. http://www.eurasiancommission.org/ru/act/integr_i_makroec/dep_stat/tradestat/analytics/Documents/2018/Analytics_I_201812.pdf.

③ Об итогах внешней торговли товарами Евразийского экономического союза, Январь-декабрь 2018 года. Аналитический обзор, 26 февраля 2019 года. http://www.eurasiancommission.org/ru/act/integr_i_makroec/dep_stat/tradestat/analytics/Documents/2018/Analytics_I_201812.pdf.

显。自2013年,欧亚开发银行和最高欧亚经济委员会建立合作关系以来,尽管在法理上两者互为独立,但在实际工作中,今天欧亚经济联盟范围内的投资合作主要依托欧亚开发银行及其直属的欧亚稳定与发展基金来实施。截至2019年2月1日,欧亚开发银行已在六个成员国投资项目84个(见图2)。值得注意的是,2018年前三季度欧亚开发银行在独联体地区投资10.28亿美元,已经大幅度赶超欧洲复兴开发银行(2.15亿美元),成为对该地区投资力度最大的国际金融组织(见表6)。相比之下,运行不久的亚投行对独联体地区投资相对式微,除了在2016年第四季度投资0.6亿美元外,2017年和2018年前三季度均未对该地区投资。从投资领域来看,能源、交通与基础设施建设是欧亚开发银行投资的两大重要领域,分别占总投资额的23.3%和20.5%。其后是矿产采掘业,占总额的16.6%,以及金融业,占总额的15.9%。从投资接收方来看,2018年前三季度,俄罗斯接受欧亚开发银行投资项目额最多,共计3.15亿美元,其次是哈萨克斯坦,为0.62亿美元。①

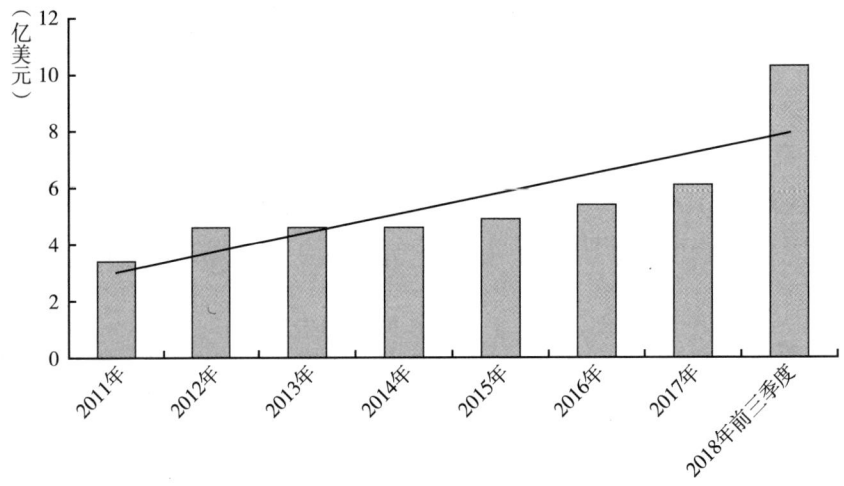

图2 2011~2018年前三季度欧亚开发银行向私营部门投资总额汇总

资料来源:Цифры и факты Евразийского банка развития. https://eabr.org/about/facts-and-figures/.

---

① Обзоры инвестиционной деятельности международных банков развития 2018 г. https://eabr.org/cooperation/reviews-idb-investment/#tab2018.

需要指出的是，2018年欧亚开发银行发布了新的五年规划，即《2018年至2022年欧亚开发银行战略》。根据该文件，2018~2022年，欧亚开发银行将以激发区域一体化效应和提振成员国经济为投资导向。①

表6 2017~2018年前三季度欧亚开发银行与其他国际金融机构在独联体地区私营部门投资总额对比*

单位：亿美元

金融机构＼时间	2017年第一季度	2017年第二季度	2017年第三季度	2017年第四季度	2018年第一季度	2018年第二季度	2018年第三季度
欧亚开发银行	1.08	1.02	3.65	0.38	5.87	0.86	3.55
欧洲复兴开发银行	1.07	8.30	0.63	5.93	1.65	0.05	0.45
欧洲投资银行	0.11	—	1.18	0.14	0.04	1.59	0.87
亚洲开发银行	—	—	—	—	0.32	0.68	—
黑海贸易与开发银行	—	0.39	0.67	0.66	—	—	0.45
亚洲基础设施投资银行	—	—	—	—	—	—	—
国际金融公司	0.05	0.90	—	0.25	1.17	0.17	—
国际经济合作银行	—	—	—	0.17	—	—	0.07

资料来源：Обзоры инвестиционной деятельности международных банков развития 2018 г. https://eabr.org/cooperation/reviews-idb-investment/#tab2018。

三　欧亚经济联盟对外合作进展

2018年，欧亚经济联盟积极开展国际合作，多项重要合作文件签署并落地，其国际"朋友圈"进一步扩大。值得注意的是，欧亚经济联盟与新兴经济体合作效果好于与发达经济体合作效果，其对外合作向新兴经济体倾斜态势更为明显。具体表现在以下几个方面。

第一，与中国正式建立经贸合作制度性安排。2018年5月，在哈萨克斯坦阿斯塔纳经济论坛期间，中国商务部副部长傅自应与欧亚经济委员会执委会主席萨尔基相及联盟成员国代表正式签署《中华人民共和国与欧亚经

---

① Стратегий Евразийского Банка Развития на период с 2018 по 2022 год.

济联盟经贸合作协定》。协议由13个章节组成，包含了贸易透明、贸易保护、技术壁垒、卫生检疫、海关合作和贸易便利化等诸多方面。根据协议，双方还将组建联合委员会，该机构将具体协调协议落实工作，工作语言为英语。① 此外，2018年12月，中国与欧亚经济联盟《关于转运货物和交通工具电子信息互换协议》已经起草完成，2019年双方将正式签署该协议。②

第二，与独联体国家关系实现突破。积极拓展欧亚经济联盟在后苏联空间的发展引领作用是2018年俄罗斯作为欧亚经济联盟轮值主席国的重要工作内容之一。在俄罗斯的直接推动下，2018年5月，摩尔多瓦以观察员国身份第一次参加最高欧亚经济委员会元首会晤。自此，联盟观察员国制度正式形成，其中关键条件是，观察员国必须避免一切可能损害联盟及其成员国利益的行为。③ 观察员国作为联盟"准成员国"地位得以确立。2018年11月，最高欧亚经济委员会正式与独联体执委会签署深化合作备忘录。这是继2012年双方已经签署合作备忘录后的第二份重要文件。与2012年备忘录不同的是，2018年新版的备忘录涉及内容更为具体，两大多边机制将在关税协调、国家采购、竞争政策等领域开展机制化合作。为此，两大多边机制可以相互参加各自举行的业务咨询会。④ 值得关注的是，自乌兹别克斯坦新任总统米尔济约耶夫上台以来，乌兹别克斯坦开始对本国经济进行大刀阔斧式改革，国家经济开放程度显著提升，国际合作意愿加强。鉴此，乌兹别克斯坦与欧亚经济联盟合作前景被看好。俄罗斯希望乌兹别克斯坦能成为联盟的

---

① Соглашение от 17 мая 2018 г. "О торгово-экономическом сотрудничестве между Евразийским экономическим союзом и его государствами-членами, с одной стороны, и Китайской Народной Республикой, с другой стороны".

② ЕАЭС и Китай договорились направить проект Соглашения об обмене таможенной информацией на внутригосударственные процедуры. 18 декабря 2018 года. http://www.eurasiancommission.org/ru/nae/news/Pages/18-12-2018-2.aspx.

③ Кузьмина Е., "Саммит ЕАЭС: имиджевое мероприятие или действующая переговорная площадка?" 22 мая 2018 года, РСМД. http://russiancouncil.ru/analytics-and-comments/analytics/sammit-eaes-imidzhevoe-meropriyatie-ili-deystvuyushchaya-peregovornaya-ploshchadka/.

④ ЕАЭС и СНГ углубляют сотрудничество. 27 ноября 2018 года. http://www.eurasiancommission.org/ru/nae/news/Pages/27_11_2018_2.aspx.

新观察员国,强化与联盟合作的机制联系。

第三,与新兴经济体自贸协定谈判进一步推进。首先,与伊朗的自贸协定谈判取得突破性进展。2018年5月,欧亚经济联盟与伊朗正式签署建立自贸区临时协定。根据临时协定,双方在头三年切实落实临时协定,并在其间制定最终协定。① 其次,与以色列的自贸协定谈判正式启动。4月,欧亚经济联盟与以色列完成第一轮自贸区谈判,此轮谈判涉及议题较为宽泛,这意味着双方自贸区建设正在逐步推进。② 再次,与印度、埃及的自贸协定谈判正在积极准备中。1月底,欧亚经济联盟与印度就商签自贸协定事宜进行了首次讨论;5月,双方就准备启动自贸谈判事宜再次进行磋商。③ 10月,欧亚经济联盟与埃及就启动第一轮自贸协定事宜进行了交流,对相关准备工作做了明确部署。④ 最后,积极与其他地区多边机制建立对话机制。3月,欧亚经济联盟与约旦共同制订2018~2019年合作计划。5月,欧亚经济联盟与拉美经济体系签署相互谅解备忘录,双方将就推动区域经济一体化展开对话并交流经验。⑤ 拉美经济体系是拉美地区第一个与欧亚经济联盟建立正式联系的政府间区域经济多边机制。6月,欧亚经济委员会执委会主席应邀参加上海合作组织青岛峰会,⑥ 与上海合作组织签订合作备忘录事宜已被提上日程。

---

① Подписано Временное соглашение, ведущее к образованию зоны свободной торговли между ЕАЭС и Ираном. 17 мая 2018 года. http://www.eurasiancommission.org/ru/nae/news/Pages/17-05-2018-1.aspx.

② Определены подходы к переговорам по заключению Соглашения о зоне свободной торговли между ЕАЭС и Израилем. 27 апреля 2018 года. http://www.eurasiancommission.org/ru/nae/news/Pages/27-04-2018-2.aspx.

③ ЕЭК и Индия обсудили ход подготовки Соглашения о зоне свободной торговли. 24 мая 2018 года. http://www.eurasiancommission.org/ru/nae/news/Pages/24-05-2018-2.aspx.

④ Первый раунд переговоров о создании ЗСТ между ЕАЭС и Египтом может стартовать до конца 2018 года. 16 октября 2018 года. http://www.eurasiancommission.org/ru/nae/news/Pages/16-10-2018-2.aspx.

⑤ Евразийская экономическая комиссия подписала Меморандум о взаимопонимании с Латиноамериканской экономической системой. 29 мая 2018 года. http://www.eurasiancommission.org/ru/nae/news/Pages/29-05-18-3.aspx.

⑥ Тигран Саркисян принял участие в саммите глав государств ШОС. 10 июня 2018 года. http://www.eurasiancommission.org/ru/nae/news/Pages/10-06-2018-1.aspx.

四 结语

运行四年来，欧亚经济联盟尽管发展速度缓慢，与理想目标依然存在较大距离，然而从商品共同市场向更高层次的能源共同市场发展的路径是清晰的。稳扎稳打、稳中有进是当前欧亚经济联盟发展的主要特点。可以认为，有别于西方的、区域一体化的"欧亚模式"正在逐渐显现。应该说，区域一体化的"欧亚模式"是欧亚地区国家处理自身及对外地缘政治经济关系的互动模式及现实选项，其成败得失不能以西方区域一体化标准来衡量，应用"欧亚逻辑"看待其行为方式及发展前景。

Y.16
2018年俄罗斯延迟退休年龄改革政策的实施

王桂香*

摘　要： 2018年对于俄罗斯广大民众来说，可谓喜忧参半，喜的是即便在欧美经济制裁的强大压力下俄罗斯仍然成功地举办了第21届世界杯足球比赛，俄罗斯民众得以重温强国情怀，喜悦洋溢在每个人的脸上；但紧随其后忧虑很快就爬上了他们的脸庞，俄罗斯政府宣布2019年启动关乎俄罗斯民众切身利益的退休金制度改革，一石激起千层浪，抗议之声此起彼伏，多地爆发抗议游行，人们反对政府延迟退休年龄——女性从55岁逐步延至63岁、男性从60岁逐步延至65岁。为了平息民众的焦虑情绪，俄罗斯政府修订了延迟退休议案，做出了让步，将女性延迟退休的年龄修改为60岁，并对多子女母亲的退休年龄给予了优惠。2018年8月29日，普京总统发表长篇电视讲话，言辞恳切地对民众解释延迟退休年龄的必要性，并强调继续推迟退休金制度改革将"威胁俄罗斯社会的安全与稳定"，并恳请民众予以理解和支持。此项改革议案动了俄民众的"奶酪"，拉低了普京的支持率，对俄罗斯的政治稳定有一定的影响，但尚不至于构成威胁。

关键词： 延迟退休年龄　退休金制度改革　普京　俄罗斯

---

* 王桂香，博士，中国社会科学院俄罗斯东欧中亚研究所俄罗斯历史与文化研究室副研究员。

俄罗斯黄皮书

一 世界主要国家的退休年龄

当今世界正处于大发展、大变革的新时代,科技成果不断涌现,医疗技术不断提高,尽管时常有局部冲突,国际局势的主旋律自二战以来还是和平,人们的生活水平得以不断提高,人的平均寿命也普遍有不同程度的提高。与此同时,20世纪下半叶以来,人们对生命质量更为关注,欧洲各国在不同程度上为低出生率所困扰,低出生率、人口老龄化和劳动力人口相对缺乏的问题越来越突出,为此欧美一些发达国家不同程度地调整提高了领取养老金的年龄。

在延迟退休年龄方面,德国采取的是缓慢延长法,在2007年实行养老保险改革,将法定退休年龄从2012年起至2029年逐步由65岁延迟至67岁,先用十二年的时间把退休年龄延长一年,也就是说一年延长一个月,然后再用六年时间把退休年龄延长一年,也就是说一年延长二个月,在十八年的时间里缓慢逐步地延长,即便如此缓慢,也还是遇到阻力,遭到工会的批评,因此,2014年进行了修订,德国联邦议院通过了《法定养老保险改进法案》补充条款,进一步修订为凡是缴费满45年的参保者,可以提前至63～65岁退休并领取全额养老金。

法国前总统萨科齐曾决定从2012年起将退休年龄延长至60岁零4个月,由此引发大规模长时间的抗议活动,奥朗德上台后迅速把退休年龄恢复到60岁。

2013年日本在安倍首相的推动下将退休年龄由60岁提高到65岁。日本延迟退休与日本人长寿密切相关。根据世界卫生组织(WHO)的报告,日本多次荣登世界长寿排行榜榜首(2018年全球长寿排行前十名依次分别是日本、瑞士、西班牙、法国、新加坡、澳大利亚、意大利、加拿大、韩国、挪威,平均寿命均在82.5岁以上)[①],根据在日内瓦公布的《世界卫生

[①] https://baijiahao.baidu.com/s?id=1608745406166590462&wfr=spider&for=pc.

统计2018》最新报告，日本蝉联全球长寿排行榜第一名，日本人平均寿命已超过84岁，女性为87.1岁，男性为81.1岁。据此日本进一步实行弹性养老金制度：鼓励延迟领取（每延迟一个月领取额就增加0.7%，延迟五年就能增加42%），最晚可自愿延迟到70岁。但即便有如此大的奖励机制，实际上自愿延迟领取养老金的人也并不多，仅占退休人数的1.2%，绝大多数日本老人还是选择了不延迟领取养老金。

白俄罗斯实行的是缓慢渐进法。2016年4月11日，白俄罗斯总统卢卡申科签署总统令，宣布该国男性与女性职工均将延迟三年退休：自2017年1月1日起，每年将该国职工退休年龄延长半年，最终将女性退休年龄由目前的55岁延长至58岁，男性退休年龄由60岁延长至63岁。副总理娜塔莉娅·科查诺娃在"白俄罗斯－1"电视台直播节目介绍说：这是最可接受，也是最柔和的方案。由于增加的年限不多，相对来说，白俄罗斯延迟退休年龄的改革进行得比较温和，被民众理性接受。

总的来说，世界上规定男性法定退休年龄主要是55岁（约占20%）、60岁（比例最高，约占40%）、65岁（约占26%）。60岁是大多数国家的法定退休年龄，西方发达国家有的规定为65岁。规定女性法定退休年龄为55岁、60岁的国家各占30%以上。

俄罗斯延迟退休年龄的改革阻力颇大、十分艰难，这与其具体国情密不可分。俄罗斯是世界上面积最大的国家，国土面积为1709.82万平方公里，根据2017年的统计数据，其人口数量为1.445亿，可谓地广人稀。20世纪90年代俄罗斯经历了苏联解体的社会剧变，激烈的"休克疗法"给国家经济造成重创，也带给俄罗斯民众巨大的伤害，直接导致人口出生率急剧下降。自20世纪90年代初起，俄罗斯经历了长达十五年的人口负增长，正在步入老龄化时代。近年来，世界能源价格下跌幅度比较大，西方国家对俄罗斯实行连续多年的经济制裁，俄罗斯经济发展受阻，在这种情况下，养老金缺口问题引发关注，养老金发放问题越发严重，2018年度俄罗斯的养老金赤字预计达2650亿卢布（约折合40亿美元），约占国家预算的1.6%。为此，俄罗斯总统普京不得不放弃在其总统任期内不延迟退休年龄的许诺，启动修订这项关乎

所有职工就业生活的重要改革,此议案一经公布立刻在俄罗斯引起轩然大波,带来的震动是巨大的,俄罗斯许多城市都出现示威抗议活动,① 是否延迟退休年龄一时间成为俄罗斯电视、广播、网络媒体甚至街头巷尾的谈论主题,此项政策的调整为何在俄罗斯引起如此巨大的震动呢?

首先我们一起回顾一下苏联时期的福利养老制度。

二 苏联时期的社会福利

苏联实行的是高度国有化和国民高福利的制度,以保障苏联人民的基本生活和社会经济权利,体现社会主义制度的优越性。

苏联的社会福利主要是依靠社会消费基金来实现,由国家预算(约占3/4)、企事业单位以及集体农庄和其他社会团体的资金共同筹集而完成。

苏联社会福利主要包括:(1)完全的免费教育(考入高校的学生人人都享有政府发放的助学金);(2)苏联的所有公民都享受免费医疗;(3)免费疗养、休养和度假,每个职工每年可享受20天休假时间,可领取免费疗养证;(4)基本生活必需品几十年保持低价位,由国家财政给予价格补贴;(5)自1928年起苏联一直实行低房租的国家财政住房补贴政策,居民缴纳的房租仅占房屋维修费的1/3;(6)充分的劳动休息制度,1917年十月革命胜利后,苏俄就宣布实行8小时工作日制,后来缩减到7小时工作日制,1967年又进一步实行5日工作周制,外加每年20天的带薪休假和每年的8天节假日。如此,苏联职工每年的休息日为130天左右,占全年总天数的1/3还多。

二战期间,苏联损失人口高达2700万。苏联政府实施鼓励人口增长的政策:每个孩子自出生之日起每月都享有政府发放的儿童食品补贴和津贴补助,无论是城市户口还是农村户口,按月领取,而且开设儿童用品商店,政

---

① https://echo.msk.ru/news/2274646-echo.html?utm_source=yxnews&utm_medium=desktop;《俄罗斯民众抗议提高退休年龄:"我们活不到那个时候"》,http://news.ifeng.com/a/20180730/59498982_0.shtml?_zbs_baidu_bk。

府补贴的50%直接打入儿童服装和用品销售价里,即商店里实际商品的销售价格低于工厂的产品价格。

关于退休养老制度:1956年实施《苏联退休法》,国有企业员工和国家机关工作人员退休后享有领取养老金的福利,由国家负责发放;1965年实施《集体农庄庄员养老金和补助费法》,农庄的农民也开始享有养老金待遇。1977年修订颁布了新宪法,进一步健全社会保障制度,苏联的退休制度规定:男性一般是60岁退休,女性55岁退休。总的来说,苏联时期民众享有高福利的社会保障。只是20世纪80年代末,苏联经济陷入商品短缺时期,日用品和食品的供应紧张甚至短缺引起了民众对政府的极大不满,改革呼声自上而下应运而生,但是,戈尔巴乔夫经济改革的失利消耗了民众的支持,最终痛失民心,导致苏联解体。

三 叶利钦时期俄罗斯社会保障体系失灵

1991年12月25日苏联解体,叶利钦出任俄罗斯联邦第一任总统。俄罗斯的养老体系是在苏联的基础上建立的,养老基本靠国家。俄罗斯沿用了苏联对退休年龄的规定:一般男性为60岁、女性为55岁。

1991年12月27日,俄罗斯政府颁布《退休养老基金法》,摒弃了以前主要依靠国家预算拨款的方式,实行国家、企业和个人三方承担的筹集方式(企业按工资总额的31%缴纳、个人按其工资的5%缴纳)[①],建立独立于国家预算的退休养老基金。1995年,俄罗斯开始养老保险制度改革,1997年,俄罗斯宣布将采纳世界银行的"三支柱"养老保险制度改革思路,实行社会养老保险、强制养老保险、补充养老保险。

激进的私有化改革和"休克疗法"等措施使俄罗斯经济陷入混乱,导致财政危机,逃税漏税现象严重,国家税收不力直接影响养老金的发放,拖

---

① Основные институты социальной защиты населения в Российской Федерации(конституционно-правуовое исследовани е) 6 Лепихов М. И. - М. : издательство РАГС, 2005.

欠工资、拖欠养老金问题一时成了严重的社会问题。那一阶段，民众抗议拖欠工资、拖欠养老金的游行活动此起彼伏。

1998年爆发金融危机，此后俄罗斯经济持续低迷，这对俄罗斯养老保险制度的改革冲击很大，政策的许多内容无法很好地落实。民众无法按时领取养老金，严重影响了老年人的生活质量。

总之，叶利钦时期，俄罗斯社会保障体系陷入失灵状态。

四　普京时期养老保障制度的改革

千年之交，普京当选俄罗斯联邦总统，利用国际原油价格大涨的有利局势，俄罗斯政府启动了养老保险制度改革和税制改革，2001年底落实了"三支柱"养老保险制度，政府相继出台了四项法案，分别是《俄罗斯联邦国家养老保险法》《俄罗斯联邦强制养老保险法》《俄罗斯联邦法》《俄罗斯联邦税法及关于税收和保险缴纳金规定的增补与修正》。[①]

普京上台执政后，用石油出口换汇清理了长期拖欠的工资和养老金，三年时间全部补发完毕，并提高工资和养老金水平，既解决了持续多年的尖锐的社会问题，也赢得了民众的广泛支持，为此普京深得民心。

随着俄罗斯经济的恢复，2008～2009年俄罗斯退休基金收入也有了显著增长，俄罗斯退休人员养老金由基本养老金、养老保险金和养老储蓄金三部分组成。

2009年，俄罗斯月平均养老金已接近5000卢布（按照当时俄罗斯的换汇汇率折合约167美元）。俄罗斯对伤残军人给予特殊关照，养老金领取最高的是参加过第二次世界大战的军人以及由于战争造成残疾的人，他们每月可以领取两份养老金，合计为12000多卢布（折合约400美元），而第二次世界大战中牺牲军人的遗孀、父母每月都可享受领取两份养老金，为9000卢布左右（折合约300美元）。

---

① 许艳丽：《俄罗斯社会保障制度》，中国劳动社会保障出版社，2017，第20页。

2010年俄罗斯开始新一轮的养老保障体系的改革，由"强制养老保险缴费替代统一社会税"。2015年，俄开始采取积分制的劳动养老金给付额度计算公式。

2016年5月，俄罗斯总统普京签署《关于对俄联邦某些法律中特定类别公民退休年龄的修改》的法案，该项法案计划提高国家公职人员的退休年龄，于2017年1月1日起逐步提高他们的退休年龄，计划每年提高6个月退休年龄，直至男性退休年龄达到65岁，女性退休年龄达到63岁，且这些国家公职人员有权享受个人养老保险。此法案的提议者——俄罗斯联邦国家杜马议员、"统一俄罗斯"党成员瓦列里·特拉佩茨尼克当时曾指出："未来还应该提高其他公民的退休年龄。但这将是一个后续计划，因为这一过程要求做许多准确仔细的工作，并且不能够着急。"[1]

这项新法案当时只涉及公务员、市政工作人员以及俄罗斯联邦公职人员。此法案涉及的是非体力劳动者且大多愿意在岗位上继续工作的国家和政府公务人员，社会各界对此颇有异议，认为是官员们不愿退出岗位，想要继续"捞取好处"，加之面对世界石油价格低迷和西方经济制裁的双重压力，该法案迟迟没有正式启动。

有必要加以说明的是，"在俄罗斯联邦领土内长期居住的外国人和无国籍人，与俄罗斯联邦公民一样有权领取国家养老保障金"[2]。为此，从中亚和俄罗斯周边独联体成员国涌入俄罗斯的外来劳务大军，填补了俄罗斯建筑工人、酒店餐饮服务人员等岗位，也从工作单位上缴一定数额的养老保险金，为未来做储备保障。

五 2018年俄罗斯延迟退休年龄政策的实施

俄罗斯实行延迟退休政策与俄罗斯当前严峻的人口短缺问题密不可分。

---

[1] http：//news.163.com/16/0513/16/BMV90KN300014JB6.html.
[2] http：//news.163.com/16/0513/16/BMV90KN300014JB6.html.

据《俄罗斯发展报告（2018）》显示，截至 2017 年初，俄罗斯总人口中高于劳动力年龄的人口为 3668.5 万，占总人口的 24.99%。劳动力短缺让俄罗斯的养老体系中的问题日益凸显，这种严峻的发展趋势对俄罗斯劳动力市场和社会保障体系形成巨大的挑战，因此，俄罗斯政府认为，适时研究出台渐进式延迟退休年龄措施已迫在眉睫。俄罗斯政府为应对人口老龄化、劳动力短缺，在人均预期寿命延长的综合考量下，经过几年的酝酿，于 2018 年夏秋启动延迟退休年龄的退休金制度改革工作。

俄罗斯政府在改革操作的时间点上颇费了一番心思。2018 年 6 月中旬正值俄罗斯成功举办世界杯的时刻。6 月 14 日，当人们还沉浸在世界杯开幕的欢乐喜悦中时，俄罗斯政府向普通民众正式公布这一关乎所有职工就业生活的重要政策——延迟退休年龄，从 2019 年起逐步将男性退休年龄由 60 岁提高至 65 岁，女性退休年龄则由 55 岁提高至 63 岁。

6 月 14 日，俄罗斯国家足球队在世界杯揭幕战中实现了以 5∶0 战胜沙特的惊人战绩，这个大好消息强烈激发了爱国热情，盖住了当日的一切新闻（当然也包括延迟退休年龄计划方案的公布），但次日，俄罗斯舆论很快呈现空前的分裂态势：有人仍陶醉于庆祝俄罗斯足球队的胜利之中，有人则在激烈讨论养老金系统会否崩盘。

为了向民众解释延迟退休年龄的必要性，俄罗斯 ЯНДЕКС 网站发表了一张统计图表，即世界主要国家退休年龄比较表，按退休年龄高低排序依次为：日本、德国、法国、美国、俄罗斯、波兰、哈萨克斯坦、乌克兰、中国……①前男后女，日本退休年龄最高为 70 岁，其次是德法等国 67~65 岁，俄罗斯位居第五位，从 2019 年起到 2024 年男士退休年龄逐步延长至 65 岁，

---

① https：//yandex.ru/images/search? family = yes&text = %D0%BF%D0%B5%D0%BD%D1%81%D0%B8%D0%BE%D0%BD%D0%BD%D1%8B%D0%B9%20%D0%B2%D0%BE%D0%B7%D1%80%D0%B0%D1%81%D1%82%20%D0%B2%20%D1%81%D1%82%D1%80%D0%B0%D0%BD%D0%B0%D1%85%20%D0%BC%D0%B8%D1%80%D0%B0%20%D0%B1%D1%82%D0%B0%D0%B1%D0%BB%D0%B8%D1%86%D0%B0%20%D1%81%D1%80%D0%B0%D0%B2%D0%BD%D0%B5%D0%BD%D0%B8%D1%8F%20202018&pos = 5&rpt = simage&img_url = https%3A%2F%2Fimages.osinka.net%2F439031%2Fs450&lr = 10599.

女性延长至63岁。表中日本的退休年龄写的是70岁,这不完全符合日本的实情(本文的开头对此有介绍),此表把国外弹性的退休年龄最高上限当成切实的退休年龄确实有些不妥。从退休最高年龄的上限来看,俄罗斯位居第五位,但与此相关的另外两个因素——俄罗斯的人均寿命和平均退休金数额,则无法与之相匹配,不仅没有闯入世界前十名的榜单里,而且还被甩在了后面。

延迟退休年龄的法案一经推出,很快就遭到民众的强烈反对,各地纷纷举行示威游行,抗议活动此起彼伏,据报道,90%的俄罗斯人反对这一改革。这一改革举措带给俄罗斯社会的震动是巨大的,一时间,电视、广播、网络、报纸杂志以及民众的街谈巷语谈论的都是有关延迟退休年龄法案。

为了安抚民众,2018年8月29日俄罗斯总统普京发表长篇电视演讲,在考虑民众的抗议和感受后,普京总统做出了一些让步,男性退休年龄与原计划一致——从60岁提升至65岁,女性退休年龄则由55岁调整提高至60岁,而非最初提议的63岁。再有就是对多子女家庭的母亲实行关照,有三个孩子的母亲可以提前三年退休(也就是说可以57岁退休);四个孩子的母亲可以提前四年退休(即56岁退休);对于有五个或五个以上孩子的母亲来说,保持现状,她们将能够在55岁时退休。此外,普京总统建议"对于未来两年根据旧法规本该退休的公民,设置特殊的特权——在新的退休年龄前六个月即可领取养老金的权利。例如,根据新的退休年龄,将于2020年1月退休的人将能够从2019年7月就开始领取养老金。也就是说,我重复一次,提前六个月"。还有就是普京总统提议,为保护50岁以上中老年人的利益,将同步进行立法,在过渡期间,对离退休年龄还有五年的人必须提供额外的保障以确保他们不会失业。[①]

普京的电视讲话可谓语重心长,态度诚恳地向民众倾诉。他指出:"俄

---

① https://www.sportsalo.com.ua/polnyiy-tekst-obrashheniya-putina-ot-29-08-2018-gde-chitat.html.

罗斯 2005 年定期支付养老基金缴款的在职公民和领取养老保险金的公民比例是 1.7∶1，而到 2019 年，它将是 1.2∶1，几乎是 1∶1。如果我们还不采取行动的话，我们将无法确保养老金的发放，这意味着今天和未来退休人员的收入将无法得到保障。"

从维基百科查询俄罗斯人口数据来看①，俄罗斯人口自 1996 年至 2009 年一直是负增长，从 1996 年的全国总人口 148291638 人下滑到 2009 年的 141903979 人。2010 年停止了下滑，从 2010 年的 142856536 人小幅增长到 2018 年的 146880432 人，但预计 2019 年仍无法实现人口增长。普京总统在电视讲话里说道：到 2020 年俄罗斯将面临严重的人口危机，提高退休年龄已经被耽搁数年，继续推迟这一计划存在通货膨胀和贫困率上升的风险，这将"威胁俄罗斯社会的安全与稳定……我们没有时间再浪费了。我们决定应当公平公正地解决这一问题，以取得良好平衡"②。

普京经济助理别洛乌索夫曾表示，俄罗斯的退休金制度面临的赤字将会达到 2 万亿卢布。巨额的赤字给财政带来的负担越来越大。解决养老基金缺口问题的路径有"提高缴费增加养老金收入"和"延迟退休年龄降低养老成本"两种方法，在提高缴费不现实的当下只好采取延迟退休年龄的做法。普京总统直言道，如果不改革，养老金体系"将出现裂缝，并最终崩溃……我请求你们理解这一点"，他言辞诚恳地呼吁民众支持提高退休年龄的政策。普京的电视讲话安抚了部分民众，但并没能平息民众不满，已经有超过 111 万人联合署名在请愿网站 Change.org 上向俄罗斯政府发起反对延迟五年退休年龄的请愿书，俄罗斯多个城市仍在爆发抗议活动，一些人的抗议标语是"我不想工作至死"。

俄罗斯实行延迟退休年龄之所以引起如此巨大反响，主要原因有三。

---

① https：//ru.wikipedia.org/wiki/%D0%9D%D0%B0%D1%81%D0%B5%D0%BB%D0%B5%D0%BD%D0%B8%D0%B5_%D0%A0%D0%BE%D1%81%D1%81%D0%B8%D0%B8.

② https：//www.sportsalo.com.ua/polnyiy-tekst-obrashheniya-putina-ot-29-08-2018-gde-chitat.html.

首先,即将退休的"60后"群体对苏联时期的福利政策仍然记忆犹新,延长退休年龄就意味着不能早日安享晚年,还要不情愿地继续工作,而且每人的身体状况不同,由于采取"一刀切"的做法,而不是采取自愿的做法,对于身体状况并不是很好的人来说,确实有些勉为其难。

其次,俄罗斯人的平均寿命不如西方发达国家高,有人担心自己根本活不了那么长时间,部分民众称"活不到领养老金的时候",或者刚刚退休,还没领几年养老金去就去该世了。2017年世界各国人均寿命排行榜上名列前十的国家,平均寿命都在80岁上下,俄罗斯人的平均寿命只有67.66岁,男性仅为63.3岁。在此平均寿命的数据面前,就能理解为何俄罗斯民众如此激烈地抗议政府延迟退休年龄的议案了。

再次,俄罗斯目前养老金数额比较低,2017年俄罗斯月平均退休金为13700卢布(折合约228美元),2018年提高后的月平均退休金为14100卢布(折合约235美元)。① 养老金的政府支付部分是每年固定不变的,每人缴纳的养老保险年限和数额不等影响到养老金的收入不同。

以与俄罗斯法定退休年龄相当的西班牙为例,西班牙法定退休年龄为65岁;而实际平均退休年龄男性为61.8岁,女性为62.4岁,西班牙的平均寿命是80.1岁,此外更主要的是2010年西班牙人平均月养老金比俄罗斯高出许多,西班牙人月平均养老金为906欧元。

此外,俄罗斯抗议延迟退休年龄的队伍里还有不少年轻人,他们也反对延迟退休,因为实行延迟退休就意味着工作岗位空额变少,受美国和欧盟经济制裁以及世界石油价格较低等因素的影响,俄罗斯经济增长乏力,这样一来,年轻人的工作机会相对来说自然就少了一些。

俄罗斯联邦国家杜马议员瓦列里·特拉佩茨尼克在接受俄罗斯媒体采访时说:"俄罗斯目前共有4200万人领取养老金,其中有1400万人退休后仍然还找份工作干。"②

---

① https://pensiagid.ru/poleznaya–informaciya/srednyaya–pensiya–v–rossii.html.
② http://news.163.com/16/0513/16/BMV90KN300014JB6.html.

对这一数据我们应该加以客观分析，俄罗斯人退休后一部分人仍然继续工作，客观上说，这是俄罗斯存在劳动力短缺的社会需求，更主要的就是退休金数额过低和生活压力过大等因素，退休后再去工作可以拿到两份薪酬——养老金＋工资，这是根本原因，当然也不排除，有少数人因身体健康，自愿继续工作发挥余热服务社会。退休后再去工作并不等同于他们愿意不退休继续工作，这是两个概念，收入也不同，倘若俄罗斯实行高额加薪延迟退休的话，想必抗议和反对的人数会有所减少，若是不采取"一刀切"，而是按照自愿原则的话，改革会显得更为人性化。

推进退休金制度改革实属不易，经历了反复博弈和妥协。2018年9月28日，杜马三读通过该法案并将过渡期延迟至2028年。事后普京总统也曾对媒体表示，他也不满意当时提出的退休金制度改革方案，但俄罗斯已经没有时间去寻找完美的解决方案了。尽管讨论议案时俄罗斯各地反响强烈，抗议声此起彼伏，不过，俄罗斯民族是执行力很强的民族，一旦法案通过并定下来了，还是会执行的，不理解的也会在执行中被要求理解其必要性和重要性。随着经济形势的好转和养老金数额的提高，民众也将逐渐接受这项不得已实行的措施。虽说普京的支持率因此有所下滑，不过总的趋势不会改变，俄罗斯政治稳定仍是牢固的，但老百姓心中的那份不满还是需要予以关注的，苏共多年忽略民众的需求和不满，失去民心的前车之鉴应该引以为戒。关注民生是国之根本大计，不可忽略。

俄罗斯外交

Russia's Diplomacy

Y.17 2018年俄罗斯外交

柳丰华*

摘　要： 2018年，普京总统开启第四个任期，由于俄罗斯面临的国际政治和周边安全形势并没有明显的改变，普京政府只能延续此前亲东方、反西方的外交政策。俄罗斯与西方延续对抗。与亚太国家合作加强，成果显著。主导的欧亚经济联盟一体化进程有所发展，但是与乌克兰的对抗升级。巩固在叙利亚的军事政治优势，发展与土耳其、伊朗等中东国家的合作。总的来说，2018年俄罗斯外交战术成果多，战略收获少。

关键词： 俄罗斯外交　"转向东方"　欧亚经济联盟　叙利亚问题

---

* 柳丰华，博士，中国社会科学院俄罗斯东欧中亚研究所俄罗斯外交研究室主任，研究员。

俄罗斯黄皮书

2018年，普京总统开启第四个任期，由于俄罗斯面临的国际政治和周边安全形势并没有明显的改变，普京政府只能延续此前亲东方、反西方的外交政策，以维护国家利益，拓展俄国际影响。

一 2018年俄罗斯外交形势

（一）俄罗斯与西方：延续对抗

2018年，俄美关系持续恶化。两国在俄罗斯干预美国总统选举、战略稳定、乌克兰局势等国际热点问题上的矛盾有增无减。在美国政治精英形成反俄共识，不断加大对俄制裁和遏制力度的形势下，普京总统虽然愿意与特朗普总统进行接触和交流，但是并不对俄美关系改善甚至在个别的战略性问题——战略稳定上达成共识抱有期望。

适逢俄罗斯总统选举年，一直在抨击克里姆林宫干预美国2016年总统选举，并且为此惩罚俄罗斯的美国不会袖手旁观。1月底，美国财政部公布"克里姆林宫名单"，其中包括与克里姆林宫关系密切的114个政要和96个"寡头"，这些"上榜"人士有可能成为美国追加制裁的对象。俄罗斯总统新闻秘书佩斯科夫随后表示，美国企图通过对这些俄罗斯精英施加压力，从而直接影响即将于3月18日举行的俄罗斯总统选举。① 美国对俄罗斯的制裁、孤立，对普京本人的抨击，都没能阻止普京再度当选俄罗斯总统。尽管如此，美国国内政治中的反俄倾向仍在加强：对俄经济制裁措施一再追加；国会对特朗普总统和国务院任何可能缓和美俄关系的举措都保持警惕；4月27日美国众议院情报委员会结束"通俄门"调查，并做出没有发现特朗普竞选团队在竞选期间与俄罗斯串谋的结论，但是特别检察官罗伯特·米勒、国会参议院情报和司法委员会等多个"通俄门"调查仍在持续。

---

① 《俄媒：美试图以"克宫名单"这种方式搅乱俄罗斯大选》，新华网，http://www.xinhuanet.com/world/2018-01/31/c_129802306.htm。

俄美对抗逐渐侵蚀两国在战略稳定领域的合作基础。2月2日，美国公布《核态势评估报告》。报告主要内容包括：强调俄罗斯和中国等潜在对手正在迅速提升自己的核力量，特别是俄试图确立对美国的优势，因此美国必须提升与俄抗衡的能力；建议替换老化的核武器，并向核武库增加两种新型导弹，一种是新型低当量海基弹道导弹，一种是新型海基巡航导弹；提出"低当量核打击"作战概念，即在敌国使用战术核武器的情况下，美国将动用类似武器做出回应。① 普京政府将美国《核态势评估报告》视为敌视俄罗斯、遏制俄核威慑力的信号。3月1日，普京总统发表2018年度国情咨文，在阐述近年来俄罗斯经济、社会发展成就及未来发展目标的同时，用很大篇幅展示了在美国退出《中导条约》之后俄罗斯研发的一系列最新战略武器——包括"萨尔马特"导弹系统、新型战略滑翔导弹系统、装有核动力装置的小型巡航导弹、无人潜航器、高超音速航空导弹系统、激光武器等，指出它们都能突破美国的反导系统。普京强调，俄罗斯不断增长的军事实力，"保持着并将继续保持世界战略平衡和均势"。普京表示，俄罗斯或其盟国无论受到何种当量的核打击，俄都将立即用核武器还击；同时也表示希望美国能坐到谈判桌前，与俄罗斯共商国际安全问题。②

3月4日，原俄罗斯间谍斯克里帕尔及其女儿在英国索尔兹伯里市"中毒"，英国宣称两人所中神经毒剂为"诺维乔克"，指认俄罗斯发动了这起生化武器袭击。斯克里帕尔中毒事件导致俄罗斯与英国外交冲突，美国随即声援盟友，并驱逐俄罗斯外交官。3月26日，美国政府宣布，作为对俄罗斯涉嫌在英国毒杀斯克里帕尔父女的回应措施，美国将驱逐60名涉嫌从事间谍活动的俄外交人员，并关闭俄驻西雅图领馆。29日，俄罗斯外交部宣布，俄方将驱逐60名美国驻俄外交官并关闭美国驻圣彼得堡总领馆，作为

---

① Nuclear Posture Review, February 2, 2018, https://www.defense.gov/News/Special-Reports/0218_npr; Adam Mount, Trump's Troubling Nuclear Plan, February 2, 2018, https://www.foreignaffairs.com/articles/2018-02-02/trumps-troubling-nuclear-plan.

② Послание Президента Федеральному Собранию, 1 марта 2018 года, http://www.kremlin.ru/events/president/news/56957.

对美国驱逐俄外交官的回应。

7月16日,俄美两国总统在赫尔辛基会晤,双方讨论了"通俄门"、核军控、俄美贸易投资合作、朝鲜半岛核危机、反恐、伊朗核协议、叙利亚局势等问题,但是没能达成任何协议,也没有发表联合声明。在俄美关系每况愈下的形势下,两国总统能够会晤,就相互关切的问题交流看法,有其积极的意义。但是俄美矛盾复杂难解,美国将于11月举行国会中期选举等因素,使得俄美对抗关系不可能通过一次峰会实现突破。8月6日,美国国务院认定俄罗斯政府违反国际法,对斯克里帕尔父女使用生化武器,宣布从8月22日起对俄实施新一轮制裁,其中包括禁止向俄出口一切涉及国家安全的敏感商品和技术。此举将俄美元首赫尔辛基会晤仅有的象征性意义一扫而空。

俄美在战略稳定领域合作的裂痕向《中导条约》延展。10月20日,特朗普总统宣布美国将退出《中导条约》,并指责俄罗斯长期违反该条约。次日,美国总统国家安全事务助理博尔顿访问俄罗斯,此行任务之一就是通报美国将要退约。同日俄罗斯外交部发表评论说,美国此举是为了追求单极世界,对俄和全世界都构成严重挑战,将导致新的军备竞赛;[1] 如美方一意孤行退出《中导条约》,俄方将以军事技术和其他必要手段予以回应。俄罗斯抨击美国违约:美国为发展反导系统而生产的一系列短程和中程弹道导弹靶弹,从飞行距离等战术性能指标来看均属于《中导条约》禁止的范围。美国意欲退出《中导条约》原因有三:一是认为俄罗斯违反条约,在这种情况下美国没有义务单方面守约;二是企图使《中导条约》多边化,尤其是将中国拉入条约签署方;三是想借机自我"松绑",为未来强化核力量扫除障碍。12月4日,美国国务卿蓬佩奥在布鲁塞尔表示,如果俄罗斯在60天后仍未恢复遵守《中导条约》,美方将暂停履行自己的条约义务。目前看来,尽管俄罗斯努力挽留,欧洲国家也主张保留,但是美国退出《中导条

---

[1] 《俄外交部:美国退出〈中导条约〉意在追求单极世界》,新华网,http://www.xinhuanet.com/world/2018-10/21/c_129976259.htm。

约》势在必行。毫无疑问，美国退出《中导条约》，将给全球战略稳定造成新的打击，使俄美两国更加难于再次签署核军控协议；欧洲和亚太地区可能出现军备竞赛，区内强国将积极研发中短程导弹，世界大国在这些地区的地缘政治竞争会加剧。

俄罗斯与美国在国际热点问题上矛盾依旧。美国从2018年开始向乌克兰提供"标枪"反坦克导弹等致命性武器，从而使美俄在顿巴斯冲突问题上更加对立。11月25日，俄罗斯与乌克兰在刻赤海峡发生冲突，随后特朗普总统宣布取消与普京总统在阿根廷二十国集团领导人峰会期间的会晤安排。上半年俄美两军在叙利亚一度接近发生武装冲突的边缘，虽然12月美国总统特朗普宣布将从叙利亚撤军，但是俄美在叙的竞争并未结束。俄美在伊朗核协议问题上立场相左，不断较劲。

俄欧关系总体上仍然是对抗性的，但是含有密切的经贸合作与务实的政治交流，后者是俄美关系所欠缺的。斯克里帕尔中毒事件发生后，英国立即于3月14日宣布驱逐23名俄罗斯驻英外交人员，以报复俄涉嫌在英暗杀其前特工。17日，俄罗斯政府宣布驱逐23名英国驻俄外交人员。26日，欧盟其他16个国家宣布驱逐俄罗斯外交官，驱逐人数1~4名不等，俄随后对这些国家驻俄外交官也做出对等的驱逐。互相驱逐外交官恶化了本来就冷淡的俄欧政治关系，普京的连选连任及其强硬对抗政策使俄欧更加疏离。北约在东欧前沿保持对俄罗斯军事政治遏制态势。尽管在欧盟内部有奥地利、意大利、匈牙利、希腊、斯洛伐克等国主张放松对俄制裁，但是欧盟一再延长制裁，7月5日，欧盟宣布将对俄罗斯的经济制裁延长至2019年1月31日。

因美国宣布退出伊朗核协议和对欧盟钢铝产品加征关税问题而出现的欧美裂痕促使欧俄寻求务实合作。5月，德国总理默克尔和法国总统马克龙先后访问俄罗斯，除了讨论双边关系，还重点交流了伊朗核协议及叙利亚局势问题，三国都主张维护该协议。俄德两国都致力于推进"北流-2号"天然气管道项目，为此都反对美国干涉该项目实施进程。8月，普京总统访问德国，与默克尔总理讨论乌克兰冲突、叙利亚内战、伊朗核协议及

"北流－2号"项目等议题,但是没有取得明显进展。俄罗斯与欧盟保持密切的贸易和能源合作,欧盟仍然是俄最大贸易伙伴之一。

(二)俄罗斯与亚太:加强合作

中俄全面战略协作伙伴关系获得持续、深入的发展。中俄政治交往密切,政治互信不断提升。6月,在开始新一届总统任期一个月之际,普京总统对中国进行国事访问。两国元首在会谈后发表中俄联合声明,双方重申,将继续把中俄关系作为各自外交政策的关键优先方向之一,共同使之提升到新的更高水平。① 习近平主席授予普京总统首枚中国国家"友谊勋章",不仅是对普京总统为发展中俄关系所做重大贡献的褒奖,而且是当前两国深厚友谊的最新证明。访问表明,优先发展对华战略协作伙伴关系的方针不仅为普京政府所确认,而且将贯穿普京六年任期。除了普京总统访华,习近平主席与普京还在上海合作组织、金砖国家、亚太经合组织、二十国集团等会议期间举行会谈。习近平主席9月出席在符拉迪沃斯托克举行的第四届东方经济论坛,这是中国国家元首首次出席东方经济论坛,反映了中国对俄罗斯远东地区开发的高度支持。11月,李克强总理与梅德韦杰夫总理在北京举行会晤,签署联合公报,双方签订了包括投资合作在内的多项文件。频密的双边高层交往,无论是对于引领中俄两国关系保持高水平发展,还是对于推动两国全方位合作,都具有重大的意义。

"一带一盟"对接合作取得进展。5月17日,中国与欧亚经济联盟签署经贸合作协定,协定规定双方基于世界贸易组织规则,致力于消除相互贸易中的非关税壁垒,在海关便利化、消除技术性贸易壁垒、卫生与植物卫生措施、电子商务等九个领域发展合作。该协定的签署,为中国与欧亚经济联盟发展经贸关系建立了制度性安排,表明"一带一盟"对接"路线图"设计工作取得了重要成果。

---

① 《中华人民共和国和俄罗斯联邦联合声明》,2018年6月8日,中国外交部网站,http://www.fmprc.gov.cn/web/zyxw/t1567243.shtml。

中俄经贸合作加强。两国贸易额保持稳定增长态势。根据中国海关总署统计，2018年中俄双边贸易额达到1070.6亿美元，首次超过1000亿美元，增幅达到27.1%，增速在中国前十大贸易伙伴中位列第一。中国对俄出口以机电产品为主，从俄进口主要是原油、煤等能源资源类产品。中俄大项目合作不断推进，莫斯科中国贸易中心、长城汽车厂等项目稳步落地，中俄联合研发远程宽体客机、重型直升机等项目进展顺利。两国政府大力支持和推动投资合作，中俄博览会、中俄投资合作论坛、首届中国国际进口博览会等平台进一步扩展了中俄投资合作渠道，中国保持了俄主要投资来源国地位，俄对华投资也有所发展。两国拓展在金融、航空航天、电子商务等领域的合作。

尽管2018年中俄双边贸易结构持续有所改善，特别是农产品贸易、跨境电商已发展成为拉动两国经贸合作的新引擎，但是优化贸易商品结构仍然是双方共同努力的长期方向。这个问题反映在中俄贸易额的涨跌取决于石油价格和数量的升降这一基本事实之中。正因为如此，中俄双边贸易额首次超过1000亿美元固然可喜，但也应当持续地着力于贸易商品结构优化，以增强两国贸易增长的后劲。同时，要继续发展中俄投资合作：在中俄贸易额已经占到俄罗斯对外贸易总额14.8%的情况下，发展密切的有效率的投资合作，是进一步加强两国经济关系的重要途径。

中俄能源合作有新进展。1月1日，中俄原油管道第二条支线漠河—大庆管道投入商业运营，中国每年经由中俄原油管道进口俄罗斯原油规模从1500万吨提高到3000万吨。中国企业参与的亚马尔液化天然气项目第三条生产线正式投产。2018年俄罗斯保持中国最大原油供应国地位。中俄东线天然气管道项目顺利推进，将在2019年实现通过该管道向中国供气的目标。

两国军事安全与军事技术合作日益密切。据俄罗斯媒体报道，2018年俄罗斯向中国交付最后10架苏-35战斗机，[1] 至此，中国向俄罗斯采购的

---

[1] Россия поставила все купленные Китаем истребители Су-35, 26 ноября 2018, https://www.interfax.ru/russia/639442.

24架苏-35战机已全部交付。2018年俄罗斯对华交付首批S-400防空导弹系统。①9月，中国军队参加俄罗斯"东方-2018"军事演习，中方参演兵力约3200人、各型装备车辆1000余台、各类飞机30架。这是中国军队历史上派兵出境参演规模最大的一次，演练课题由以往的联合反恐拓展为组织联合防御和反攻的传统安全课题。与历次"和平使命"演习相比，这次战略演习层级更高、规模更大、要素更全、联合性更强，标志着中俄双方政治互信和军事合作水平达到历史新高。

中俄人文合作使两国友好的社会基础更趋牢固。2018年是"中俄地方合作交流年"，两国在地方层面举行了数百场互访活动，签署了多份合作文件。据俄罗斯驻华使馆发布的信息，截至2018年12月，两国的省州、城市之间共建立363对友好伙伴关系。②中俄"长江—伏尔加河"地区、中国东北与俄罗斯远东地区，以及两国边境口岸地区的合作不断深化。两国在教育、科学、文化和旅游等方面的合作日益发展。在俄罗斯举办2018年世界杯期间，有近10万名中国球迷和游客赴俄罗斯访问，游客总数为外国之冠。③

中俄两国保持高水平的外交协作。中国与俄罗斯共同致力于世界多极化，维护全球战略平衡，都主张完善全球治理体系，都反对贸易保护主义、搞贸易战、搞制裁。两国共同推动上海合作组织的发展，在青岛峰会期间，习近平主席与包括普京总统在内的其他成员国元首共同发表"青岛宣言"和关于贸易便利化的联合声明，以推进成员国在安全和经贸等领域的合作。中俄共同主张保持欧洲、亚太地区战略稳定。中俄在朝鲜核、伊朗核、阿富汗、叙利亚等问题上开展协作。

---

① Китай провел успешные стрельбы купленной у России ЗРК С-400, 21 декабря 2018, https：//iz.ru/826191/2018-12-21/kitai-provel-uspeshnye-strelby-kuplennoi-u-rossii-zrk-s-400.
② 《俄罗斯驻华大使："2018年中俄关系在各领域取得长足进展"》，中国网，http：//cn.chinagate.cn/news/2018-12/13/content_74272097.htm。
③ 《俄罗斯驻华大使："2018年中俄关系在各领域取得长足进展"》，中国网，http：//cn.chinagate.cn/news/2018-12/13/content_74272097.htm。

除了俄日关系，俄罗斯与亚太地区主要伙伴的关系均有明显的发展。5月，普京总统与印度总理莫迪在索契举行非正式会晤，10月，普京访问印度，在访问过程中，双方签订了包括价值50亿美元的S-400防空导弹系统采购协议在内的近30项合作协议。11月，普京总统参加在新加坡举行的俄罗斯—东盟峰会，双方发表了将彼此对话关系提升至战略伙伴关系的联合声明。普京还出席东亚峰会。俄罗斯与东盟在政治对话、经贸、能源、军事技术、基础设施建设等领域的合作都有进展。尽管俄罗斯与印度、越南和东盟等传统伙伴的合作在推进，但是也面临后者实施旨在面向美国的外交多元化，如印度参与美国推动的"印太地区构想"、中美在亚太地区的博弈加剧等新的问题和形势。俄日关系延续了近年政治接触频繁，但是领土争端问题调解毫无进展的特点。11月，俄罗斯总统普京与日本首相安倍在东盟新加坡峰会期间达成以1956年的日苏共同宣言为基础推进和平条约谈判的共识，考虑到俄日各取所需，而在实质性的领土问题上的分歧难以弥合，预计和约谈判将困难重重。

（三）俄罗斯在独联体地区：忧喜交加

2018年，俄罗斯担任欧亚经济联盟轮值主席国，致力于推动该组织框架下的经济一体化，特别是落实此前达成的协议，减少那些阻碍统一经济空间形成的壁垒、例外和限制，发展生产和技术合作。2018年1月，欧亚经济联盟新版海关法典开始生效，大大简化了海关手续，缩短了通关时间。同时，该联盟继续建设统一的电力、天然气和石油产品及金融服务市场。5月，欧亚经济联盟最高欧亚经济委员会索契会议通过一系列决议，其中包括关于给予摩尔多瓦观察员国地位的决定、2018~2019年联盟成员国宏观经济政策主要目标等。12月，最高欧亚经济委员会圣彼得堡会议通过18份文件，其中包括进一步深化欧亚经济联盟框架下一体化进程宣言、关于联盟框架下一体化进程发展战略的指令、建立联盟统一天然气市场的决议、建立联盟统一的石油和石油产品市场的决议等。欧亚经济联盟已经建立起统一的医药品市场，而统一的服务市场扩大到另外九个领域，从而涵盖了欧亚经济联盟范围内55%的服务业。2018年欧亚经济联盟成员国间贸易额增长11%。①欧亚经济联盟与多个国家或国际组织建立深度不等的合作关系：同中国签署经贸合作协定，同伊朗签署建立自由贸易区临时协定，分别与东盟、南方共同市场签署合作备忘录。

俄罗斯与乌克兰对抗加深。克里米亚问题和时打时停的乌克兰东部地区冲突使俄乌两国持续对立，西方持续对俄制裁、美国向乌提供致命性武器等因素又使乌东冲突调解问题复杂化。4月，乌克兰宣布将退出独联体。9月，乌克兰做出不延长《乌克兰与俄罗斯友好、合作与伙伴关系条约》的决定。该条约签订于1997年，确定了乌俄两国在苏联解体后一系列重大遗产解决方案、相互关系的基本原则以及战略伙伴关系，一旦废弃，将对两国关系产生很多消极影响。这些行动表明，乌克兰已经决意加入西方的地缘政治经济轨道，并尽可能多地斩断与俄罗斯的传统联系。11月25日，俄罗斯与乌克兰在刻赤海峡发生冲突，俄方扣留乌方三艘船只及船上人员。同日，乌克兰议会批准波罗申科总统提交的关于在乌部分地区实行为期30天"战争状态"的命令。根据该文件，乌克兰10个州从11月26日开始进入为期30天的"战争状态"，以防范俄罗斯及其支持的乌东民间武装可能发起的进攻。刻赤海峡事件发生后，乌克兰积极争取国际舆论支持，美欧明确表示挺乌反俄立场。预计这一事件将有利于执政的亲西反俄派赢得2019年3月的乌克兰总统选举和10月的乌议会选举，使乌继续推行反俄政策，乌俄关系难以改善。

（四）俄罗斯在中东：成果突出

俄罗斯进一步巩固了其在叙利亚的优势地位。俄罗斯通过军事干预帮助巴沙尔政府军反败为胜，击溃"伊斯兰国"，加强了俄在叙利亚的军事存在和政治影响。俄罗斯开启由其主导的旨在促进叙利亚冲突各方和解的阿斯塔纳进程，与土耳其和伊朗共同推动叙政府和反对派的对话，为政治解决叙危

---

① 数据引自 Станислав Нам，ЕАЭС：итоги 2018 года，30.12.2018，http：//alau.kz/eajes-itogi-2018-goda/。

机创造条件。4月,叙利亚再度发生"化武袭击",美、英、法三国对叙利亚政府军发动导弹打击,俄与西方矛盾激化,与美国接近冲突边缘。同时,俄罗斯与西方在联合国的外交折冲升级,俄罗斯数次在联合国安理会否决美国发起的对叙利亚使用化武进行调查的提案,美国则以俄支持叙为由对俄实施新一轮制裁,制裁措施直指那些提供"与化学武器相关设备"的俄企业。10月,俄罗斯国防部部长绍伊古指出,在俄军三年来的支持下,叙利亚境内共有超过8.75万名反对派武装分子被消灭,约12.2万个恐怖分子的设施被摧毁,极端组织"伊斯兰国"在叙利亚境内的武装被彻底消灭;叙超过95%的领土和包括其主要城市在内的1411个居民点被解放,共有超过90%的民众生活在叙政府军控制区内。① 12月19日,美国总统特朗普宣布从叙利亚撤军的决定。虽然特朗普渲染美军在叙利亚赢得反恐战争的胜利,但是撤出美军之举仍然在相当程度上承认了俄罗斯在叙取得战略优势的事实。

俄罗斯加强与土耳其的合作。两国在叙利亚问题"俄土伊(朗)三角"架构下进行了较好的合作,取得了诸如建立叙"冲突降级区"、推动阿斯塔纳进程等成果。8月以来,叙利亚政府军向反对派武装及恐怖分子的最后大本营伊德利卜省集结,俄罗斯与土耳其围绕伊德利卜问题进行外交协调。9月17日,俄罗斯总统普京与土耳其总统埃尔多安在索契会晤后宣布,两国决定在叙利亚伊德利卜省设立非军事区:在10月15日之前,沿政府军与反对派武装的接触线,设立纵深15~20公里的非军事区,该区域将由土耳其军队的机动巡逻队和俄罗斯的军事警察控制。除了在叙利亚问题上的合作,俄土在经贸、能源和军事技术等领域的合作也不断发展。俄罗斯与土耳其于2017年签订S-400防空导弹系统采购协议,根据协议,俄罗斯将向土耳其出售4套S-400防空导弹系统。俄方将从2019年起向土耳其交付S-400防空导弹系统。"土流"天然气管道项目建设顺利。

俄罗斯深化与伊朗的战略合作。俄伊两国在叙利亚进行了密切的军事政

---

① 《俄国防部部长:叙境内"伊斯兰国"被彻底消灭》,新华网,http://www.xinhuanet.com/world/2018-10/21/c_1123588862.htm。

治合作，在经贸、核能和军事技术等领域的双边合作取得显著成果，伊朗成为继越南之后的第二个与欧亚经济联盟建立自由贸易区的"远方国家"。美国总统特朗普宣布美国退出伊朗核协议之后，俄罗斯明确地支持伊朗，并与法、德、英、中四国积极商讨维护伊朗核协议的方案。

二 对 2018 年俄罗斯外交的评论

第一，战术成果多，战略收获少。这是笔者对 2017 年俄罗斯外交的评价，同样适用于 2018 年。从外交成果方面看，2018 年俄罗斯在中东，主要是在叙利亚军事政治活动的影响最大，其次是与亚洲国家的合作得到加强，再次是欧亚经济联盟有所发展。俄罗斯主办世界杯足球赛，拉近了与一些国家的政治经济关系，展示了民间外交的积极作用，是俄年度外交的亮点。与美国对抗烈度不断升级，与欧盟关系依然冷淡，或者说，没能改善与美欧关系；乌克兰东部冲突问题调解没有进展，刻赤海峡冲突又使俄乌对抗烈度上升，独联体国家对俄离心力增长，这些问题是 2018 年俄罗斯外交的不足之处。

第二，2018 年俄罗斯外交政策基本上预示了普京总统第四任期的外交方针。普京连选连任以后，清楚地认识到应以促进俄罗斯经济长期增长、实现国家现代化为首要任务，因此，当前俄外交最重要的任务是创造有利的外部环境。但是俄罗斯与西方的矛盾依然难以调和，俄美对抗愈演愈烈，甚至重启军备竞赛，这些因素都表明，普京总统第四任期只能延续此前反西方的政策。同样，由于俄罗斯与亚太国家（日本除外）之间没有严重的矛盾，合作良好，俄罗斯将延续其"转向东方"的政策。俄罗斯还将不遗余力地维护其在独联体地区的主导地位，特别是推进欧亚经济联盟一体化。

Y.18
2018年俄罗斯亚太外交总结与展望[*]

李勇慧[**]

摘　要： 2018年俄向东看政策积极推进，亚太外交平稳发展，成为俄对外政策的亮点。对内，进一步明确了远东地区面向亚太地区的外向型经济发展模式；对外，积极推进以构建大欧亚伙伴关系为核心的向东看政策，与亚太国家关系进一步充实，体现了开放性和多元化。日本首相以签订和约为目的积极推动俄日关系，俄与朝鲜半岛国家关系逐渐均衡与发展，与印度进一步巩固关系，俄与东盟关系从对话伙伴提升到战略伙伴，俄加紧提升在亚太地区的影响力。

关键词： 俄罗斯向东看政策　俄日关系　俄罗斯朝鲜半岛政策　俄印关系　俄罗斯与东盟关系

2018年，俄罗斯与美国关系呈现对抗的态势，西方对俄显著增强的经济制裁进一步对俄经济发展产生负面影响，美国官方文件中正式出现了印太战略，北约与俄在俄西部边境紧张对峙，美国退出《中导条约》，现行全球战略稳定和平衡的安全体系面临崩溃。

俄罗斯与外部世界形成的关系反映了两个实质。第一，俄罗斯视战略安全高于一切。苏联虽然解体，但是独联体地区范围是俄战略红线，乌克兰如

---

[*] 由于中俄关系有单独文章进行总结，此篇就不再对中俄关系进行赘述。
[**] 李勇慧，博士，中国社会科学院俄罗斯东欧中亚研究所俄罗斯外交研究室副主任、研究员。

果投入西方怀抱,将使俄西部边界直接暴露在北约的炮舰下,因此俄罗斯为了安全利益不惜牺牲经济利益。第二,西方经济制裁已经对俄罗斯产生了很大的影响。制裁的本质不是马上要置俄罗斯于死地,而是通过对技术、投资的阻隔将俄拖垮。这就意味着俄罗斯与美国的关系在可预见的未来都将处在对抗之中,尤其是美国最终退出《中导条约》后,欧亚地区烧钱的军备竞赛不可避免地要发生。这也意味着俄将受到经济落后的巨大威胁。由此决定了俄罗斯外交政策中两个重要的目标:一是整合国家的政治实力、战略谋划能力和军事外交资源,巩固已取得的地缘政治利益,维护国家安全,保持在国际舞台上的地位;二是妥善应对威胁和挑战,在东方重新寻找技术和市场,为国内发展创造一个增长点。俄罗斯亚太外交也正是以上述任务为出发点的。

2018年俄积极推进向东看政策,亚太外交平稳发展,成为俄对外政策的亮点。对内,进一步明确了远东地区面向亚太地区的外向型经济发展模式;对外,积极推进以构建大欧亚伙伴关系为核心的向东看政策,与亚太国家关系显著发展,体现了开放性和多元化。除了与中国巩固和深入发展战略协作伙伴关系外,俄罗斯还与日本、朝鲜半岛国家、印度、东盟巩固扩大关系,尽可能做到与亚太国家关系均衡与充实,强化俄在亚洲的政治经济影响力,加紧构建大欧亚伙伴关系战略构想。

一 以超前经济发展区和符拉迪沃斯托克自由港区[①]建设进一步促进俄远东地区经济融入亚太经济一体化

2014年底以来,俄罗斯相继出台相关联邦法律,积极推进远东超前发展区和符拉迪沃斯托克自由港区建设开发。"一区一港"政策是通过完善基础设施、提供税收优惠、简化行政程序等措施,改善远东地区营商环境,提升其投资吸引力,扩大地区就业,从而带动整个地区和国家经济的

---

① 以下简称"一区一港"。

崛起。"一区一港"是俄罗斯进行经济结构深层改革的有机组成部分，也是俄罗斯面向亚洲的一次开放改革。俄学者指出："西伯利亚和远东在未来的作用是基于自然资源、高质量人力资本和建立邻近亚洲市场的创新资源经济区。只有在保障先进工业、科技政策、对外部世界的开放，以及给予其社会人口和空间发展最大的灵活性，远东西伯利亚才能够得到明显的发展和进步。"①

截至 2018 年 10 月，俄政府已正式批准在远东设立 18 个跨越式发展区，分别位于滨海边疆区（4 个）、哈巴罗夫斯克边疆区（3 个）、阿穆尔州（3 个）、犹太自治州（1 个）、萨哈林州（3 个）、萨哈（雅库特）共和国（2 个）、堪察加边疆区（1 个）、楚科奇自治区（1 个）。符拉迪沃斯托克自由港区已有 5 个区域、22 个市政机构，分别分布在楚科奇自治区、堪察加边疆区、哈巴罗夫斯克边疆区、滨海边疆区和萨哈林州。

符拉迪沃斯托克自由港区已经入驻的企业有 76 家，正在落实注册的企业为 963 家，拟投资额为 5560 亿卢布，创造 56101 个工作岗位（数据截至 2018 年 10 月 29 日）。

到 2018 年，"一区一港"已实施近四年，政府强化行政管理便利化，健全法律法规，但一是企业入驻率仍然较低，平均仅为 10%。超前发展区的入驻比例是 57∶315，只有 18.1% 的入驻率。自由港区的比例是 76∶963，入驻率是 7.9%。二是外资企业占比低，平均仅为 6%。超前发展区的比例是32∶315，只占 10.1%，自由港区的比例是 44∶963，只占 4.6%（见表 1）。

2018 年 12 月 13 日普京发布命令，远东区的首府从哈巴罗夫斯克迁移到符拉迪沃斯托克，进一步表明俄罗斯将远东地区作为通向亚太地区窗口的决心。"远东地区取得足够的发展才能说明俄罗斯是亚洲国家，如果远东地区不发展，俄罗斯就无法融入亚洲经济发展进程中。"②

---

① И. Макаров，Куда идет Дальний Восток? Россия в глобальной политике，№5，2018 г.
② И. Макаров，Куда идет Дальний Восток? Россия в глобальной политике，№5，2018 г.

表1　超前发展区外资企业入驻情况*

单位：百万卢布，个

国家	数量	投资额	外资额	工作岗位
外资企业注册	32	217226	190210	6491
中国	12	180810	172676	3819
日本	7	10406	7429	1022
新加坡	1	1878	939	53
澳大利亚	3	3000	3000	515
韩国	4	1542	1247	250
其他国家	5	19590	4919	832

数据来源于2018年10月作者赴远东调研与俄远东发展部投资局相关人员座谈。

二 日本首相以签订和约为目的积极推动俄日关系

近几年俄日接近非常引人瞩目。安倍自2012年再次担任首相后积极推动对俄外交，提出要用"新思维"来改善与俄罗斯的关系。2018年安倍迫切希望先与俄签订和平条约，再谈领土问题。俄罗斯总统普京2018年成功连任后继续奉行积极的向东看政策，日本是俄向东看政策中的重要国家，其技术和投资对于俄远东地区开发和俄融入亚太经济一体化有重大的意义。从2012年到2019年1月22日，安倍与普京共举行了25次会晤，这创造了俄日关系史上最高领导人连续七年会晤的纪录。由于到2019年11月安倍将是日本历史上执政时间最长的首相，所以，安倍的政治抱负很远大，要通过与俄罗斯解决领土问题、签订和平条约来实现日本战后成为"正常国家"的战略目标。2019年1月，安倍给父亲安倍晋太郎扫墓，他的父亲曾致力解决苏日关系及签订苏日和平条约问题，在父亲的墓碑前安倍发誓要完成父亲的事业，在他任期内将领土问题画上句号。① 在安倍积极的推动下俄日关系出现了缓和的迹象。

---

① 《安倍给父亲扫墓　誓言签署日俄和平条约》，http://sputniknews.cn/politics/201901071027291322/。

（一）2018年俄日关系的主要表现

1. 元首外交作用突出，推动高层政治安全对话

2018年俄日两国元首进行了四次会晤，加强了相互了解，增进了信任。5月24~25日，安倍对俄罗斯进行了正式访问，并出席了圣彼得堡经济论坛之俄日商务对话辩论。正式访问期间签署了一揽子双边文件，同时普京和安倍还共同出席了俄日国家年的开幕式。9月10日，安倍率领庞大的经济代表团再次出席了俄在远东符拉迪沃斯托克举办的东方经济论坛，双方讨论了双边经济、人文和军事合作问题，签署了许多合作协议，普京与安倍还一起参观了日本马自达汽车公司在远东的汽车发动机生产线。11月，两国元首又在新加坡共同出席东亚峰会的时候举行了会晤，双方共同决定开启新的和平条约谈判机制，将努力推动和平条约的谈判，在1956年苏日联合宣言的基础上签署和约。11月，在阿根廷G20峰会上普京与安倍再次会晤，进一步明确了签订和约的决心。2019年1月22日，日本首相安倍与普京在莫斯科再次举行了工作会晤，两国领导人重申，将加强两国经济合作，扩大合作发展的潜力。

在两国领导人的推动下，俄日在外交和安全领域的对话也得到了加强，2018年7月举行了2+2的外交+安全对话，除此2+2机制外，两国安全委员会与国防部门定期接触，交流信息。两国外交部领导人也定期会晤，3月，俄外长拉夫罗夫对日本进行了工作访问，推动以外交部人员为主要成员的领土问题定期谈判。

两国议会间的交流不断加强，推动党派间交往与经济合作。2018年4月，日本议会代表团在自民党总干事二阶俊博率领下访问了莫斯科和圣彼得堡。负责日俄经济合作的日本经济产业大臣世耕弘成6月22~25日访问了俄雅库特共和国，出席俄日议会间和地区间合作磋商委员会第三次会议。7月，俄罗斯联邦委员会国际事务委员会主席科萨切夫率领议员代表团访问了日本。7月，日本议会顾问团主席率团访问了俄罗斯，俄联邦委员会主席马特维延科和国家杜马主席沃洛金会见了代表团。2018年，日本众议院议长

在俄罗斯联邦委员会进行演讲,在俄日关系历史上这是日本议长第一次在俄议会演讲。

2. 俄迎合安倍希望先签订和平条约再解决领土问题的想法

(1) 安倍在领土问题上表现出妥协姿态,由此普京表态准备克服困难签署和平条约。11月14日普京与安倍在新加坡举行会晤时,双方商定在1956年苏日共同宣言基础上加快和平条约谈判进程。由于日本一贯坚持四岛主权先确定再签署和约,因此,外界认为安倍打算承认以1956年宣言为基础,即不再追究四岛的主权归属问题,要首先签订和约,再讨论在什么条件下拿回齿舞和色丹两岛。2019年1月22日,安倍再次前往莫斯科与普京讨论了和平条约问题。会谈后安倍表示要努力推动和约尽快签署,普京预计到签署和约的难度,他表示,有关这一问题的谈判是一项"艰苦的工作"[1]。2019年2月7日是日本的"北方领土日"。当日安倍在出席归还"北方领土"全国大会上首次未使用俄罗斯"非法侵占"岛屿的说法,同时他表示,日本将继续就签订和平条约问题与俄罗斯进行谈判,以寻求双方都能接受的解决方案。他指出,将通过签署和平条约进一步加强两国人民的信任和友谊。日本媒体认为,安倍放弃日本一贯的说法是为了营造相对缓和的气氛,与两国关系改善以及和平条约谈判密集进行有关。安倍已经改变了过去坚持四岛主权的立场,并且寻求双方都能解决的方案。可以认为,安倍发出了准备做出重大妥协的信号,以期在其执政期间签署和约。从俄立场看,俄能够接受的方案是:承认四岛主权归属俄罗斯,只是在签订和平条约后出于善意,俄再考虑将两个小岛齿舞和色丹转交给日本。双方究竟将如何弥合彼此立场上的一些差异以签署和约,我们将拭目以待。

(2) 俄日开启和平条约谈判。2018年11月,俄日双方首次组成了以外交部副部长为团长的和约谈判队伍。2019年1月14~15日,日本外相河野访俄,两国外长正式开启和平条约谈判,河野外相与俄外长拉夫罗夫举行第

---

[1] 《佩斯科夫解读是什么影响俄日签署和平条约》,http://sputniknews.cn/russia/201901281027496270/。

一轮会谈，从发布的新闻来看，双方在领土问题上存在显著分歧，"但两国领导人令俄日关系实现全面正常化的政治意志激励两国开展对话"①。2月15日，两位部长还将在慕尼黑举行第二轮会谈。为配合和约谈判，俄罗斯派出外交官和学者两个代表团赴日进行沟通，试图通过官方和民间的二轨渠道，探讨在未解决领土问题条件下签署和平条约的可能性。

（3）日本国内舆论发生变化。2019年1月28日《日本经济新闻》报道称，大多数日本人认为在解决四岛问题之前有可能与俄罗斯签订和平条约。42%的受访者支持在解决领土争端前与俄罗斯签订和平条约，还有46%的人持相反观点。10%的受访者认为，日本根本不应向俄罗斯要求任何岛屿，比2018年11月民调的数据多出3个百分点（2018年11月的民调结果为7%）。②

（4）俄日经济合作取得一定进展。安倍首相连续四年参加俄东方经济论坛，以推动两国经济合作，未来仍然有很大的潜力。安倍提出的八项经济合作建议，正好与普京总统提出的"五月命令"中的任务相吻合，比如首先在俄远东地区实现技术和投资突破，改善人民生活质量，发展基础设施。③ 双方将在八个方向上进行合作，主要包括能源、工业、卫生、农业、城市环境、中小型企业协作、高科技、人文交流。具体来说，新的药品生产正在启动，医疗中心建设正在启动，正在实施提高生产力和数字经济的智慧城市计划，以期改善城市生活质量。④

日本是俄罗斯第十大贸易伙伴，2018年1～9月俄日经贸额达到159亿美元，比2017年同期增长了18.61%（见表2）。2019年1月22日普京与安倍会

---

① 《俄外长：俄日在和平条约问题上还存有显著分歧》，http://sputniknews.cn/politics/201901141027354501/。
② 《民调：约42%的日本人支持在解决岛屿争端前与俄签订和平条约》，http://sputniknews.cn/politics/201901281027493373/。
③ Россия и Япония: на пороге инвестиционного прорыва, http://www.ng.ru/kartblansh/2018-09-06/3_7305_blansh.html?print=Y.
④ Товарооборот между Россией и Японией превысит аналогичный показатель сотрудничества с США, http://economy.gov.ru/minec/about/structure/depasiapacific/201812096.

晤时指出，俄日双边贸易额能够增长50%，达到300亿美元。他说，2018年，两国双边贸易额出现持续增长，总额达到近200亿美元，全年增加18%。①

表2 俄日经贸结构

单位：亿美元

	2017年	2018年1~9月
贸易额	182	159
出口	105	95
进口	77	64

资料来源：今日俄罗斯通讯社。

（5）投资合作稳步推进。从安倍首相提出与俄罗斯在八个方向上进行经济合作后，日本对俄远东地区的投资已经达到140亿美元。2018年俄日启动了价值2亿美元的项目，至2018年10月底，日本在俄罗斯超前经济发展区和自由港区入驻企业有10家，包括高科技、医疗保健、天然气化学、生物燃料、基础设施和公用事业领域。3月，日本国际合作银行（JBIC）与远东吸引投资和支持出口署，以及远东和贝加尔湖地区发展基金共同创建了一个支持日本在远东投资的10亿美元投资基金平台。该平台旨在促进日本公司对远东超前经济发展区和自由港区的投资，并与俄罗斯当局互动为参与生产、物流基础设施、服务等各种项目的日本公司提供咨询和其他服务。②

（6）能源合作进一步扩展。日本是世界上最大的液化天然气进口国，在塑造市场和发展价格机制方面拥有丰富的经验，俄罗斯拥有丰富的自然资源，与日本经济互补性很强。双方不仅在传统的油气田开发领域，而且在节能和可再生能源（RES）领域，包括风力发电，以及福岛第一核电站的退役

---

① Владимир Путин и премьер - министр Японии Синдзо Абэ сделали заявления для прессы по итогам переговоров, https：//www. putin - today. ru/archives/75684.
② Тоёхиса Кодзуки: "Взаимодействие между Японией и Россией в экономической сфере развивается беспрецедентными темпами", https：//www. eastrussia. ru/material/toyekhisa - kodzuki - vzaimodeystvie - mezhdu - yaponiey - i - rossiey - v - ekonomicheskoy - sfere - razvivaetsya - bespr/.

等领域的合作正在稳步发展。同时，俄日重视在北方航线上的合作和北极电能开发与合作。2018年日本政府对俄罗斯北极项目拨款进行技术研发，第二条亚马尔液化气技术生产线投产。2018年2月，NEDO日本新能源和工业技术发展组织与俄远东萨哈共和国签署了建造风力柴油综合系统的试点项目，目前已经开工。日本提出与俄罗斯合作主要是为了让俄国人民感受到利用日本的科技，可以使其生活质量得到提升。

（7）在有争议领土上的经济合作也取得进展。日本积极推动五个项目在岛上落地实施，主要包括海产品养殖、建设蔬菜大棚、开放旅游线路、开发风能以及垃圾量减少措施。日本从2017年开始先后派出三组代表团访问四岛考察经济合作的项目及可行性。2017年6月27日至7月1日，第一组代表团了解渔业、旅游、医疗和生态用地及相关的基础设施情况。2017年10月末，第二组代表团考察具体落实五个项目的可行性。50多位专家和商人与当地人一起考察了各种项目设施情况。第三组商务代表团于2018年8月考察了四岛的项目落实情况。当前在有争议领土上进行经济合作还受到日本法律的约束，因此，需要研究两国的法律，在不违反法律基础上进行合作。如果签订和平条约，将会消除法律障碍，可为两国在四岛上的合作打开大门。

（8）俄日人文交流进一步加深。2018～2019年俄日互设国家年，在俄日关系史上这是第一次举办这样的国家年活动。在国家年框架下将举办400多场文化活动，艺术、科学、体育、教育和青年交流等丰富多彩的活动会推动两国人民相互了解。为了鼓励双方人员的交流，日本对俄商务人士发放五年内多次往返签证，2017年俄赴日人数比2016年增加了40.8%，2018年比2017年增加了25%,[1] 过去只有客船到达南千岛群岛，从2017年起开通了一条包机航线飞往南千岛群岛，乘客有曾经住岛的居民，有生态环境方面的学者、博物馆工作人员、医务工作者等。

---

[1] Тоёхиса Кодзуки：" Взаимодействие между Японией и Россией в экономической сфере развивается беспрецедентными темпами ", https: //www.eastrussia.ru/material/toyekhisa - kodzuki - vaizmodeystvie - mezhdu - yaponiey - i - rossiey - v - ekonomicheskoy - sfere - razvivaetsya - bespr/.

（二）展望

俄日关系充满了复杂性和矛盾。日本一方面希望用"新思维"扩大经济合作，另一方面又受到领土问题的钳制。安倍缓和与俄罗斯关系有遏制中国的考虑，除了经济合作，还要与俄罗斯谈安全问题。同时还要形成对中国的更大包围圈，提出实施印太战略的构想。此外，在解决俄日领土问题上，除了历史因素外，主要障碍还有美国因素，日美安全合作对俄罗斯构成极大的威胁。俄罗斯发展俄日关系也是为了弥补俄罗斯同欧洲关系恶化带来的损失，同时也是防止产生对中国单向的经济依赖。① 值得关注的是，俄日在未来两年有可能先签订和平条约，在有争议的岛屿上展开经济合作，然后再考虑移交齿舞和色丹两个小岛，最终彻底解决领土问题。

三　得到进一步巩固的俄印关系

2018年俄印关系稳定发展，两国在二十年前建立的全面特惠战略伙伴关系不仅表现出互视优先、重视地缘政治的特点，而且还体现了相互信任的特点。战略项目的合作一直很稳定，包括能源、国防、宇宙空间和核能，此外，还在推动本币结算、俄远东地区发展、南北交通走廊等方面不断推进合作。印度在俄罗斯的大欧亚伙伴关系中占据重要位置。

（一）俄印关系的主要表现

1. 政治关系进一步巩固

2018年5月印度总理莫迪对俄罗斯进行了工作访问，特别就美国制裁下如何与俄罗斯进行武器交易进行探讨。这说明两国的双边合作伙伴关系处于非常高的战略水平，为俄印两国关系注入了新的动力，加深了相互信任。普京表示很欣赏莫迪表现出来的外交独立性。10月，普京对印度进行了正

---

① O. Парамонов, Россия и Япония: новая повестка дня, Международная жизнь, 2018.10.

式国事访问,俄罗斯总统和印度总理在会谈后发表了《俄罗斯—印度:在不断变化的世界中的可靠合作伙伴》联合宣言,进一步表达了深化两国关系的意愿。会晤后签署了约20份文件。其中最受关注的是俄向印度供应5套S-400防空导弹系统的协议,该合同总值近60亿美元。

俄印议会和军事部门之间的联系也得到加强,助力于两国政治互信。2018年12月,印度议会相关领导出席了在莫斯科举行的议会会议,同时庆祝俄联邦委员会成立二十五周年。同月,俄国家杜马主席沃洛金访问印度。2018年11月18~28日,在印度北方邦举行了"因陀罗2018"演习,来自俄罗斯联邦和印度武装力量的500名军事人员参加了该国际演习。12月中旬,俄国防部部长绍伊古访问印度,出席了两国政府间军事技术合作委员会会议,双方讨论了联合军演、共同组装生产卡拉什尼科夫自动步枪,以及歼击机米格-29的现代化改装等问题。12月,俄国家安全会议秘书帕特鲁舍夫访问了印度,就反恐问题、阿富汗局势等地区问题与印度进行了深入探讨。

2. 经贸关系不断提升

俄罗斯与印度的贸易额2017年同比增长21%,达到94亿美元,2018年1~7月同比增长20%(60.4亿美元)。印度是俄罗斯提出的大欧亚伙伴关系中重要的伙伴,起到连接欧亚大陆的支点作用。欧亚经济联盟在俄的大欧亚伙伴关系中是最重要的组成部分,该联盟与印度在2018年秋季就建立自由贸易区举行谈判。俄对与印度的能源合作寄予希望。印度是萨哈林2号、远东煤炭的主要投资者,2018年3月俄第一批液化天然气供应到印度。印度对俄罗斯的北极开发、北方海上航线等大项目很感兴趣。在俄罗斯开发远东的优惠政策框架下,目前俄印间21个优先投资项目已经启动,包括石化、基础设施和药品等项目。俄罗斯希望到2025年,俄罗斯与印度的贸易额可达到300亿美元,投资额达500亿美元。

俄印正在筹划中的南北交通走廊是两国具有战略意义的合作项目。南北走廊是跨越阿塞拜疆、伊朗,连接东南亚和北欧的一条交通线,经过水路和铁路,长度为7200公里,计划初期每年运货量为500万吨,以后增长到1000万吨或者更多。这条线路最主要的优点是能够节省一半的运输时间。

俄罗斯黄皮书

3. 俄印人文合作具有传承性，有较好的基础

2018年是俄印旅游年，近几年俄罗斯赴印度旅游的人数不断上升，2016年为近23万人次，2017年为38万人次，2018年赴印旅游的俄罗斯人增加了30%，达到46万人次。① 2018年9~12月，在印度举办了俄罗斯文化节，进行了各种艺术交流，包括舞蹈、电影等。印度重视两国年轻人的交流，邀请俄罗斯杰出青年访印，希望他们贡献聪明才智，在科技方面加强与印度的交流与合作。所有这些人文合作都将夯实两国政治经济等领域的基础，是两国关系稳定的基石。

（二）中俄印三角关系得到提升

2018年中俄印三角关系从三国外长级会谈演变成国家领导人会晤，三角关系得到了明显的提升。在11月的G20峰会上，三国领导人举行了非正式会晤，传递出重要的政治和经济合作意愿。俄罗斯总统普京在与中印领导人会晤时提出建立俄罗斯—中国—印度定期会晤机制，包括在大型峰会及其他国际活动期间。他认为，中俄印是俄罗斯大欧亚伙伴关系中最重要的三个国家，在其他层面继续三边协调也是重要的，必要时还可创建相互协调补充机制。莫迪指出了印俄中三国应在四大方向进行工作：地区和全球稳定、经济繁荣、相互利益领域的经验交流，以及对新出现的挑战进行回应方面的合作。习近平主席认为，中俄印应倡导新型国际关系，不断巩固政治互信，结伴而不结盟。当前形势下，中俄印三国的共同发展和密切合作，已成为世界格局演变中越来越重要的稳定性和确定性力量。

三国领导人的讲话指明了中俄印三角关系的战略内涵。

其一，中俄印是世界格局中重要的一极力量。中国、俄罗斯、印度都是有重要影响力的大国，互为重要战略合作伙伴。三国拥有广泛的共同利益和相似的发展目标，对地区和世界未来负有重要责任，致力于巩固多边世界秩序的基础。应加强在二十国集团、金砖国家、上海合作组织等重要多边机制

---

① На 30% увеличился перекрёстный турпоток России и Индии в 2018 году, https://tvbrics.com/news/na-30-uvelichilsya-perekryestnyy-turpotok-/.

中的协调配合。

其二，中俄印均强调维护现有国际经济秩序。推动贸易投资自由化、便利化，促进开放型世界经济，旗帜鲜明地反对保护主义、单边主义，共同捍卫多边贸易体制，维护新兴经济体和发展中国家利益。

其三，中俄印是地区稳定、安全架构的重要力量。积极倡导共同、综合、合作、可持续的安全观，加强国际和地区反恐合作，推动热点问题的政治解决进程，并在亚太地区建立起一个平等而不可分割的安全架构。

（三）展望

俄印是传统友好国家，又是全天候的特惠战略伙伴，在俄罗斯的地缘政治中，俄在南亚地区因为有印度，印度又加入上合组织，所以相较俄罗斯欧洲部分可形成欧亚大陆相对的地缘政治平衡。但是，美国提出印太战略大有迫使印度选边站的态势，印度不得不继续坚持平衡的对外政策。美国不希望中俄印形成三角关系，因此对印度还是以拉拢为主，这样也使印度得以在俄美之间搞平衡。美国制裁对俄印军事合作带来阻碍作用，印度支付系统受控于美国，因此如何绕过美国制裁而实现俄印军事合作，也是考验未来俄印关系的主要内容。

四 俄罗斯与东盟关系从对话伙伴提升到战略伙伴

2018年俄罗斯与东盟关系显著推进，从最初的对话伙伴到当前的战略伙伴关系，政治、经济、安全合作进入一个新阶段，俄在东盟国家的影响力得到提升。普京表示，双方关系的提升，表明了双方忠于国际法的原则和标准，以及开放和自由贸易的精神。

（一）俄与东盟关系主要表现

1. 俄罗斯重视与东盟发展关系

2018年11月14日，普京总统第一次正式访问东盟的成员国新加坡，并参加俄罗斯与新加坡庆祝建立外交关系50周年的活动。普京在新加坡第一次出席俄罗斯与东盟第三届峰会,并出席东亚峰会,这也是俄罗斯最高领导人首次出席东亚峰会,以往都是俄总理出席该会议。普京总统的出席表明了俄罗斯对东盟、对俄融入亚洲经济的看重。在俄罗斯与东盟第三届峰会上双方签署了俄罗斯与东盟关于战略伙伴关系的共同声明,双方决定共同将对话伙伴关系提升为战略伙伴关系,共同推动更紧密的双边合作,共赢,平等,保障亚太地区和平、稳定、发展、繁荣以及社会进步。① 双方表示要进一步深化地区一体化,推动东盟2025年宣言,鼓励东盟和上合组织的合作,建立和健全推动东盟与俄罗斯发展的各项机制,保障与东盟在信息交流技术安全、加强打击恐怖主义和海上安全等领域的合作。

2. 俄罗斯与东盟经济合作进一步扩大

双方在贸易、投资、能源、电商、工业、采矿、交通、粮食保障、农林业、信息技术安全、旅游、金融、科学、技术和创新等领域开展合作。双方在发展贸易投资磋商机制下制定了贸易投资合作路线图。2017年俄罗斯与东盟的贸易额增长35%,2018年上半年双方贸易额同比增长8%,全年贸易额为98亿美元。东盟中与俄罗斯最大的贸易伙伴是越南。东盟与俄罗斯累计投资超过250亿美元,有60个工业和高科技共同项目正在实施中。

普京在访问新加坡时呼吁利用好圣彼得堡经济论坛和东方经济论坛等各类经济合作和投资平台,加大企业界人士的交流,组织俄国商人赴东盟国家招商引资,宣介各种优惠政策。双方支持在多边组织中的合作,在第三届峰会上俄罗斯作为欧亚经济联盟的代表,新加坡作为东盟的代表签订了两个地区一体化组织的相互理解备忘录。能源领域的合作按照俄罗斯与东盟2016~2020年工作计划执行。双方按照2016~2025年科技创新行动计划扩大科技创新的合作。推动发展各类交通运输的合作也是双方合作的重点,在大欧亚伙伴关系构想中要充分发挥东盟连接陆地海上交通的重要地理位置。

---

① Совместное заявление 3 - го саммита Российская Федерация - АСЕАН о стратегическом партнёрстве, http://www.kremlin.ru/supplement/5360.

3. 农业合作方面双方互补性较强

按照2016~2020年农业和粮食安全计划,将扩大农产品市场和加强农业合作的管理。东南亚在气候条件的影响下,耕地面积越来越少,谷物作物产量很少,洪水、地震、海啸以及其他自然灾害,也都在侵蚀耕地的面积。此外,东盟的人口增长也很快,当今已经超过6.5亿人了,随着人民对饮食结构的调整,需要更多的农副产品,近六年谷物进口从2012年的872亿美元增长到2017年的1435亿美元。俄罗斯的远东地区是双方农业合作的广阔空间,俄罗斯远东的超前发展区正在加大基础设施的建设,提高生产能力,积极推动发展区农产品向东盟的出口。从俄远东出口到东盟的谷物金额2015年只有4970万美元,到2017年已增加到5.271亿美元,2018年1~8月出口到东盟的谷物为8.5亿美元。[①]

4. 反恐领域的合作

东盟国家面临的安全威胁不断升级,东盟对俄罗斯武器、信息情报保障、经验和专家的交换以及反恐怖主义政策都有需要。根据2018年全球恐怖主义指数看,东南亚发生的恐怖活动占到全世界恐怖活动的1/3。在安全领域共同对抗"伊斯兰国"恐怖组织的合作是俄罗斯与东盟关系的主要内容。在11月的东亚峰会上双方就反恐问题发表共同声明,强调将共同加强与恐怖主义势力做斗争。

5. 人文交流不断深入

俄罗斯在与东盟的人文交流中非常重视对年轻人的培养。一是加强针对年轻人的科技计划和学术交流。2018年11月双方宣布共同创造智慧城市,共同建立研究中心,致力于长期战略发展合作。俄罗斯的信息通信公司、软件设计公司和一些技术平台都已经加入该合作。二是加强教育合作,比如在高校之间的交流、培养技术专业人才、鼓励相互留学、加强语言学习等方面。在医疗、卫生、环保、应急反应等领域也进行深入合作,充分发挥双边关系中的二轨交流机制。加强旅游合作,推动新旅游项目的研发和建设,提高旅游安全和服务水平。

---

① Россия – АСЕАН, https://roscongress.org/sessions/eef-2018-rossiya-asean/discussion/.

（二）展望

当前俄罗斯与东盟的合作前景广阔，但加快提升双方的潜力、加大合作力度是未来一段时期面临的主要问题。东盟将会与中国的"一带一路"形成密切的合作，这也将促进大欧亚伙伴关系的构建，应该谋划潜在的好处和利益，进而推动东盟和俄罗斯的合作。未来粮食供应、高科技联合项目等将是俄罗斯与东盟合作的新方向。

五 俄罗斯与朝鲜半岛国家关系逐渐均衡与发展

2018年随着朝鲜半岛局势逐渐缓和，俄韩加强了政治经济联系，韩国希望与俄罗斯合作的热情超过了历史上任何时候。俄朝关系一直保持高层联系，朝鲜对俄韩朝在天然气、铁路等领域合作表现出极大的热情。俄罗斯与半岛国家的经济合作也逐渐提上日程。

（一）俄罗斯与朝鲜半岛国家关系的主要表现

1. 俄韩关系是俄罗斯亚太外交中的优先伙伴关系之一

2018年6月21~23日，韩国总统文在寅正式访问了俄罗斯。双方讨论了务实合作和解决国际问题的方式，签署了一揽子各部门间合作协议，会见后发表了共同声明。9月，韩国总理李洛渊出席了俄罗斯东方经济论坛，向俄朝表达了加强合作的意愿。2018年俄韩经贸关系得到发展。2017年双边贸易额为190亿美元，2018年贸易额是248亿美元，比上年同期增长28.85%。[①] 这个成绩的取得与韩国总统文在寅有重要关系，文在寅总统访问俄罗斯期间，韩国与欧亚经济联盟签订了设立自贸区的共同声明协定，这在一定程度上激活了俄韩贸易。更早之前，2017年文在寅提出九桥计划，该计划首先是南北合作，然后

---

① Товарооборот России с Республикой Корея (Южной Кореей), http://russian-trade.com/reports-and-reviews/2019-02/torgovlya-mezhdu-rossiey-i-respublikoy-koreya-yuzhnoy-koreey-v-2018-g/.

再联合俄罗斯,以及中国和日本。项目预期给俄韩两国经济合作带来了动力。可以预见,一旦半岛局势得到真正缓和,该计划会得到东北亚国家的积极响应。

2. 俄朝关系高访不断,经济合作受制裁影响严重,计划好的金正恩访俄未能实现

(1) 围绕俄朝建交 70 周年、纪念朝鲜建国 70 周年以及协调无核化,双方高层交往密切。2018 年 5 月 31 日,俄罗斯外交部部长谢尔盖·拉夫罗夫访问朝鲜,与朝鲜外相李勇浩进行了会晤。两国外长围绕 2018 年两国建交 70 周年讨论了发展和加强俄朝经济和人文合作问题,探讨了双方元首会晤的可能性,双方签署了三所大学间合作协议。7 月,俄副外长莫尔古洛夫访朝,与负责包括无核化在内议题的朝鲜副外相崔善姬女士举行会晤,并受到朝鲜外相李勇浩的接见。9 月 7 日,俄罗斯联邦委员会主席马特维延科访问朝鲜,参加庆祝朝鲜建国 70 周年的庆祝活动,并与朝鲜领导人金正恩会谈。会谈期间,马特维延科表示,俄联邦委员会将与朝鲜议员成立友好小组,将在推动政治解决朝鲜半岛问题中扮演角色。马特维延科向金正恩递交了普京的信函,信中邀请金正恩正式访问俄罗斯。金正恩当场确认准备访俄。10 月,朝鲜外务省副相申洪哲访问俄罗斯,进一步对金正恩访俄进行沟通。

2018 年 10 月,朝鲜执政党劳动党代表团在莫斯科同"统一俄罗斯"党领导层讨论了巩固两党之间关系的问题。2018 年 10 月是俄朝两国建交 70 周年,朝鲜领导人金正恩与俄罗斯总统普京通过信函相互庆祝建交 70 周年。金正恩在发给俄总统的信函中表示,将在相互尊重、睦邻友好且互利原则的基础上发展与俄罗斯的关系,希望国家间的关系继续根据"新时代的要求和两国人民的利益"坚定且具有建设性地发展。普京表示:"过去数十年,俄罗斯与朝鲜在各领域建设性合作方面积累了大量经验,相信俄罗斯与朝鲜将继续加强联系,包括在韩国的参与下开展三方合作项目,进一步发展互利合作。这将巩固半岛和东北亚的安全与稳定。"[1]

---

[1] Корейский полуостров: шаги от пропасти, https://globalaffairs.ru/number/Koreiskii-poluostrov-shagi-ot-propasti-19846.

俄罗斯黄皮书

（2）经济合作受制裁影响严重。2018年第一季度俄朝经贸额为525万美元，同比下降了84%。2018年3月22日，俄罗斯远东发展部部长访问朝鲜，双方举行了经贸和科技合作政府间会议，其间俄朝签署合作协议，包括交通、科学教育、农业、保护环境等方向。4月9~11日，朝鲜外相李勇浩对俄罗斯进行了工作访问，就联合国安理会第2397号决议进行讨论。该决议规定俄罗斯必须将在其境内的朝鲜劳工遣返回国，到2020年前朝鲜民工必须全部离境。每年进入俄罗斯境内的朝鲜民工有12000~13000人，俄目前大概有朝鲜民工37000人，他们主要集中在渔业加工、建筑业和农业领域。① 由于俄远东劳动力短缺，朝鲜劳工吃苦耐劳，以集体形式受雇于俄远东，受到俄的欢迎。而朝鲜劳工的收入也为朝鲜创造了大量外汇收入。根据联合国决议撤出朝鲜劳工将导致俄朝均遭受经济损失，俄十分不甘心。

俄罗斯与朝鲜半岛的经济合作目前仍然受制于美国对朝鲜的制裁。一旦制裁解除，俄罗斯与朝鲜的合作将是多领域的，尤其是朝鲜的电网现代化改造，过去是苏联帮着建立的，现在70%的电网都需要进行改造。俄罗斯专家2018年前往朝鲜实地考察，认为当前新建可能比改造更划算。朝鲜表示，在铁路、天然气管道、电网联通等方面希望俄朝韩三方的合作，甚至更希望日本和中国的加入。俄朝军事技术合作也因制裁而陷入停滞。苏联时期以及俄罗斯独立后军事技术装备供应给朝鲜，到目前保险期已过需要进行售后服务，但因为制裁无法进行这方面的合作。唯一一个例外就是从哈桑到罗津的这条铁路合作项目被排除在制裁之外，2018年，俄朝韩就该项目进行了深入的研究和计划。

（二）展望

俄罗斯虽然在朝鲜半岛奉行均衡的政策，但实践中更看重与韩国的经济、人文关系，更重视与朝鲜的政治、安全关系。未来随着半岛局势的变

---

① Россия начала высылку северокорейских рабочих из－за санкций против КНДР，https：//www.rbc.ru/https：//www.rbc.ru/politics/07/02/2018/5a7a8b999a794719a3decaf2.

化，俄必将奉行多元的政策，以与复杂的形势相符。俄在半岛无核化进程中发挥着积极的协调作用。朝鲜提出无核化的条件是美国保证放弃对朝鲜的敌对态度。这里的含义很广泛，不能仅仅理解为确保朝鲜的安全。因为朝鲜已经拥核，能够发挥核遏制的能力，因此，"最需要的安全保证是美国放弃对朝鲜政权的敌意"①。很显然，俄罗斯无法独立做到确保朝鲜安全的承诺，俄必须联合中国一起与美国进行谈判。形势正沿着俄罗斯与中国共同制定的"解决路线图"发展，中俄在朝鲜半岛无核化进程中的努力仍将是非常重要和必要的，保持密切协调和配合是最关键的要素。未来必须取消美国对朝鲜的制裁，才能够出现俄朝韩三方对大型基础设施的经济合作，以及东北亚地区合作的良好前景。

结　语

俄罗斯积极的亚太外交核心内容是推动大欧亚伙伴关系的构建。俄罗斯的亚太外交包含了对内、对外两个方向，其主要目标是寻求自身的发展与地区的发展相结合，维护自身的安全与地区的安全，希望以发展促安全，在这个过程中逐渐形成大欧亚伙伴关系框架下的经济和安全架构。世界体系和秩序正在发生重大变化，俄罗斯要在这个重塑的过程中谋求发挥作用，影响世界格局，俄推出大欧亚伙伴关系的战略构想意在谋划亚太地区的地缘政治经济格局的重构。俄对亚太地区寄予希望。如果俄能够发挥资源优势，与亚太国家分享自己的资源和交通联通，与欧亚地区的国际组织充分对接，就能进一步推动大欧亚伙伴关系战略构想的实现。当前大欧亚伙伴关系战略构想更多是一种战略部署，尚处于构想阶段，中国应该在欧亚地区运筹好已经有明显成效的"一带一路"倡议与大欧亚伙伴关系的经济合作。

---

① Кластер сотрудничества между Россией, Северной и Южной Кореей, http://ru.valdaiclub.com/a/highlights/klaster-sotrudnichestva/.

Y.19
俄美的军事对抗与军备竞赛

韩克敌*

摘　要： 2018～2019年，俄美围绕《中导条约》展开激烈争论。综合看来，一方面，俄罗斯可能确实违反了《中导条约》，研发和部署了中程导弹；另一方面，俄罗斯对美方部署在波兰和罗马尼亚的陆基宙斯盾系统的违约指控也具有其合理性。俄美对抗不断升级，由政治、外交对抗演进到军事对抗和军备竞赛，军事演习的频率和强度不断提升，战略武器更新的速度显著加快，军备控制体系濒临崩溃。俄美关系开始具有冷战时期苏美那样一种全面对抗的意味。

关键词： 俄美关系　《中导条约》　核战略　安全战略　武器控制　军备竞赛

2018年俄美关系的一个显著特点，是由以往的政治和外交对抗逐渐演变成军事对抗和军备竞赛，双边关系开始具有冷战时期苏美那样一种全面对抗的意味。两国军事演习的频率和强度不断提升，战略武器更新的速度显著加快，军备控制条约的约束力明显下降，国际军备控制体系濒临解体，军事部署更加具有针对性，俄美之间事实上进入了一种准"冷战"状态。2014年迄今愈演愈烈的俄美《中导条约》之争是俄美全面对抗的一部分，俄罗斯希望通过研发和部署新式武器，逼迫美国在乌克兰、东欧反导、叙利亚等

---

* 韩克敌，博士，中国社会科学院俄罗斯东欧中亚研究所俄罗斯外交研究室副研究员。

问题上做出让步，打破美国的战略优势。美国则拒绝让步，不愿放弃其对俄的战略优势。

一 美国的四个报告

2017年底至2019年初，特朗普政府先后发布了四个报告：《国家安全战略报告》（National Security Strategy）、《国防战略报告》（National Defense Strategy）、《核态势评估报告》（Nuclear Posture Review）、《导弹防御报告》（Missile Defense Review）。四个报告都明确将俄罗斯定位为美国的"战略竞争对手"，俄是"修正主义的国家"（revisionist country），指责俄力图用武力改变冷战后的国际边界和秩序。《国防战略报告》突出渲染中国、俄罗斯和美国之间的"大国竞争"威胁，将这种威胁置于恐怖主义威胁之前。"国家间战略竞争是美国国家安全的首要问题，而非恐怖主义。"《国家安全战略报告》和《国防战略报告》中对威胁的排序依次是中国、俄罗斯、朝鲜、伊朗、"伊斯兰国"和恐怖主义。《核态势评估报告》和《导弹防御报告》排列在美国核安全威胁第一位的是俄罗斯，其次为中国、朝鲜和伊朗。《导弹防御报告》强调俄罗斯发展先进巡航导弹和高超声速导弹对美国当前的导弹防御体系构成了威胁。

《国防战略报告》在五个方面对俄罗斯提出批评：其一，俄寻求在邻国经济、外交和安全方面具有否决权；其二，俄试图破坏北约；其三，俄力图以对自己有利的方式改变欧洲和中东的安全和经济结构；其四，俄利用新兴技术来破坏和颠覆格鲁吉亚和乌克兰；其五，俄罗斯核武库的扩大与现代化改造。《核态势评估报告》指责"俄罗斯已经展示了其意愿，使用武力改变欧洲版图，将其意志强加于它的邻国。俄通过公开或含蓄地威胁首先使用核武器，支持了这些行为。俄罗斯违反了它所做出的国际法和政治承诺，直接影响了其他国家的安全，包括1987年的《中导条约》、2002年的《开放天空协议》以及1991年美国总统的核倡议"①。《核态势

---

① Nuclear Posture Review, p.6, February 2018, https：//media.defense.gov/2018/Feb/02/2001872886/-1/-1/1/2018-NUCLEAR-POSTURE-REVIEW-FINAL-REPORT.PDF.

评估报告》突出强调了俄罗斯的核威胁:"俄罗斯将美国和北约看成其(实现)当前地缘政治野心的主要威胁。俄罗斯的战略和军事学说强调力量压迫和核武器的军事使用。俄罗斯错误地认为,威胁核升级或者首先使用核武器将有助于以有利于俄罗斯的方式缓解冲突。这些错误的观念将增加误判和危机升级的前景。"①

《核态势评估报告》批评俄罗斯违反《中导条约》,测试、生产、拥有陆基巡航导弹,同时俄建立了一个庞大的、多样的、现代化的、非战略性的体系,这个体系具有双重的能力(核常兼备)。俄罗斯也在对其导弹防御体系进行现代化改进,正在对其核力量进行全面的现代化。俄正在研发核动力水下无人潜航器(指俄罗斯的海神核动力无人潜航器)。②"俄罗斯正在对其现役的多达2000枚的'非战略核武器'(non-strategic nuclear weapons)进行现代化改进。"所有这些,构成了俄罗斯的"非战略性核威胁"(Russia's non-strategic nuclear challenge)。③

为了对抗俄罗斯,《核态势评估报告》提出美国应该采取三个步骤:一是加强对现有核武器系统的维护,确保可信的威慑能力;二是2025年前,对"三位一体"的核力量、指挥和控制系统进行现代化升级,研制"哥伦比亚级"(Columbia-class)战略核潜艇、新型陆基洲际战略导弹、"B-21"战略轰炸机;④三是为了应对俄罗斯新的中导威胁,美国需要研发"低当量核武器"(low-yield nuclear weapons)并进行前沿部署,研发新的能够配备低当量核弹头的海基巡航导弹和弹道导弹。⑤

2018年8月,美国国会通过的《2019财年美国国防授权法案》(拨款7160亿美元)同意《核态势评估报告》的建议,拨款0.65亿美元发展一种"低当量潜射弹道导弹弹头"(lower-yield submarine-launched ballistic

---

① Nuclear Posture Review, p. 8, February 2018.
② Nuclear Posture Review, p. 9, February 2018.
③ Nuclear Posture Review, p. 53, February 2018.
④ Nuclear Posture Review, pp. 49 - 50, February 2018.
⑤ Nuclear Posture Review, pp. 54 - 55, February 2018.

missile warhead）。加速研发陆军反巡航导弹的能力，以防中国和俄罗斯巡航导弹的威胁。资助研究和开发对抗俄罗斯部署的违反《中导条约》的武器。《2019财年美国国防授权法案》明文禁止美国政府承认俄罗斯吞并克里米亚，禁止美俄军事合作。法案同意给予乌克兰2.5亿美元的"致命性防御性装备"（lethal defensive items）援助。法案拨款63亿美元，以增加美国在欧洲的驻军，加强对俄威慑，在网络、宣传、信息战等方面全面对抗俄罗斯的侵略。①

二 普京的两次国情咨文

2018年3月1日，普京总统借发表年度国情咨文的机会，罕见地曝光了俄罗斯的七种新式武器系统：重型液体燃料弹道导弹"萨尔马特"（Сармат-Sarmat），核动力巡航导弹，无人水下高速潜航器（the unmanned underwater vehicle），空射高超声速导弹"匕首"（Кинжал-Kinzhal），高超音速导弹滑翔器（gliding wing unit），新型激光武器，俄罗斯版的国家导弹防御体系。②普京强调所有这些武器系统都为俄罗斯所独有，都已经获得重要进展，有些武器已经列装。在发表国情咨文这样一个重要的场合，普京选择进行公开的大篇幅的武器展示，这种做法让世界震惊。对于这些武器的真实性能和俄罗斯的动机，在世界范围内产生了很多猜测和争议。

为了证明自己所言不虚，在2019年的国情咨文中，普京再次提到2018年国情咨文中提到的六种武器系统（没有提俄版导弹防御体系），名称则更为具体，包括："先锋"导弹（Avangard system）、"萨尔马特"洲际弹道导弹（Sarmat intercontinental missile）、"佩列斯韦特"激光系统（Peresvet laser

---

① Reform and Rebuild: The Next Steps, National Defense Authorization Act FY – 2019, https://armedservices.house.gov/sites/republicans.armedservices.house.gov/files/wysiwyg_uploaded/FY19%20NDAA%20Conference%20Summary%20.pdf.

② Presidential Address to the Federal Assembly, March 1, 2018, http://en.kremlin.ru/events/president/news/56957.

weapon)、"匕首"超音速弹道导弹（Kinzhal hypersonic ballistic missiles）、"海燕"核动力巡航导弹（Burevestnik nuclear-powered cruise missile）、"海神"核动力无人潜航器（Poseidon nuclear-powered unmanned underwater vehicle）。此外，又增加了一种进攻性武器——"锆石"高超声速导弹（Tsirkon hypersonic missile）。"锆石"具有9倍音速和1000公里射程，可以从陆地、水下和水面发射。① 普京一再强调，这些武器研制和部署进展非常顺利。他公开嘲笑美国人："他们会算数吗？也许会。那么让他们算算我们未来武器系统的射程和速度。这就是我们全部所要求的：先做做数学，然后再决定怎么来对我国制造威胁。"②

三 《中导条约》之争

从2018年至2019年，俄美《中导条约》（Intermediate-Range Nuclear Forces-INF）之争趋于白热化。在2019年的国情咨文中，普京强调："美国单方面退出《中导条约》是俄美关系中最急迫也是最受关注的问题。"③

《中导条约》是美苏两国在1987年签署的。根据条约规定，两国不得试验、生产和拥有射程在500公里至5500公里的中短程导弹及导弹发射装置。美方文件表明双方总共有2692枚导弹被销毁。④其中美方销毁约800枚，俄方销毁约1800枚。按照俄方统计，到1991年6月，苏联总共销毁了1846枚陆基中短程导弹，其中包括889枚中程导弹和957枚短程导弹。⑤

2018年10月20日，美国总统特朗普发表讲话，指责俄罗斯长期违反

---

① Presidential Address to Federal Assembly, February 20, 2019, http://en.kremlin.ru/events/president/news/59863.
② Presidential Address to Federal Assembly, February 20, 2019.
③ Presidential Address to Federal Assembly, February 20, 2019.
④ IN Treaty, https://www.state.gov/t/avc/trty/102360.htm.
⑤ Russian Defense Ministry Briefs Military Attaches with Presentation of 9M729 Missile of Iskander-M Complex, http://eng.mil.ru/en/news_page/country/more.htm?id=12213705@egNews.

该条约,秘密研制和部署中程导弹,他宣称美国将因此退出《中导条约》。12月4日,美国国务卿蓬佩奥在比利时布鲁塞尔举行的北约外长会议上宣布,由于俄罗斯严重违反《中导条约》,美国给予俄方60天期限恢复遵守条约,拆毁其中程导弹并接受核查,否则美方将暂停履行条约,启动为期6个月的正式退出条约的程序。蓬佩奥认为,俄方研发及部署的SSC-8型(北约代号)陆基巡航导弹(俄方代号:9M729)违反了《中导条约》,对美国和欧洲国家构成了直接威胁。12月6日,美国国务院正式通知俄罗斯,要求俄方裁撤或修改全部违规的9M729陆基巡航导弹,并允许美方实地核查,否则美国将退出《中导条约》。北约29个成员国一致支持美国的观点。

俄罗斯反驳美国的指控,称俄严格履行了《中导条约》。莫斯科反过来指责华盛顿在三个方面违反了条约:陆基宙斯盾导弹防御系统(land-based Aegis missile defense system);弹道导弹靶弹(ballistic target missiles);武装无人飞行器(armed unmanned aerial vehicles)。按照俄方观点,美国部署在罗马尼亚和波兰的陆基宙斯盾导弹防御系统,类似于美国海军军舰上的"马克-41垂直发射系统",既能够发射防御性质的拦截导弹,也能够发射进攻性质的"战斧"巡航导弹,属于《中导条约》禁止的发射装置的范畴。美国用于测试导弹防御系统的中程弹道导弹靶弹,列装战斗部队后就可以立刻变身为中程导弹。"(因为)在波兰和罗马尼亚使用中程靶弹和部署可以发射战斧式巡航导弹的发射装置,美国已经公开地违反了《中导条约》的条款。"①

2018年10月24日,普京在与意大利总理孔特举行联合记者会时表示:"如果美国最终退出《中导条约》,再度开始生产这些导弹并供应到欧洲,我国当然将做出对等回应。如果真走到这一步,同意进口导弹的欧洲国家应该明白,它们这是把本国领土置于可能的还击威胁下。这是显而易见的。"②

---

① Presidential Address to Federal Assembly, February 20, 2019, http://en.kremlin.ru/events/president/news/59863.
② 《普京警告美欧若交易中程与中短程导弹将面临对等回应》, http://sputniknews.cn/politics/201810251026657609/.

12月6日，俄罗斯外长拉夫罗夫在欧安组织外长会议上表示："北约贸然扩张，该组织在所谓'东线'加强力量，在欧洲部署美国反导系统，以莫须有借口实施非法制裁，所有这一切导致了欧洲大西洋地区的信任危机。"拉夫罗夫指出，《中导条约》破裂将迫使俄罗斯为保障自身安全采取措施。俄罗斯外长拉夫罗夫强调说，在该问题上有作用力就有反作用力。① 俄罗斯安全会议秘书帕特鲁舍夫也强调，9M729型导弹的射程不超过476公里，并不违反《中导条约》。②

2018年12月21日，俄罗斯在联合国大会提出"维护和遵守《中导条约》"决议案。俄方代表指出，美国10月威胁退出该条约有可能带来全面的军备竞赛，美方对于俄罗斯违反条约的指控是没有根据的，议案呼吁有关各方重开建设性的对话。美方代表指责俄方是虚伪的，俄罗斯已实质性地违反了该条约，但是俄罗斯拒绝承认。最后的投票结果是，46票反对俄罗斯的议案、43票支持、78票弃权。③

在中导问题上，美方指责俄罗斯阳奉阴违，满口谎言。"俄罗斯的回复是一贯的：拒绝违反条约指控，要求美方提供更多信息，提出没有根据的反指控。在超过四年时间里，甚至当我们向他们提供大量的有关导弹性能和测试历史的信息之后，莫斯科仍然假装不知道美国提到的导弹和测试是什么。直到2017年11月，我们选择公开这种导弹的俄文名字，俄罗斯才最后承认这种导弹的存在。然后，俄罗斯改变了说辞，从不承认这种导弹存在到承认这种导弹存在，但不违反条约。"④ 按照美方的说法，俄罗斯在21世纪头十年中期就进行了SSC-8巡航导弹的飞行测试，最初所有的测试都在卡普斯

---

① 《俄外长：美欲废除〈中导条约〉对欧洲造成新风险》，http：//sputniknews.cn/politics/201812061027045417/。
② 《俄副外长：美国要求销毁9M729导弹这绝对不可接受》，http：//sputniknews.cn/politics/201901231027444129/。
③ General Assembly Rejects Resolution Calling for Strengthening Russian-United States Compliance with Intermediate-Range Nuclear Forces Treaty, 21 December 2018, https：//www.un.org/press/en/2018/ga12116.doc.htm.
④ Press Availability at NATO Headquarters, https：//www.state.gov/secretary/remarks/2018/12/287873.htm.

京亚尔发射场（Kapustin Yar）进行，而且测试了固定及移动发射装置。到2018年底，俄已经部署了好几个装备SSC-8的导弹营。[1]

2019年1月15日，美俄在瑞士日内瓦就《中导条约》进行了最后一轮谈判，以失败告终。美国要求俄罗斯销毁所有9M729导弹、发射装置和辅助设备，并允许进行核查，遭到俄方拒绝。2月1日，蓬佩奥宣布，美国自2月2日起暂停履行《中导条约》，并开始启动为期六个月的正式退出条约的进程。6日，俄罗斯外长拉夫罗夫在土库曼斯坦首都阿什哈巴德表示，俄罗斯也将在六个月后退出《中导条约》，这一做法是对美国的对等应对措施。3月4日，普京签署俄罗斯暂停履行《中导条约》的总统令。

2019年1月23日，俄国防部特意举行吹风会，向驻莫斯科的外国武官展示9M729导弹并介绍了其性能及参数。美国及北约国家驻俄使馆武官拒绝参加。美方认为，俄罗斯展示的并不是9M729巡航导弹，而且俄罗斯也没有允许现场核查，所以俄方的举动是没有任何意义的。俄导弹及炮兵司令员马特维耶夫斯基中将（Mikhail Matveyevsky）在吹风会上解释：俄9M729导弹是"伊斯坎德尔-M"导弹系统所包含的9M728导弹的升级版。对9M728巡航导弹的现代化旨在增加弹头的力量和准确性。9M728和9M729导弹在大多数系统中都能够通用，两者的燃料箱是相同的，最大容量完全相同。两种导弹的弹头及燃料都在工厂封装，在战场环境下改变燃料箱和加注燃料是不可能的。部队只是储存导弹，保障发射器和运输工具，定期维护和演练。因为升级后的9M729导弹更重也更长，因此发射装置也更重更长。新的发射装置可以装载4枚导弹，而以前9M728的发射装置只能装载2枚。因为重量增加了，所以9M729导弹的最大飞行距离仅为480公里，比9M728减少了10公里，符合中导条约的限制规定。[2]

---

[1] Press Availability at NATO Headquarters, https：//www.state.gov/secretary/remarks/2018/12/287873.htm.
[2] Russian Defense Ministry Briefs Military Attaches with Presentation of 9M729 Missile of Iskander-M Complex, http：//eng.mil.ru/en/news_page/country/more.htm？id=12213705@egNews.

俄罗斯黄皮书

四 俄美的军事部署和军事演习

美国继续加强和乌克兰的军事合作。2018年10月8~19日,乌克兰和北约8国在乌克兰西部的赫梅利尼茨基州和文尼察州举行了"晴空-2018"联合军演。2018年,美国海军舰只多次进入黑海水域,并和乌克兰海军进行联合军事演习。

10月25日至11月7日,北约29国加上瑞典和芬兰,在北大西洋挪威中部和北部、冰岛附近巴伦支海地区举行"三叉戟接点-2018"联合军演。这次演习的规模大(约30个国家共5万人参加,包括中立国家瑞典和芬兰),时间长(长达两周),地点敏感(邻近北极圈)。演习假想挪威北部遭到攻击,总共有5万名军人、65艘舰船、250架飞机和1万辆战车参加演习,这是冷战结束以来北约举行的最大规模演习。演习地点包括波罗的海地区,靠近俄罗斯的飞地加里宁格勒以及俄罗斯的西北部如圣彼得堡等地。

2018年5月,美国开始筹谋重建第2舰队,目标是加强在北大西洋至北极区域的军事存在,强化对俄海军的威慑。第2舰队最初成立于1950年,主要管辖美国东海岸至挪威的北大西洋区域,冷战期间参与了1962年的古巴导弹危机。2011年,由于冷战结束与美俄缓和,第2舰队被撤销。2018年6月起,在特朗普总统的积极推动下,美国开始筹划建立一个新的军种——太空军。特朗普表示:"我们认为太空将是一个新的作战领域(a new war fighting domain),太空军(the Space Force)将领导潮流。我下一步的预算将投资于太空导弹防御层(space-based missile defense layer)。这是新的技术。它最终将成为我们防御和明显进攻(体系)的一大组成部分。这个系统将被监控,我们将终止来自任何敌对强国(hostile powers)的有意或无意的导弹发射。它将不会发生。不管什么型号的导弹还是从任何地点发射,我们将确保敌人的导弹在地球上或天空都找不到任何避难所。这是我努力的方向。"① 2019年2月19日，美国总统特朗普签署总统令，设立新的太空军，将军事航天职能划入这一军种，太空军成为美国的第六军种。太空军暂时将由美国空军负责管理，尚没有完全独立。

俄罗斯加紧在军事上对独联体国家进行整合。2018年8月，独联体成员国国防部长在白俄罗斯首都明斯克举行会议，研讨制订独联体国家建立统一的反导系统的计划。俄罗斯、白俄罗斯、亚美尼亚、哈萨克斯坦、吉尔吉斯斯坦、塔吉克斯坦、乌兹别克斯坦7个国家的国防部代表团、集体安全条约组织联合参谋部代表、俄罗斯军工企业代表出席了会议。目前，独联体共有9个成员国，此次有7国国防部代表团出席，阿塞拜疆、摩尔多瓦并未参加。乌克兰和格鲁吉亚已经宣布退出独联体，申请成为北约成员。

2018年9月，俄举行了"东方-2018"军事演习。这次"东方-2018"军事演习是苏联解体后俄罗斯举行的最大规模的军事演习，约30万军人参加，动用飞机约1000架，俄东部军区、中部军区和北方舰队的部队进行了大规模机动演练，广区域多兵种高强度，具有很强的全域动员的性质。俄罗斯不断扩充空降兵等进攻性部队，军队的编成也慢慢由过去的"师改旅"调整为"旅改师"，重建了一批师级单位，强化军队应对大规模而不是小规模作战的能力，这预示着俄军作战指导思想的转变。

2018年12月10日，俄空天军的2架图-160战略轰炸机、1架大型安-124军用运输机和1架伊尔-62远程飞机组成的编队，从俄本土恩格斯空军基地起飞，穿越巴伦支海、挪威海、北海、大西洋和加勒比海，飞抵南美洲委内瑞拉首都加拉加斯的迈克蒂亚机场，飞行距离超过1万公里。因为传统上拉丁美洲是美国的后院，俄罗斯此举的威慑意味十分明显。

---

① Remarks by President Trump and Vice President Pence Announcing the Missile Defense Review, January 17, 2019, https://www.whitehouse.gov/briefings-statements/remarks-president-trump-vice-president-pence-announcing-missile-defense-review/.

俄罗斯黄皮书

五 俄美竞相研发和部署新的武器系统

为了反驳国外的质疑，2018年5月9日，米格-31战机携带"匕首"导弹在红场阅兵中专门进行了展示。2018年7月19日，俄罗斯国防部发布视频，进一步展示了普京3月提到的六种武器系统（不包括导弹防御体系）。2018年12月5日，俄国防部在网上专门发布了一段视频，展示俄罗斯最新型"佩列斯韦特"激光武器系统正式投入试验性作战值班。俄国防部表示，12月1日该激光系统已经投入试验性作战值班，该武器主要用于反导和防空，特别是能够摧毁无人机，也可用于致盲装甲车和飞机的火控装置和光电系统的制导头，未来也可能用于反卫星。5月22日，俄"北风之神"战略核潜艇在巴伦支海水下齐射4枚"布拉瓦"潜射弹道导弹，导弹准确击中了堪察加半岛的预定目标。此前"布拉瓦"导弹多次发射失败，这次试验标志着这款导弹及与其配套的战略导弹潜艇基本定型。

2018年12月26日，普京专程前往国防部指挥中心，观看"先锋"高超音速滑翔导弹（hypersonic glide vehicle）的试射。导弹从奥伦堡州的多姆巴罗夫斯基空军基地发射，击中了堪察加库拉靶场的目标，飞行途中进行了垂直和水平机动。普京称这是俄罗斯最好的新年礼物，他称该导弹能够穿透任何现存和未来的导弹防御系统，该系统最快将在2019年组建一个导弹团进入战斗值班。① 按照俄媒的报道，"先锋"导弹能以20马赫的速度飞行，弹体能承受2000℃的高温。② 2019年1月15日，俄罗斯国防部部长绍伊古确认，2019年俄罗斯战略火箭部队4个导弹团将换装最新式"亚尔斯"导弹，同时还将部署一个配备"先锋"系统的导弹团。俄罗斯海军2019年计划接收第4艘配备"布拉瓦"导弹的"弗拉基米尔大公"号"北风之神"

---

① Visit to National Centre for State Defence Control，http：//en. kremlin. ru/events/president/news/59519.

② "Best New Year's gift to Russia"：Putin boasts successful test of Avangard hypersonic glider，https：//www. rt. com/russia/447441 - avangard - hypersonic - glider - test/.

战略核潜艇。（此前已经装备3艘）①。2019年1月29日，俄在卡普斯京亚尔导弹试验场试射了"海燕"核动力巡航导弹。

俄罗斯正在对现有的三种远程轰炸机"图-160""图-95""图-22"进行现代化改装。12月28日，在图-22M3基础上改进的图-22M3M轰炸机在位于喀山的机场进行了首次试飞，这次飞行进行了轰炸机搭载导弹测试。改进型图-95MSM战略轰炸机原型机的研发工作正在推进，预计2019年底前将完成首飞。图-160的改进型号图-160M2轰炸机的研制也在加速进行。与此同时，俄正在研制新一代战略轰炸机（PAK-DA）。新型战略轰炸机可能采用亚声速飞翼式布局，类似美国的B-2隐形战略轰炸机，可以替代目前俄罗斯老旧的远程轰炸机（图-22M3、图-160和图-95MS）。

为应对《中导条约》可能被废除，美国正在加速研发新型陆基及海基中程巡航导弹和弹道导弹。美国继续加强导弹防御能力建设。2019年1月17日，特朗普就美国新的《导弹防御报告》发表讲话："世界各地的外国敌人（foreign adversaries）、竞争对手（competitors）和'流氓政府'（rogue regimes）都在加强他们的导弹武器库。他们的武器库正变得越来越大，越来越强。他们正在提升致命性打击的能力，他们正在专注于发展能够打中美国目标的远程导弹。"②特朗普誓言要："推进导弹防御计划的建设，在阿拉斯加州的格里利堡（Fort Greely）建立20个新的陆基拦截器，新的雷达和传感器（sensors），开发新的技术。""我们将保护美国人民免受各种导弹的攻击。过去，美国缺少一个全面的超越弹道导弹的导弹防御战略。我们的计划将做出改变。美国将调整立场，防御各种形式的导弹攻击，包括巡航导弹和高超声速导弹。顺便说一下，我们的

---

① 《俄防长绍伊古：俄战略火箭部队4个导弹团2019年将换装"亚尔斯"导弹》，http：//sputniknews.cn/russia/201901151027362730/。

② Remarks by President Trump and Vice President Pence Announcing the Missile Defense Review, January 17, 2019, https：//www.whitehouse.gov/briefings-statements/remarks-president-trump-vice-president-pence-announcing-missile-defense-review/.

高超声速技术和导弹也非常先进。"① "我们的战略基于一个压倒性的目标：探测和摧毁每一种瞄准美国目标的导弹，无论是在其发射前还是发射后。"②

结　语

2018年俄美关系的一个显著特点，是从"软对抗"转入了"秀肌肉"阶段，也就是军事对抗和军备竞赛。双方以对方违反《中导条约》为借口，都把发展新式武器作为炫耀和威慑的主要手段。从俄美双方的表述看，一方面，俄罗斯很可能确实违反了《中导条约》，研发和部署了中程导弹。俄方有足够的动机和技术来发展中程导弹，美方应该是掌握了足够的技术和人力情报才提出指控。另一方面，俄罗斯对美方部署在波兰和罗马尼亚的陆基宙斯盾系统的违约指控也有其合理性，因为这种系统确实是兼容的，只要稍做改装，既可以发射防御性质的拦截导弹，也可以发射进攻性质的中程导弹，美国打了一个"擦边球"。需要特别注意的是，在中程导弹问题上，俄美既针锋相对，又互有一定的默契。美俄都筹谋将中国等第三方拉入《中导条约》，这样既可以打击其他对手，又可以为俄美缓和赢得空间，维持俄美两强的绝对安全。

俄美对抗的根源是双方根深蒂固的极端不信任和霸权心态。蓬佩奥指出："俄罗斯违反《中导条约》的行径不能被孤立地看待，这是俄罗斯在世界舞台上无法无天的更大行为模式的一部分。俄罗斯的恶劣行径很多：格鲁吉亚，乌克兰，叙利亚，干预美国选举，斯克里帕尔事件，③还有现在的刻

---

① Remarks by President Trump and Vice President Pence Announcing the Missile Defense Review, January 17, 2019.
② Remarks by President Trump and Vice President Pence Announcing the Missile Defense Review, January 17, 2019.
③ 2018年3月4日，俄罗斯前间谍斯克里帕尔在英国索尔兹伯里遭人下毒，生命垂危。斯克里帕尔曾担任俄军总参谋部情报总局上校，秘密向英国情报机构军情六处提供情报，2006年被俄方逮捕判刑。2010年美俄互换被俘的情报人员，随后斯克里帕尔定居英国。英国指控俄罗斯派出特工，使用神经性毒剂，违反了国际法和《禁止化学武器公约》，应对毒杀事件负责，并为此驱逐俄罗斯外交官，欧美国家普遍支持英国的立场。俄罗斯否认英国的指控，并对英国外交官采取相等的驱逐措施。

赤海峡。"① 特朗普则讲得更为直白，"在外面，我们有一些很'坏的玩家'（bad players），我们是'好的玩家'（good player），但是，如果需要的话，我们可以比任何人都坏。"② 而在普京看来："美国近年对俄罗斯的政策很难称得上是友好。俄罗斯的合法权益被忽视，出现了一场持续的反俄战役，越来越多的制裁，这些制裁都违背了国际法，被毫无理由地强加给了俄罗斯。我想强调，我们没有做任何事情来挑起这些制裁。过去数十年形成的国际安全结构正在被单方面地完全地拆毁，同时将俄罗斯视为美国的主要威胁。"③

俄罗斯和美国的军事战略具有高度的相似性，都追求绝对安全，都追求全球影响。在国情咨文中，普京称每一种俄罗斯武器都是独一无二的，为其他国家所不具备。"一旦其他国家拥有了这种武器，俄罗斯早就发展出新一代。"④ 特朗普则宣称："仅仅和我们的对手同步并不够，我们必须在每一个转折点上超过他们。对于那些可能对我们造成伤害的对手，我们必须探索先进的技术，研究如何确保美国总是领先几步。"⑤ 普京和特朗普的讲话，无论是内容还是口吻，都非常相似，都强调要保持本国武器上的绝对优势。

由于俄美对于《中导条约》的立场针锋相对，双方都不愿让步，这个条约的废除或修改应当是大概率事件。另外，俄美于2010年签署的新版削减战略武器条约将于2021年到期，其前景也不明朗。两国国内都有人提出，将新版削减战略武器条约是否续签和《中导条约》挂钩。如果未来《中导条约》被废除，新版削减战略武器条约也未能续签，俄美之间将不存在任何有效的军备控制协议，这将为军备竞赛打开方便之门，冷战结束后的核及导弹武器的总体裁减趋势将被完全扭转。目前，俄美两国都制订了大规模的

---

① Press Availability at NATO Headquarters, https：//www.state.gov/secretary/remarks/2018/12/287873.htm.
② Remarks by President Trump and Vice President Pence Announcing the Missile Defense Review, January 17, 2019.
③ Presidential Address to Federal Assembly, February 20, 2019, http：//en.kremlin.ru/events/president/news/59863.
④ Presidential Address to the Federal Assembly, March 1, 2018.
⑤ Remarks by President Trump and Vice President Pence Announcing the Missile Defense Review, January 17, 2019.

武器发展计划,都将投入巨额资金,一方面升级现有核武库,另一方面研制新式武器系统,试图逼迫对方让步。

总的看来,北约的凝聚力远远大于独联体的凝聚力,美国的技术和资金优势也远远大于俄罗斯。如果展开长期的全面的军备竞赛,俄罗斯很难有胜算。俄罗斯能做的,是抓住重点领域,寻求不对称优势,这正是普京政府目前所做的。普京总统的治国理念还是军事力量优先、核武器第一、战略力量第一,保证至少在核及导弹领域对美不落下风,全力维持俄美的"恐怖核平衡""相互确保摧毁",确保俄罗斯的大国和强国地位。俄罗斯要和美国平起平坐,而美国不愿意和俄罗斯平起平坐。俄美新冷战的大幕,似乎正在徐徐拉开。

Y.20
2018年波浪式前进的俄欧关系

吕 萍*

摘　要： 俄罗斯与欧洲关系在2017年好转之后，2018年风波不断，年初发生前俄情报人员父女在英国中毒事件，导致英美等国与俄罗斯相互驱逐外交人员；之后发生的网络攻击事件、俄乌刻赤海峡冲突事件都对回暖中的俄欧关系带来负面影响，但总体而言，俄欧关系仍趋好转，尤其是俄罗斯与德、法等欧洲大国的双边关系。特朗普任美国总统后实行的"美国优先"外交政策是促使俄欧相互靠近的关键因素。美国的单边主义使美欧之间出现裂痕，欧盟转而寻求与俄罗斯合作以解决因美国"退群"而产生的各种国际问题。政冷经热是俄罗斯与欧洲现阶段关系的特点，俄罗斯对欧洲能源市场的依赖和欧洲对俄罗斯能源的需求是俄欧在制裁和反制裁中经济合作的根本原因。虽然经济合作密切，乌克兰问题仍然是妨碍双方关系全面发展的重要因素，欧洲坚持认为只有俄罗斯执行《明斯克协议》才能最终取消制裁。

关键词： 俄罗斯　欧洲　欧盟　美国　德国　法国　俄欧关系

2018年，西方对俄罗斯的制裁进入第四年，在制裁未取消又发生一系列负面事件的背景下，俄罗斯与欧洲的关系虽经历波折，却逆流而上，日渐向好，尤其是在双边关系和经济合作上取得了很大突破。

---

* 吕萍，博士，中国社会科学院俄罗斯东欧中亚研究所俄罗斯外交研究室助理研究员。

俄罗斯黄皮书

一 俄欧关系一波三折

尽管西方对俄罗斯的制裁仍未取消,但俄罗斯和欧洲之间的关系从2016年之后开始逐渐回暖,然而2018年发生的一系列突发事件对双方关系发展影响较大,一度陷入激烈的相互指责和互驱外交人员。但俄罗斯承办国际足联第21届世界杯在很大程度上扭转了对自己不利的局面,赢得了外交加分。

(一)负面事件影响俄欧关系

2018年俄罗斯与欧洲之间因为一系列负面事件而龃龉不断,甚至发展到相互驱逐外交官的地步。

1. 前俄罗斯情报人员中毒事件引发俄欧外交风波

2018年3月4日,俄罗斯前情报人员斯克里帕尔及女儿尤利娅在英国索乐兹伯里市街头的一张长椅上昏迷不醒。英国警方在斯克里帕尔和尤利亚身上检测出一种神经毒剂,因这种"诺维乔克"神经毒剂是苏联时期研制的,英国政府便认定此事为俄罗斯幕后操作,但俄罗斯对此坚决否认,同时称英国有意抹黑俄罗斯,并借此事转移英国民众对脱欧的关注。3月14日,英国首相特雷莎·梅宣布驱逐23名俄罗斯驻英国外交人员,作为回应俄罗斯也立即宣布驱逐23名英国驻俄外交人员。事件经过发酵,到3月29日共有包括英国在内的欧盟成员国、美国、加拿大、乌克兰以及北约等30个国家和组织宣布驱逐俄罗斯外交官,被驱逐人数达153人,其中仅美国就驱逐60人。① 美国还同时关闭了俄罗斯驻西雅图领馆。俄外交部根据外交对等原则宣布60名美国驻俄外交人员为"不受欢迎的人",限于4月5日前离境,并将收回美国驻圣彼得堡总领馆的开馆和办公许可,其工作人员应在3月

---

① Кто выслал российских дипломатов из страны: полный перечень, https://24tv.ua/ru/vysylka_ diplomatov_ rossii_ spisok_ stran_ kotorye_ vydvorjajut_ rossijskih_ diplomatov_ n943966.

31日前全部搬出。拉夫罗夫还表示，俄方也将对其他追随美国驱逐俄外交官的国家采取回应措施。8月8日，美国宣布将因斯克里帕尔父女中毒事件对俄罗斯实施进一步的制裁。9月5日，英国以谋杀斯克里帕尔父女和一名英国警察未遂等罪名对两名俄罗斯公民提出公诉，英国首相特雷莎·梅称此二人为俄罗斯特工，俄方对此同样断然否认。斯克里帕尔父女中毒事件至今仍未尘埃落定，这一事件在俄罗斯与欧盟、美国等西方世界引起了轩然大波，引发了俄罗斯与欧盟之间的新一轮对抗。

2. 网络攻击事件

2018年10月4日，美国、英国、荷兰、澳大利亚和加拿大指责俄罗斯军方情报人员组织发动一系列网络攻击，美国司法部起诉7名俄军方情报官员，指控其发起网络攻击。英国外交部指责俄罗斯对英国的政治、商业、媒体和体育机构实施网络攻击。荷兰国防部在记者会上称荷兰情报部门成功阻止4名持外交护照的俄罗斯公民针对禁止化学武器组织发动的网络攻击，并于4月13日将此4人驱逐出境。对此俄罗斯回应称，俄罗斯本来就有获得禁止化学武器组织所有信息的正常渠道，没必要进行网络攻击，荷兰指责俄罗斯疑似试图对其发动网络袭击是愚蠢行为，一些西方国家的"间谍妄想征"越来越严重。俄外交部于10月8日召见荷兰驻俄大使，并递交了照会，明确指出俄罗斯视荷兰逮捕和驱逐俄公民事件为挑衅行为，荷兰政府的行为给俄荷双边关系造成无法弥补的损害。12月11日，俄罗斯国家计算机事件协调中心副主任尼古拉·穆拉绍夫表示，根据计算机攻击来源的地理分布统计数据，2016~2017年俄罗斯受到的网络攻击主要来自美国和欧盟。网络攻击事件给正在回暖的俄欧关系带来负面影响。

3. 俄乌刻赤海峡冲突

2018年11月25日，俄罗斯方面以乌克兰海军5艘船只未经俄方许可试图穿越刻赤海峡为名，扣留其中3艘船。冲突期间俄方军舰向乌方军舰开火，乌方有人受伤。冲突发生后，俄乌双方都称是对方挑起冲突，乌方指责俄方侵略，俄方则称是乌方有预谋地蓄意挑衅，以便在即将到来的总统大选中谋取政治利益。刻赤海峡冲突事件是2014年乌克兰危机发生以来的最严重事件,是俄罗斯方面首次向乌方开火。此次事件发生在俄罗斯与欧盟关系好转之后,相对于美国的激烈反应,欧洲各国的反应显得淡定平和。法国总统马克龙和德国总理默克尔呼吁应保障船只在刻赤海峡的航行自由,敦促俄方释放被扣乌方船员。默克尔表示将派德国专家进入刻赤海峡地区考察船只通航情况,普京同意后德方又建议由法国派专家前往,但截至2018年底尚没有法国专家前往刻赤海峡地区考察。

(二)举办世界杯为俄罗斯形象加分,赢得声誉

2010年12月2日,俄罗斯在申办世界杯的投票中胜出,成为2018年世界杯的主办国,这是俄罗斯首次举办盛大赛事,也是第一个承办世界杯的东欧国家。然而,随着乌克兰事件的发生西方开始对俄罗斯实施集体制裁,俄罗斯与西方的关系骤然恶化。2018年初又发生了俄罗斯前特工中毒事件,有上百名俄罗斯外交人员被英、美等国家驱逐出境,被驱逐人数创历史纪录。英国王室、英国首相特蕾莎·梅宣布不出席世界杯,并呼吁其他欧盟国家领导人也不要赴俄观看比赛。美国、冰岛、瑞典、丹麦、日本、波兰等国也相继宣布考虑抵制俄罗斯世界杯。2018年6月14日至7月15日,第21届世界杯国际足球联赛在俄罗斯如期举行,从最终结果来看,此次世界杯俄罗斯举办得非常成功。世界杯开幕前一天俄罗斯世界杯组委会主席索罗金宣布将有20多个国家领导人出席世界杯揭幕战,俄总统新闻发言人佩斯科夫也公布了出席开幕式的国家领导人名单。虽然英国和美国等国家领导人拒绝出席,但依然有不少欧洲国家领导人和政要亲临现场观看比赛。如,比利时队对阵巴拿马队的比赛,比利时国王现场观战;法国总统马克龙和比利时国王夫妇现场观看了法国队和比利时队的半决赛;马克龙和克罗地亚女总统科琳达观看了双方球队的决赛;西班牙国王费利佩六世、葡萄牙总统德索萨、法国前总统奥朗德和萨科齐等欧洲政要都亲临比赛现场观看比赛。从比赛结束后国际足联公布的统计数据来看,通过电视收看俄罗斯世界杯决赛的人数创下了历届收看人数的纪录,国际足联主席因凡蒂诺也称赞俄罗斯世界杯是有史以来办得最好的一届。为了办好世界杯,俄罗斯举国上下从普通民众到

政府表现出团结一致、齐心协力的精神，目的就是把赛事办好，向世界展示俄罗斯的积极形象。通过此次世界杯，俄罗斯与多个欧洲国家改善了关系，去俄罗斯观看比赛的欧洲球迷也目睹了一个真正的而不是国内媒体描述的俄罗斯，对俄罗斯的看法和评价有了极大的改善。可以说，俄罗斯通过举办世界杯为自己赢得了口碑，改善了国家在欧洲民众中的形象，是此次世界杯的最大赢家。

总体而言，俄罗斯与欧洲之间龃龉不断，双方关系在跌跌撞撞中向前发展已然是一种常态。

二 俄罗斯与欧洲国家双边关系升温明显

2018年，尽管俄罗斯与欧洲之间发生了一系列不愉快事件，但俄罗斯与部分欧洲国家之间的双边关系仍取得突破，有了长足进展。虽然西方因乌克兰事件对俄罗斯发起的制裁仍未取消，但部分欧洲国家无视美国的阻拦，仍然遵从各自的国家利益，与俄罗斯保持着往来互动，双边关系升温明显，欧盟也呼吁停止敌视俄罗斯，加强与俄罗斯的合作。

（一）普京与默克尔互访，俄德关系取得进展

2018年5月18日，普京在索契手捧鲜花热情接待了到访的德国总理默克尔。在访问俄罗斯之前，默克尔于4月27日访问了美国，与特朗普会晤。默克尔美国之行的主要目的是就美国对欧盟加征钢铝关税、退出伊核协议和《巴黎气候协定》以及要求德国增加国防开支等问题与特朗普进行协商，希望美国放弃对欧盟加征关税并留在伊核协议和《巴黎气候协定》内，但最终空手而归，未能取得任何结果。俄罗斯是特朗普贸易战的对象，也同样反对美国退出伊核协议和《巴黎气候协定》。普京与默克尔在会晤后的新闻发布会上表示，虽然伊核协议并不完美，但在当前形势下意义重大，俄德两国都支持该协议。在叙利亚问题上，默克尔认为在一些国际问题上必须与俄罗斯合作，希望俄罗斯能够对叙利亚政府施加影响，以使叙利亚难民能顺利返

回叙利亚。在"北溪－2号"天然气管道项目上的合作是普京与默克尔此次会晤讨论的重要议题。美国坚决反对"北溪－2号"项目，主张欧洲购买美国的液化天然气，并警告要对参与该项目的欧洲公司实施制裁。但美国的液化天然气价格远高于俄罗斯天然气，因此未能得到默克尔的支持。普京和默克尔都高度评价此次会晤，认为在当前国际形势下双方就热点问题进行商谈非常及时，默克尔更直接表示与俄罗斯保持良好关系符合德国的战略利益。

8月18日，普京访问德国，与默克尔在距柏林70公里的梅泽贝格宫举行了长达三小时的闭门会谈。乌克兰问题和"北溪－2号"天然气管道建设是此次会谈的主要议题。正式会谈前二人举行了新闻发布会，双方都认为乌克兰形势依然动荡，肯定了《明斯克协议》的重要意义和不可替代性，强调应在此基础上实现乌东部停火。默克尔还表示要与普京协商向顿巴斯派遣联合国维和部队的问题。美国退出伊核协议和"北溪－2号"天然气管道建设问题仍是普京和默克尔此次会谈的重要议题。俄德两国对这两个问题的态度一致，认为应当保留伊核协议，默克尔同时也明确表示要密切关注和跟踪伊朗的导弹计划和国内形势。在"北溪－2号"问题上，普京再次声明该项目为纯粹的经济项目，并不含政治目的，对于默克尔担心的"北溪－2号"管道投入运营后乌克兰过境管道的未来命运，普京也重申通过乌克兰的管线仍将继续使用。在叙利亚问题上，普京再次呼吁欧洲加强对叙利亚的人道主义援助，帮助叙利亚难民重返家园。

（二）俄法关系升温明显，互动频繁

2018年，尽管欧盟继续对俄罗斯实施制裁，但法国总统马克龙仍然在重要国际问题上寻求与俄罗斯的合作，推动法国和俄罗斯之间的经贸和文化往来。普京积极回应马克龙恢复两国关系的努力，俄法关系回暖明显。

法国总统马克龙在2017年参加完七国集团峰会后曾表示，没有俄罗斯的参与很多国际问题无法得到解决，并计划与普京讨论所有问题。他在访问美国劝说特朗普放弃退出伊核协议无功而返后，开始寻求俄罗斯的支持。2018年4月30日，马克龙与普京互通电话，通报访美结果，讨论国际热点

问题，双方都主张保留并无条件执行伊核协议。之后马克龙在接受采访时表示愿意与普京进行一次"战略性和历史性的对话，将俄罗斯带到欧洲，不让它与外界隔绝，并创造条件，使俄罗斯成为欧洲的一部分"①。2018年5月24日，马克龙赴俄罗斯参加圣彼得堡国际经济论坛，受到普京热情接待。在会晤结束后召开的记者会上普京和马克龙都表示会谈富有成效。在伊核问题上劝说特朗普失败后，与普京就这一问题进行协商是马克龙此行的重要目的之一。双方都表示俄法两国在伊核协议问题上立场一致，都认为伊朗遵守了承诺，反对美国退出，表示俄法两国将继续留在协议之内。虽然美英法在4月14日对叙利亚实施空中打击，俄罗斯与西方在这一问题上仍有分歧，但俄罗斯和法国都认为应当政治解决叙利亚问题。

在美国开始奉行孤立主义、英国首相特雷莎·梅因为英国脱欧问题焦头烂额、德国总理默克尔在国内政治力量被削弱的情况下，刚当选法国总统一年的马克龙希望以"西方代表"的身份参与解决国际热点问题，同时也加强与俄罗斯的经济合作以改善国内的经济形势。除了与普京的政治会谈，加强与俄罗斯的经贸合作也是马克龙访问俄罗斯的重要目的，随同马克龙赴俄罗斯参加圣彼得堡国际经济论坛的还有庞大的各行业商业团队。

6月14日，第21届世界杯足球赛在莫斯科举行。5月访问俄罗斯时马克龙曾表示如果法国队打进决赛就将亲临比赛现场观赛。7月10日，马克龙再赴圣彼得堡，观看法国对比利时的半决赛。7月15日，马克龙夫妇在莫斯科卢日尼基体育场观看法国与克罗地亚之间的世界杯决赛，其间再与普京会晤。11月11日，普京抵达巴黎，参加庆祝第一次世界大战结束100周年活动。互访之外，普京和马克龙还多次通电话就伊核协议、叙利亚及双边关系等问题交流看法。

（三）奥地利——俄罗斯在西方的最后朋友

奥地利被看作俄罗斯在西方的最后朋友。英国间谍中毒案发生后奥地利

---

① Макрон состыкует Россию с Европой, https://www.gazeta.ru/politics/2018/05/06_a_11741791.shtml.

拒绝和其他西方国家一样驱逐俄罗斯外交官。2018年2月28日，奥地利总理库尔茨访问俄罗斯，与普京在克里姆林宫举行会晤。6月5日，普京抵达奥地利首都维也纳访问，这是普京再次当选总统后的首次出访。普京与奥地利总统范德贝伦共同举行新闻发布会，并与奥地利总理库尔茨讨论两国之间的经济合作问题。8月18日，普京在访问德国途中顺道赴奥地利加姆利茨参加奥地利女外长卡琳·克奈斯尔的婚礼，其间用德语致辞祝贺并与克奈斯尔共舞。婚礼结束后普京与奥地利总理库尔茨短暂会面，并由库尔茨送至机场继续飞往德国。奥地利副总理斯特拉赫在随后的采访中称普京的到访是奥地利的莫大荣幸，任何相关的批评都是荒谬的。10月3日，库尔茨再次访问俄罗斯与普京第四次会晤，讨论能源合作问题。

奥地利传统上一直与俄罗斯保持着良好关系，库尔茨曾在新闻发布会上呼吁与俄罗斯进行对话，表示欧洲只有与俄罗斯一起才能保障欧洲和平。奥地利2018年7月开始担任欧盟轮值主席国，俄罗斯与奥地利保持友好关系有助于推动俄欧关系回暖升温。

（四）与希腊关系修好

希腊与俄罗斯传统上关系良好。希腊总理齐普拉斯2015年当选总理后，与俄罗斯总统普京每年都有会晤，间谍中毒案发生后希腊也没有跟随其他西方国家驱逐俄罗斯外交官。然而2018年两国之间产生了外交冲突。7月11日，希腊政府驱逐了2名俄罗斯外交官，同时宣布禁止另外2名外交官入境。希腊政府认为，俄罗斯外交官贿赂希腊官员破坏希腊国家安全，尤其是试图在马其顿王国更改国名的争议问题上对希腊施加影响。作为对等回应措施，在希腊驱逐了俄罗斯外交官后俄罗斯也驱逐了2名希腊外交官。但是，俄罗斯与希腊的关系并未因此事件受到实质性影响，两国之前所达成的合作协议仍然得到执行，两国在各种领域上的合作也进一步深化。为恢复两国关系，普京在巴黎参加第一次世界大战结束100周年庆祝活动时邀请希腊总理齐普拉斯访俄，齐普拉斯接受了邀请。12月7日，齐普拉斯与俄罗斯总统普京、总理梅德韦杰夫会晤，双方重点讨论了能源合作问题，普京表示俄罗斯愿意吸收希腊参与俄罗斯南线天然气管道项目。齐普拉斯认为，与俄罗斯的能源合作提升了希腊在地区能源枢纽中的作用，同时他还表示，"作为北约和欧盟成员国，希腊认为没有俄罗斯的参与欧洲无法建立任何的安全体系"，并称"在所有的欧洲和国际论坛中希腊都坚持这一立场"①。

除德国、法国、奥地利、希腊加强与俄罗斯的关系，意大利、挪威等国家也明确表明了对俄罗斯的态度。挪威首相索尔贝格在参加科尔伯全球领导人对话时表示，欧洲没有同俄罗斯处于新交战状态。意大利一直主张协调俄罗斯与欧洲的关系，加强与俄罗斯的经济合作，认为不论是欧盟还是北约，都必须与俄罗斯进行建设性合作与对话，总理孔特曾明确表示"我们是北约成员，我们也愿意留在北约"，但随后又表示新政府将按照五星运动党和北方联盟党就新政府达成的协议致力于取消对俄罗斯的制裁，副总理路易吉·迪·迈耶也在与意大利最大的莱昂纳多工业公司领导层会面时称，意大利"仍然是北约成员国，也仍然是美国的盟友，但是我们也要与俄罗斯进行对话，就像以前一直做的那样"②。

与欧洲国家双边关系的改善和发展使俄罗斯得以突破美国的制裁和封锁，推进与欧洲的能源和经贸合作，为改善国内的经济形势提供了可能，同时也为俄罗斯进一步缓和与欧盟的关系奠定了基础。2018年6月1日，欧盟委员会主席在关于欧盟改革的演讲中说道："我们必须恢复原状，这并不是指和俄罗斯恢复到正常的关系，但我们（和俄罗斯）在研究、创新和很多领域都可以更好地展开合作……我并没有忘记我们之间的差异和分歧，但是针对俄罗斯的抨击必须结束。"容克还直接指出"现在是时候停止抨击俄罗斯了"③。

---

① Россия – Греция: дипломатия духовной близости. http://ru.valdaiclub.com/a/highlights/rossiya – gretsiya – diplomatiya – blizosti/? sphrase_ id = 80017.
② Made with Italy: сможет ли Италия наладить диалог России с ЕС. http://ru.valdaiclub.com/a/highlights/italy – russia – eu/? sphrase_ id = 74408.
③ 《欧盟遭美打击后向俄示好？容克：停止抨击俄罗斯》，http://baijiahao.baidu.com/s? id = 1602332448306232059&wfr = spider&for = pc。

俄罗斯黄皮书

三 俄欧关系升温的推动因素

2014年发生乌克兰事件之后,西方开始对俄罗斯实施制裁。俄罗斯与欧洲的关系一时跌入低谷。最近两年来俄欧关系开始逐渐转暖,其中主要的促进因素有以下几点。

(一)特朗普"美国优先"的外交政策

2017年1月,特朗普就任美国总统后外交上奉行"美国优先"政策,这种"优先"针对的不仅仅是美国传统的假想敌俄罗斯和中国等国家,在和欧洲盟友们打交道时同样要求保证美国的绝对"优先"。

1. 美国连续"退群"

特朗普宣誓就任总统后就签署总统令退出了《跨太平洋伙伴关系协定》(TPP),随后又陆续退出《巴黎气候协定》、联合国教科文组织和《移民问题全球契约》制定进程,并威胁要退出世界贸易组织。2018年5月8日,特朗普宣布退出伊核协议,并威胁要对与伊朗有经济往来的外国公司实施严厉制裁。许多欧洲国家在伊朗有着巨大的经济利益,法国总统马克龙和德国总理默克尔先后密集访美试图劝说特朗普留在伊核协议内,但均告失败。美国退出伊核协议使欧洲与美国之间产生了裂痕。10月20日,特朗普表示美国将退出1987年与苏联签订的《苏联和美国消除两国中程和中短程导弹系统条约》(以下简称《中导条约》),并称退出原因是俄罗斯长期违反该条约的规定,因此美国也需要发展相关武器。美国国务卿蓬佩奥之后也表示,如果俄罗斯不恢复遵守《中导条约》,六个月后美国将退出该条约。美国退出《中导条约》极有可能导致重新开始军备竞赛,同时也将在欧洲大陆重新部署中程核武器,欧洲将成为俄美对峙的前沿。

2. 美国实行贸易保护主义

特朗普就任美国总统后,在政治、经济等各个领域都奉行"美国优先"的政策,在经贸领域则是实行贸易保护主义,在全球发动贸易战。特朗普的贸易战不分敌我，只要被认定"占美国便宜"的就是美国的对手和敌人。在这一理念指导下，传统的盟友，如加拿大、墨西哥、日本、印度以及欧洲盟友无一幸免都成为美国加征钢铝关税的对象。包括欧盟国家在内的被制裁国家为了捍卫本国利益均向世贸组织提出解决争端诉求，同时也对美国实施了报复措施。美国不仅对欧洲盟友加征关税，同时还要求德国等相关国家放弃与俄罗斯的能源合作，尤其是"北溪－2号"天然气管道的建设，转而购买价格远高于俄罗斯天然气的美国液化天然气。美国在经贸合作中对盟友表现出的自私和霸凌态度令欧洲国家不满。

3. 要求欧洲北约盟友增加国防开支

美国政府多次指责多数北约成员国的军费开支不达标，而美国却承担了保护它们的责任。特朗普就任美国总统后多次敦促欧洲国家增加国防开支，并威胁称如果北约成员国不将军费开支增加到本国GDP的2%，美国就要重新考虑对北约的承诺。目前北约只有美国、英国、希腊、爱沙尼亚和波兰的国防开支达到这一标准，其他成员国的国防开支则基本呈现负增长状态，美国对这一现象极为不满。德国首当其冲受到特朗普的公开抨击。特朗普甚至直接点名德国总理默克尔，指责其有钱购买俄罗斯的石油和天然气，却没有向北约交出足够多的经费。北约成员国的国防开支计划指标是在2024年达到国家GDP的2%，但是在2018年7月11日召开的北约峰会上，特朗普建议将这一指标从2%提高到4%。目前虽然世界经济已经逐步走出危机，但欧洲多数国家经济发展仍比较缓慢，提高国防预算无疑将增加经济负担。美国坚持的"美国优先"政策和一意孤行使美国与欧洲之间的裂痕越来越大，而欧洲在伊核协议等问题上与俄罗斯有着共同利益，可以说美国的孤立主义将欧洲推向了俄罗斯。

（二）俄罗斯突破西方经济封锁的迫切需要和欧洲对俄罗斯能源的刚性需求

从俄罗斯与欧洲关系发展中可以看出，俄欧关系明显呈现政冷经热的特点。2014年乌克兰危机发生后，美国和欧盟对俄罗斯发起了一轮又一轮的

制裁,但俄罗斯似乎并未因此陷入严重的政治和经济危机。随着时间的推移,从2017年起在制裁与反制裁之下双方之间的贸易额开始增长,大型项目的合作也推进迅速。根据俄联邦海关的统计数据,2018年俄罗斯与欧盟之间的贸易额增长了19.3%,俄罗斯对欧盟出口增长了28.3%,从欧盟进口增长2.7%,欧盟在俄罗斯对外贸易总额中的份额从42.1%增长到42.7%。① 石油和天然气等能源产品价格的增长是俄罗斯与欧洲贸易总额增长的主要原因,能源也是俄罗斯对欧盟出口的最重要物品。2018年"北溪"天然气管道的供气量为588亿立方米,这也是该条管线建成投入运营以来的最大输气量。2018年俄罗斯与所有欧洲贸易伙伴之间的贸易额都呈增长态势,与德国之间增长最大,达19.3%。②

俄罗斯突破以美国为首的西方经济制裁,提振经济,实现能源出口多样化的需要,以及欧洲对俄罗斯能源,尤其是石油和天然气的需求,是双方在制裁尚未取消和美国的压力之下加强经济合作的根本原因。自俄罗斯与乌克兰2006年和2009年"斗气"后已经过去了十年,欧洲推行的能源供应多样化计划却未能实现,俄罗斯今天仍然是可预测的未来前景内欧洲能源最重要的供应者,而且几乎是唯一可靠的能源供应国。在现实面前,欧盟在如何对待俄罗斯的问题上选择了实用主义,在不断延长制裁期限的同时,与俄罗斯之间的经济合作同样也在进行。

在"北溪"天然气管线超负荷运行的情况下,俄罗斯天然气工业股份公司与法国ENGIE集团、奥地利石油天然气集团(OMV Group)、荷兰皇家壳牌、德国Uniper公司和德国Wintershall公司合作推出"北溪-2号"天然气管道项目,该管道将穿越波罗的海沿岸国家及其专属经济区将俄罗斯与德国连接起来,建成投产后的总输气量为每年550亿立方米。德国是"北溪-2号"项目在欧洲最强有力的支持者,项目建成后俄罗斯的天然气将

---

① В 2018 году товарооборот между Россией и ЕС вырос на 19.3%, https://russian.rt.com/business/news/600178 - oborot - torgovlya - es - rossiya - rost.

② За счёт чего Россия нарастила товарооборот с Европой, https://finance.rambler.ru/articles/41688685 - za - schet - chego - rossiya - narastila - tovarooborot - s - evropoy/.

直达德国，德国不仅自身受益还可将俄罗斯天然气输往其他欧洲国家。"北溪-2号"项目遭到一些欧洲国家和美国的反对，但项目合作方没有放弃，目前已开始建设。除了参与"北溪-2号"项目，法国道达尔公司也同俄罗斯诺瓦泰克股份公司、中国石油天然气集团公司和中国丝路基金共同参与大型能源合作项目——亚马尔项目的建设，并拥有20%的股份。

结　语

2018年，俄罗斯与欧洲的关系有喜有忧。双方都在美国的压力之下迈出了合作的一步，俄罗斯因此逐渐打破了因乌克兰事件被制裁后的孤立局面，与一些欧洲国家的双边关系、与欧盟整体的关系都有明显改善，经济合作也大幅提升。但是，乌克兰事件仍然是横亘在俄欧面前影响双方关系进一步全面发展的障碍。虽然经济合作密切，但欧盟在政治上并未放松对俄罗斯的指责，依然坚持遵守国际法、执行《明斯克协议》、尊重乌克兰的领土完整是解除对俄罗斯制裁的必要条件。2018年12月，欧洲理事会主席图斯克表示，由于俄罗斯未能落实《明斯克协议》，欧盟决定将原本于2019年1月31日到期的制裁再延长半年。乌克兰困局非一时能解，俄罗斯与欧盟的关系全面恢复正常仍需要时日。

Y.21
2018年独联体地区形势综述

刘 丹*

摘　要： 独联体地区①一直是俄罗斯外交政策的优先方向，2018年俄罗斯在独联体框架下进一步加强与各国合作，签订了一系列多边和双边文件。该年度俄罗斯担任欧亚经济联盟轮值主席国，欧亚一体化议程全面推进，成员国通过了《在欧亚经济联盟框架内进一步发展一体化进程宣言》。欧亚经济联盟经济增速明显，发展态势向好，与外部联系不断扩大。乌克兰宣布退出独联体、终止《乌克兰与俄罗斯两国友好合作伙伴关系条约》、俄乌刻赤海峡冲突等因素使得两国关系持续交恶，并在短期内难以改善。欧亚经济联盟最高理事会接纳摩尔多瓦为联盟观察员国，摩成为该组织的第一个观察员国。欧亚经济联盟和独联体是后苏联空间两个重要的国际组织，目前它们有各自作用，并行发展，无法相互替代。

---

* 刘丹，博士，中国社会科学院俄罗斯东欧中亚研究所外交室俄罗斯外交研究室助理研究员。
① "独立国家联合体"（简称独联体）是由原苏联大多数加盟共和国组成的进行多边合作的国际组织，成立于1991年12月8日，除波罗的海3国以外的苏联其他12个加盟共和国相继成为这一组织的成员国。2005年8月，土库曼斯坦宣布退出独联体，后以联系国的方式参与独联体活动；2009年8月18日，格鲁吉亚正式退出独联体。因此，目前广义上认为独联体有10个成员国。
"独联体地区"即"后苏联空间"，这一概念属于地缘政治范畴。是指由加入独联体的原苏联12个加盟共和国组成的区域，即使后来土、格两国退出独联体这一组织，它们在空间上仍属于"独联体地区"。研究"独联体地区"既包括对该区域政策、焦点、热点、国家间关系等的研究，也包括对"独联体"这一组织的研究。在行文中，如不需特别强调，"独联体地区"有时也简化成"独联体"。

关键词： 独联体 欧亚经济联盟 集体安全 俄罗斯 乌克兰 摩尔多瓦

2018年独联体地区的亮点是欧亚经济联盟经济增速明显，发展向好，并且与外界联系不断扩大。由于俄乌关系交恶，两国局部冲突摩擦不断，独联体地区形势稍显暗淡。但无论如何独联体地区都是俄罗斯外交政策中的最优先方向，是重中之重，俄重视发展与独联体各国的关系。

一 俄罗斯外交政策中的独联体地区

2018年在独联体和集体安全条约组织框架内，俄罗斯积极发展与相关国家的合作。在独联体一体化协作的框架内仅在国家元首和政府首脑层面，就通过了45项涉及经贸、人文、执法以及安全领域的决议。签署了《独联体国家在和平开发利用外层空间领域的合作公约》《实施联合行动的协议》《关于建立和发展知识产权市场的协议》《关于打击信息技术领域犯罪的合作协议》，以及《2019～2023年国家之间针对犯罪的联合措施方案》。在国家元首层面发表了《〈世界人权宣言〉通过70周年联合声明》，在外交部长层面发表了《关于防止侵蚀"不干涉主权国家内政"原则的联合声明》。

针对国际议程关键问题，集体安全条约组织通过了12项联合声明，其中包括《支持〈消除中程和短程导弹条约〉的联合声明》《关于阿富汗、中东、北非以及叙利亚局势的联合声明》《关于与各区域性组织开展合作的联合声明》等。集安组织按照计划进行旨在发展军事部队和维和部队等领域合作的联合军事演习，开展了打击非法移民和贩毒的特别行动。

在签订一系列文件的同时，2018年独联体和集安组织国家在边境安全方面更加积极合作，应对挑战和威胁。近年来，"伊斯兰国"和其他类似极端组织意识形态在中亚蔓延加剧，正在大肆宣传和招募中亚国家公民；"伊斯兰国"国际恐怖组织试图在中亚建立自己的据点并激活"休眠基层组织"，这对于独联体地区来说是极大的安全威胁。独联体国家领导人都意识到反恐的必要性和严峻性。2018年集体安全条约组织国家举行了多次联合军事演习。规模较大的一次是9月27日七个独联体成员国——俄、亚、白、哈、吉、塔、乌在中亚地区举行防空演习,参演飞机约100架。当前,独联体内部军事政治合作的最主要目的是加强伙伴关系、保证集体安全。2025年前在以往统一防空系统的基础上建立统一空间防御系统是独联体目前最有前景的合作项目。①

除了在独联体框架内签署一系列涉及集体利益的文件,俄罗斯还与独联体各成员国就双边关系签署了相关文件和协议。俄罗斯与白俄罗斯在成立的"联盟国家"框架内批准了《2018~2022年俄白联盟优先发展方向和首要任务》以及《2018~2019年对外政策协调行动纲领》,与哈萨克斯坦通过了《俄罗斯与哈萨克斯坦至2021年联合行动计划》,确定了国家之间进行合作的主要发展方向,与塔吉克斯坦签署了《至2021年经济合作纲要》,与阿塞拜疆签订的《至2024年发展的主要合作方向之行动计划》业已开始落实,2018年8月《俄罗斯与土库曼斯坦战略伙伴关系条约》生效。同时俄罗斯与亚美尼亚明确了继续开展盟国协作的共同意愿,与吉尔吉斯斯坦的政治和经贸合作得到了快速发展,俄罗斯总统普京在2018年10月对乌兹别克斯坦进行了国事访问。

2018年是欧亚一体化议程全面推进的一年。在俄罗斯担任欧亚经济联盟轮值主席国期间,成员国通过了《在欧亚经济联盟框架内进一步发展一体化进程宣言》。该文件在某些合作领域对形成共同市场的现有协议进行了补充,诸如教育与科学、卫生、旅游、体育以及地区间的贸易合作,并且为启动联合数字项目奠定了基础。此外各成员国还通过了《关于欧亚经济联盟观察员国地位的条例》,并在2018年5月14日,给予摩尔多瓦观察员国地位。在扩大欧亚经济联盟对外交流的背景下,签署了《关于深化欧亚经济委员会与独联体执行委员会之间的协作备忘录》,为后苏联时代的协调一体化开辟了道路。

---

① Андрей Шведов:《Миссия СНГ не теряет актуальности》,16 марта 2018 https://iz.ru/719902/dmitrii-laru-aleksei-zabrodin/missiia-sng-ne-teriaet-aktualnosti.

二 欧亚经济联盟的新发展

作为独联体地区一体化的重要组成部分，欧亚经济联盟从建立之初就备受关注。2018年，欧亚经济联盟内部的经济增长逐步显现出来，同时，联盟的外部联系也逐步扩大。

首先，欧亚经济联盟内部总体经济发展状况趋好。欧亚经济联盟成立于2015年1月1日。俄罗斯经济是欧亚经济联盟经济发展的火车头，2016年受俄罗斯经济下滑、矿产资源价格下跌等因素影响，欧亚经济联盟对外贸易额有一定程度的下滑。2017年欧亚经济联盟对外贸易状况明显好转，贸易额较2016年有较大增幅。2018年持续了乐观态势：欧亚经济联盟与联盟以外国家的贸易额达到7534亿美元，其中出口额为4906亿美元，进口额为2628亿美元。与2017年相比，对外贸易额增长1192亿美元，增长18.8%。商品出口额增长1037亿美元，增长26.8%；进口额增长155亿美元，增长了6.3%。对外贸易顺差从2017年的1396亿美元上升到2018年的2278亿美元。2018年欧亚经济联盟成员国相互贸易量达到597亿美元，相当于2017年的109.2%（见表1）。① 说明欧亚经济联盟的经济发展趋势向好。

表1 欧亚经济联盟对外贸易结构（2018年1~12月）

单位：亿美元

国别	外贸额	出口	进口	顺差	同比2017年1~12月%		
					外贸额	出口	进口
欧亚经济联盟	7534.174	4906.375	2627.799	2278.576	118.8	126.8	106.3
亚美尼亚	52.480	17.230	35.250	-18.020	117.9	103.4	126.7
白俄罗斯	354.997	198.389	156.608	41.781	117.9	127.2	107.8
哈萨克斯坦	743.753	550.643	193.110	357.533	123.3	127.3	113.1
吉尔吉斯斯坦	43.269	11.962	31.307	-19.345	112.3	97.8	119.0
俄罗斯	6339.675	4128.151	2211.524	1916.627	118.4	126.9	105.2

资料来源：http://eec.eaeunion.org/ru。

---

① 以上数字信息来自欧亚经济联盟官网，http://eec.eaeunion.org/ru。

俄罗斯黄皮书

2018~2019年全球经济增速较快，有利的外部经济环境促进了欧亚经济联盟国家经济发展。对于成员国来说，主要的积极因素是世界经济的增长刺激了对能源的需求，使国际油价持续上涨。成员国中俄罗斯、哈萨克斯坦和白俄罗斯外汇收入的主要来源就是油气出口。

其次，欧亚经济联盟与外部世界的联系日益紧密。自从2015年5月欧亚经济联盟与越南正式签署了自贸区协定后，很多国家（最主要是亚洲国家）都准备通过这种方式同欧亚经济联盟发展经贸关系。2018年5月17日阿斯塔纳经济论坛期间，中国商务部代表与欧亚经济委员会执委会主席萨尔基相及欧亚经济联盟各成员国代表共同签署了《中华人民共和国与欧亚经济联盟经贸合作协定》（以下简称《协定》）。《协定》旨在进一步减少非关税贸易壁垒，提高贸易便利化水平，为产业发展营造良好环境，促进中国与联盟成员国经贸关系深入发展，为双方企业和人民带来实惠，为双边经贸合作提供制度性保障。①《协定》是中国与联盟首次达成的经贸方面重要制度性安排，标志着中国与联盟及其成员国经贸合作从项目带动进入制度引领的新阶段，对于推动"一带一路"建设与欧亚经济联盟建设对接合作具有里程碑意义。②

也是在这次论坛期间，欧亚经济联盟与伊朗签署了临时自贸区协定。协定涉及双方贸易的50%左右，于2019年初生效，为期三年。三年期满后预计转为全面自贸区协定，该协定将涉及全部商品。在美国对俄罗斯和伊朗实施制裁的背景下，制裁促使两国在经贸领域相互靠近。

2018年6月19日，俄罗斯副外长莫尔古洛夫在瓦尔代国际辩论俱乐部会议上表示，目前有20个国家，新加坡、印度，还有一系列东盟国家，愿意同欧亚经济联盟就建立自由贸易区举行谈判。这说明欧亚经济联盟和主要的亚洲经济大国正在互相接近。2018年6月，在青岛召开的上海合作组织国家元首峰会和10月在杜尚别召开的上合组织政府首脑会议上，东南亚国

---

① 毕若琳：《中国与欧亚经济联盟合作提速》，http://www.sohu.com/a/232078981_275039。
② 毕若琳：《中国与欧亚经济联盟合作提速》，http://www.sohu.com/a/232078981_275039。

家都确认了与联盟在欧亚大陆建立广泛伙伴关系的意愿。2018年11月《欧亚经济联盟与东南亚国家联盟（东盟）相互谅解备忘录》的签署，是朝着俄罗斯提出建立"大欧亚空间"倡议迈出的重要一步。2019年2月20日，俄罗斯总统普京在国情咨文中称俄罗斯将继续构建欧亚经济联盟统一市场，以及进一步推进欧亚经济联盟与"一带一路"倡议对接，这是建立大欧亚伙伴关系的"序言"。①

欧亚经济联盟还将在2025年前建立药品和医疗器械单一市场，目前已取得阶段性成果。关于药品和医疗器械流通的统一规定于2017年起实施，2018年已建立单一药品市场运行的法律和信息基础，2019年1月通过了药品名称统一授予规定。② 下一步，将在联盟内部对药品贴上统一的电子监管标签。建立单一药品市场将有助于提高联盟各成员国的药品品质，使价格更加低廉。

俄罗斯学者认为发展欧亚经济联盟对后苏联空间的一体化发展至关重要，但需要注意以下几点：欧亚方案是以经济决定论，即以共同市场作为重点，关注的是一体化的物质方面，而完全忽视社会文化方面（人文、意识形态、宗教等）；确定欧亚经济联盟在世界经济体系中的地位非常关键，因为它寄希望于全球化，而如今逆全球化的倾向正在出现。

法国的欧洲议员舒伯兰特·埃米利克认为，在欧亚经济联盟推动后苏联空间的一体化进程中普京功不可没。欧亚经济联盟在独联体地区一体化受挫的背景下产生，一方面，联盟其他国家有与俄合作发展经济的意向；另一方面，俄罗斯的主导作用可能导致一家独大也引起其他成员国的警觉。他指出，西方对这个新出现的联盟持怀疑否定态度，但不可否认的是，该联盟某种程度上在很短时间内实现了欧盟在一体化道路上几十年的探索，最高欧亚经济委员会的职能也比较完善，确保了各成员国之间的平衡。他还认为欧盟

---

① Послание Президента Федеральному Собранию, http://www.kremlin.ru/events/president/news/59863.
② 中华人民共和国驻俄罗斯联邦大使馆经济商务参赞处, http://ru.mofcom.gov.cn/article/jmxw/201902/20190202835631.shtml。

对俄罗斯的制裁是愚蠢的，欧盟应该发展同欧亚经济联盟的关系。尽管欧亚经济联盟的发展受到西方干扰，它未来的发展前景依然乐观。①

三　俄乌关系进一步恶化

俄乌关系是独联体地区一组重要的双边关系，2014年初莫斯科与基辅的关系因顿巴斯局势而恶化。虽然双方签署了缓解冲突措施的文件，然而冲突各方交火情况仍时有发生。据联合国最新资料显示，目前冲突造成约1万人死亡。近年来双方关系都没有缓和的迹象，2018年俄乌关系持续恶化。

2018年4月12日，乌克兰宣布退出独联体，这是继2014年俄并入克里米亚后乌宣布退出独联体后的又一次表态。虽然当时没有退出，但从2015年至今，乌克兰已经连续四年未交独联体会费。2018年5月19日，乌总统波罗申科宣告终止先前由乌签署并在独联体框架内实施的一系列国际协议。乌克兰的这些举动意在得到西方认可，以便快速加入欧盟和北约。但同时乌克兰最高拉达执政联盟代表伊·鲁岑科明确指出必须继续保留乌在独联体框架内签署的某些文件，这些文件涉及学历、劳动资格认证和过境权利等问题。② 其实，乌克兰希望在形式上正式退出独联体，同时仍然保留独联体某些协议签署国地位是效仿格鲁吉亚方案③，这意味着，乌克兰虽然在政治层面姿态十分强硬，而实际上仍不希望放弃自身在独联体框架内的某些权益。

《消息报》称为了回应所谓的"俄罗斯侵略"，乌总统波罗申科宣布退出独联体。④ 但是，俄罗斯官方对此反应比较克制，"乌克兰退出独联体将损害其国家和人民的利益，并使其经济进一步恶化。乌切断与独联体联系的

---

① Шопрад Эмерик: Евразийский союз - важнейший компонент планетарной, мультиполярной системы, Международная жизнь, №1, 103 - 108с.
② Алексей Забродин, Николая Поздняков: «Уйти, чтобы остаться», Газета Известия, 19 апреля 2018г.
③ 2009年格鲁吉亚退出独联体后，仍保留独联体34个合作文件的签署国地位。
④ Алексей Забродин, Николая Поздняков: Уйти чтобы, остаться, Газета Известия, 19 апреля 2018г.

行为并不明智，因为在独联体框架内自由贸易区对成员国在能源等诸多领域有特定的贸易优惠"①。"如果乌克兰退出独联体，它就失去了这一重要交流和对话的平台，使其外交资源受限，这将是巨大损失。"② 可以看出，俄罗斯官方和学者希望乌克兰继续留在独联体内，对乌退出独联体持否定态度。

2018年9月17日，根据乌克兰国家安全和国防委员会的决定，乌克兰总统波罗申科签署一项旨在停止继续签署乌俄友好条约的文件，并正式通报俄方。11月25日，俄乌刻赤海峡冲突使两国的紧张关系进一步升级。当天，乌克兰海军船只"别尔江斯克"号、"尼科波尔"号和"亚内卡布"号三艘军舰穿越俄罗斯边境，向刻赤海峡航行。对峙期间，俄罗斯船只向乌克兰军舰开火，并扣押了硬闯该海域的三艘乌克兰军舰。事件发生后，俄方按俄联邦刑法第322条第3部分（非法越过国界）进行刑事立案。乌克兰要求俄方释放乌海军舰艇的船员回国，并索要赔偿。此外，在声明中还呼吁欧洲盟友和伙伴通过采用新制裁和加强现有制裁来遏制俄罗斯，并向乌克兰提供军事援助。此后，12月5日俄军正在黑海海域和克里米亚东部演习当天，乌克兰海军宣布成功试射新型巡航导弹，同时美军一艘驱逐舰驶近俄罗斯海域。

2018年12月6日，乌克兰最高拉达通过终止《乌克兰与俄罗斯友好合作伙伴关系条约》的决议。乌克兰议会解释称，由于俄罗斯持续破坏乌俄两国友好合作伙伴关系条约的内容，并且无意弥补其行为造成的损失，乌克兰决定终止该条约，该条约将于2019年4月1日失效。该条约签署于1997年，它是两国关系的基本文件，规定了两国战略合作伙伴关系。乌克兰的这一举动使俄乌关系变得更加复杂。

评估近年来的俄乌关系，有学者认为乌克兰的"离去"已成为现实，

---

① 《俄罗斯上院议长说乌克兰切断与独联体联系不明智》，http：//www.xinhuanet.com/world/2018-04/14/c_1122681960.htm。

② Неприемлемо представлять Содружество в качестве враждебной украинцам организации, Газета Коммерсантъ, № 68（6306）от 19.04.2018, https：//www.kommersant.ru/doc/3606613.

俄罗斯将彻底失去乌克兰，乌已经成了俄罗斯最大的负资产。① 俄罗斯学者对乌克兰危机之后的俄乌关系进行了思考，认为乌克兰不可能回归俄罗斯，"是应该考虑俄乌关系的时候了，乌克兰永远回不到苏联时代了，未来的乌克兰应该成为欧洲空间有用的组成部分。虽然俄乌两国密不可分的天然气管道将在一段时间内使两国关系保持重要性，但无论政治上发生什么，都无法想象乌克兰回归俄罗斯，而俄罗斯本身也试图将自己与不可靠的邻国隔离开来。"②

由此可见，俄乌冲突很难降温，两国关系深陷危机，目前很难改善。

四 摩尔多瓦转向欧亚经济联盟

2016年12月23日多东就任摩尔多瓦总统。根据竞选纲领，他计划恢复与俄罗斯的战略伙伴关系，重启对俄出口贸易，使两国能源合作正常化。他多次强调"恢复与俄关系对摩尔多瓦至关重要"。摩尔多瓦的经济发展问题、德涅斯特河沿岸问题，以及俄境内摩劳工等问题都离不开俄罗斯对摩尔多瓦的支持。

2017年4月14日，在比什凯克举行的欧亚经济联盟最高理事会会议上，摩尔多瓦取得了欧亚经济联盟观察员国地位。2018年5月14日，欧亚经济联盟最高理事会接纳摩尔多瓦为联盟观察员国，摩尔多瓦成为该组织第一个观察员国。观察员的地位使它能够出席联盟各机构会议，接受联盟机构的非机密性文件，这在某种程度上有利于消除现有的经济壁垒，发展经济合作。但是，这种地位并没有参与联盟决策的权利。同时，获得联盟观察员地位的国家有义务不参与任何可能损害联盟及其成员国利益的行动，不违背条约的目的和宗旨。总体来说，摩尔多瓦在与欧盟签署联系国协定后，又成为

---

① 毕洪业：《乌克兰：俄罗斯外交最大的"负资产"》，《世界知识》2018年第20期。
② Фёдор Лукьянов：Украинский вопрос для будущего России, Россия в глобальной политике，No3，2018 г.，http：//www.globalaffairs.ru/number/Ukrainskii－vopros－dlya－buduschego－Rossii－19532.

欧亚经济联盟的观察员国，可以在欧亚经济联盟框架内发展与成员国的经济合作，这对摩尔多瓦经济发展非常有利。

综上所述，2018年独联体地区形势虽有亮点，但因俄乌关系持续交恶而略显低迷。尤其乌宣布退出独联体再次引发外界对独联体命运的思考：欧亚经济联盟是否能取代独联体？独联体是否还有存在的意义？

五　对独联体前途命运的思考

考察独联体27年的发展历程可以看出，它已经从一个最初文明"离婚"的平台变为包括多个次区域一体化机制的合作组织。它最大的作用是确保了原苏联各加盟共和国文明"离婚"，某种程度上延缓了该地区去一体化的趋势，为成立欧亚经济联盟创造了条件。但其自身发展有许多问题：它的经济一体化停留在自贸区较低层面，许多国家发生过"颜色革命"，很多问题没有得到妥善解决（如纳卡、德左、阿布哈兹和南奥塞梯、乌克兰东部等问题），这些都极大削弱了独联体的凝聚力。尽管如此，独联体依然有存在的意义。

首先，从俄罗斯对外政策方面来说，独联体地区对俄罗斯具有重要的地缘政治意义。独联体地区是俄罗斯外交的最优先方向，俄领导人曾多次强调，该地区是俄的"战略利益区""传统利益区"和"切身利益区"。俄独联体政策的目标是把后苏联空间的大多数国家团结在莫斯科周围。[①] 独联体地区是俄罗斯重新崛起的重要依托地带，一旦失去独联体，俄将远离欧洲中心，无法对欧洲施加影响，更无法成为世界大国。俄必须保持在独联体地区的领导地位和影响力，推进一体化进程，"再没有比这更重要的任务，俄罗斯的未来取决于此"[②]。因此，毫无疑问，俄罗斯对这一核心地区的关注将

---

① Ирина Болгова, Председательство России в СНГ: к чему стремимся? http://russiancouncil.ru/analytics-and-comments/interview/sng-v-2017-g-dostizheniya-vyzovy-perspektivy/.

② Путин считает интеграцию со странами бывшего СССР ключевой задачей РФ. http://ria.ru/politics/20120411/623237387.html#ixzz2I7F2Rv5a.

一直持续下去。

其次，在后苏联空间目前尚未有一个组织能够取代独联体的功能，欧亚经济联盟目前不能取代独联体。早在2011年10月3日，当时的俄总统候选人普京在《消息报》发表的文章《新欧亚一体化计划：未来诞生于今日》中就提出设想：在后苏联空间建立欧亚联盟，把欧洲与充满生机和活力的亚太地区联系起来。直到2015年1月1日，由俄、白、哈组成的欧亚经济联盟才正式成立，同年1月和8月，亚美尼亚和吉尔吉斯斯坦分别成为欧亚经济联盟成员国。迄今为止，欧亚经济联盟有五个成员国。虽然欧亚经济联盟现在是独联体地区当代经济一体化进程的核心，但是一个相对较新的机制，它更侧重于经济联合，是经历了自由贸易区、关税同盟、统一经济空间几个阶段发展起来的一体化程度更高的经济联盟，其建立初衷就是和独联体并行存在，而不是要对后者取而代之。

最后，独联体条约的法律基础非常宽泛，目前独联体是唯一在政治、经济、文化、人文和军事等各领域团结后苏联空间国家的多边合作机制。它有许多多边合作项目：如根据独联体框架内的协议调节成员国公民变换居住地（国）养老金保障问题、医疗救护等问题。这些合作的领域和空间是欧亚经济联盟和集体安全条约组织无法涵盖的，况且并不是所有独联体国家都加入了这两个组织，它们只能借助独联体这一平台实现区域合作的愿望和利益。

因此，至少从目前来看，欧亚经济联盟和独联体是并行发展的，它们的存在都有必然性。当前，独联体国家面临着经济现代化、迎接新挑战、对抗新威胁和建立更为公正的国际政治经济新秩序的共同任务。在解决这一任务的道路上需要各成员国在包括建立共同经济空间、完善地区安全治理体系、提升独联体国际威望等一系列问题上加深合作。

Y.22
2018年俄罗斯中东政策：全面回归与地区权力格局重塑

胡 冰*

摘　要： 2018年俄罗斯在中东地区进一步强势回归，一方面积极干预地区热点问题，致力于推动安全问题的解决；另一方面在该地区广泛结交盟友，不以意识形态论亲疏，不被逊尼派—什叶派裂痕钳制，全面拓展合作领域。俄罗斯极端务实地在复杂的地缘政治环境中从容应对，军事行动、外交努力和经济参与相得益彰。美国在中东战略收缩、逐步退出的同时，俄罗斯在该地区越来越被视为负责任的国际大国。俄罗斯在中东地区成功地投射力量，使其影响力达到后冷战时代的顶峰，进一步重塑了中东的权力格局。

关键词： 中东　俄罗斯　叙利亚危机　伊核协议　卡舒吉事件　军火贸易

中东①局势波谲云诡，一向是全球大棋局的缩影。从历史上看，中东与欧洲、东北亚、中亚相比，从来不是俄罗斯对外战略的重点和优先选项。俄

---

* 胡冰，博士，中国社会科学院俄罗斯东欧中亚研究所《俄罗斯东欧中亚研究》编辑。
① 中东在这里被定义为一个由埃及、黎凡特地区（包括巴勒斯坦、以色列、黎巴嫩）、土耳其、伊朗和阿拉伯半岛环绕的核心地区。由于土耳其正在积极向中东投射力量，出于分析目的，它被纳入该区域的一部分。

罗斯自认为与许多欧洲大国不同，在该地区没有殖民野心，也不认为中东是自己的势力范围或是极其重要的地缘战略通道或经济过境走廊。俄罗斯在该地区直接使用军事力量的经验也不丰富，更没有把自己定义为中东地区关键的外部势力。然而，由于近年来国际局势和全球地缘政治形势的演变，乌克兰危机之后西方国家对俄罗斯的封锁制裁，"阿拉伯之春"在中东的爆发以及"伊斯兰国"在该地区的崛起，俄罗斯发现中东权力格局出现重塑的可能，可以借机缓解自身遭遇的困局。对俄罗斯而言，中东是宗教极端主义意识形态传播的源头，该地区与对俄罗斯南部安全稳定至关重要的南高加索地区接壤。此外，中东还是俄罗斯武器出口的最大消费者，聚集着世界上重要的石油产出国，欧佩克组织（OPEC）甚至左右着世界石油的产量与价格。为了确保国家的政治、经济和安全利益，普京政府在过去的几年中不断将俄罗斯的影响力延伸至这一地区，并制定了灵活、务实的中东政策，在全面实质性参与中东事务的过程中以"最小的代价获取最大的利益"。2017年既是中东地区六年来地缘政治转型的一个转折点，又是俄罗斯在该地区全面回归、获得突破之年。俄罗斯不仅保住了叙利亚阿萨德政权，摧毁了"伊斯兰国"极端组织，还与伊朗、土耳其结成盟友，同时跟沙特、埃及、以色列和约旦等国加强协作。2018年，美国声称将从叙利亚撤军，进一步在中东地区实施战略收缩，而俄罗斯则以更加积极的姿态参与地区事务，以外部调停人的身份，在中东维持秩序，提供支援，开展全方位合作。俄罗斯在中东的全面回归进一步影响了中东权力格局的变化。

一 叙利亚危机之后俄罗斯在中东的全面回归

俄罗斯通过干预叙利亚危机进行了一场高风险的赌博并取得胜利，由此俄罗斯开始全面参与中东事务，继续与中东地区大国保持良好的协作，俄罗斯在中东的收获将是长期的。

（一）借助叙利亚危机加强在中东的军事存在

2015年9月，俄罗斯为叙利亚政府军提供直接空中支援，并且为伊朗和（黎巴嫩）真主党地面武装提供支援，帮助阿萨德维持统治并夺回叙利亚主要城市阿勒颇的控制权，阻止了叙利亚政权倒台，扭转了战争局面。俄罗斯军事介入叙利亚的最初阶段持续了大约一年，一年中俄罗斯始终试图与美国接触，最终于2016年9月和美国签署叙利亚停火协议，同意美俄联合空中打击"伊斯兰国"及其他极端恐怖组织，并就叙利亚的政治未来进行新一轮谈判。然而，这样的局面只是昙花一现，双方都指责对方未履行各自的承诺。俄罗斯由此认为，不应试图与西方在叙利亚及其他地区进行接触，而应致力于与有意在叙利亚达成停火的地区参与国建立一个"自愿联盟"。俄罗斯凭借与当地几乎所有国家（不论是逊尼派还是什叶派、伊朗还是海湾阿拉伯国家、以色列人还是巴勒斯坦人、土耳其人还是库尔德人）都存有良好关系的优势在其中斡旋。由于美国无法单独决定叙利亚及整个地区的走势，俄罗斯的行动甚至受到特朗普政府的鼓励。由俄罗斯、土耳其和伊朗参与的阿斯塔纳进程于2016年底启动，这对俄罗斯来说是一次重大的政治突破，俄罗斯、伊朗、土耳其在叙利亚问题上的战略协作也使人印象深刻。整个2017年俄罗斯一直试图利用这一初步成就，扩大阿斯塔纳进程参与者的范围，并将对话内容从降低战争的范围、强度和达成停火机制扩大到可持续的政治解决方案。

俄罗斯直接参与叙利亚的第二阶段比第一阶段更加成功。截至2019年初，叙利亚政府军击败大马士革周边地区和叙利亚南部的叛乱分子，保住大马士革并收复了与约旦接壤的边境地区，使叙利亚大部分地区重回叙当局控制之下。随着巴沙尔总统的军队继续从叛乱分子手中收复领土，叙利亚大部分地区的战斗已经平息。然而，俄罗斯参与叙利亚行动也遭遇不少瓶颈。伊朗和土耳其没有能力也不愿控制在叙利亚作战的许多非国家组织，没有共同致力于达成叙利亚东部的政治解决方案。叙利亚政府军的胜利使巴沙尔·阿萨德更加自信和傲慢，降低了叙利亚在日内瓦讨论政治解决方案的积极性。为了拉拢土耳其，俄罗斯疏远叙利亚库尔德人，使他们转向美国寻求支持和庇护。特朗普在该地区的政策与前任相比，更加我行我素，更倾向于使用美国的军事力量直接对抗叙利亚政权，对叙利亚问题的政治解决和战后重建没有做出任何严肃承诺。2018年初，叙利亚全国代表大会在俄罗斯索契召开，既没有在地区局势上取得突破，也没有迹象显示叙利亚的政治变革取得明显进展。美国国防部2018年12月19日表示，随着美国在叙利亚境内围剿"伊斯兰国"的战役进入下一阶段，五角大楼已启动将美军撤离叙利亚的程序。但美国从叙利亚撤军后，伊朗将寻求尽可能多地接管叙利亚领土，尤其对控制叙利亚—约旦边界的坦夫地区——这一从巴格达到大马士革的最佳路径充满兴趣，美国已在此部署了几年时间。伊朗在美国撤军后影响力扩大，很可能加剧与以色列的紧张关系。伊朗是俄罗斯的特殊伙伴，以色列也在中东局势稳定方面起着特别重要的作用。以色列特别警惕和排斥伊朗在该地区影响力的上升，期望通过俄罗斯抑制伊朗在叙利亚和中东的扩张。俄罗斯也不愿意伊朗在叙利亚和中东独大，更不希望看到伊朗和以色列发生冲突，这不符合俄罗斯希望通过叙利亚和中东撬动与西方关系的预期。

俄罗斯对叙利亚问题的干预是后冷战时期一次重要且不同以往的介入，俄罗斯在维持叙利亚的稳定、政治管理和战后重建方面有可能发挥主导作用，其在中东地区的权力地位得到提升。通过直接参与叙利亚的军事冲突，俄罗斯保留了在拉塔基亚和塔尔图斯的海军、空军基地，加强了在东地中海和中东地区的军事存在。在解决叙利亚危机的过程中，成为中东地区关键角色的俄罗斯与中东地区各国接触，利用各种有利资源，以外交、经济、军事等多种形式向中东其他重要地区进一步投射影响力，加强与地区主要大国的协作，促进地区事务的解决，把自己塑造成信守承诺的关键调停者形象。虽然美国国内战略界批评美从叙利亚撤军是个错误决定，但如果特朗普去意已决，美国很有可能支持俄罗斯"取而代之"。

（二）伊核问题再考验俄罗斯与伊朗战略伙伴关系

2018年5月8日，特朗普不顾欧洲盟友和其他国家的反对，单方面宣布退出奥巴马总统与伊朗在2015年达成的具有里程碑意义的核协议。伊朗与世界大国在2015年达成协议，解除国际社会对伊朗的制裁。作为交换条件，伊朗同意限制核活动，延长制造核弹的时间。普京2018年6月10日在上海合作组织成员国元首理事会会议上发表讲话时,批评美国退出伊朗核协议。普京强调,上合组织成员国对美国的举动感到担心,美国退出伊朗核协议的决定会破坏地区局势的稳定,并表示俄罗斯将继续履行伊核协议规定的义务。作为上合组织观察员国,伊朗总统鲁哈尼在峰会上发表讲话说,伊朗希望伊核协议的其他参与国保证遵守协议。他说:"美国政府退出《联合全面行动计划》(即伊朗核协议)是单边主义和蔑视国际社会决定的最新例证。"自特朗普宣布美国退出伊核协议以来,欧洲国家一直在努力确保伊朗获得足够的经济好处以说服它留在协议内,中国也对美国退出伊核协议表示遗憾。美国退出伊核协议的进一步影响还在持续发酵,毫无疑问,俄罗斯在官方表态中定会力挺老朋友,但同时其也在谨慎观察美国在该问题上的进一步举动。

(三)"卡舒吉事件"促成沙特与俄罗斯外交接近

沙特阿拉伯一直是美国在中东不可或缺的传统盟友。然而,由于美国页岩气开发和替代能源的普及有可能降低全世界对石油的需求,导致原油价格长期低迷,沙特王储穆罕默德·本·萨勒曼自2016年开始在国内推进旨在摆脱石油经济的"2030计划",希望沙特能迅速从过度依赖石油的经济社会结构中摆脱出来。在外交方面,不管是在叙利亚还是在也门,沙特与伊朗对中东地区霸权的争夺都因俄罗斯与伊朗的亲密协作而处于劣势,同时奥巴马时代以来的美国中东政策也使其产生不信任感。为了平衡对美关系,此前向美国一边倒的沙特开始与俄罗斯接近。对于俄罗斯而言,沙特更是俄罗斯中东外交从以什叶派势力为中心向包含逊尼派在内的全方位外交转变的窗口。2017年10月,沙特国王实现了自苏联时期以来首次对俄罗斯的访问。同时俄国防出口公司与沙特阿拉伯军事工业公司(SAMI)签署了在沙特国内生产AK-103自动步枪的合同,并"就出口S-400防空导弹系统,'短号-EM'反坦克导弹系统"以及其他武器达成协议。

2018年10月2日,中东知名记者卡舒吉因为行政手续进入沙特驻土耳其伊斯坦布尔领事馆后再未出现,后被证实其已在领馆内死亡。种种迹象都指

向卡舒吉被虐杀是沙特政府所为，因为卡舒吉生前对沙特政府内外政策持不同看法，经常批评王储的改革，称其将变得更加独裁。一时间卡舒吉遇害一案让之前受到外界好评的沙特王储的形象崩塌，并被推上风口浪尖，沙特与土耳其、整个西方的关系陷入危机。美国扬言一旦确认凶手是王储身边的亲信，西方有可能对沙特实施制裁。美国是否会真的放弃沙特这枚棋子还不确定，但美沙一旦决裂，俄罗斯将毫无疑问地会立刻成为沙特的战略合作伙伴。

2018年12月1日，俄罗斯总统普京在G20会议期间与沙特王储穆罕默德会晤后宣布，同意将OPEC的减产协议延长至2019年，但并未提出明确的减产数字。虽然目前还没有对减产幅度宣布最后决定，但俄罗斯会和沙特一起采取行动，继续监控石油市场情况，并迅速做出回应。沙特方面也表示，两国领导人在布宜诺斯艾利斯围绕石油市场的再平衡进行了讨论，俄罗斯越来越相信需要循序渐进地与OPEC联合减产，但不希望减得太多。具体减产规模方面，沙特建议，OPEC及其盟国从2019年1月开始减产100万桶，以遏制价格下跌。如果俄罗斯与现有协议中的减产比例相同，减少份额将达到16.6万桶/天。在普京宣布俄罗斯和沙特将延长石油减产协议不久，美国西得克萨斯轻质原油（WTI）交割原油期货跳空高开涨逾3%，布伦特原油（Brent）交割原油期货拉升2.3%，这是美国不愿意看到的。如果沙特因卡舒吉事件与美国渐行渐远，而选择与俄罗斯靠得更近，俄罗斯就能把中东两个地区大国——伊朗和沙特控制在手中，从而成为中东地区真正的霸主。

（四）俄罗斯与土耳其关系持续升温

历史上俄土战争断断续续长达241年，平均不到19年就有一次。1952年北约第一次东扩，土耳其作为当时唯一与苏联接壤的北约国家，扼住了苏联黑海舰队的出海口。长期以来，土耳其奉行亲西方路线，加上历史恩怨，注定两国关系的发展是竞争与合作并存。土耳其正发党执政以来，明显开始重视中东，奉行以西方化和中东新奥斯曼主义为核心的外交，将中东与西方放在外交工作的核心位置。但是近年来在土耳其和美国外交争端持续升级的背景下，美国对土耳其采取制裁措施，土耳其在对外战略中更加偏向与自己处境相似的俄罗斯。在叙利亚乱局中,两国关系因2015年土耳其在土叙边境击落一架俄罗斯苏-24战机而恶化,在俄罗斯实施一系列经济制裁之后,2016年6月,埃尔多安向普京道歉,俄罗斯逐步取消制裁,两国关系开始解冻并得到迅速发展。2017年,为了结束叙利亚内战,土耳其、俄罗斯和伊朗在阿斯塔纳共举行了8次会谈。此外,身为北约成员国的土耳其还引进了俄罗斯S-400防空导弹系统,引起美国不满。美国对土耳其的制裁使土耳其国内经济状况下行,里拉对美元的汇率一路下滑。2018年8月14日,俄罗斯总统新闻秘书佩斯科夫、外交部部长拉夫罗夫分别表示,美国对土耳其的制裁无碍俄土双边经贸合作,近年来俄土合作进展顺利,两国正在磋商双边贸易中去美元化,使用本国货币支付,俄土将继续就此进行周密安排。土耳其目前面临的经济和金融困境并未对俄土合作项目造成影响,两国贸易额持续增长,天然气管道、核电站等俄土合作项目均在有序落实。同时,俄罗斯也感谢土耳其拒绝参加西方对俄制裁。

(五)俄罗斯"重返埃及"

俄罗斯和埃及的关系开始摆脱2015年俄罗斯客机在西奈遭受恐怖袭击的阴影。2018年4月,莫斯科和开罗之间重新建立直航,同时恢复俄罗斯城市和埃及红海度假村之间的直飞航班。埃及一直是俄罗斯在中东地区军事技术合作领域的主要合作伙伴。2017年,俄罗斯获得埃及对舰载卡-52K武装直升机的订单,S-300VM防空导弹系统也正在交付。当前,俄罗斯正在向埃及提供约50架卡-52"短吻鳄"武装直升机。2018年5月14日,俄罗斯国防部部长绍伊古与埃及国防部部长塞比基索比举行谈判。在"2+2"外长会谈上,俄罗斯希望继续深化双方在经济、军事技术和人道主义等领域的合作。2018年8月在莫斯科举行的第五次俄罗斯—埃及军事和技术合作联合委员会会议上,两国希望在包括联合军演在内的所有军事合作领域取得更大的成就。此外,俄罗斯和埃及在巩固军事合作基础上重新展开经济合作。2018年10月17日,埃及总统塞西访问俄罗斯并签署了两国关于全面伙伴关系和战略合作的双边协议。2018年1~8月俄罗斯与埃及的贸易持

续扩大，与2017年相比增长28%。此外，俄罗斯在埃及建设工业区的政府间协议准备工作已就绪，欧亚经济联盟也于2018年秋季与埃及展开关于建立自贸区的谈判。普京表示，如果埃及与欧亚经济联盟能于2019年签署自由贸易协定，俄埃贸易额将进一步扩大。俄埃关系升温既帮助俄罗斯开拓海外市场，又助力俄罗斯参与解决中东问题。埃及总统塞西为普京在中东探索更大胆的外交政策提供了支持：不仅为俄罗斯支持陷入困境的叙利亚巴沙尔政权提供外交掩护，还因俄罗斯支持利比亚反伊斯兰主义的指挥官哈利法·哈夫塔尔，而为俄罗斯军队提供了一个军事基地。

（六）俄罗斯在也门南部扮演调停角色

俄罗斯红海战略首次公开被讨论是在2009年1月，当时一名俄罗斯高级军事官员表示对在具有重要战略意义的曼德海峡附近建立一个军事基地非常感兴趣。曼德海峡连接着红海和亚丁湾。如今，建设这个军事基地已经逐渐成为俄罗斯在也门的长期战略目标。也门前总统阿里·阿卜杜拉·萨利赫在2016年8月做出允许俄罗斯在红海建设海军基地的承诺。作为回报，自2017年9月以来，俄罗斯政府与哈迪政府签订了一项合同，在莫斯科印刷并向亚丁安全转移银行票据。这份合同帮助也门政府支付了也门南部军事人员和安全部队的薪水，阻止了分离主义民兵组织的叛逃，并帮助控制了这个饱受战争蹂躏地区的局势。此外，俄罗斯外交官在2017年还促成萨利赫与沙特阿拉伯之间的对话。在萨利赫于2017年10月患病期间，俄罗斯派遣了一支医疗队帮助治疗。由于俄罗斯与也门南部的众多派别〔比如南方过渡委员会（STC）附属的也门社会主义党和南部分离主义运动（Hirak）〕保持着积极的关系，俄罗斯相信也门南部的这些派别会恢复萨利赫有关海军基地建设计划，俄罗斯认为也门南部的稳定是实现其在红海发展势力范围的一个先决条件。2018年1月，俄罗斯外交部正式表示有兴趣调停也门南部分裂分子和也门流亡总统哈迪（Abed Rabbo Mansour Hadi）支持者之间的对峙。俄罗斯将也门南部视为扩大其在非洲之角影响力的门户，因此建立这一潜在军事基地对俄罗斯地缘政治利益的重要性与日俱增。除此之外，俄罗斯还将加强与该地区国家的双边贸易联系。2018年9月3日，俄罗斯外长拉夫罗夫宣布，莫斯科计划在厄立特里亚建立一个物流中心，以增加俄罗斯在红海地区农产品和矿产的贸易量。俄罗斯还探索在索马里兰建立一个海军基地的可能性，这将使俄罗斯进入埃塞俄比亚战略港口柏培拉成为可能。考虑到这些后续项目，俄罗斯重视这个军事基地的建立，因为由此可以把阿拉伯半岛的这些设施结合在一起。

二 影响俄罗斯中东政策的因素

（一）客观因素

1. 从奥巴马到特朗普，美国中东政策的核心思想是持续战略收缩

近年来，从美国在中东采取的实际行动来看，美国在该地区战略收缩的态势在持续。战略收缩体现在美国中东政策的目标上，冷战结束以来美国中东战略目标包括：能源安全、反恐、防止大规模杀伤性武器扩散、盟国安全和促进民主。特别是2001年之后，美国把推广民主作为中东政策的重要组成部分。奥巴马在2013年9月联合国大会上指出，反恐、能源、盟国安全和防范大规模杀伤性武器扩散是美国在中东的四大核心利益，首次公开把"民主化"排除在中东政策目标之外。2017年特朗普在美国《国家安全战略报告》设定的中东政策目标是："中东不能成为恐怖分子的庇护所，中东不能被一个敌对大国控制，中东是能源安全的组成部分。"从把保护盟国安全改为不允许"中东被一个敌对大国控制"这条来看，美国回归了冷战时期的离岸平衡政策。反恐仍然是美国中东政策的核心目标，但内容被压缩。小布什政府时期，美国承诺哪里有恐怖主义，美国就去哪里反恐，不仅如此，美国还要通过民主和经济改革手段铲除产生恐怖主义的根源；目前，美国仅限于不让中东成为"恐怖主义的庇护所"。反恐的范围仅限于能够对美国构成直接威胁的恐怖主义。美国虽承诺保护盟国的安全，但实际上美国已不再将保护盟国的政权安全作为目标，特别是来自盟国本国的安全威胁，在可预

见的未来，更不可能再为任何一个中东国家大规模地出动地面部队。

综上所述，美国1990～2010年在中东扮演的是国际警察角色，截至2018年底已回归离岸平衡手角色，只是为防止大的权力失衡而进行有限干预。尽管美国中东政策目标在收缩，承担责任在缩水，但是美国仍然要遏制伊朗、打击恐怖主义和保护盟国安全。奥巴马时期，美国提出"亚太再平衡战略"后，在中东开始实施"轻脚印"战略，不再大规模卷入中东地区冲突，而是通过空中干预维护美国利益。特朗普上台后，空中军事力量、地面驻军威慑、盟国支持、大国关系协调是美国新中东政策的主要构成部分。特朗普政府的叙利亚政策进一步证实了美国在中东地区实施持续的战略收缩。

2. 美国"页岩油（气）革命"对中东地缘政治格局的影响

一方面，历史上美国能源供应长期高度依赖外部油气资源的特点在一定程度上决定了美国能源安全的脆弱性、不稳定性和被动性。因此，美国不遗余力地在全球几乎所有的能源热点地区，尤其在中东，进行渗透、争夺和控制。美国扶持沙特阿拉伯王室政权、在海湾地区驻扎重兵、多次发动石油战争以赢得对这一地区的控制权。美国为维护能源安全在中东地区付出的巨大代价在一定程度上导致美国国力的相对衰弱。然而，自从近年来美国的"页岩油（气）革命"之后，美国非常规天然气开发速度超出想象，产量增长之快使美国的能源独立指日可待。美国不仅不再需要进口液化天然气，而且用自身液化天然气快速替代柴油，并且在页岩气开发中意外收获大量页岩油，使中东对美国的战略重要性直线下降。能源战略的改变影响美国维护全球霸权的策略。美国实现能源独立，使其在处理中东问题时能摆脱石油供应国的束缚，在政策选择上更为灵活自主，这是美国在中东地区战略收缩的客观因素。

另外，俄罗斯与中东许多国家一样，属于能源资源出口型经济体，本国经济发展依赖能源消费市场的开拓和国际油价的上涨。就全球国际能源市场来看，2014年以来，石油价格下跌，需求不振，虽然化石能源仍占主导地位，但世界能源结构的总体优化阻遏了石油供应，美国页岩油（气）供应充盈，"页岩油（气）革命"改变了国际油市和格局。国际原油价格将可能持续走低或略有浮动，低油价并不能减少石油供应量，却使石油出口国外汇收入减少，通过贸易乘数，会促使国民经济发展放缓，增加失业率，使本币汇率下跌。当年美国通过沙特控制 OPEC，建立石油美元霸权，联手争夺世界石油话语权，从而控制能源价格涨跌。如今沙特外交重点可能会转向经受西方制裁、国内经济不振的俄罗斯，油价持续低迷可能成为两国抱团取暖共同摆脱困局的动力。卡塔尔退出了 OPEC，该组织也面临被瓦解的可能，而俄罗斯与卡塔尔在能源领域中的相互协作将使两国从能源市场的潜在竞争对手变成决定游戏规则的盟友。此外，俄罗斯分别在与伊朗、土耳其的石油贸易中加强了去美元化趋势。这些案例都在说明美国在中东石油美元的霸权正在进一步瓦解。

（二）主观因素

1. 乌克兰危机后西方制裁下的俄罗斯在中东找到突破

2014 年乌克兰危机爆发后，俄罗斯以迅雷不及掩耳之势吞并克里米亚，与西方关系迅速跌至冰点，西方各国对俄罗斯启动了包括限制签证、抵制 G8 峰会、将俄踢出 G8、暂缓俄加入经合组织（OECD）、限制进口俄罗斯油气、限制对俄罗斯出口制造业产品和农产品等措施在内的全面制裁。除了在国内采取各项应对措施外，俄罗斯外交开始转向东方展开全方位多边外交，力图摆脱孤立，重新"逐鹿"中东，再塑"战略支点"。

在俄罗斯看来，2015 年 9 月在叙利亚发动军事行动的初期阶段，应主要被视为一种"教育"行为。俄罗斯称自己的主要意图不是削弱美国在中东的地位，更不想把美国赶出这一地区。俄罗斯从一开始就不希望在阿拉伯世界取代美国，成为主要的安全提供者，因为深知自己没有充足的经济、政治和军事资源作为实力保障。但如果美国出于自身原因决定从该地区撤军，留下的真空如果不由俄罗斯填补，将会被宗教激进分子填补，这样的结果对俄罗斯来说更加不利。因此，俄罗斯希望通过展示自己处理地区危机的"正确方法"，改变美国在叙利亚的政策甚至是中东政策，进一步由此证明俄罗斯在俄乌冲突中的介入行动不是在制造问题而是在解决问题。

2. 中东地缘政治权力结构的演变与俄罗斯对中东"阿拉伯之春"和恐怖主义外溢效应的担忧

冷战之后,俄罗斯在阿拉伯世界的影响力持续下降,有可能被边缘化。事实上,俄罗斯的利益和关注点主要局限于阿拉伯世界外围的三个非阿拉伯国家:第一个是土耳其,它毗邻黑海地区和高加索北部和南部,并且在贸易和投资、能源和旅游等方面都是一个极具争议但非常重要的伙伴;第二个是难以相处的盟友伊朗,因为它在许多对俄罗斯非常重要的国际事务中发挥着积极作用,比如从塔吉克斯坦、阿富汗内战到里海分割问题等;第三个是以色列,它拥有大量的俄罗斯人和讲俄语的侨民,两国之间有着深厚的政治、经济、社会、文化和人际关系。

至于中东的阿拉伯核心地区,俄罗斯在21世纪初最直接的介入行为是为反对以美国为首的北约在2003年春天入侵伊拉克,成功组建俄德法联盟。但是即使三国共同努力也未能阻止伊拉克战争的爆发。三边合作也没有发展成针对中东问题更广泛的多边战略伙伴关系。尽管美国在中东政策上常常犯错,但美国仍然是阿拉伯世界无可置疑的外部霸主。俄罗斯只能在与埃及、阿尔及利亚、沙特阿拉伯和叙利亚等特定的阿拉伯国家交往过程中取得非常有限的进展。"阿拉伯之春"爆发之后,中东地区的相对稳定开始崩溃,形势的变化给俄罗斯带来了新的挑战和机遇。

一方面,俄罗斯有理由担心"阿拉伯之春"在后苏联空间的中亚、北高加索和俄罗斯联邦其他穆斯林聚居区的溢出效应。莫斯科的政界人士和政策专家通过乌克兰、格鲁吉亚和吉尔吉斯斯坦早些时候的"颜色革命"来看待"阿拉伯之春",这些革命被视为对俄罗斯安全利益和普京政权的直接威胁。因此,2015年它以打击"伊斯兰国"为由高调介入叙利亚,由此开启全面回归中东之旅。

另一方面,"阿拉伯之春"带来的影响以及主要西方国家对阿拉伯世界正在发生的变化明显抱有极大热情,为俄罗斯提供了一个展示自己与西方国家不同的机会。俄罗斯支持自己在中东的战略伙伴,表达了对该地区迅速和不受控制的社会政治变革可能产生负面影响的担忧,并警告外部势力不要支持在"阿拉伯之春"浪潮中乘势而上的反政府势力。普京利用中东民粹主义运动的觉醒在该地区造成的失望和挫折，来阐述自己对当代世界政治的看法。传统的西方大国将世界分割为民主与威权——凡是为民主事业服务的，都应予以鼓励和支持，无论独裁政府有何贡献，都应予以谴责和反对。而普京认为真正的分界线应是"秩序"和"混乱"。尽管专制政权有种种缺陷，但与不受控制和混乱的民主进程相比，这些政权是一种可取的选择。无论愿意或不愿意、明确或含蓄地支持混乱，最终都将酿成"历史的错误"。这种对"阿拉伯之春"的解释虽然主观，但显然在中东地区具有强大吸引力，尤其是在担心可能出现新一轮"阿拉伯之春"的保守政治体制中。

结 语

2018年，俄罗斯已在中东乱局中扮演了重要角色，取得的成功毋庸置疑。俄罗斯的中东政策虽然大体上显得毫无章法，缺乏明确目的，富有机会主义和事务性，但这种看似只是战术的、短期的做法却构成了一种为后苏联时代俄罗斯量身打造的现实战略。俄罗斯的长期意图是在短期内从中东获得最大化的经济利益和军事、政治优势，同时打压对手的短期优势和机会。它的外交政策呈现世俗性、事务性和非意识形态性等特点，使俄罗斯在与沙特和伊朗等竞争对手接触时获得更大的自主权。意识形态中立增加了俄罗斯施加影响、进行经济投资的机会。这种依赖资源和机会的做法，使俄罗斯能够在付出有限成本和做出有限承诺的同时，利用中东不可预测的局势带来更大机会。俄罗斯迅速反应、灵活多变的做法也与美英等其他西方国家形成鲜明对比。

俄罗斯可能为中东地区国家提供一个替代西方尤其是美国的选项，但它是否具有长期吸引力尚受到质疑。在一些观察者看来，非意识形态、具有交换条件的伙伴关系往往不能结成长期盟友。除非俄罗斯甘冒单边干预的风险，否则俄罗斯可以影响和塑造该地区局势结果，却不能设定或控制主导议程。俄罗斯更希望得到全球盟友的帮助，以维持中东利益或实现目标。俄罗斯目前充其量只能维持一些现有关系，影响个别国家行为，在边缘地区获得

经济收益,并使西方在该地区的政策选择复杂化。正如俄罗斯为了自身利益寻求参与中东事务,中东地区的国家也在寻求利用俄罗斯为自己谋利,无论是出于经济上的考虑,还是出于对声望的渴望,中东国家摆脱俄罗斯战略的成本很低,短期的事务性合作关系可能随时亲近或者疏远。目前还不清楚俄罗斯如何能将在中东取得的成果转化为长期成功。

为了维持俄罗斯在叙利亚以及在更广泛的中东地区的关键外部调停者的地位,俄罗斯决策者在未来必须重视几个事态的发展。

首先,打败"伊斯兰国",对于参与叙利亚和邻国事务的中东各方来说,无疑是一个积极的发展,但为了与共同敌人作战而被搁置的原有的区域竞争、仇恨、恐惧和冲突又将回到舞台上。俄罗斯可能在中东地区渐行渐难。

其次,当前的以色列—伊朗和美国—伊朗之间的冲突使俄罗斯作为中东地区外部调停人的角色极大地复杂化了。以色列和伊朗都不太满意俄罗斯平衡两国关系的政策,各方都试图把俄罗斯拉到冲突的一边。而对俄罗斯而言,放弃一方和全部舍弃都存在风险。

再次,叙利亚政府军最终取得胜利将不可避免地减少其目前对俄罗斯的依赖,因为俄罗斯缺乏叙利亚战后重建进程所需的资源,叙利亚领导层必须寻找比俄罗斯、伊朗、土耳其财力更雄厚的其他合作伙伴和盟友。目前尚不能确定俄罗斯在阿萨德政权没有倒台危险的情况下如何从叙利亚抽身。叙利亚局势的稳定需要俄罗斯的存在和援助,但俄罗斯需要慎重考量长期介入的代价,以及对下一步政策的选择。

最后,中东地区矛盾错综复杂,往往牵一发而动全身,随时可能出现始料未及的后果。几乎每一场地区冲突,都会涉及全球大国、地区大国、主权国家、非国家行为体等四个层次上的参与者,也会涉及阿以矛盾、逊尼派与什叶派矛盾、政教矛盾等多条分割线,形成纵横交错的复杂局面。美国虽然在中东全面战略收缩,但特朗普制定的政策经常出乎意料,让人捉摸不定,往往使局势更加复杂。鉴于美国目前的中东战略目标设定包括"中东不能被一个敌对大国控制",它是否能坐视俄罗斯在该地区取代自己成为新的离岸平衡手,俄罗斯又能否长期从容应对,这都需要拭目以待。

Y.23
2018年的俄罗斯与乌克兰关系：
分裂与动荡

张 弘*

摘 要： 2018年的俄罗斯与乌克兰关系具有以下四个特点：外交关系停摆，贸易继续复苏，安全关系紧张，宗教正式分手。外交上，2018年的两国外交关系继续恶化，基本上陷入"停摆"。乌克兰先是通过顿巴斯一体化法案，把俄罗斯视为"侵略国"，还退出了与俄罗斯的友好、合作和伙伴关系条约。俄罗斯则宣布对乌克兰政治家和企业进行制裁，放弃与波罗申科进行对话。经济上，2018年两国贸易额继续恢复，但乌克兰政府宣布退出独联体组织，终止两国的特殊经济伙伴关系。安全上，双方的边境军事对峙有所加强，并在刻赤海峡发生军事摩擦，乌克兰因此在与俄毗邻的边境地区宣布进入30天军事状态。文化上，乌克兰东正教会宣布独立，造成两国在文化上的大分裂，引发莫斯科东正教区与君士坦丁堡教区的世纪大分裂。

关键词： 俄罗斯外交 乌克兰 独联体 顿巴斯 东正教

乌克兰是俄罗斯重要的邻国之一，是影响俄罗斯政治、文化、安全和外交的重要因素之一。由于克里米亚半岛被并入俄罗斯，以及在顿巴斯地区持

---

* 张弘，博士，中国社会科学院俄罗斯东欧中亚研究所乌克兰研究室研究员。

续的武装冲突，2018年俄罗斯与乌克兰的关系继续动荡，双方关系的裂痕有所扩大。尽管普京否认俄参与乌克兰东部冲突，但乌克兰仍将其视为最大的安全威胁。两国的安全矛盾正在扩大到两国关系中的经济、文化和政治领域，成为全方位的"冷和平"状态。乌克兰不断加大亲西方外交力度，继续推动军事的北约化和全面的欧洲一体化，在法律上宣布俄为"侵略国"，退出俄主导的独联体组织。俄罗斯也对波罗申科政府失去信心，基本上放弃了与其对话的努力，出台了对乌克兰的外交和经济制裁，静待乌克兰2019年总统和议会选举后的变化。

一 处于僵持和停摆中的外交关系

2018年俄罗斯与乌克兰的关系处于一种僵持状态，由于在解决顿巴斯冲突的立场上差距过大，双方实际上处于"各说各话"的状态，找不到缩小分歧的方法。乌克兰在外交上紧跟西方，俄罗斯对于波罗申科政府的直接影响力越来越小。2018年是乌克兰危机爆发的第四年，双方都承认政治解决顿巴斯冲突是唯一可行的渠道，但是在如何执行《明斯克协议》上存在较大的分歧。两国关系处于一种低层次、僵持的紧张状态。虽然，双方一度暂时降低了在克里米亚半岛的外交争端，但是在2018年11月末发生的刻赤海峡摩擦又将西方国家的外交视线拉回克里米亚半岛和周边的刻赤海峡，以及亚速海的划界问题上。可以说，普京未能降低乌克兰危机对俄罗斯全球外交的影响。美国和欧盟继续延长对俄经济制裁，北约不断加强在俄周边的军事部署。

首先，俄乌在执行《明斯克协议》上处于僵持状态。

虽然，俄罗斯与乌克兰都同意在乌克兰东部地区部署维和人员，但是在具体部署细节上分歧严重。[①] 乌克兰和俄罗斯的确有解决顿巴斯地区冲突的

---

① 2017年9月5日，俄罗斯总统普京在出席金砖国家峰会后举行的记者会上表示，俄罗斯将向联合国提议，向乌克兰派遣维和人员。普京称，维和人员有助于确保正在监督停火的国际观察员的安全。但他坚称，维和人员只能部署在乌克兰接触线附近。

意愿，波罗申科和普京也多次重申，希望结束对立，达成和解。但两方的基本立场和观点实在是相距遥远，普京在 2018 年 2 月与波罗申科通电话时明确表示："解决顿巴斯问题的《明斯克协议》是不可替代的，并且必须履行。"① 普京表示，愿意协助解决乌克兰东部地区的危机，他要求各方采取举措来执行《明斯克协议》。但是，在协议内容的具体解读上，俄乌双方无法达成一致。

乌克兰要求将维和部队部署在整个顿巴斯地区，俄罗斯却建议仅在当前冲突边界进行部署，主要是为了确保欧安组织观察员的安全。俄罗斯一方面继续参与"诺曼底模式"对话，另一方面又不断强调自己不是冲突方，需要乌克兰政府与东部要求独立的"顿涅茨克""卢甘斯克"两共和国直接对话。俄罗斯认为，应当让冲突当事方加入谈判过程，而乌克兰政府始终不承认这两个分离组织的合法性。可以说，2018 年俄罗斯与乌克兰在顿巴斯地区的外交对话属于"各说各话"，双方的立场差距仍然明显，《明斯克协议》的执行处于停摆状态。

2018 年 8 月 31 日，乌东部要求独立的"顿涅茨克人民共和国"总统扎哈尔琴科被炸身亡，乌克兰当局借此"加强了对东部民间武装控制地区方向的安全措施"，而俄罗斯外交部发言人扎哈罗娃表示，有理由认为扎哈尔琴科之死与乌克兰当局有关，并指责乌克兰当局的行动加剧了乌东部地区的紧张形势。② 扎哈罗娃说，乌克兰当局的"战争派"选择用"恐怖主义的方式"来取代对《明斯克协议》的执行。③

2018 年 11 月 25 日，俄罗斯与乌克兰在刻赤海峡发生摩擦后，俄罗斯拒绝了波罗申科要求继续"诺曼底模式"对话的请求，表示不愿意与波罗申科举行四方领导人会晤。双方外交关系因此处于停摆状态，尚没有任何改

---

① 《俄乌两国总统电话讨论基辅与顿巴斯交换俘虏问题》，俄罗斯卫星通讯社莫斯科 2 月 14 日电，http://sputniknews.cn/politics/201802141024712982/。
② 《俄外交部发言人：有理由认为扎哈尔琴科之死与乌克兰当局有关》，中新社莫斯科 8 月 31 日电，http://www.chinanews.com/gj/2018/09-01/8615967.shtml。
③ 《俄外交部发言人：有理由认为扎哈尔琴科之死与乌克兰当局有关》，中新社莫斯科 8 月 31 日电，http://www.chinanews.com/gj/2018/09-01/8615967.shtml。

善的迹象。

其次，普京放弃与波罗申科对话造成双方关系停摆。

首脑外交是当今国际社会最重要的外交方式之一，元首外交则是国家间外交中级别最高，也是最有权威的一种外交形式，有着其他交往无法替代的重要作用和战略价值。好的首脑外交有助于提高外交活动的效率，但是糟糕的首脑外交则可以阻碍国家交流。

2018年乌克兰外交继续奉行对俄罗斯彻底的敌视政策。2018年3月18日，在俄举行总统大选期间，乌克兰当局对俄罗斯驻乌所有的使领馆进行了封锁，以阻止在乌克兰的俄罗斯公民前去使馆参与投票。此举被认为是乌克兰政府对普京寻求连任的不满，也招致俄罗斯的公开批评。3月26日，在英国的"前俄罗斯特工中毒事件"爆出后，乌克兰紧随美欧驱逐13名俄驻乌外交人员，随后俄罗斯按照"对等原则"，驱逐同样人数的乌外交官。至此，在俄的乌籍外交人员仅剩几十人，两国仅保持最低限度的外交联络。

波罗申科执政之初，曾试图推动扩大地方自治的宪法改革，希望借此换取俄罗斯对顿巴斯和平的支持。但是，距离普京设想在乌克兰实现"联邦化"的构想差距很大，普京在2014年表示，乌克兰只有在联邦化的情况下才有未来。普京认为："乌克兰是一个复杂的国家，不仅仅是因为其种族构成，而且还有其形成的现有形式。"① 但是，由于2014年产生的第八届乌克兰最高拉达（国家议会）中民族主义政党的存在，他们坚决反对扩大地方自治，特别是俄罗斯建议的乌克兰的"联邦化"改革建议。2015年8月，激进民族主义支持者在议会大楼外聚集并与军警发生冲突，造成一名军人死亡，近百名军警受伤。②

在波罗申科转向奉行激进反俄的军事北约化和外交西方化之后，乌克兰对扩大地方自治改革做了较大的修正，完全不能满足东部武装组织事实上独立的要求，俄罗斯也逐渐失去了与波罗申科直接对话的信心。自2017年在

---

① Путин: Ополченцы на Украине ведут справедливую войну, "Российкая Газета", https://rg.ru/2014/11/17/putin-site.html.
② 张弘：《乌克兰危机两周年观察》，《瞭望》2016年第5期。

法国举行的诺曼底四方领导人谈判之后,波罗申科与普京的外交对话渠道逐渐关闭。俄罗斯将对话的中心转向美国,期待美俄关系的改善。普京强调,美国也是乌克兰问题调节的全面参与方。① 2018年1月,乌克兰议会二读通过《顿巴斯问题国家政策要点法案》,将被乌东民间武装控制的顿涅茨克州和卢甘斯克州部分地区定性为"临时被占领领土",将俄罗斯定为"侵略者",赋予乌克兰总统在该地区动用武装力量对抗"侵略"的权力。② 当波罗申科政府宣布俄罗斯为"侵略者"以后,有关执行《明斯克协议》的首脑层面交流进入停摆状态。

普京在2018年10月的瓦尔代俱乐部全体会议上表示:"国内政治形势等原因,乌克兰当局不仅没有履行《明斯克协议》,而且也不打算这么做。我指的是越发临近的总统选举,然后还有议会选举。这束缚住了各政治力量的手脚,迎合对方的行动将在国内被解读为叛国。"③ 2018年11月15日,普京在新加坡表示,不要寄望于在乌克兰政府现行政策下实现顿巴斯冲突的和平解决。④ 由于2019年3月将举行乌克兰总统选举,波罗申科进入执政的后期。俄罗斯媒体不断放言,波罗申科的支持率低迷,有可能无法获得连任。俄总理梅德韦杰夫向记者表示:"显而易见的是,现任总统波罗申科没有机会在当前形势下赢得选举,甚至也许没有机会进入选举第二轮。"⑤ 因此,莫斯科不再与之对话,提前将两国外交关系带入所谓的"垃圾时间"。在俄罗斯与乌克兰关系史上曾经出现类似的情况。在2004年乌克兰"橙色革命"之后,时任总统尤先科奉行亲西方的外交政策,与俄罗斯总统普京

---

① 《普京年度记者会重点问答汇总》,俄罗斯卫星通讯社2017年12月14日电,http://sputniknews.cn/russia/201712141024279329/。
② 《乌克兰议会通过关于顿巴斯问题国家政策要点法案》,新华社基辅1月18日电,http://www.xinhuanet.com/world/2018-01/19/c_1122280999.htm。
③ 《普京:俄愿全面恢复与乌克兰的关系》,俄罗斯卫星通讯社2018年10月19日电,http://sputniknews.cn/politics/201810191026612774/。
④ 《普京:乌现政府当局和平解决顿巴斯问题基本无望》,俄罗斯卫星通讯社2018年11月15日电,http://sputniknews.cn/politics/201811151026851602/。
⑤ 《俄总理:波罗申科赢得乌克兰总统选举的机会很小》,俄罗斯卫星通讯社明斯克11月27日电,http://sputniknews.cn/politics/201811271026958757/。

关系不好，俄罗斯在其执政后期的2009年基本上停止与之对话，甚至撤回了驻乌克兰大使。两国之间的外交关系基本上停摆。在俄罗斯与乌克兰关系中，再次出现同样的"停摆"现象，说明普京的乌克兰政策已经进入"死胡同"。

最后，俄罗斯与乌克兰的敌对关系逐渐固定化和长期化。进入2018年以来，乌克兰政府不断废除与俄罗斯的合作条约。俄罗斯与乌克兰都脱胎于苏联，两国在独立之初保持着密切的政治、经济和人文联系，双方在独联体组织框架和双边层面都签署了大量的合作文件。双方签署的双边条约与合作协定不仅具有政治经济意义，还有助于规范两国人民的民间交流活动。乌克兰危机之后，乌与欧盟签署了联系国协定，在政治、司法和公共制度方面逐渐向欧盟靠拢。2018年以来，乌克兰与俄罗斯签署的双边协定逐渐到期。乌克兰政府选择了主动退出，不再续约。2018年8月28日，乌克兰总统波罗申科表示，乌克兰将终止乌俄友好条约。波罗申科认为，该条约不符合乌克兰的国家利益，有碍乌克兰行使国防权。《乌克兰与俄罗斯友好合作伙伴关系条约》签署于1997年5月，根据条约规定，双方承认两国边界，加强战略伙伴关系和互相尊重领土完整。

俄美缓和受阻使普京在乌克兰外交空间受限。特朗普入主白宫以后，"诺曼底模式"的作用开始弱化。特朗普政府任命的乌克兰特使沃尔特积极参与乌克兰冲突的调解，但由于特朗普深陷美国国内的"通俄门"调查，美国不仅没有向波罗申科政府施压，推动扩大地方自治的宪法改革，反而增加了对乌克兰的直接军事援助。普京表示："基辅方面没有任何执行《明斯克协议》的愿望，没有任何开始真正政治进程的愿望，落实有关顿巴斯特殊地位法可能结束这一进程，乌克兰相关法律中规定了其特殊地位，并且已由最高拉达通过，但至今以各种借口不予落实。"[1]

---

[1] 《俄总理：波罗申科赢得乌克兰总统选举的机会很小》，俄罗斯卫星通讯社明斯克11月27日电。http://sputniknews.cn/politics/201811271026958757/。

二 俄罗斯与乌克兰经济关系的"政冷经热"

俄罗斯与乌克兰的经济关系十分特殊，一方面是难以割舍的传统经济联系，另一方面是乌克兰从政治上不断退出俄罗斯主导的多边合作组织，中止与俄的双边经济合作协议。两国经济关系在2018年呈现政策层面上的持续断裂和贸易层面上的触底回升。

从地理距离上和传统的产业合作角度看，俄罗斯与乌克兰的经济联系很难割裂。尽管俄罗斯对乌克兰产品设置了诸多的关税壁垒和非关税壁垒，但是成本优势和地理优势使得乌克兰产品仍然在俄罗斯市场具有竞争力。乌克兰对俄罗斯公司和俄罗斯产品也设置了政治和安全限制，也未能阻止乌克兰企业购买俄罗斯能源和工业品。乌克兰主要从国家安全和经济安全，还有国内政治的考虑退出与俄罗斯的双边合作条约。波罗申科自己也承认，退出与俄罗斯的双边友好条约和独联体组织有可能带来经济上的损失，但是在某些乌克兰政治家眼里，这更像是一种对俄罗斯的"外交示威"。

2018年4月13日，乌克兰总统波罗申科宣布，乌克兰将正式退出独联体。独联体组织对于俄罗斯外交而言具有特殊的政治意义。苏联解体后，独联体作为兄弟国家"和平分手"的工具对于维持后苏联空间国家关系平稳过渡发挥了重要的作用。在普京执政以后，俄罗斯对独联体政策开始转变，试图重新打造类似于欧盟的欧亚联盟，多数原苏联加盟共和国参加的独联体组织则是普京重新一体化的基础。按照普京的设想，俄罗斯首先与乌克兰、白俄罗斯和哈萨克斯坦建立统一的关税联盟，继而建立经济、政治和安全高度一体化的组织。在建立起欧亚经济联盟后，独联体组织仍对俄罗斯外交具有重要意义，每年举行的独联体国家政府元首理事会是俄罗斯近邻外交的重要内容之一。自2014年的乌克兰危机以来，俄罗斯对乌克兰实施能源涨价，并取消了乌克兰享受俄罗斯对独联体组织成员国免税的待遇。从经济角度看，俄罗斯实际上已取消了乌克兰作为独联体成员国的经济待遇。但是，从文化、教育、司法和人员流动角度看，乌克兰人仍然可

以在俄罗斯享受独联体组织成员国的社会待遇。乌克兰居民仍然可以免签证进入俄罗斯,双方承认对方国家教育文凭、司法文件,乌克兰学生可以上俄罗斯的大学。

俄罗斯单方面决定从2016年1月1日起终止与乌克兰的自贸协定。而其他独联体国家也在俄罗斯的压力下,对乌克兰产品采取了非关税壁垒政策。哈萨克斯坦对来自乌克兰的农产品采取了限制性的条款。其实在保存《独联体自由贸易区协议》下,俄罗斯与乌克兰之间的贸易战也使双方贸易遭遇断崖式下滑,双方贸易额2014年下降28.8%,2015年下降80%,2016年下降27.4%。不断恶化的外交关系、基辅与莫斯科不断出台的制裁与反制裁措施使得两国经济关系严重后退,两国商品贸易额从2011年的峰值450亿美元急剧下降至2016年的90亿美元。乌克兰对俄罗斯出口下降的原因是俄罗斯市场对许多乌克兰商品关闭。2014年,俄罗斯禁止进口乌克兰水果和蔬菜、乳制品、肉类、鱼类、酿造食品、糖果和其他食品。这些是乌克兰的主要出口产品,尤其是对俄罗斯。同样,乌克兰对俄罗斯的钢铁、钢管、铁路车辆、设备和其他产品的出口也有所减少。

但是,俄乌两国传统上的市场和产业联系促使双边贸易触底回暖。从地理和经济互补性来讲,双方的经济联系符合市场规律,很难完全被政治和战争割裂。随着乌克兰经济在2017年缓慢复苏,俄乌双边贸易开始触底并温和反弹。俄罗斯的化肥、煤炭和成品油具有明显的价格优势。俄罗斯仍然是乌克兰能源的主要供应国:煤炭供应份额占乌进口总量的66%,石油产品占37%,仅次于白俄罗斯。其实,白俄罗斯的燃料也可以被视为俄罗斯的燃料,因为白俄罗斯的炼油是基于俄罗斯的原料。乌克兰继续从俄罗斯购买其他矿产品(矿石、矿渣、灰烬、石油和石油产品)。乌克兰还在俄罗斯购买工业产品——黑色金属、玻璃和玻璃制品、橡胶、塑料、化肥、盐、硫黄、棉花等。乌克兰也迅速恢复了对俄罗斯的出口,出口在最近两年间几乎增加了两倍,向俄罗斯出口的动植物产品几乎翻了一番,轻工业产品(鞋子、帽子、雨伞),以及机械设备、电器设备和手表等的出口也有增加。根据俄罗斯海关的数据，2017年两国商品贸易增长率为25.6%，达到128.55亿美元。① 2018年两国商品和服务贸易数据继续增长，达到150亿美元。其中乌克兰从俄罗斯的进口增长19.9%，达到95亿美元；乌克兰对俄罗斯的出口增长11.2%，达到54.6亿美元。贸易制裁与反制裁的效应正在被两国民众消化，成本优势和传统产业链表现出巨大的惯性。以乌克兰从俄罗斯进口的核燃料为例，乌克兰核电厂的反应堆主要使用的是从俄罗斯核能公司购买的核燃料，目前世界上只有两家公司能够生产适合乌克兰反应堆的燃料，但从技术上讲很难从一家公司换成另外一家公司的产品。俄罗斯与乌克兰制造业传统的产业合作关系也很难完全被割裂，机器设备在俄罗斯对乌克兰出口中的比重已经达到12.4%，在俄罗斯从乌克兰进口中占23.4%。②

乌克兰与俄罗斯存在有关天然气的矛盾。能源运输和贸易一直是乌克兰与俄罗斯经济关系中的重要内容，乌克兰与俄罗斯首先就天然气价格分歧展开了国际司法诉讼。在克里米亚半岛被并入俄罗斯后，俄罗斯取消了给乌克兰的天然气价格折扣政策，坚持按照市场价格出售天然气，并且要求实行预付款政策。2014年6月，乌克兰将俄罗斯天然气工业公司告到瑞典国际诉讼法庭，俄方也反诉乌克兰石油天然气公司在天然气运输业务中违约。2018年2月28日，斯德哥尔摩仲裁法庭最终裁定，由于俄气未按合同要求向乌克兰输送足量的天然气，俄气应向乌克兰石油天然气公司赔偿46.3亿美元。与此同时，考虑到供气合同规定乌方此前应支付给俄气的款项，两项冲抵后，俄气应赔偿乌25.6亿美元。2018年3月，俄罗斯不服判决提出了申诉，宣布终止向乌克兰供应天然气的合同。本来按照乌克兰石油天然气公司与俄气签订的2018年购气合同，俄方应从2018年3月起每天向乌方供应

---

① Россия отчиталась о росте торговли с Украиной, https://korrespondent.net/business/economics/3938416 - rossyia - otchytalas - o - roste - torhovly - s - ukraynoi.
② Торговля между Россией и Украиной в 2018 г., RUSSIAN - TRADE.COM, http：//russian - trade.com/reports - and - reviews/2019 - 02/torgovlya - mezhdu - rossiey - i - ukrainoy - v - 2018 - g/.

1800万~2000万立方米的天然气。

2014年的乌克兰危机之后,俄罗斯加快修建绕开乌克兰的天然气运输管线,先后修建了直接通向德国的"北溪-1号"和直接通向土耳其的南溪线。从2017年开始,俄罗斯与德国又积极推动"北溪-2号"的建设。一旦这些管线建成,俄罗斯与欧盟的天然气贸易将彻底消除第三方过境运输的影响。预计到2020年"北溪-2号"建成,绝大部分俄罗斯天然气都将从水路运往欧洲,俄方无须再向乌支付过境运输费,乌克兰每年因此将少收入20亿美元。由于无法与俄罗斯在天然气价格上达成新的共识,在政治和外交压力下,乌克兰从2015年开始停止直接购买俄罗斯天然气,转而从欧盟购买天然气,这里包括部分来自挪威和俄罗斯的天然气。

俄罗斯与乌克兰的能源贸易是一个难以绕开的话题,乌克兰的冶金业和发电业离不开俄罗斯的煤炭供应。价格是决定乌克兰离不开俄罗斯煤炭的最主要原因,乌克兰在2017年购买自俄罗斯供应商DPR和LPR的煤炭价格为每吨50美元,而来自南非或美国的煤炭成本已经达到每吨100~113美元。①尽管俄罗斯与乌克兰在外交上"交恶",但是俄罗斯仍然是乌克兰最大的能源供应国,而且在短期内乌也找不到替代来源。乌克兰本是欧洲重要的煤炭生产国之一,但是自2014年夏天爆发东部冲突以来,基辅失去了对顿巴斯产煤区的实际控制,乌克兰的电力和冶金行业因此出现严重的动力煤短缺问题。自此,乌克兰开始进口煤炭,俄罗斯是乌克兰最大的煤炭进口来源国。2018年1~11月,乌克兰的最大进口来源国是俄罗斯(约占其进口产品的61.91%),进口额为16.7亿美元。此外,还从白俄罗斯进口了58.8万吨无烟煤。由于白俄罗斯本身没有无烟煤,实际上这些煤炭是从俄罗斯转口而来的。②

---

① Энергетическое проклятье: почему Украина не может сократить импорт угля из России, Russia Today, https://russian.rt.com/ussr/article/500755 - ukraina - rossiya - ugol - import.

② Белоруссия начала продавать российский уголь на Украине, https://vz.ru/news/2019/2/22/965498.html.

三 不断升级的军备竞赛和边境摩擦

2018年,俄罗斯与乌克兰在安全领域呈现的是互信持续下降,双方的军事对抗意图有所升级。2018年3月,波罗申科向议会提交宪法修正案,把乌加入欧盟和北约的方针用宪法条款加以确定。9月,波罗申科正式向议会递交了相关宪法修正案,11月,乌议会一读通过该修正案。2019年2月,乌克兰议会正式批准该宪法修正案。根据该宪法修正案,在乌现行宪法前言中加入了"确定乌克兰人民欧洲身份和乌克兰欧洲及欧洲大西洋方针的不可逆转性"字句;在宪法第85条中增加"实现国家获得欧盟和北约成员国资格的战略方针"字句;在第102条中增加"乌克兰总统是实现乌克兰加入欧盟和北约战略方针的担保人"字句;在第116条中增加"保障国家加入欧盟和北约战略方针的实现"字句。

波罗申科政府不断升级与北约的合作,特别是争取到了美国的直接军事援助。2018年3月,美国国务院宣布,特朗普政府同意向乌克兰提供所谓提升防御能力的武器,此举让俄罗斯相当不满意。2018年9月,美国国务院乌克兰事务特使沃尔克在接受《卫报》采访时称,华盛顿准备增加对乌克兰的武器供应。[1] 俄罗斯副外长卡拉辛则表示,特朗普的决定增加了乌克兰和平进程脱轨危机。[2] 俄罗斯一再警告,不要向乌克兰供应武器,此举只会导致顿巴斯冲突升级。俄罗斯总统新闻秘书佩斯科夫曾多次表示,外国向乌克兰供应武器无助于解决该国东部地区的冲突和实施《明斯克协议》。

在以美国为首的北约不断加大在东欧前沿部署的情况下,俄罗斯与乌克兰的军事对峙状态有所升级。2018年3月,北约承认了乌克兰的"申请国"身份。北约强调,加入"北约成员国行动计划"虽然并不意味着一定能成

---

[1]《美称将增加对乌克兰武器供应并提供杀伤性武器》,俄罗斯卫星通讯社2018年9月2日电,http://sputniknews.cn/military/201809021026266295/。

[2] Карасин: поставки США оружия Украине грозят срывом мирного урегулирования, https://ria.ru/20171223/1511573807.html.

为北约正式成员,但这是乌克兰与北约密切关系的"关键一步"。自2017年下半年以来,北约在乌克兰境内举行的联合军演规模不断升级。2018年10月,乌克兰和北约八国在乌克兰赫梅利尼茨基州和文尼察州举行"晴空-2018"联合军演。虽然乌克兰还不是北约成员国,但乌克兰和北约在靠近俄罗斯边境的地方举行"晴空-2018"演习,显示乌克兰和北约已经形成深度的军事合作关系,而乌克兰和俄罗斯的安全关系则跌到了最低点。

北约不仅在乌克兰境内举行大规模军演,还加强在黑海地区的巡航。乌副防长佩特伦科表示,该国坚决支持北约军舰在黑海的存在,2013年,北约在黑海地区的兵力为12000人,现在已经增加到32000人,还部署了超过100架飞机和700辆坦克。① 北约舰艇进入黑海的强度已经大幅增加,特别是在2018年,北约两支舰艇编队同时进入了黑海。俄罗斯国防部部长绍伊古说,北约在俄罗斯边境附近的军事活动达到了冷战后未见的水平。俄罗斯航空兵部队的飞机拦截可能的国家边界违规者已超过120次。②

自获取克里米亚半岛之后,俄罗斯迅速增加了在黑海地区的军事部署,克里米亚半岛已经成为俄罗斯在南方重要的军事前沿阵地。克里米亚半岛在苏联时期就是重要的军事基地,有诸多航空基地和军事港口设施。根据俄罗斯官方数据,黑海舰队有超过250艘舰船,军人数量超过2.5万人。在叙利亚战争打响之后,俄罗斯海军迅速增加了黑海舰队的力量。俄罗斯方面宣布,"黑海舰队预计将在2019年增加12艘军舰,其中包括6艘战舰和6艘支援舰",而这些最新型舰船的加入也被视为俄罗斯黑海舰队战舰现代化计划的一部分。

自2014年乌克兰危机以来,乌克兰与俄罗斯一直避免公开的直接军事冲突,尽量为两国政治对话保留一定的外交空间。2018年5月,俄罗斯建成了通往克里米亚半岛的公路大桥,事实上控制了亚速海的通航权。位于亚速海沿岸的东部各州是乌克兰重要的工业基地,每年有大量的海运出口,而刻赤海峡上克里米亚大桥的建成,使俄罗斯事实上控制了进出亚速海的管理

---

① NATO naval task force enters Black Sea, TASS, 2018.3.2, http://tass.com/world/1002658.
② Scale of NATO Practice Offensives Near Russia Growing-Defense Minister Shoigu, SPUTNIKNEWS, 24.10.2018, https://sputniknews.com/russia/201810241069164554-nato-drills-russia/.

权。双方最初保持了一种政治默契,避免在亚速海地区的军事接触。苏联解体后,亚速海成为乌克兰和俄罗斯共有的海域,双方曾在刻赤海峡划界问题上分歧严重,围绕海峡中的图兹拉岛主权问题也有较大的矛盾。2003年10月,俄罗斯单方面向图兹拉岛修建大坝,引发两国军人在图兹拉岛的军事对峙。乌克兰被迫接受了俄罗斯的亚速海划界方案,以换取俄罗斯承认图兹拉岛属于乌克兰。2003年12月,双方签署了《关于亚速海和刻赤海峡合作的协议》。根据该协议的第2条,凡悬挂乌俄两国旗帜的商船和军舰,均可享有在亚速海和刻赤海峡的航行自由。在俄罗斯事实上控制了克里米亚半岛之后,俄乌还不具备就刻赤海峡和亚速海通航问题进行协商的政治条件,因此只能沿用旧的通航协议。2018年5月,俄罗斯在刻赤海峡上建设的克里米亚大桥通车,完全控制了刻赤海峡通航权,乌克兰的商船和军舰如果想通过刻赤海峡进出亚速海,必须得到俄罗斯的同意。

乌克兰担心永久性地失去刻赤海峡的自由通航权,于是波罗申科政府在2018年下半年开始有目的地加强了在亚速海地区的军事存在。2018年9月以后,乌克兰国防与安全委员会宣布,将加强在与俄罗斯毗邻地区的军事部署,将在亚速海地区设立海军基地。2018年11月25日,乌克兰海军三艘小艇试图通过刻赤海峡,遭到了俄罗斯海军的炮击和扣留。在刻赤海峡发生的冲突导致两国的安全互信降到新低,乌俄双方对事件各执一词,均称对方在滋事挑衅。波罗申科在冲突后宣布,在与俄毗邻的乌克兰东部十个州进入为期30天的战时状态。莫斯科也迅速宣布在克里米亚部署的S-400防空导弹系统进入战备状态,随后表示会把其他多种反导防御系统调进克里米亚。俄罗斯黑海舰队在2018年11月29日发表声明说,俄已在克里米亚半岛部署第4个S-400"凯旋"防空导弹营。俄罗斯指责波罗申科为了给个人选举造势,故意制造军事冲突,破坏俄乌两国关系的稳定。普京公开表示,这次矛盾的挑起者是乌克兰总统波罗申科,是波罗申科为了连任总统,玩弄激化乌俄矛盾的政治把戏。①

---

① 《俄总统新闻秘书认为乌总统为了选举将继续加剧恶化与俄关系》,俄罗斯卫星通讯社2018年12月21日电,http://sputniknews.cn/politics/201812211027172290/。

刻赤海峡冲突给俄罗斯外交造成一定的被动，围绕被扣的乌克兰军舰和军人，欧盟决定增加对俄罗斯的外交制裁。欧盟外交和安全政策高级代表莫盖里尼表示，欧盟已就刻赤海峡事件对俄公民采取新制裁达成政治共识。①

四　被政治化的乌克兰东正教独立事件

乌克兰东正教独立不仅是东正教历史上的重要事件，也是2018年俄罗斯与乌克兰关系中的大事件。自17世纪末以来，乌克兰的东正教会一直隶属于莫斯科的俄罗斯东正教会，是莫斯科大牧首管理的一个东正教分支机构。1991年乌克兰独立以后，乌克兰国内就曾出现过要求乌克兰东正教会独立的运动，但是都没有得到莫斯科的允许。不同于世俗社会的国家政治体制，东正教并没有强制规定"一国一会"，在许多国家都是依照历史惯例。莫斯科大牧首下辖日本自治教会、中国自治教会、乌克兰自治教会、摩尔多瓦自治教会、拉脱维亚自治教会、爱沙尼亚自治教会、东美洲及纽约自治教令、白俄罗斯自治教会。②乌克兰历史上曾经多次出现东正教独立运动，要求脱离莫斯科大牧首的管辖，建立自主的东正教教会。十月革命之后和二战期间，乌克兰曾建立起独立于莫斯科的自主东正教会，后来被苏联取消。苏联解体后，乌克兰再次出现东正教独立运动。2014年乌克兰危机之后，乌克兰的东正教独立倾向更加强烈，波罗申科政府也积极支持这一活动。2018年4月，波罗申科拜会君士坦丁堡东正教会的普世牧首——巴尔多禄茂一世，正式请求他支持乌克兰教会独立的地位。2018年10月11日，在乌克兰当局和西方的支持下，君士坦丁堡普世牧首巴尔多禄茂一世宣布承认乌克兰东正教会（基辅圣统）从俄罗斯东正教会当中独立出来，并承认被俄罗斯东正教会开除教籍的菲拉列特为"基辅和全罗斯——乌克兰宗主教"。至

---

① 《莫盖里尼证实欧盟已就为刻赤海峡局势制裁俄罗斯达成共识》，俄罗斯卫星通讯社布鲁塞尔2月18日电，http：//sputniknews.cn/politics/201902191027698576/。
② Orthodox churches（Eastern），World Council of Churches，https：//www.oikoumene.org/en/church-families/orthodox-churches-eastern.

此，乌克兰东正教会（基辅圣统）获得了与莫斯科东正教会同样的地位，取消了相互之间的隶属关系。波罗申科强调，乌克兰东正教会独立表明，"这是第三次罗马的沦陷，莫斯科失去了统治世界最古老的工具，俄罗斯帝国正在失去其对前殖民地的最后影响力"①。波罗申科认为，乌克兰东正教会的独立"彻底地消除了莫斯科的帝国和沙文主义幻想"②。乌克兰政府推动东正教独立的运动遭到俄罗斯东正教会和乌克兰东正教会（莫斯科圣统）的强烈反对，俄罗斯东正教会因此宣布终止与君士坦丁堡普世宗主教区的合作关系。

俄罗斯对于基辅罗斯有着特殊的历史记忆和文化认同，乌克兰东正教独立事件是对俄罗斯文化和历史的一种挑战。乌克兰东正教会（基辅圣统）独立事件的影响不亚于乌克兰危机，深深地刺激了俄罗斯精英的民族感情，特别是引起普京的愤怒。普京在2018年12月20日举行的年度记者会上表示，乌克兰东正教会独立事件恐将导致流血冲突，并会令乌克兰教会受制于君士坦丁堡及土耳其的控制。③普京在2019年1月接受塞尔维亚媒体采访时认为："乌克兰教会独立事件是君士坦丁堡普世牧首试图分裂乌克兰的教区，这是对东正教教规的公然违反。这对于乌克兰和美国的领导层来说并不重要，因为新的教会组织是一个完全政治性的世俗组织，其主要目标就是分裂俄罗斯和乌克兰人民，不仅播种民族纷争，而且播种宗教纷争的种子。"④

---

① "Падение Третьего Рима" Решение Об Автокефалии Украинской Церкви Уже Принято - Порошенко, TSN. UA, https：//ru. tsn. ua/ukrayina/padenie－tretego－rima－reshenie－ob－avtokefalii－ukrainskoy－cerkvi－uzhe－prinyato－poroshenko－1231962. html.

② Simon Tisdall, Archbishop's defiance threatens Putin's vision of Russian greatness, The Guardian, https：//www. theguardian. com/world/2018/oct/14/ukraine－archbishop－bartholomew－defies－moscow－church.

③ Путина беспокоит передел религиозной собственности на Украине, ТАСС, https：//tass. ru/politika/5935992.

④ Расширение НАТО, Турецкий поток и новая церковь на Украине: о чём Путин говорил с сербскими журналистами, RUSSIA TODAY, https：//russian. rt. com/world/article/593001－putin－serbskie－smi－intervju.

俄罗斯黄皮书

乌克兰东正教会独立事件标志着乌克兰在文化"去俄罗斯化"方面迈出重要一步,一定程度上这是为了从文化和精神上割断与俄罗斯的历史渊源。双方不可避免地要出现文化上的竞争,争论究竟谁才是对基辅罗斯历史和文化的正统继承者。这毫无疑问还是一个政治事件,短期内可能在乌克兰社会造成一定的认同混淆,莫斯科辖下的东正教会也不会在乌克兰消失,在乌克兰有可能将长期存在两个分裂的东正教会。

中俄关系

Sino-Russia Relations

Y.24 2018年中俄关系

柳丰华*

摘 要: 2018年,普京连任俄罗斯总统后访华,两国重申将继续把中俄关系作为各自外交政策的关键优先方向之一。中国和俄罗斯都面临振兴国家、促进各自边境地区发展等任务,都受到美国遏制,这些因素促使中俄加强战略协作。中俄全面战略协作伙伴关系持续深入发展,两国在政治、经济、能源、外交、人文、军事安全、"一带一路"建设与欧亚经济联盟对接等领域的合作成果斐然。

关键词: 中俄关系 中俄全面战略协作伙伴关系 务实合作 战略协作

---

* 柳丰华,博士,中国社会科学院俄罗斯东欧中亚研究所俄罗斯外交研究室主任、研究员。

2018年,中国继续发展与俄罗斯战略协作,普京总统连任后优先发展中俄关系。同时,美国对中国发动"贸易战",对俄罗斯延长经济制裁和加大军事政治压力,促使中俄两国加强战略协作。在此形势下,中俄全面战略协作伙伴关系获得持续、深入的发展。

一 中俄全面战略协作成果丰硕

中俄政治交往密切,政治互信不断提升。2018年6月,在新一届总统任期开始仅一个月之际,普京对中国进行国事访问。两国元首在会谈后发表中俄联合声明,双方重申,将继续把中俄关系作为各自外交政策的关键优先方向之一,共同使之提升到新的更高水平。① 习近平主席授予普京总统首枚中国国家"友谊勋章",这不仅是对普京总统为发展中俄关系所做重大贡献的褒奖,而且是当前两国友谊深厚的最新证明。普京的访问表明,优先发展对华战略协作伙伴关系的方针不仅为俄现政府所确认,而且将贯穿普京六年任期。除了普京总统访华,习近平主席与普京还在上海合作组织、金砖国家、亚太经合组织、二十国集团会议等场合举行会谈。习近平主席9月出席在符拉迪沃斯托克举行的第四届东方经济论坛,这是中国国家元首首次出席东方经济论坛,反映了中国对俄罗斯远东地区开发的高度关注。11月,李克强总理与梅德韦杰夫总理在北京举行会晤,签署联合公报,双方还签订了包括投资合作在内的多项文件。频密的双边高层交往,无论是对于引领中俄两国关系保持高水平发展,还是对于推动两国全方位合作,都具有重大的意义。

"一带一盟"对接合作取得进展。5月17日,中国与欧亚经济联盟签署经贸合作协定,协定规定双方基于世界贸易组织规则,致力于消除相互贸易中的非关税壁垒,在海关便利化、消除技术性贸易壁垒、卫生与植物卫生措

---

① 《中华人民共和国和俄罗斯联邦联合声明》,2018年6月8日,中国外交部网站,http://www.fmprc.gov.cn/web/zyxw/t1567243.shtml。

施、电子商务等九个领域发展合作。该协定的签署，为中国与欧亚经济联盟发展经贸关系建立了制度性安排，表明"一带一盟"对接"路线图"设计工作取得了重要成果。

中俄经贸合作加强。两国贸易额保持稳定增长态势。根据中国海关总署统计，2018年中俄双边贸易额达到1070.6亿美元，首次超过1000亿美元，增幅达到27.1%，增速在中国前十大贸易伙伴中位列第一。中国对俄出口以机电产品为主，从俄进口主要是原油、煤、锯材等能源资源类产品。中俄大项目合作不断推进，莫斯科中国贸易中心、长城汽车厂等项目稳步落地，中俄联合研发远程宽体客机、重型直升机等项目进展顺利。两国政府大力支持和推动投资合作，中俄博览会、中俄投资合作论坛、首届中国国际进口博览会等平台进一步扩展了中俄投资合作渠道，中国保持了俄主要投资来源国地位，俄对华投资也有所发展。两国拓展在金融、航空航天、电子商务等领域的合作。

尽管2018年中俄双边贸易结构持续有所改善，特别是农产品贸易、跨境电商已发展成为拉动两国经贸合作的新引擎，但是优化贸易商品结构仍然是双方共同努力的长期方向。这个问题反映在中俄贸易额的涨跌取决于石油价格和数量的升降这一基本事实之中。正因为如此，中俄双边贸易额首次超过1000亿美元固然可喜，但仍应当持续地着力于贸易商品结构优化，以增强两国贸易增长的后劲。同时，要继续发展中俄投资合作：在中俄贸易额已经占到俄罗斯对外贸易总额14.8%的情况下，发展密切的有效率的投资合作，是进一步加强两国经济关系的重要途径。

中俄能源合作有新进展。1月1日，中俄原油管道第二条支线漠河—大庆管道投入商业运营，中国每年经由中俄原油管道进口俄罗斯原油的规模从1500万吨提高到3000万吨。中国企业参与的亚马尔液化天然气项目第三条生产线正式投产。2018年俄罗斯保持中国最大原油供应国地位。中俄东线天然气管道项目顺利推进，将在2019年实现通过该管道向中国供气的目标。

两国军事安全与军事技术合作日益密切。据俄罗斯媒体报道，2018年

俄罗斯向中国交付最后10架苏-35战斗机,① 至此,中国向俄罗斯采购的24架苏-35战机已全部交付。2018年俄罗斯对华交付首批S-400防空导弹系统。② 9月中国军队参加俄罗斯"东方-2018"军事演习,中方参演兵力约3200人,各型装备车辆1000余台,各类飞机30架。这是中国军队历史上派兵出境参演规模最大的一次,演练课题由以往的联合反恐拓展为组织联合防御和反攻的传统安全课题。与历次"和平使命"演习相比,这次战略演习层级更高、规模更大、要素更全、联合性更强,标志着中俄双方政治互信和军事合作水平达到了历史新高。

中俄人文合作使两国友好的社会基础更趋牢固。2018年是"中俄地方合作交流年",两国在地方层面举行了数百场互访活动,签署了多份合作文件。据俄罗斯驻华使馆发布的信息,截至2018年12月,两国省州、城市之间共建立363对友好伙伴关系。③ 中俄"长江—伏尔加河"地区、中国东北与俄罗斯远东地区、两国边境口岸地区的合作不断深化。两国在教育、科学、文化和旅游等方面的合作日益发展。在俄罗斯举办2018年世界杯期间,有近10万名中国球迷和游客赴俄访问,游客总数为外国之冠。④

中俄两国保持高水平的外交协作。中国与俄罗斯共同致力于世界多极化,维护全球战略平衡,都主张完善全球治理体系,都反对贸易保护主义、搞贸易战、搞制裁。两国共同推动上海合作组织的发展,在青岛峰会期间,习近平主席与包括普京总统在内的其他成员国元首共同发表"青岛宣言"和《关于贸易便利化的联合声明》,以推进成员国在安全和经贸等领域的合

---

① Россия поставила все купленные Китаем истребители Су-35, 26 ноября 2018, https://www.interfax.ru/russia/639442.
② Китай провел успешные стрельбы купленной у России ЗРК С-400., 21 декабря 2018., https://iz.ru/826191/2018-12-21/kitai-provel-uspeshnye-strelby-kuplennoi-u-rossii-zrk-s-400.
③ 《俄罗斯驻华大使:2018年中俄关系在各领域取得长足进展》,中国网,http://cn.chinagate.cn/news/2018-12/13/content_74272097.htm.
④ 《俄罗斯驻华大使:2018年中俄关系在各领域取得长足进展》,中国网,http://cn.chinagate.cn/news/2018-12/13/content_74272097.htm 同上。

作。中俄共同主张保持欧洲、亚太地区战略稳定。中俄在朝鲜核、伊朗核、阿富汗、叙利亚等问题上开展协作。

二　促进中俄关系发展的主要因素

（一）国内因素

就俄罗斯方面而言，以下两个因素促使其加强与中国的合作。其一，俄罗斯总统选举和新一届政府成立后，俄罗斯面临的最主要任务是促进经济增长，巩固俄大国地位的经济基础，同时改善民生。受西方制裁、国际能源价格下跌等因素影响，俄罗斯陷入经济衰退，2017年经济虽然有所回升，但不稳定。与此相关，俄罗斯居民实际可支配收入和消费水平连年下降，生活在贫困线以下的人口增加到2000万人。"后克里米亚共识"能够在短期内保持俄民众对普京的高支持率，但是无法长期掩盖经济和民生问题。[1] 在2018年俄罗斯总统选举中，俄选民流露出对国家经济形势和自身生活水平并不满意的情绪。因此，普京在2018年度国情咨文中强调，俄罗斯发展的关键目标是民众的福利、家庭的富足。为此，俄罗斯政府将提高居民收入，增加退休金，提高民众生活水平，改善医疗、教育和其他公共服务，提高居民寿命。政府致力于减贫，争取在未来六年内将贫困率降低一半，即减少到1000万人。[2]

其二，推进俄罗斯西伯利亚和远东地区开发，为国家经济发展打造新的"增长极"。由于地理、气候和历史等原因，俄罗斯西伯利亚和远东地区虽然拥有丰富的矿产资源，但是经济社会发展滞后，并面临人口递减等社会问题。2009年以来，俄罗斯开启新一轮的东部地区开发，包括制定有关地方经济发展战略文件，实施一系列大型能源和交通基础设施项目，等等。近年

---

[1] 柳丰华：《普京总统第四任期内外政策走向》，《国际问题研究》2018年第4期。
[2] Послание Президента Федеральному Собранию. 1 марта 2018, http://www.kremlin.ru/events/president/news/56957.

来，俄罗斯加快远东地区矿产开发，完善该地区能源输出管道系统，促进"超前发展区"和"自由港"发展，这些政策举措已经产生积极的效果。与此同时，俄罗斯开展国际合作，特别是吸引邻近的亚太国家参与其远东开发，其中中国是其主要的合作伙伴。通过吸引中国对俄罗斯东部地区投资、发展中国东北地区与俄远东及东西伯利亚地区合作等途径，中国已经成为俄远东地区的最大投资国，占该地区外国投资总额的85%。俄罗斯东部地区社会经济的发展，将为俄融入亚太地区一体化、增强其在该地区的地位提供更有力的支撑。

从中国方面看，也有发展与俄罗斯合作的需要。首先，中国一贯坚持开放政策，以开放促改革、促发展。中国正处在崛起的关键期，正在追求"中国梦"，正在实现"两个一百年"奋斗目标——到建党一百年时建成小康社会，到新中国成立一百年时建成社会主义现代化强国。为此，既要立足国内，实现经济升级转型，又要扩大开放，输出本国商品和资本，输入外国资本和技术，以促进国民经济发展。俄罗斯自然资源丰富，军工、核能、航空航天等工业发达，又与中国接壤，政治关系友好，是一个很好的经济合作伙伴。当前，中国正在建设"一带一路"，将其打造成一个与外部世界政策沟通、设施联通、贸易畅通、资金融通、民心相通的国际合作平台，而俄罗斯以其处于欧洲和亚洲之间的独特地理位置和在欧亚地区特有的影响力，成为中国在"一带一路"建设方面的重要合作伙伴。

其次，中国东北地区和内蒙古自治区有与俄罗斯毗邻地区开展经济合作的需求。三省一区与俄罗斯远东地区经济互补，又有地理邻接之利，长期以来，形成了较为密切的贸易联系：对俄远东地区出口服装、鞋帽、家具、农产品和机电等商品，从俄方进口木材、化肥、化工产品等。同时，三省一区与俄罗斯远东地区投资合作也不断发展，中方对俄方投资主要分布在木材加工、矿产资源开采、建材、种植养殖、医药器械等领域，俄方对中方投资集中于餐饮、食品加工、木制品加工等领域。随着中国实施东北地区振兴计划和俄罗斯实行东部开发计划，特别是中俄两国推动中国东北地区与俄远东及东西伯利亚地区合作，双方边境地区之间的经贸与投资合作获得了显著的发展。"一带一路"倡议给中俄边境地区合作带来新的动力：连接中国东北地区和俄罗斯远东地区的跨境铁路桥建设、"滨海1号""滨海2号"大型交通走廊建设稳步推进，中蒙俄经济走廊付诸实施，将进一步密切中俄相关地区间的对接与合作。

（二）国际因素

美国对中、俄两国同时实施遏制政策，促使中俄加强战略协作。特朗普政府明确把中国和俄罗斯界定为竞争对手，遏制中国快速崛起，遏制俄"修正"地区秩序的举动。对俄罗斯，美国主导北约在东欧前沿保持对俄军事政治高压态势，美国加强与波兰、波罗的海三国的军事合作，在乌克兰问题上压制俄罗斯，为乌政府撑腰打气；不断追加经济制裁，试图以此削弱俄经济实力甚至动摇普京政府的政治基础。对中国，美国加强与亚太地区盟国的防务合作，在南海地区招摇生事，同时发动"贸易战"，制约中国经济发展。美国宣布更新核武器、研发新型导弹，特朗普宣布将退出《中导条约》，都是以俄罗斯和中国为对手，旨在增强对中、俄两国的威慑力。为应对美国遏制政策所产生的压力，中俄两国加强在各个领域的战略协作，其中包括军事技术合作和安全合作。2018年9月美国宣布对中国中央军委装备发展部实施制裁，反映出美国对中俄军技合作的忌惮。

结　语

第一，2018年中俄全面战略协作伙伴关系持续深入发展，两国在政治、经济、能源、外交、人文、军事安全、"一带一路"建设与欧亚经济联盟对接等领域的合作成果斐然。中俄贸易额首次超过1000亿美元，具有标志性意义，表明中俄两国只要秉承平等信任、互利共赢的原则，战略协作就能实现预期目标，造福两国人民，经济合作如此，"一带一盟"对接合作以及其他领域的合作，无不如此。

第二，中俄两国都是大国，两国协作为维护国际安全、解决国际问题、

促进建立公正合理的国际体系做出了重要贡献。在当前去全球化、单极化、单边主义化的形势下，中俄两国作为联合国安理会常任理事国，有义务支持世界不偏离全球化进程，防止大国重启军备竞赛，引导各国共建公正合理的国际政治和经济秩序。中俄关系已经成为当代大国关系和邻国关系的"典范"，两国可以推而广之，为建设相互尊重、公平正义、合作共赢的新型国际关系，构建人类命运共同体，做出应有的贡献。

Y.25
2018年中俄经贸合作新进展

郭晓琼*

摘　要： 2018年，在中美贸易争端和美国对俄实施经济制裁的背景下，中俄两国务实合作的愿望强烈，动力更足。随着国际原油价格的回升及俄罗斯宏观经济形势的好转，中俄双边贸易额实现快速增长，首次突破千亿美元大关，中国对俄贸易从顺差转为逆差。随着中俄经贸合作的深化与发展，两国更加注重合作质量的提升，2018年，中俄两国在能源、金融、基础设施建设、航空航天技术等领域的合作均有新突破，地区合作顺利开展，"一带一盟"对接正在稳步推进。

关键词： 中俄经贸合作　能源合作　金融合作　地区合作　"带盟对接"

改革开放四十年来，中国经济快速增长，综合国力大幅提升，以至于美国将中国当作了主要竞争对手。特朗普上台后，美国贸易政策转向单边主义和保护主义，2018年中美贸易摩擦升级，6月15日，美国宣布对约500亿美元的中国高科技及工业品加征25%的关税，主动挑起贸易争端，借此打压中国制造业和高科技产业，企图延缓中国经济发展的步伐，以达到阻止中国崛起的目的。此外，乌克兰危机后，美国对俄罗斯实施的经济制裁一直持续至今。中俄两国均受到来自美国方面的战略挤压，在此背景下，中俄两国加强各领域务实合作的愿望更加强烈，动力更加充足。

---

* 郭晓琼，博士，中国社会科学院俄罗斯东欧中亚研究所战略研究室副研究员。

一 2018年中俄双边贸易发展状况

2018年，随着国际原油价格的回升及俄罗斯宏观经济形势的好转，中俄双边贸易额实现快速增长，首次突破千亿美元大关。根据中国海关总署统计数据，2018年，中俄双边贸易额为1070.56亿美元，同比增长27.1%，增速高于2017年的20.8%。其中，中国对俄出口额为479.75亿美元，同比增长12%，中国自俄进口快速增长，进口额达到590.81亿美元，同比增长42.7%。中俄双边贸易额在中国对外贸易总额中的占比为2.32%（2017年为2.05%），中国对俄出口额占中国对外出口总额的1.9%（2017年为1.9%），中国自俄进口额占中国总进口额的4.95%（2017年为2.2%）。俄罗斯为中国第十大贸易伙伴。

根据俄罗斯海关统计数据，2018年俄中贸易额为1082.83亿美元，同比增长24.5%。其中，俄对华出口额为560.65亿美元，同比增长44.1%，俄自华进口额为522.18亿美元，同比增长8.7%，俄罗斯对华出口快速增长，超过自华进口额。中国从2010年起连续八年保持俄罗斯最大贸易伙伴地位，2018年，俄中贸易在俄罗斯对外贸易总额中的比例从2017年的14.9%提高至15.7%，超过俄罗斯与独联体国家贸易的总和（11.7%），更远超俄罗斯第二大贸易伙伴德国（8.7%）。①

中国自俄罗斯进口的商品主要为能源、资源及原材料等初级产品，这主要是基于俄罗斯的资源禀赋。2018年1~6月，中国自俄罗斯进口的前五大类商品为矿产品、木及制品、贱金属及制品、活动物和动物产品、机电产品。第一大类商品为矿产品，进口额为194.71亿美元，同比增长54.6%，第二大类为木及制品，进口额为18.3亿美元，同比增长13.8%，2017年1~6月，矿产品和木及制品两大类资源型商品在中国自俄罗斯进口商品总额

---

① Федеральная таможенная служба. http：//www.customs.ru/index2.php？option＝com_content&view＝article&id＝25865&Itemid＝1977.

中的占比为81.6%，2018年1~6月，该比例增长至84.1%。矿产品进口规模及进口额均在增长。在中国自俄进口前十类商品中，机电产品、化工产品、塑料和橡胶这三类产品的进口额出现下降，这三类商品在中国自俄进口商品总额中的比例也分别从4.7%、3.2%和1.8%下降至2.6%、1.9%和0.9%。贱金属及制品、纤维素浆和纸张、植物产品和动植物油脂这四类产品的进口出现大幅增长，增幅均超过50%，分别为848.5%、64.9%、168.5%和66.6%，这四类商品在中国自俄进口商品总额中的比例也相应提高至2.8%、2.6%、0.8%和0.7%（见表1）。

表1 2018年1~6月中国自俄罗斯进口前十类商品

商品类别	贸易额（百万美元）	增长率（同比，%）	占比(%)	
			2017年1~6月	2018年1~6月
矿产品	19471	54.6	72.4	76.9
木及制品	1830	13.8	9.2	7.2
贱金属及制品	709	848.5	0.4	2.8
活动物和动物产品	672	26.4	3.0	2.7
机电产品	657	-20.1	4.7	2.6
纤维素浆和纸张	646	64.9	2.2	2.6
化工产品	485	-13.7	3.2	1.9
塑料、橡胶	227	-23.7	1.8	0.9
植物产品	213	168.5	0.5	0.8
动植物油脂	167	66.6	0.6	0.7

资料来源：中国商务部：《2018年1~6月俄罗斯货物贸易及中俄双边贸易概况》，http://countryreport.mofcom.gov.cn/record/qikan110209.asp?id=10535。

2017年，中国对俄出口商品结构变化不大。2018年1~6月，中国对俄出口的第一大类商品仍为机电产品，中国对俄出口机电产品价值121.47亿美元，同比增长22.1%，其在中国对俄出口总额中的比例从49.3%提高至50.6%。纺织品及原料，家具、玩具、杂项制品，鞋靴、伞等轻工制品这三类劳动密集型商品是中国对俄出口的传统商品，近年来此类商品的比例呈下降趋势，2018年1~6月，这三类商品在中国对俄出口总额中的比例从上年同期的17.7%下降至16.1%。贱金属及制品，化工产品，塑料、橡胶，运

输设备，植物产品和光学、钟表、医疗设备这几大类产品对俄出口保持增长态势（见表2）。

表2　2018年1～6月中国对俄罗斯出口前十类商品

商品类别	贸易额（百万美元）	增长率（同比,%）	占比（%）	
			2017年1～6月	2018年1～6月
机电产品	12147	22.1	49.3	50.6
贱金属及制品	1840	16.7	7.8	7.7
纺织品及原料	1665	10.3	7.5	6.9
化工产品	1417	25.9	5.6	5.9
家具、玩具、杂项制品	1293	-0.4	6.4	5.4
塑料、橡胶	1105	23.4	4.5	4.6
运输设备	1069	19.4	4.4	4.5
鞋靴、伞等轻工制品	903	19.3	3.8	3.8
植物产品	576	13.6	2.5	2.4
光学、钟表、医疗设备	535	16.5	2.3	2.2

资料来源：中国商务部：《2018年1～6月俄罗斯货物贸易及中俄双边贸易概况》，http://countryreport.mofcom.gov.cn/record/qikan110209.asp?id=10535。

二　2018年中俄经贸合作的新进展

（一）能源合作全面展开

能源合作历来是中俄经贸合作的重点领域，也是中俄战略协作伙伴关系的重要组成部分。2018年中俄两国能源合作继续稳步推进。

1. 石油合作

中俄原油管道二线工程正式投入运营。2013年6月，中石油集团与俄罗斯石油公司签署俄罗斯向中国增供原油的长期贸易合同。按照该合同，俄罗斯在中俄原油管道年输量1500万吨的基础上逐年对华增供原油，到2018年达到3000万吨，增供合同期为25年，可延长5年。考虑到原有中俄原油管道输送能力有限，中石油集团开始建设中俄原油管道二线工程。该工程与原漠大线并行敷设，北起黑龙江大兴安岭漠河县兴安镇的漠河首站，途经黑龙江、内蒙古，止于大庆市林源输油站，全长941.8公里，与漠大线并行长度为871.6公里，过境我国最北点（北纬53度）。2017年11月12日，中俄原油管道二线工程全线贯通，2018年1月1日，正式投入商业运营，承接合同中增供的1500万吨俄方原油。中俄原油管道是深化中俄两国能源合作的重大工程，是我国东北能源战略通道的重要组成部分，对保障我国能源供应安全意义重大。

2. 天然气合作

近年来，中国为应对气候变化和改善大气环境正在积极推动能源结构转型，在此过程中天然气发挥着重要作用。在中国的天然气进口来源中，自美国的进口量近年来呈快速增长态势，中国自美液化气进口量占美国液化气出口总量的15%。美国发起对华贸易战后，中国也宣布对进口美国液化气加征10%关税，来自美国的天然气成本提高。因此，中国希望俄罗斯成为稳定的天然气进口来源，以缓解当前天然气紧张的现状。对俄罗斯而言，俄罗斯仍处于西方国家的制裁之下，对华出口天然气不仅能获得外汇收入，还有利于实现能源出口多元化目标。随着中俄两国在天然气领域合作意愿的加强，两国在该领域的合作不断取得新进展。

在上游领域，2017年12月8日，亚马尔液化天然气项目正式投产。该项目是目前全球在北极地区开展的最大的液化天然气项目，也是中俄提出共建"冰上丝绸之路"后启动的首个全产业链能源合作项目，对两国"冰上丝绸之路"建设及能源合作将产生深远的影响。亚马尔项目是俄罗斯首个由俄罗斯国内非国有企业主导的国际化天然气项目。该项目由俄罗斯诺瓦泰克公司主导，中国、法国、日本、韩国的企业都参与其中。中国在该项目中发挥了重要作用。中方持有亚马尔项目29.9%的股份，是该项目股权第二大持有国，其中，中国石油集团持股20%，中国丝路基金持股9.9%。为推动该项目的顺利实施，2015年12月，丝路基金在与诺瓦泰克公司签署股权转让协议的同时还签署了融资协议，为亚马尔项目提供为期15年、总额约7.3亿欧元的长期贷款，2016年，中国进出口银行和国家开发银行也分别与亚马尔公司签署了为期15年、总额为93亿欧元和98亿元人民币的贷款协议。此外，中国石油公司、中国海洋石油总公司和宝钢集团有限公司还是该项目主要工程的分包商和供应商，承揽项目模块生产。最后，中国还是该项目产品的重要购买方。亚马尔项目的产品主要销往亚太地区，2014年5月，中石油公司与亚马尔项目公司签署每年300万吨为期20年的供销协议，购买量占亚马尔项目当前总产能的约1/5。在销往亚太地区的产品中，中国还将进行间接购买，这意味着中国在亚马尔项目中采购量的比例将会更大。2018年7月19日，首艘装载有来自亚马尔项目的15.9万立方米液化气的船通过东北航道顺利到达中国石油江苏如东LNG接收站。这标志着中俄两国天然气合作取得重大成功。

在中游领域，中俄东线天然气管道铺设工作进展顺利。中俄东线天然气管道工程项目包括俄罗斯境内段"西伯利亚力量"管道和中国境内段黑河—上海段。中国境内段管道长度为3371公里，分为三段分期建设，三段分别为：北段黑河—长岭、中段长岭—永清和南段永清—上海。其中北段干线长715公里，是整个工程中技术要求最高、施工难度最大、施工条件最艰苦的线路。工程预计于2019年12月黑龙江和吉林段实现投产，2021年全线投入使用。该管道的建成投产能够将俄罗斯天然气资源与中国东北、京津冀和长三角等重点天然气市场相连接，并与中国国内现有输气管网联通，实现向东北地区、环渤海、长三角地区输送清洁天然气资源的规划。

在下游领域，2017年8月3日，中俄合作项目阿穆尔天然气加工厂开工。该项目位于俄罗斯远东地区阿穆尔州斯沃博金区，是中俄东线天然气管道俄罗斯境内段"西伯利亚力量"管道的配套项目，建成后将成为世界最大的天然气处理厂之一。阿穆尔天然气加工厂建设分为三个标段，均由中国企业以投标的方式参加，其中P1标段由葛洲坝集团承建。2018年7月，成功吊装首台重型设备，标志着该项目正式进入设备安装阶段。

除油气合作之外，中俄两国在电力和核能领域的合作也取得了丰硕的成果。

中俄电力合作起步较早，从1992年起中国就开始从俄罗斯购电，此后两国电力贸易量逐渐扩大。目前,两国有三条电力互联线路,分别是110千伏布黑线(俄罗斯布拉戈维申斯克—中国黑河)、220千伏布瑷线(俄罗斯布拉戈维申斯克—中国瑷珲)和500千伏黑河直流背靠背工程,其中500千伏黑河直流背靠背工程是中国从境外购电电压等级最高、容量最大的输变电项目,自2012年起已实现安全运行六周年,截至2018年4月1日,累计进口俄电138.3亿千瓦时。该工程的安全运营不仅能够提高俄罗斯远东地区能源利用率,而且对深化中俄基础设施和口岸的互联互通也起到促进作用。

在核能领域,中俄两国作为全面战略合作伙伴也开展了广泛的合作。田湾核电站一期工程1、2号机组单机容量106万千瓦,于2007年投入商业运行,目前1、2号机组稳定运行,其中2号机组在2017年世界核电运营者协会的综合指数排名中获得100分,在世界VVER核电机组中排名第一。二期工程3、4号机组单机容量112.6万千瓦,3号机组于2018年2月15日投入商业运行。2018年12月22日,4号机组也具备商业运营条件,田湾核电站二期工程全面投产。投产后,田湾核电基地4台机组一年发电量大概可供2000万户中国家庭使用一年。三期工程5、6号机组采用中核集团自主M310+改进机型,单机容量111.8万千瓦,计划2021年底前投入商业运行。2018年6月,中核集团与俄罗斯国家原子能集团签署《田湾核电站7/8号机组框架合同》《徐大堡核电站框架合同》和《中国示范快堆设备供应及服务采购框架合同》,合同总金额超过200亿元人民币,项目总价超千亿元人民币,是中俄两国签署的最大的核能合作项目。根据合同,中俄两国将在田湾和徐大堡合作建设4台VVER-1200型三代核电机组,俄方对电站设计承担总体技术责任,中方负责电站总平面规划、常规岛和BOP设计。上述合同的签署延续了中俄双方在田湾核电站一期和二期工程中的良好合作,通过项目实施将提升两国务实合作的科技水平,推动双边贸易和产业合作,进一步深化两国利益的相互融合。

(二)金融合作提档升级

近年来,中俄两国金融合作快速发展,合作领域日益扩大,层次逐渐深化,方式也不断创新,尤其是在合作机制、货币互换、支付结算等方面均取得了积极进展。但随着中俄两国经贸合作不断发展,特别是中国"一带一路"倡议的落实和推进,中俄两国在金融领域的需求也进一步增强,两国金融合作提档升级正当其时。

1. 货币互换

近一年来,特朗普挑起中美贸易争端,俄罗斯仍处于美国经济制裁之下,中俄两国联手推动去美元化趋势有所加快。2017年11月22日,中国人民银行与俄罗斯央行续签双边本币互换协议,协议规模为1500亿元人民币/13250亿卢布,有效期为三年。① 2018年以来,中俄货币互换额快速增长,根据俄罗斯莫斯科交易所的数据,2018年前十个月中俄货币互换额度达到9430亿卢布,约是2017年6287亿卢布规模的1.5倍。中国银行间市场购买卢布的人民币业务量也快速增长,2018年前三季度增幅高达5.3%,达到49亿元人民币。

2. 支付系统合作

为推动去美元化,中俄两国还讨论利用双方自有国际支付系统进行结算。截至2019年7月底,有21家俄罗斯银行成为人民币跨境支付系统的参与者。2016年9月,中国银联与俄罗斯国家支付卡公司(NSPK)签署协议,启动银行卡合作,所发行的银联和MIR借记卡可同时在双方支付系统中使用。此后中国银联又与俄罗斯国家支付卡公司就双标式卡合作签署协议,2017年7月,由俄罗斯农业银行发行的银联-MIR双标借记卡问世。这两项协议的签署一方面将俄罗斯MIR卡的使用范围从俄罗斯境内扩展到覆盖160多个国家和地区的银联网络;另一方面银联在俄罗斯当地银行大规模发行银联卡也取得积极进展。2017年5月,中国银联又与俄罗斯最大的商业银行——俄罗斯联邦储蓄银行签署合作协议,根据协议,俄罗斯联邦储蓄银行所有ATM支持银联卡,并逐步实现旗下所有商户用银联卡支付,自此

---

① 中国人民银行:《2017年中国货币政策大事记》,http://www.pbc.gov.cn//goutongjiaoliu/113456/113469/3491684/index.html。

银联卡在俄罗斯ATM和商户中的覆盖范围大幅拓展。截至2018年底，中国银联在俄罗斯ATM和商户的覆盖率超过85%。2018年12月，中国银联还与俄罗斯Unistream支付系统联合推出跨国汇款服务，汇款者只需要有收款人银联卡的卡号，不需要其他信息，通过俄罗斯Unistream支付系统向银联卡汇款最多只需一分钟时间，且没有任何手续费。中俄两国在支付系统方面的合作为未来更大限度地绕开美国控制的SWIFT国际支付体系奠定了基础。

3. 中俄金融联盟又添新成员

中俄金融联盟于2015年10月正式成立，该联盟由哈尔滨银行与俄罗斯资产规模最大的俄罗斯联邦储蓄银行牵头，该联盟的建立有助于中俄两国金融机构在投融资、现钞现汇交易等领域进一步展开合作，服务中俄企业。截至2019年1月，其成员单位已从最初的35家增加到70家，其中中方成员33家，俄方成员37家。近年来，中俄金融深度合作意愿强烈，哈尔滨银行作为中方主席单位，已成功牵头合作4项跨境融资业务，总金额折合126亿元人民币，累计签署40多项合作协议，内容涉及本币结算、资金清算、外汇交易、电子银行等领域。目前，中俄金融联盟已成为两国商业银行间业务合作的重要平台。

4. 金融市场合作

2018年1月，上海场外大宗商品衍生品协会与俄罗斯圣彼得堡国际商品原料交易所签署合作备忘录，双方将建立定期会晤机制，共同搭建"中俄大宗商品"企业交流平台，就能源领域跨境大宗商品指数和衍生品研发展开合作。该合作对加强中俄金融基础设施在大宗商品现货及衍生品领域的互联互通起到积极的促进作用。2018年4月23日，上海黄金交易所与莫斯科交易所签署合作备忘录，备忘录提出为中国和俄罗斯贵金属市场提供产品信息共享，组织关于黄金市场主题的联合会议，培训和人员交流，并寻找商业合作机会。

（三）地方合作恰逢其时

中俄两国地方合作早已开展多年，经贸及人文合作逐渐向纵深发展，日益频繁的地方合作不仅增进了两国人民的友谊,还有利于提升贸易和投资便利化水平,惠及两国人民。近年来,中俄两国加强地方合作,促进共同发展的意愿更加强烈。乌克兰危机后,俄罗斯调整对外政策战略方向,实施向东看政策,加强与中国等东北亚国家的合作,促进远东地区经济发展。中国则希望通过深化地方合作优化对外开放布局,依托地方、造福地方,让地方合作为两国务实合作创造新机遇,为"一带一路"倡议的推进注入新动力。在此背景下,2018年和2019年中俄共同举办"地方合作交流年"活动,将地方合作提升至国家级,进一步促进中国各省、自治区、直辖市与俄罗斯各联邦主体之间的友好往来。两国在地方层面的合作进展顺畅,举行了数百场访问、会面,签署了多份合作文件。中俄两国在省州、城市等层面共建立了363对友好伙伴关系。[①]"中国东北地区与俄罗斯远东地区合作"和"中国长江中上游地区与俄罗斯伏尔加河沿岸联邦区合作"两个地方合作机制发展顺利。

2018年9月14日,习近平主席出席第四届东方经济论坛时强调,要借2018年和2019年中俄"地方合作交流年"的东风,加强统筹协调,创新合作思路,深挖互补优势,开启两国地方合作新时代。在用好现有两大地方合作机制的基础上,推动"京津冀""长三角""粤港澳"等区域发展规划与俄罗斯各联邦区发展战略对接,积极调动地方政府和企业的积极性,使地方合作由毗邻地区向腹地延伸,从国家层面落实到地方层面。此次访问对拓展中俄地方合作格局、深化两国利益交融、提升地方合作水平具有重要意义。

为加强对两国地方和企业合作的指导,中国商务部会同国家开发银行与俄罗斯远东发展部共同编制《中俄在俄罗斯远东地区合作发展规划(2018~2024年)》。该规划于2018年9月东方经济论坛期间由中俄双方共同签署,并于11月7日中俄总理定期会晤期间获得正式批准。该规划重点归纳了俄罗斯远东地区的发展优势;详细介绍了远东地区支持外国投资者的投资,以

---

① 《俄罗斯驻华大使:2018年中俄关系在各领域取得长足进展》,中国网,http://ydyl.china.com.cn/2018-12/13/content_ 74272232. htm。

及为中国投资者提供的机遇;重点推介远东地区经贸合作的七大优先领域,包括天然气与石油化工业、固体矿产、运输与物流、农业、林业、水产养殖和旅游等;介绍远东地区中俄战略合作项目和基础设施项目;全面阐释了俄罗斯远东地区中俄经贸合作发展机制。① 目前,中俄两国正在密切沟通,紧密配合,统筹推进该规划的落实工作。中国商务部还成立了中国东北和俄罗斯远东贝加尔地区实业理事会,为企业提供政策指导和服务。

(四)基础设施合作有序进行

1. 北极开发合作

2017年7月4日,习近平主席在莫斯科会见梅德韦杰夫总理,中俄双方正式提出:"要开展北极航道合作,共同打造'冰上丝绸之路'。"目前,中俄两国就北极开发的合作已取得积极进展。2013年8月,中远集团"永盛"轮在北极东北航道成功试航,截至2018年10月底,中远海运集团在北极东北航道已有15艘船舶进行了19次航行,主要承运设备、钢材、纸浆等货物。两国交通部门就《中俄极地水域海事合作谅解备忘录》展开研讨,亚马尔液化天然气项目也在北极地区有序推进。2018年1月26日,中国发布《中国的北极政策白皮书》,这是中国首份北极政策文件。白皮书明确表达了"中国是北极的利益攸关方",中国将"认识北极、保护北极、利用北极和参与治理北极,维护各国和国际社会在北极的共同利益,推动北极的可持续发展"作为北极政策的目标,为实现上述目标,中国坚持"尊重、合作、共赢、可持续"的基本原则参与北极事务。中国参与北极事务坚持科研先导,强调保护环境,主张合理利用,倡导依法治理和国际合作,并致力于维护和平、安全、稳定的北极秩序。白皮书还提出了"中国愿依托北极航道的开发利用与各方共建'冰上丝绸之路'"的主张。

---

① 中华人民共和国商务部:《商务部欧亚司负责人就〈中俄在俄罗斯远东地区合作发展规划(2018~2024年)〉进行解读》,http://www.mofcom.gov.cn/article/ae/ag/201811/20181102807004.shtml。

2. 修建跨境大桥

同江中俄铁路大桥和黑龙江大桥是两座跨境大桥，这两座大桥建成后将极大地改善两国运输条件，提高中俄两国互联互通水平，促进毗邻地区经贸合作的发展。

同江中俄铁路大桥位于中国黑龙江省同江市与俄罗斯下列宁斯阔耶之间，大桥全长 3162 米，主桥全长 2215 米，中方境内桥长 1886 米，包含 17 个桥墩，俄方境内桥长 328 米，包含 4 个桥墩，引桥长 4979 米。2014 年 6 月中方工程正式动工，2016 年 11 月中方主体工程已基本完工。俄方工程于 2016 年 6 月开工建设，由于地处高寒地带，俄方在施工过程中遇到技术难题，因此重新设计并递交审批，原定 2018 年 6 月能够完工的工程因此而拖延。2018 年 10 月 13 日，大桥重要组成部分——特大桥最后一吊钢梁安装到位，中方段主体工程全部完工。同江中俄铁路大桥采用套轨，兼顾了两国不同铁轨的宽度，保证中俄两国的火车均能在桥上正常行驶。大桥建成后，年过货能力 2100 万吨，设计最高时速 100 公里，连接中国东北铁路网与俄罗斯西伯利亚铁路，将大大降低两国企业的运输成本。

连接中国黑河与俄罗斯布拉戈维申斯克的公路大桥——黑龙江大桥的修建也取得积极进展。在中俄两国界河黑龙江上修建大桥的建议早在 1988 年就已提出。2016 年 12 月 24 日，在两国元首的直接推动下，筹划多年的黑龙江大桥终于开工建设。黑龙江大桥全长 1283 米，宽 14.5 米，总投资约 24.7 亿元人民币，预计将于 2019 年建成通车。大桥建成后，预计 2020 年客运量将达到 140 万人次，货运量将达 300 万吨，两国还将筹备建立临桥、临港经济区，在大桥国际共管段建立跨境经济合作区，加快对外开放。

（五）航空航天领域合作不断拓展

1. 民用航空合作

联合研制远程宽体客机是中俄两国在民用航空领域开展的重大战略性合作项目。2016 年 6 月 25 日，中国商飞公司与俄罗斯联合航空制造集团在两国元首的见证下签署了项目合资合同。2017 年 5 月，中俄双方在上海成立了合资公司——中俄国际商用飞机有限责任公司。2017年9月29日，中俄宽体客机项目举行命名发布仪式，项目被命名为CR929，CR分别为中国和俄罗斯的英文首字母，代表中俄双方联合研制。2018年以来，远程宽体客机项目又取得一系列阶段性进展。2018年6月，中俄双方共同确定了CR929客机的外形、尺寸等主要参数并签署图样文件。2018年11月6日，在第十二届中国国际航空航天展览会上，CR929宽体客机的样机首次在国际航展上展示。2018年12月26日，CR929项目复合材料前机身攻关全尺寸筒段顺利实现总装下线。CR929宽体客机的发动机目前仅美国通用电气公司和英国罗尔斯·罗伊斯公司能够生产，中俄两国均不掌握这一技术，因此中俄双方需要在项目中共同努力，联合研发。项目初期，将会使用通用电气公司的发动机，中俄联合研制发动机成功后，将在项目第二阶段使用。

2. 航天合作

2018年，中俄两国在卫星导航、月球和深空探测、卫星碎片等领域开展了密切的合作，签署了多项协议。

中俄两国领导人高度重视卫星导航领域的合作。2014年两国正式成立中俄卫星导航重大战略合作项目委员会，迄今为止，已召开了5次正式会议，成立了4个工作组，双方共同签署发布了格格纳斯和北斗两系统兼容与互操作、融合应用等联合声明，开展了"一带一路"服务第一阶段测试，形成了10个标志性合作的项目清单，取得了一些阶段性的务实成果。2018年11月7日，在中俄总理会晤期间，中俄双方签署《关于和平使用北斗和格格纳斯全球卫星导航系统的合作协定》。该协定的签署为实现两系统间的优势互补和融合发展提供了法律依据及组织保障，具有重要的里程碑意义。

2018年中俄两国还开启了在月球和深空探测领域的合作。2018年3月3日，在国际空间探索论坛期间，中国国家航天局副局长与俄罗斯国家航天集团总经理卡马洛夫签署了《中国国家航天局与俄罗斯国家航天集团关于月球与深空探测的合作意向书》。双方将共同设立中俄月球与深空探测数据中心，利用各自已确定的月球任务开展合作。2018年6月8日，在两国元首的见证下，中俄双方签署《关于在月球与深空探测领域合作的谅解备忘录》，为启动在月球及深空探测领域合作奠定了基础。2018年9月28日，在中俄总理定期会晤委员会航天合作分委会第十九次会议中，两国就运载火箭及发动机制造、地球遥感、月球与深空探测、卫星导航、航天电子元器件、空间碎片、低轨卫星通信系统等领域合作达成共识，并更新了《2018~2022年中俄航天合作大纲》。会后，中国国家航天局与俄罗斯国家航天集团还签署了月球与深空探测领域联合项目的相关文件。

（六）"一带一盟"对接稳步推进

《中华人民共和国与欧亚经济联盟经贸合作协定》正式签署。2015年5月，中俄两国元首签署《关于丝绸之路经济带建设和欧亚经济联盟建设对接合作的联合声明》后，经贸合作谈判正式启动，2016年10月以来，中俄双方先后进行了5轮谈判，3次工作组会议和2次部长级磋商，2017年10月1日，顺利结束实质性谈判。2018年5月17日，中国与欧亚经济委员会执委会及各成员国代表正式签署《中华人民共和国与欧亚经济联盟经贸合作协定》。该协定包含海关合作和贸易便利化、知识产权、部门合作、政府采购等13个章节，也涵盖了电子商务和竞争等新的议题。根据协定，中俄双方通过加强合作、信息交换、经验交流等方式，进一步简化通关手续，降低贸易成本。该协定是中国与欧亚经济联盟在经贸合作方面首次达成的重要制度性安排，这为双边经贸合作提供了制度性保障。协议的签署标志着中国与欧亚经济联盟成员国的经贸合作从项目带动进入制度引领的新阶段，对推动"带盟对接"具有里程碑意义。

Y.26
新时期中俄地方合作展望

蒋 菁 阿·谢苗诺夫*

摘　要： 俄罗斯国土辽阔，地区经济发展极为不均衡，对华展开地方合作的水平参差不齐。当前，两国地方合作呈现良好的发展势头，双方展开地方合作的意愿明显增强，特别是在丝绸之路经济带倡议与欧亚经济联盟建设进行项目对接的过程中，以项目带动投资的步伐明显加快，金融合作水平跨上新台阶。近年来，两国的地方合作已不再局限于毗邻的边境地区，而是根据产业互补性原则不断挖掘跨区域合作的潜力。现阶段，两国地方展开合作呈多层次多领域发展态势。尽管两国地方产业合作互补优势明显，合作空间广阔，潜力巨大，但在很多项目的实施过程中，中俄双方还有许多具体的对接问题亟待解决。总结共性问题的症结，有针对性地开展工作，对提高两国地方合作的效率、促进地方合作进入良性有序的发展，进而取得预期的合作效果十分重要，值得我们深思和研究。

关键词： 中俄地方合作　贸易额　地区合作机制　"两河流域"合作　俄罗斯

---

* 蒋菁，博士，中国社会科学院俄罗斯东欧中亚研究所俄罗斯经济研究室副研究员；阿·谢苗诺夫（Artem Semenov），莫斯科州州长顾问，俄中和平、友好和发展委员会地方合作理事会俄方秘书长，"统一俄罗斯"党总委员会委员，"统一俄罗斯"党总委员会主席团对中国共产党合作事务全权代表。

推动地方务实合作一直是中俄两国深化战略协作伙伴关系的重要内容。当前，为进一步深化全面战略协作伙伴关系的发展，促进两国经济合作水平迈上新的台阶，中俄双方一致认为有必要扩大合作的地域范围，提高两国地方合作的水平。为此，中俄两国政府决定在2018年和2019年共同举办国家级的"地方合作交流年"活动，旨在进一步充分调动两国地方开展合作的积极性，深入挖掘地方合作的潜力。

新时期的中俄经济合作，尤其是地方务实合作，显得比以往任何时候都更加重要。目前，两国地方合作呈现良好的发展势头，双方展开地方合作的意愿明显增强，特别是在丝绸之路经济带倡议与欧亚经济联盟建设进行项目对接的过程中，以项目带动投资的步伐明显加快，金融合作水平跨上新台阶。近年来，两国的地方合作已不再局限于毗邻的边境地区，而是更多依托产业互补性原则不断挖掘跨区域合作的潜力。乌克兰危机后，俄罗斯的战略东移和中国的"一带一路"建设为中俄进一步深化地方合作提供了新的契机。在两国领导人齐心协力的共同推动下，双方充分发挥两国政府间及企业间各领域的合作机制，在地方务实合作中取得了积极的进展，总体呈现多层次多领域全面发展的态势。

一 中俄毗邻地区合作水平不断提高

东北地区是中俄展开毗邻地区合作的重点前沿地带，与俄罗斯有着4637公里的边境线，双方合作由来已久。近年来，中国东北地区与俄罗斯东部地区利用毗邻地区的地缘优势和相互的产业互补优势，在贸易、科技和金融等多个领域展开了积极有效的合作，对俄合作地区的范围也在逐步向俄罗斯中部地区延伸和拓展，这对促进双方的地方经济发展起到一定的推动作用。两国毗邻地区的合作水平不断提高，这主要体现在以下几个方面。

其一，地区贸易额持续增加，贸易结构不断优化。2016年上半年，中国已跃升为俄远东地区第一大贸易伙伴。① 2017年俄远东地区对华贸易额为77.7亿美元，其中对华出口50.8亿美元，进口26.9亿美元。② 2018年上半年，远东地区对华继续保持较快增长势头，对外贸易总额达到41.93亿美元，同比增长15.1%，对华贸易占远东对外贸易总额的27.2%，达历史最高水平。③ 同时，进出口产品的种类也日趋多样，农产品和高附加值、高科技含量的产品贸易比重迅速上升。比如，2017年中国从俄罗斯进口的农产品已超过30亿美元，是俄罗斯第一大食品进口国。④ 截至2018年10月，中国进口俄罗斯农产品同比增长了52.5%。⑤ 此外，中国企业还积极参与俄远东地区农业开发，开展"种养加"一体化农业合作项目，取得了良好的社会经济效益。

其二，地区合作机制建设不断完善。为进一步加强两国地方合作的效率，提升合作的水平，双方在2015年特别成立了中国东北地区和俄罗斯远东地区地方合作理事会，并在2016年将其改组为政府间委员会，纳入中俄总理定期会晤机制。2018年11月7日，《中俄在俄罗斯远东地区合作发展规划（2018~2024年）》获得正式批准。相比2009年两国批准实施的《中国东北地区与俄罗斯远东及东西伯利亚地区合作规划纲要（2009~2018年）》，它的基础更加扎实，内容更加翔实。纲要全面了阐释远东地区中俄经贸合作发展机制，归纳了俄罗斯远东对中国投资者的合作优势，详细介绍俄远东地区中俄战略合作项目和基础设施项目以及支持外国投资者的国家优惠政策，重点推介了远东地区展开中俄经贸合作的七个优先领域，包括天然

---

① 《商务部就中国东北与俄远东经贸合作情况等答问》，中华人民共和国中央人民政府网站，http：//www.gov.cn/xinwen/2016-11/02/content_5127556.htm。
② 刘锋：《俄罗斯远东融入"一带一路"意义重大》，中国社会科学网，http：//ex.cssn.cn/zx/bwyc/201806/t20180614_4365709.shtml。
③ 根据俄罗斯联邦海关总署远东分署的统计数据计算得出，http：//dvtu.customs.ru/index.php?option=com_content&view=article&id=24562：-2018-&catid=295：2017-04-12-04-47-16&Itemid=340。
④ 吴焰：《中俄贸易在结构优化中回暖走强》，《人民日报》2018年1月23日。
⑤ 路虹：《中俄贸易千亿美元平台新跨越》，商务部公共信息平台—中国服务贸易指南网，http：//tradeinservices.mofcom.gov.cn/article/news/gjxw/201901/76272.html。

气与石油化工业、固体矿产、运输与物流、农业、林业、水产养殖和旅游等。这一规划充分体现了双方的产业合作优势、市场营商环境和投资政策环境等,是指导双方展开毗邻地区合作的纲领性指导文件,其主要目的就是促进调整贸易结构和优化合作模式,加快双方地方合作的战略升级,这对推动下一阶段中俄毗邻地区合作具有重要的意义。

其三,地方合作领域不断拓宽,合作地域不断延伸。除了传统的能源矿产领域,还积极开拓农林、科技、航空、船舶、港口建设等领域的项目合作。同时,将合作地域延伸到俄罗斯中部地区,充分挖掘产业合作的潜力,拓展对俄合作新方向,特别是在高科技创新的合作领域做了有益的尝试。比如,为加强两国城市之间的创新体系建设,打造技术转移服务网络,加快科技成果转换,由中俄多家单位发起的两国四地(哈尔滨、深圳、莫斯科、叶卡捷琳堡)联合创新中心于2017年11月18日在深圳宣告成立。它是根据中国科技部与俄罗斯经济发展部签署的《首届中俄创新对话联合宣言》和《2017~2020年中俄创新合作工作计划》,在哈尔滨市和深圳市对口合作的基础上发起成立的,首个试点落户于深圳市宝安区石岩街道的天格科技园。未来,双方将以此为契机,大力推进两国四地的科技创新交流与合作,进一步深化科技服务贸易往来,加快具有市场应用前景的科技成果转换,并将高新技术产品推向中国和俄罗斯市场。再比如,黑龙江科学院于2018年7月10日在叶卡捷琳堡市举办的中俄地方合作论坛上,携手俄罗斯科学院乌拉尔分院共同成立了中俄科技合作联盟,这将为促进两国地方创新经济发展发挥积极的作用。此外,2018年11月24日,中医药中俄创新合作联盟在中国驻俄罗斯大使馆的大力支持下宣告成立,其中中国医学科学院药用植物研究所和中国长春中医药大学是中方的发起机构。中医药中俄创新合作联盟首批成员单位共30家,其中中方机构16家,俄方机构14家。

今后,随着中俄双方的产业合作和科技合作不断加强,中国东北地区和俄罗斯东部地区的贸易格局将进一步得以优化,而服务贸易和技术贸易会日渐成为双方贸易合作的主要形式。未来,东北与远东地区在基础设施建设、自然资源开发与利用、创新科研技术转化、农产品深加工、旅游资源开发等领域仍具有较大的发展空间。

二 中俄非毗邻地区合作蓬勃展开

为推动两国非毗邻地区开展互利共赢的地方合作，2013年1月，中国国务院批复同意开展中国长江中上游地区六省市（包括安徽、江西、湖北、湖南、四川和重庆）和俄罗斯伏尔加河沿岸联邦区十四个联邦主体的合作（简称"两河流域"合作），并将其纳入了中俄地方领导人定期会晤机制。这是继中国东北地区与俄罗斯东西伯利亚和远东地区合作机制之后，中国和俄罗斯之间建立的又一重要地区合作机制。它对促进这两个地区的人文、经贸、投资等互利合作意义重大，是中俄为加深非毗邻地区合作而进行的新模式探索。

伏尔加河沿岸联邦区地理位置良好，资源禀赋优势明显，人口相对密集，产业布局较为合理，自然资源极为丰富。根据不完全统计，联邦区内集中了全俄19%的锌，16%的铜、14%的银、7%的黄金储量。联邦区的石油储量占全俄总量的13%，天然气占2%，其中奥伦堡的凝析气田是俄罗斯欧洲部分最大的凝析气田。此外，钾盐、钾镁盐、磷矿石、矿泉水、水泥生产原料分别占全俄探明储量的82.6%、77.6%、60%、7%和15%。卡玛河上游钾盐区的钾盐储量超过173亿吨。基洛夫州有欧洲最大的磷矿，储量超过2亿多吨，占俄罗斯磷矿总储量的45%。伏尔加河沿岸联邦区依托丰富的资源禀赋和人力优势，以及多元化的产业布局，为展开对外合作奠定了良好的基础。

伏尔加河沿岸联邦区在俄罗斯所有的联邦区中，整体综合实力较为雄厚，经济结构多元化程度高，产业部门较为齐全，而且很多行业都达到了较高的发展水平。采矿业、机械制造业、石化工业齐头并进，农工综合体、生物技术、制药、建筑、建材、交通和能源等行业在联邦区的经济发展中也发挥着重要作用。而中国长江中上游的几个省市产业优势显著，资源丰富，城

市密集,市场发展空间广阔,是未来中国经济增长潜力最大的地区之一。

"两河流域"合作展开以来,中国长江中上游地区六省市和俄罗斯伏尔加河沿岸联邦区十四个联邦主体在这一合作机制的推动下,充分利用自身的产业互补优势,从政府层面积极推动两个非毗邻地区在经贸、投资、装备制造、高新科技创新、文化教育和旅游开发等领域展开务实合作。双方确定了具体的投资项目清单和人文合作路线图,六省市在伏尔加河沿岸联邦区投资兴业的企业有数十家,涵盖水泥厂建设、现代农业园区和温室建设、农用拖拉机生产、木材工贸合作区、国际商务中心建设、红色旅游项目推广、茶叶贸易等领域,这对推动中俄非毗邻地区的合作起到很好的示范效应。2016年,双方决定将两地区地方领导人座谈会机制提升为两地区地方合作理事会,标志着"两河流域"合作进入新的发展阶段。

今后,两个地区依托人文交流奠定的良好基础进一步深入推进国际产能合作、促进项目落地是工作重点,主要潜在的合作领域包括汽车制造业、航空制造业、科技密集型集群产业、农工综合体、旅游业等。同时,建立中俄产业园区、成立合作发展基金,以及搭建相关的信息平台和加强法律支持和政策咨询等具体的措施和建议也被纳入地方合作的工作议程。"两河流域"的合作大大丰富了两国地方合作的内涵,同时也为深化新时期的中俄关系发展注入了新的动力。

三 中俄省州地方合作日趋活跃

现阶段,中俄地方合作除了在毗邻地区的《中国东北地区与俄罗斯远东及东西伯利亚地区合作》和非毗邻地区的《中华人民共和国和俄罗斯联邦关于长江中上游地区与伏尔加河沿岸联邦区开展合作的议定书》的框架内稳步展开之外,两国省州级和城市间的次区域经济合作也呈现一定的活力,这是新形势下两国地方合作的一个重要趋势。截至2016年底,中国有26个省区和101个城市与俄罗斯建立了友好省州和友好城市关系,涵盖了29个省、自治区和直辖市。俄罗斯方面,根据俄中友好、和平和发展委员会地区合作理事会提供的信息，全俄与中国建立省、市级地区合作关系的共有241对，其中97对为省州级，144对为市属级，与中国签署地区合作协议的俄罗斯联邦主体数量达到51个，与中国签署友好城市或伙伴关系协议的市级行政机构有91个。这些地区同中国展开经济合作的水平参差不齐，对华合作较为活跃的地区和城市有莫斯科、圣彼得堡、莫斯科州、滨海边疆区、伊尔库茨克州、斯维尔德洛夫斯克州及乌里扬诺夫斯克州等地。① 而中国对俄展开省州合作较为活跃的省市主要有黑龙江、吉林、浙江、山东、广东、安徽、重庆、江苏等。

近年来，双方结对的省州在经贸、投资、人文和科教等领域开展了形式多样的交流与合作，有力地推动了两国关系和地方社会经济的发展。以黑龙江省为例，它与远东各州、区之间的省州级友好合作呈现领域拓展、规模扩大、层次提升的崭新局面，主要体现在以下几点。一是合作机制不断完善。黑龙江省是中国地方政府最早与俄罗斯地方政府建立定期会晤机制的省份。2002年以来，黑龙江省与远东的滨海边疆区、哈巴罗夫斯克边疆区、犹太自治州、阿穆尔州、外贝加尔边疆区等毗邻地区建立了省州长定期会晤机制。在此框架内，黑龙江省各相关部门与俄对口部门建立了沟通协调机制，形成全方位、多层次、宽领域的合作交流体系，为各领域交流合作奠定了重要基础。二是经贸合作持续深化。黑龙江积极对接"中蒙俄经济走廊"建设，主动与俄远东超前经济发展区、符拉迪沃斯托克自由港等发展规划对接互动。双方在林业、农业、能源、金融等领域的合作取得了积极的成果。同时，黑龙江还在工业领域积极促进与俄中部和俄欧洲地区的相关企业展开技术合作。根据黑龙江省政府相关部门提供的数据，2017年，黑龙江省对俄贸易总额实现109.9亿美元，同比增长14.5%，占中国对俄贸易总额的13.1%。近五年，黑龙江省对俄贸易额比上一个五年增长了17.8%。三是人文交流异彩纷呈。黑龙江省与俄有关地区共缔结了23对友好城市关系，

---

① Межрегиональное и приграничное сотрудничество//Доклад российско-китайского комитета дружбы, мира и развития: Тенденции и перспективы российско-китайских отношений, Москва, 2017 стр. 53.

其中省州级4对,地市级19对,友好交流范围拓展到教育、文化、体育、旅游、媒体、警务、森林防火、卫生等众多领域。四是互联互通取得重要进展。同江界河铁路大桥有望在近期得以建成,黑河界河公路大桥双方同步开工,东宁界河公路大桥已草签政府间协议,黑瞎子岛口岸建设项目正在积极推进。中俄原油管道二线工程建成,通过管道进口俄油达到3000万吨,中俄东线天然气管道也在加快建设中。陆续开通哈欧班列、哈俄班列、庆欧班列、哈绥俄亚陆海联运和哈俄空中快线5条跨境运输线路,哈尔滨机场对俄航线增至13条。这些重要的基础设施互联互通使黑龙江对俄窗口的地位更加突出。

除了具有区位优势的黑龙江、吉林和辽宁省之外,中国长江中下游经济发达的省份近年来也加大了对俄罗斯展开地方合作的力度。以江苏省和莫斯科州展开的省州地方合作为例,2014年双方签署了政府间的地方合作协议,设立了江苏省和莫斯科州合作委员会,由地方的副省级领导担任各自的主席,负责落实双方具体的合作项目。目前,江苏省在中俄省州地方合作机制的推动下,对俄贸易和投资都取得了较快的增长。江苏省商务厅提供的数据显示,2016年江苏对俄贸易总额为46.7亿美元,同比增长13.7%,其中出口38.6亿美元,同比增长11.2%;进口8.1亿美元,同比增长27.7%。2017年江苏省对俄贸易保持两位数的增长态势,进出口总额达53.5亿美元,同比增长14.6%。投资方面,截至2017年12月底,江苏省经核准在俄罗斯设立境外企业(机构)93家,中方协议投资额为3.7亿美元。其中,2017年新设机构2家,中方协议投资额为218万美元。俄罗斯在江苏省的投资项目有192个,协议外资金额达5.6亿美元,实际利用外资1.5亿美元。为了积极对接中俄地方合作的项目,江苏省发展改革委员会还筹建了中俄地方合作项目库,通过江苏省莫斯科代表处与莫斯科州保持密切的联系,利用自身在产业和资金方面的优势,积极推动两国的合作项目落地。目前,江苏企业在机场设备供应、大型机械设备供应、高端纺织产品出口等领域积极拓展俄罗斯市场,取得了较好的市场效益。未来,双方还将积极探索省州合作方面的新路径,进一步加强地方合作的成效。

四 加强中俄地方合作的思考

在中俄全面深化战略协作伙伴关系的大背景下，两国加快深层次、多领域的地方合作势在必行，双方在合作规模和深度方面，还有很大的提升空间。因此，必须以创新理念来加强合作，推动地方产业结构升级，促进地方经济共同发展，从而带动两国经济合作水平跨上新的台阶。

俄罗斯国土辽阔，地区经济发展极为不均衡，对华展开地方合作的水平参差不齐。从俄罗斯各联邦区的对华贸易额来看，俄罗斯的中央联邦区对华贸易额占到俄中贸易总额的一半以上，是中俄展开地方经济合作的核心地区。其次分别是西北联邦区、远东联邦区、西伯利亚联邦区、伏尔加河沿岸联邦区、乌拉尔联邦区、南方联邦区、北高加索联邦区。现阶段，两国展开地方合作的潜力巨大，范围广阔，但在很多项目的实施过程中，确实还有许多对接的具体问题亟待解决。总结共性问题的症结，有针对性地开展工作，对提高两国地方合作的效率、促进地方合作进入良性有序的发展，进而取得预期的合作效果十分重要。

当前，两国地方合作中有很多共性的深层次问题需要分析和解决，而成功落地的重点项目还未显现出大范围的带动和引领示范效应。笔者认为，在现阶段的中俄地方合作中，有以下几个方面的问题尤其值得我们关注和深思。

首先，进一步增进俄精英层和普通民众对中国的了解，特别是加强重点合作地区地方政府和民众对真实中国的了解，乃当务之急。由于历史文化、风俗习惯、语言差异等，俄罗斯的精英层普遍缺乏对中国的了解，地方政府和民众对中国的了解更是十分有限。中国以往开展的很多大型活动都集中在莫斯科和圣彼得堡，而在俄罗斯其他地方举行的重大活动并不多，媒体的宣传也跟不上。未来，加强地方媒体对中国和中俄合作的关注度十分有必要，特别是在中俄地方合作的重点地区，通过各种形式的人文交流和媒体产品，使人们对中国有客观的了解，并积极评价中俄之间展开的互利共赢合作，是

深化中俄地方合作并取得成效的基础。

其次,改变既有的思路,构建新型的合作模式,特别是在新时期下要尽快建立中俄地方投资合作的信任模式,才是推动地方全面务实合作的关键。由于中俄合作双方在很多问题的认识上存在一定的差异,在解决问题的方式方法上也不尽相同,加之语言沟通的障碍,所以在一些问题的协商解决过程中难免有波折。目前,虽然两国的政治互信度较高,但在现实中政治互信无法自动转化为经济互信,尤其是目前两国的投资水平还处于较低的初级阶段,没有充分反映出与两国政治信任程度相适应的经济信任。未来,中俄深化地方合作的重点是加强两国地方的投资合作。只有充分利用金融合作的创新,建立起相互信任的投资合作模式,真正将国家间的互信转换成信用,将信用衍生成资本,才能突破这一瓶颈,提升中俄两国地方合作的水平。

再次,在对俄合作的过程中,要充分认识到俄罗斯市场的特殊性。中国很多成功企业在其他国家海外开发合作中的成熟经验,未必适合用在俄罗斯。对俄罗斯市场上不确定性的认知,在一定程度上来自我们一些企业和决策者对这个国家和俄罗斯人行为方式的不了解。复合型双语人才的匮乏是双方合作中普遍存在的问题。中方在与俄罗斯地方合作的过程中,一定要有充分的耐心,尽量避免操之过急。前期一定要加强项目调研和充分论证,做好风险评估,一旦遇到问题要通过多渠道解决,包括通过有效的法律手段,加强与合作方及管理机构的协调。未来,积极打造有影响力的合作示范园区或有效落实已签署的大项目,通过传导效应带动更多项目进入实质性的实施阶段,才能进一步推动中俄地方合作进入良性循环。

最后,选择可靠的有实力的俄罗斯合作伙伴是重中之重。在俄罗斯,获得地方政府的支持固然重要,但合作伙伴的选择更为重要,找到一个值得信赖的合作伙伴是项目在当地获得成功的重要因素。以基础设施领域的投资合作为例,除了利用现有的合作平台或渠道寻找可靠的合作伙伴之外,还可优先选择列入俄罗斯"政府与私企伙伴关系"中的俄地方投资者。"政府与私企伙伴关系"是近年来俄罗斯为促进基础设施建设而实行的一项新的投资机制。通过访问俄罗斯联邦主体的相关官方网站,可以了解和找到与政府有这一伙伴关系的俄罗斯地方投资者。凡是与俄罗斯政府结成投资伙伴关系的俄罗斯地方投资者，全部都要按程序通过严格的资质审核，且必须经过公开的招投标后方可确定"政府与私企伙伴关系"，因此这些企业都是当地信用状况很好的私营企业，应该作为我们优先选择的合作伙伴之一。特别是，按照俄罗斯《关于政府与私企伙伴关系》的联邦法律第5条第6款的规定，对已经加入"政府与私企伙伴关系"的俄罗斯私营企业而言，它有权邀请第三方一起从事项目建设，合作内容既可以与俄相应企业一起投资"政府与私企伙伴关系"项下的基础设施项目，也可以尝试与其共同投资其他项目。法律规定，从事投资合作的领域不仅包括社会基础设施、交通基础设施、市政和能源基础设施、公共信息基础设施，还涵盖工业和农业基础设施等。这些领域几乎都是中国地方投资者的强项，中方可以依照自身的资金和技术优势，有目标地选择可靠的合作伙伴，抓住俄罗斯地方基础设施更新改造的契机，开展对俄罗斯相关业务的投资合作。

此外，还需要考虑构建共享的综合信息合作平台，整合现有的对俄合作相关政策服务信息，做好项目信息审核发布和相关的风险提示和政策咨询，切实为中国企业走进俄罗斯市场提供有效真实的市场信息。

总之，加强中俄地方务实合作，必须要加强顶层设计，以贸易合作为先导，以人文合作为基础，以产业合作为中心，加大产业投资引导，创新金融合作机制，优化商务咨询服务，注重综合人才培养，做好双向的沟通。力争借助中俄两国领导人确立的国家地方合作交流主题年的合作契机，将两国的地方合作水平推向新的发展阶段。除了注重加强地方人文交流和合作外，还要将农业合作、高科技创新合作列为重点方向，共同推动两国地方合作结出更多硕果，助力完成两国领导人确定的经济合作战略目标。

Abstract

This report is compiled by the Institute of Russian, Eastern European and Central Asian Studies, Chinese Academy of Social Sciences. The authors are all professional researchers who have long been engaged in the study of Russia. This report consists of five sections: the general report, Russian politics, Russian economy, Russian diplomacy and China-Russia relations. Accordingly, the new situation, new changes and new features in various aspects of Russia in 2018 are comprehensively described.

In 2018, the domestic situation in Russia was stable. Although the political and social stability was mixed with worries, but from the whole, the trend of steady development appeared no change. In the presidential election at the beginning of the year, Putin was successfully re-elected with a high vote share and thus entered the Kremlin for the fourth time. In the local elections held in the second half of the year, the "United Russia" suffered serious frustrations. The pension system reform triggered social unrest in Russia, the psychological support of the post-Crimean Consensus on political stability was weakened, which led to a decline in Putin's approval rating. In this case, maintaining the security of political power and political stability became the keyword of Russia's domestic policy in 2018. In order to maintain the continuity of domestic and foreign policies, Putin rearranged the political officials and set up a new pattern of personnel. At the same time, it continued to emphasize and promote the construction of people's livelihood, and strove to make new progress in increasing the population, reducing poverty, and promoting social development. In general, there might be a temporary and sporadic political and social tension in Russia in the future, but this country could still maintain stability under the strong leadership of Putin.

The Russian economy continued to develop but show a weak trend of growth. Although the government sought for breakthrough, the problem of insufficient economic development was still very prominent. In 2018, Russia's GDP grew by 2.3%, exceeding the expected level, and the other major macroeconomic indicators also showed a positive sign. Under the background of economic sanctions by the Western countries, Russia's exports continued to grow, which became main driving force for economic growth. However, the sluggish investment remained a main factor that restrained the rapid development of the economy. After the re-election, Putin proposed a new goal of "making the Russian economy top five in the world" and issued the "May Act" in order to adjust and perfect its economic policies. The Medvedev government formulated the pre-2024 economic work plan and aimed to establish a good business environment and promote sustained and steady economic development. Nevertheless, due to the economic dependency on raw material and the shortage of capital and technology, the Russian economy was still relatively fragile and would probably be located in a disadvantaged position for a long time.

Diplomatically, Russia was still in a confrontation with Western countries. The United States and the EU continued to enhance the sanctions or threatened to expand sanctions, making it difficult for Russia to improve its external environment. Although the Presidents of the United States and Russia achieved their first formal meeting in Helsinki, the prospects for the relations between the two countries were dim due to Trump's Russia scandal. Although the European countries maintained sanctions against Russia, the communication between Putin and the leaders of major European countries was not interrupted. Russia sustained to engage in commercial dialogues with EU through multilateral institutions such as the Eurasian Economic Union, and Russia-Europe trade continued to grow rapidly. Russia's diplomacy in the Middle East became more active. It continued to support the Syrian government in combating non-government armed forces and achieved remarkable results. Its influence in the Middle East continued to increase. Russia's relations with Ukraine continued to deteriorate because the sovereignty of Crimea cannot be resolved and the situation in eastern Ukraine was unstable. On a short view, Russia's chances of getting rid of the diplomatic difficulties have not appeared, and the stalemate with the Western countries will continue.

In 2018, the China-Russia strategic partnership of coordination continued to develop. cooperation and together overcoming the difficulties became the general consensus of the two countries. Under the strategic guidance of the top leaders, their political mutual trust was enhanced, and bilateral cooperation in various fields made new progress. In terms of international affairs, the two countries maintained strategic consultations and mutual cooperation. In regard to the bilateral relations, the high-level exchanges between the two countries continued, and counterpart cooperation in various fields continued to advance. Under the framework of Year of China-Russia local cooperation and exchange in 2018 – 2019, local cooperation was strengthened. In 2018, the trade between the two countries increased, and the total volume exceeded 100 billion for the first time. 2019 is the 70th anniversary of the establishment of China-Russia diplomatic relations. The two countries will jointly hold a series of activities, and the cooperation between the two sides will reach a new level in various fields.

Contents

Ⅰ General Report

Y.1 The Overall Situation and Trends of Russia's Domestic
and Foreign Affairs in 2018   *Sun Zhuangzhi* / 001

Abstract: For Russia, the most important political event in 2018 was the presidential election in March. Putin won the election and started his fourth presidential term. Moreover, his support rate reached a new high, which not only legitimized his ruling, but also convinced many people that this would not be the last six years of Putin's political career. Maintaining political power and political stability was the keywords of Russia's domestic policies, so Putin made no major adjustments to the government. In order to achieve rapid economic growth under difficult conditions, the Russian government adopted a series of measures, and increased the government's leading role in economic transformation. This caused Russia's macroeconomic policies to change quietly. Some changes were active reforms, while others were passive responses. The Russian economy maintained a low rate of growth, but the problems in the people's livelihood were more prominent, so it was very difficult to achieve Putin's growth targets. Russia's diplomacy was relative strong which consolidated its influence in the post-Soviet space. China-Russian relations continued to deepen, but relations between Russia and the West were deteriorating. In general, the development prospects in 2019 are still not optimistic. Maintaining stability and coping with the crisis are two arduous tasks for Russia.

Keywords: Russia; Russian Politics; Russian Economy; Russian Diplomacy

俄罗斯黄皮书

Ⅱ Russia's Politics

Y.2 Russia's Political Situation in 2018: Showing Stability
       but Worrying Trend   *Pang Dapeng* / 017

Abstract: In 2018, Russia's domestic situation came off early highs. At the beginning, Putin fulfilled the double 70% goal of high electoral turnout and high vote share in the presidential election. While in the end, his trust index was less than 35% in the local election. In terms of the new presidential term, Putin specified his ruling goal, and quickly and steadily arranged the personnel assignment. However, the pension system reform triggered social unrest in Russia. The United Russia was thoroughly frustrated in the chief executives elections in 26 federal entities, the local parliamentary elections in 16 federal entities, and the by-elections in 7 national Duma single-member constituencies. It can be said that the complexity of Russian local elections in 2018 was unprecedented. The results of local elections showed that there were major concerns for Russia's political stability. The trend of political thoughts also focused on the conclusion of Russia's national identity in politics since the Ukrainian crisis. The psychological impact of the post-Crimean consensus on political stability was weakening. The 2021 issue and the 2024 issue became the focus of Russia's future development.

Keywords: Russia; Political Situation; Presidential Election; Local Election; Social Emotion; Trend of Political Thoughts

Y.3 Analysis of Russia's Social Situation in 2018:
       Reform and Increasing Inequality   *Ma Qiang* / 034

Abstract: In 2018, the key word of Russia's society was reform. In the case of continuous economic crisis, the public expected Putin to carry out comprehensive reforms during his new presidential term, improve their living standards and promote the development of various social undertakings. However, the pension system reform in 2018 was contrary to the expectations of the people and was opposed by them, especially the low-income groups. The income reduction and rising price brought by the pension system reform and the value-added tax reform increased the living burden for the low-income groups, thereby creating social inequality as well. Social inequality would intensify social conflicts and increase social risks. Under this situation, the "post-Crimea Consensus" which was formed in 2014 to maintain Russia's political and social stability was crippled. In this regard, the prospects of Russian society is not optimistic.

Keywords: Russia; Social Situation; the Pension System Reform; Social Inequality; the "post-Crimea Consensus"

Y. 4　Analysis of the Russian Local Elections in 2018

Lyu Jing / 046

Abstract: 2018 is the election year for Russia. In the first half of the year, Putin succeeded in winning the re-election with a record-high vote share. However, after the re-election, Putin introduced the delayed retirement and the tax increase policy, which caused strong social dissatisfaction and led to frequent frustrations in the local elections in the second half of the year. United Russia unexpectedly lost the leadership of three regions. Its seats in the local and municipal councils had also shrunk dramatically, while opposition parties expanded their political influence in certain areas. This indicates that Putin's fourth presidential term will face unprecedented pressure and challenges, and the local electoral system may need adjustment again.

Keywords: Russian Local Election; United Russia; Local Executive; Local Council; the Opposing Party

俄罗斯黄皮书

Y.5　Review and Analysis of Russian Political Opposition
　　　in 2018　　　　　　　　　　　　　　　　　　　　　Hao He / 059

Abstract: In 2018, Russia's national governance entered into a crucial stage. Its social disputes began to sharpen and the pension reforms provoked great social shocks, resulting in a great decline in the support rate for Putin and his team. The opposition forces were taking advantage of this trend to increase their influence and strength. But on the other hand, it is still hard for them to undermine the foundation of Mr Putin's regime. In Russia, there is still no organized political forces that can compete with the authorities. Yet the dissatisfaction of the people has accumulated rapidly and has become a big concern for the Putin's government.

Keywords: Russia; Political Opposition; Pension Reform; Social Protest

Y.6　The Religious Factors in Russia's Political Process in 2018
　　　　　　　　　　　　　　　　　　　　　　　　　　Liu Boling / 071

Abstract: In October 2018, the Russian Orthodox Church decided to make a disengage from the Constantinople Patriarchate. The reason for the split is that they have different attitudes toward the independence issue of the Ukrainian Church. The independence of the Ukrainian Church is bound to intensify the domestic contradictions in Ukraine, worsen the relations between Russia and Ukraine, and reduce the influence of the Russian Orthodox Church in the Orthodox world. The United States wishes to weaken Russia's power in this way and thus contain Russia more efficiently.

Keywords: the Russian Orthodox Church; the Independence of the Ukrainian Church; Russia-Ukraine Relations

Y.7　Putin's Important Thoughts on Country Governing
in 2018　　　　　　　　　　　　　　　　　*Wu Dekun* / 082

Abstract: 2018 is the first year of Putin's fourth term in office. During this year, Putin won the election with an overwhelmingly majority of votes, the Russian economy was moving towards slow growth, people's livelihood reforms were opened, the Western economic sanctions and the Russian-US struggle both continued. Hence, 2018 is quite challenging to the old "new" president. Every year, Putin explains his ruling ideas to the domestic people and the international community through four large-scale public events: the "Direct Connection with Putin" program, the Valday Conference, the President's Annual Press Conference and the State of Union Address. Therefore, by analyzing Putin's public speech in these four events, we can understand Putin's important thoughts in the political, economic and diplomatic fields.

Keywords: Country Governing the "Direct Connection with Putin" Program; the Valday Conference; the President's Annual Press Conference; the State of Union Address

Y.8　The Network Security in Russia　　　　*Xu Wenhong* / 098

Abstract: With the development of the Internet, network security has increasingly become a major concern for many countries. At present, Russia is accused of intervening in the 2016 US election through network activities, and its own network is constantly being attacked, thereby conducting a "network outage" exercises. Network security has become an important issue that cannot be neglected in the Internet development and political life in Russia. In recent years, Russia has adopted a series of specific measures to protect the development of network security. Russia's understanding of network security and its certain safeguard measures are worth learning for us.

Keywords: Russia; Network Security; Data Security; Network Sovereignty

俄罗斯黄皮书

Y.9　The Development Status and Prospects of Contemporary
　　　Russian Humanities and Social Sciences　　　*Chen Yu* / 109

Abstract: After the dissolution of the Soviet Union, Russia began a painful transition. Along with the country's rapid political, economic and social change, Russia's humanities and social sciences were impacted tremendously and experienced the coldest "winter" in history. After more than 20 years of construction and development, the Russian humanities and social sciences have risen from the bottom and gradually formed a set of institutions which is in line with their own development.

Keywords: Russian Humanities and Social Sciences; Russian Foundation for Humanities and Social Science; Russian Foundation for Basic Research; Russian Cultural Policy

Ⅲ　Russia's Economy

Y.10　Russia's Macroeconomic Situation in 2018: Growing
　　　Slowly and Seeking Breakthroughs　　　*Xu Poling* / 123

Abstract: In 2018, the former driving forces of economic recovery and growth was reduced and the macro economy presented a feature of weak growth. Namely, Russia has not found a suitable solution to address the structural problems, infrastructure problems, investment problems, import substitution problems and fiscal and monetary policy problems. The policy effects of the pension reform, value-added tax reform, import substitution policies and investment, as well as the long-term effects of sanctions, are important indicators for observing the direction of Russia's economic breakthrough. But in any case, the investment issue and the paradox between the nationalist policy towards foreign economy and the neo-liberal trend in the domestic macro-financial monetary policy are still key factors that affect Russia's long-term economic growth.

Keywords: Russia's Economy; Weak Growth; Import Substitution Cycle

Y.11 Brief Analysis on Russia's Financial Situation and Policies

Ding Chao / 140

Abstract: The new "May Act" signed by Putin after his re-election has determined the main goals of Russia's reforms in the coming period, which is improving the living quality and well-being of citizens and eradicating poverty and inequality. Guided by these goals, Russia has introduced a series of structural reform measures in fiscal taxation and monetary fields in the past two years. In the field of fiscal taxation, new budget rules have been set up to increase fiscal revenue while strictly controlling expenditures. Fiscal surpluses have been achieved in 2018, and national reserves have been refilled. Tax reforms have been closely coordinated to the fiscal reform, such as increasing the tax rate on mineral resources mining while reducing the export tariff rate of oil in order to weaken the impact of energy prices and changes in the exchange rate of the Ruble on the state's fiscal revenue. In the monetary field, Russia continued to implement inflation targeting based on the interest rate management. However, because of some internal and external factors, it failed to keep the target of 4% in 2018. The new budget regulations also provided an important means for the central bank to balance international accounts and fight inflation. A number of reform measures that have not yet been implemented, such as raising the VAT rate and delaying retirement, have produced some socioeconomic effects, which was reflected in the operation of Russia's fiscal and financial system in 2018. The increase in the VAT rate has raised public concerns about future consumer price, which has boosted the inflation expectations. Delayed retirement could increase the amount of future pension payments, but it has also increased the current workload. All in all, large-scale reforms have been brewing in Russia's fiscal taxation and monetary fields, and these policies need to be tested in a longer period of time.

Keywords: Russia; Finance; Taxation; Monetary Policy

俄罗斯黄皮书

Y.12 Russian Industrial Development Situation and Industrial
Policy in 2018　　　　　　　　　　　　　　　*Guo Xiaoqiong* / 160

Abstract: In 2018, Russia's industry kept on growing. Most industrial sectors was growing and the growth rate of the mining industry was faster than the processing industry. The proportion of industry in the national economy has increased, but there has been an increasing reliance on the energy and raw materials, and the proportion of high-tech sectors such as machine manufacturing was also shrinking. Fixed assets investment in industrial enterprises has increased and most industrial sectors have maintained high investment enthusiasm. The international market conditions, complexity for obtaining project loans, changing exchange rates, high interest rates on commercial loans, high investment risks, insufficient self-owned funds, high inflation rates and higher uncertainty in the domestic economic situation are the main factors that hinder the investment in Russian industrial enterprises. In recent years, the Russian government has formulated a series of strategic plans and policy measures to promote industrial development. It included formulating national programs to plan the development of key industries; establishing industrial development funds to provide financial support for industrial development; issuing various subsidies to support the development of manufacturing; encouraging industrial products exports, and implementing import substitution policies.

Keywords: Russia's Industry; Industrial Structure; Fixed Assets Investment; Industrial Policy

Y.13 The Overall Agricultural Situation of Russia in 2018
　　　　　　　　　　　　　　　　　　　　　Jiang Jing / 175

Abstract: In the past three years, Russian agriculture has made remarkable achievements under the background of economic downturn. It has played a positive role in stabilizing Russian society and overcoming the economic crisis. At the same time, Russian agricultural products and agricultural machinery equipment have increased their export competitiveness and international influence. In 2018, Russian agriculture was affected by weather and other factors, so the output of crop production declined slightly, but the output of animal husbandry increased. Overall, Russian agriculture and the export of agricultural products has maintained a good momentum. The Russian government, as always, provides the necessary support for agricultural development. In addition, 2018 is the turning point for Russia's agricultural development strategy from import substitution to export development. In the future, to further increase the export potential of agricultural products is the key direction of Russian state financial support, and raising the proportion of high value-added agricultural processed products exports is also an important task.

Keywords: Russia; Crop Production; Animal Husbandry; Food Export; Agricultural Insurance

Y.14　The Situation, Characteristic, Policy Evaluation of
　　　　Russia's Foreign Trade in 2018　　　　*Li Zhonghai* / 190

Abstract: In 2018, Russia's foreign trade maintained a medium-high speed of growth, with total trade volume increasing by 17.1%. China continued to be Russia's largest trading partner, and the bilateral trade volume exceeds $100 billion for the first time. Under the background of the EU and the US's economic sanctions against Russia, the trade volume between Russia, the EU countries and the United States still had a large increase, and the trade volume with the member countries of the Eurasian Economic Union continued to rise. In terms of trade structure, Russian exports were still dominated by raw materials, such as mineral materials and metals. Imported goods were mainly mechanical and electrical products. In this regard, the trade structure was not improved. To analyze the reasons, the growth of Russia's foreign trade in 2018 benefited not only from the rise of international oil prices, but also from the government's trade policy. In particular, the Eurasian Economic Union was becoming a powerful tool for Russia to promote foreign trade. In 2018, the Eurasian Economic Union continued its commercial dialogue with the EU countries and promoted the signing of the free trade agreements with the countries concerned. In the case that the economic sanctions by Europe and the United States do not involve trade in goods, and if the international oil prices remain relatively stable, Russia's foreign trade will maintain stable.

Keywords: Russia; Foreign Trade; Trade Structure; Trade Policy; the Eurasian Economic Union

Y.15 An Overview of the Eurasian Economic Union in 2018

Wang Chenxing / 202

Abstract: Steady development was the overall characteristic of the Eurasian Economic Union in 2018. In this year, the organization mechanism of the Eurasian Economic Union was functioning normally, the regional integration effect continues to emerge, the overall business environment in the region was improving, the internal and external trade continued to expand, and the investment capacity in the region was significantly improved. In terms of the international cooperation, the cooperation between the Eurasian Economic Union and emerging economies was better than the cooperative effect in the developed economies, and its external cooperation was more inclined to the emerging economies.

Keywords: the Eurasian Economic Union; the Integration of Eurasia; the New Economies

Y.16 The Implementation of Russia's Delayed Retirement

Reform in 2018   *Wang Guixiang* / 217

Abstract: The majority of the Russian people have mixed feelings about 2018. The good side is that Russia has successfully hosted the 21st Football World Cup, even under the strong pressure of economic sanctions from Europe and the United States. The Russian people have been able to relive the feelings of the powerful country. But immediately afterwards, the anxiety quickly climbed to their faces. The Russian government announced that in 2019, the pension reform based on delayed retirement, which is of vital interest to the Russian people, will be launched. The retirement age of women will extend from 55 to 63, and the retirement age of men will extend from 60 to 65. Like a stone that was thrown into a pool and stirred up plenty of waves, this reform led to social protests here and there. Under this circumstance, the Russian government made a concession and revised the delayed retirement bill. It revised the retirement age of women to 60 and gave preferential treatments to mothers with many children. On August 29, 2018, President Putin solemnly delivered a long television speech, eloquently explaining the necessity for delayed retirement. Indeed, the reform moved the "cheese" of Russian people, lowered Putin's support rate and had a certain impact on Russia's political stability, but it did not constitute a threat for Putin's rule.

Keywords: Delayed Retirement; Pension Reform; Putin; Russia

IV   Russia's Diplomacy

Y.17   Russia's Diplomacy in 2018   *Liu Fenghua* / 229

Abstract: In 2018, Present Putin began his fourth term in office. Since the international environment and surrounding security situation of Russia had no fundamental change, the Putin government had to insist the pro-East and anti-

Western policy. Specifically, Russia continued to confront with the West and strengthened the cooperation with Asia-pacific countries. The integration process of the Russian-led Eurasian Economic Union developed, but the confrontation with Ukraine was escalated. Russia consolidated its military and political advantages in Syria and developed cooperation with some Middle Eastern countries such as Turkey and Iran. In general, Russian diplomacy had more tactical results than strategic achievements in 2018.

Keywords: Russia's Diplomacy; "Shift to the East"; the Eurasian Economic Union; the Syria Issue

Y.18　Summary and Prospect of Russia's Asia-Pacific

　　　　Diplomacy in 2018　　　　　　　　　　　*Li Yonghui* / 241

Abstract: In 2018, Russia's "looking eastward" policy was actively promoted and the smooth development of Asia-Pacific diplomacy became the highlight of Russia's foreign policy. Internally, it clarified the outward-oriented economic development model for the Far East region. Externally, Russia actively promoted the policy of looking eastward through establishing the Greater Europe and Asia partnership. The relationship with the Asia-Pacific countries has been further enriched and markedly developed, reflecting the openness and diversity in Russia's diplomacy. The Japanese Prime Minister has actively promoted Russia-Japan relations with the purpose of signing the peace treaty. The relations between Russia and the Korean Peninsula countries have gradually achieved to balance. The Russia-India relations have been further consolidated. Russia-ASEAN relations have been upgraded from dialogue partners to strategic partners. In a word, Russia has raised its influence in the Asia-Pacific region.

Keywords: Russia's Looking Eastward Policy; Russia-Japan Relations; Russia's Korean Peninsula Policy; Russia-India Relations; Russia-ASEAN Relations

Y.19　Russia-US Military Confrontation and Arms Race

Han Kedi / 260

Abstract: From 2018 to 2019, Russia and the United States have engaged in heated debate over the "Middle Range Guided Missile Treaty". On the one hand, Russia may indeed violate the treaty, develop and deploy medium-range missiles. On the other hand, Russia's accusation about the US-deployed land-based AEGIS system in Poland and Romania also has its rationality. The confrontation between Russia and the United States has escalated, from political and diplomatic fields to military confrontation and arm race. The frequency and intensity of military exercises conducted by the two countries have increased, the speed of strategic weapons renewal has accelerated markedly, the arm control system is on the verge of collapse, and Russia-US relations have begun to enter into comprehensive confrontation which appeared in the Cold War era.

Keywords: Russia-US Relations; "Middle Range Guided Missile Treaty"; Unclear Strategy; Arm Control; Arm Race

Y.20　The Russia-Europe Relations in 2018: Moving Forward in Waves

Lyu Ping / 275

Abstract: After a turn for better in 2017, the Russia-Europe relations faced a setback in 2018. At the beginning of 2018, the incident of poisoning the former Russian intelligence workers in the United Kingdom eventually led to the expulsion of diplomats between the United Kingdom, the United States and Russia. The subsequent network attack and the Russia-Ukraine Strait conflict brought some negative influence to the Russia-Europe relations. Nevertheless, in general, Russia-Europe relations are getting better, especially the bilateral relations between Russia and Germany, France. Trump's "America first" foreign policy is a

key factor that brought Russia and Europe closer together. The unilateralism of the United States has caused a crack between the United States and Europe, and the EU has turned to seek cooperation with Russia to solve various international problems arising from the retreat of the United States. Cold political relations and hot economic relations are the main characteristics of Russia's current relationship with Europe. Russia's demand for European energy market and Europe's demand for Russia's energy is the root cause of their economic cooperation under the situation of sanctions and counter-sanctions. But even with close economic cooperation, the Ukrainian issue is still an important factor hindering the overall development of their relations. Europe insists that only if Russia implement the Minsk Agreement, it will eventually cancel the sanctions against Russia.

Keywords: Russia; Europe; EU; the US; Germany; France; Russia-Europe Relations

Y. 21 The Overall Situation of the CIS Region in 2018

Liu Dan / 288

Abstract: The Commonwealth of Independent States (CIS) has always been the priority in Russia's foreign policy. In 2018, Russia strengthened cooperation with CIS countries and signed a series of multilateral and bilateral documents. Also, Russia served as the rotating presidency of the Eurasian Economic Union (EAEU). In this year, the Eurasian integration agenda was comprehensively promoted, and the member states adopted the "Declaration on Further Development of Integration Processes within the EAEU". The economy of the EAEU was growing obviously, the developmental trend was good and the external contact expanded. At the same time, Ukraine's announcement to withdrawal from the CIS, the termination of the Treaty of Friendship, Cooperation and Partnership between Ukraine and the Russian Federation, and the Kerch Strait conflict between Russia and Ukraine have made the relations between the two countries further worsen and hard to improve in the short term. The Supreme Council of the EAEU accepted Moldova as the first observer of the Union. In general, the EAEU and the CIS are two important international organizations in the post-Soviet era. At present, they have their respective roles and developing tracks and cannot be replaced by the other. .

Keywords: the CIS; the EAEU; Collective Security; Russia; Ukraine; Moldova

Y.22 Russia's Middle East Policy in 2018: Comprehensive Return and Reshape of the Regional Power Pattern

Hu Bing / 299

Abstract: In 2018, Russia further strengthened its influence in the Middle East. On the one hand, it actively participated in the hot issues in the Middle East, strove to mediate and solve the common problems in the security field. On the other hand, Russia did not clamp down by Sunni-Shia cracks and made extensive alliances in the region. In general, Russia has been pragmatically coping with complex geopolitical environments and its military operations, diplomatic efforts and economic participation have worked together. While the United States is strategically contracting and phasing out in the Middle East, Russia is increasingly seen as a responsible power in the region. Russia's successful power projection has brought its influence in the Middle East to the peak in the post-Cold War era and further reshaped the regional balance of power.

Keywords: Middle East; Russia; the Syria Crisis; the Iranian Nuclear Agreement; the Khashoggi Incident; Arms Trade

Y.23　The Russia-Ukraine Relations in 2018: Dispute
　　　and Turmoil　　　　　　　　　　　　　　　*Zhang Hong* / 313

Abstract: In 2018, the relations between Russia and Ukraine had the following four characteristics: the diplomatic relations were suspended, the trade continued to recover, the security relations were tense, and the religion was officially separated. Diplomatically, the relations between the two countries continued to deteriorate in 2018, and basically fell into a standstill. Ukraine regarded Russia as an "aggressive country" through the Donbass Integration Act and then withdrew from the Treaty of Friendship, Cooperation and Partnership between Ukraine and the Russian Federation. Russia announced sanctions against Ukrainian politicians and businesses, and abandoned dialogue with Poroshenko. Economically, the trade between the two countries continued to recover in 2018, but the Ukrainian government announced its withdrawal from the CIS and terminated the special economic partnership with Russia. In the security area, the military confrontation between the two sides was strengthened, and a military friction occurred in the Kerch Strait which caused Ukraine to declared a 30 − day military status in the border area with Russia. Culturally, the Ukrainian Orthodox Church gained independence, causing a major cultural division between the two countries, triggering the dramatic division between the Moscow Parish and the Pope of Constantinople.

Keywords: Russia's Diplomacy; Ukraine; the CIS; Donbass; the Eastern Orthodox

Ⅴ　Sino-Russia Relations

Y.24　The Sino-Russia Relations in 2018　　　　　*Liu Fenghua* / 329

Abstract: After Putin's was reelected Russia's president in 2018, China and Russia together reiterated that the China-Russian relations would continue to be the priority of their foreign policies. Both China and Russia are faced with the task of revitalizing the country and promoting the development of their border areas. Also, they are both under the containment of the United States. These factors have prompted China and Russia to strengthen their strategic cooperation. Hence, the Sino-Russia comprehensive strategic partnership continued to develop in depth and the two countries achieved remarkable results in the fields of politics, economy, energy, diplomacy, humanities, military security, and the docking of the "Belt and Road" construction and the Eurasian Economic Union.

Keywords: Sino-Russia Relations; Sino-Russia Comprehensive Strategic Partnership; Pragmatic Cooperation; Strategic Coordination

Y.25 New Progress in Sino-Russia Economic and Trade Cooperation in 2018   *Guo Xiaoqiong* / 337

Abstract: Under the background of Sino-US trade disputes and the economic sanctions imposed by the United States on Russia, the desire and motivation of pragmatic cooperation between China and Russia became stronger. In 2018, with the rebound of international crude oil prices and the improvement of Russia's macroeconomic situation, the bilateral trade volume between China and Russia achieved rapid growth, surpassing 100 billion dollars for the first time, and China's trade with Russia turned from a surplus to a deficit. With the deepening of China-Russia economic and trade cooperation, the two countries have paid more attention to the quality of the cooperation. In the last year, China and Russia have made some new cooperative breakthroughs in the fields of energy, finance, infrastructure construction, and aerospace technology. Regional cooperation has been carried out smoothly, and the docking between the "Belt and Road" Initiative and the Eurasian Economic Union has been progressing steadily.

Keywords: Sino-Russian Economic and Trade Cooperation; Energy Cooperation; Financial Cooperation; Regional Cooperation; the Docking between the "Belt and Road" Initiative and the Eurasian Economic Union

俄罗斯黄皮书

Y.26　Prospect of Sino-Russian Local Cooperation in
　　　the New Period　　　*Jiang Jing*, *Artem Semenov* / 351

Abstract: Russia has a vast territory, extremely uneven regional economy, and unbalanced cooperation with China in local level. At present, the local cooperation between the two countries has shown a good trend, and the willingness of the two sides to carry out local cooperation has been significantly enhanced. In particular, in the project docking of the Silk Road Economic Belt and the Eurasian Economic Union, the pace of investment driven by projects has been promoted and the financial cooperation has reached a new level. In recent years, the local cooperation between the two countries has not been limited to the border areas, but has worked to dig more potential of cooperation based on the the industrial complementarity. Currently, the cooperation between the two countries exists at multiple levels and fields. Although the complementary advantages, the space for cooperation as well as the potential of the local cooperation are obvious, there are still many specific docking problems between China and Russia. Accordingly, summarizing the crux of the common problems and carrying out some pointed measures are necessary to improve the efficiency and promote the local cooperation into a new developmental stage, and thus achieve the expected outcomes.

Keywords: Sino-Russian Local Cooperation; Trade Volume; Regional Cooperation Mechanism; Two-river Area Cooperation; Russia

权威报告·一手数据·特色资源

皮书数据库
ANNUAL REPORT(YEARBOOK) DATABASE

当代中国经济与社会发展高端智库平台

所获荣誉

- 2016年，入选"'十三五'国家重点电子出版物出版规划骨干工程"
- 2015年，荣获"搜索中国正能量 点赞2015" "创新中国科技创新奖"
- 2013年，荣获"中国出版政府奖·网络出版物奖"提名奖
- 连续多年荣获中国数字出版博览会"数字出版·优秀品牌"奖

成为会员

通过网址www.pishu.com.cn访问皮书数据库网站或下载皮书数据库APP，进行手机号码验证或邮箱验证即可成为皮书数据库会员。

会员福利

- 已注册用户购书后可免费获赠100元皮书数据库充值卡。刮开充值卡涂层获取充值密码，登录并进入"会员中心"—"在线充值"—"充值卡充值"，充值成功即可购买和查看数据库内容。
- 会员福利最终解释权归社会科学文献出版社所有。

数据库服务热线：400-008-6695
数据库服务QQ：2475522410
数据库服务邮箱：database@ssap.cn
图书销售热线：010-59367070/7028
图书服务QQ：1265056568
图书服务邮箱：duzhe@ssap.cn

社会科学文献出版社 皮书系列
卡号：662238492142
密码：

基本子库
SUB DATABASE

中国社会发展数据库（下设 12 个子库）

全面整合国内外中国社会发展研究成果，汇聚独家统计数据、深度分析报告，涉及社会、人口、政治、教育、法律等 12 个领域，为了解中国社会发展动态、跟踪社会核心热点、分析社会发展趋势提供一站式资源搜索和数据分析与挖掘服务。

中国经济发展数据库（下设 12 个子库）

基于"皮书系列"中涉及中国经济发展的研究资料构建，内容涵盖宏观经济、农业经济、工业经济、产业经济等 12 个重点经济领域，为实时掌控经济运行态势、把握经济发展规律、洞察经济形势、进行经济决策提供参考和依据。

中国行业发展数据库（下设 17 个子库）

以中国国民经济行业分类为依据，覆盖金融业、旅游、医疗卫生、交通运输、能源矿产等 100 多个行业，跟踪分析国民经济相关行业市场运行状况和政策导向，汇集行业发展前沿资讯，为投资、从业及各种经济决策提供理论基础和实践指导。

中国区域发展数据库（下设 6 个子库）

对中国特定区域内的经济、社会、文化等领域现状与发展情况进行深度分析和预测，研究层级至县及县以下行政区，涉及地区、区域经济体、城市、农村等不同维度。为地方经济社会宏观态势研究、发展经验研究、案例分析提供数据服务。

中国文化传媒数据库（下设 18 个子库）

汇聚文化传媒领域专家观点、热点资讯，梳理国内外中国文化发展相关学术研究成果、一手统计数据，涵盖文化产业、新闻传播、电影娱乐、文学艺术、群众文化等 18 个重点研究领域。为文化传媒研究提供相关数据、研究报告和综合分析服务。

世界经济与国际关系数据库（下设 6 个子库）

立足"皮书系列"世界经济、国际关系相关学术资源，整合世界经济、国际政治、世界文化与科技、全球性问题、国际组织与国际法、区域研究 6 大领域研究成果，为世界经济与国际关系研究提供全方位数据分析，为决策和形势研判提供参考。

法律声明

"皮书系列"（含蓝皮书、绿皮书、黄皮书）之品牌由社会科学文献出版社最早使用并持续至今，现已被中国图书市场所熟知。"皮书系列"的相关商标已在中华人民共和国国家工商行政管理总局商标局注册，如LOGO（ ）、皮书、Pishu、经济蓝皮书、社会蓝皮书等。"皮书系列"图书的注册商标专用权及封面设计、版式设计的著作权均为社会科学文献出版社所有。未经社会科学文献出版社书面授权许可，任何使用与"皮书系列"图书注册商标、封面设计、版式设计相同或者近似的文字、图形或其组合的行为均系侵权行为。

经作者授权，本书的专有出版权及信息网络传播权等为社会科学文献出版社享有。未经社会科学文献出版社书面授权许可，任何就本书内容的复制、发行或以数字形式进行网络传播的行为均系侵权行为。

社会科学文献出版社将通过法律途径追究上述侵权行为的法律责任，维护自身合法权益。

欢迎社会各界人士对侵犯社会科学文献出版社上述权利的侵权行为进行举报。电话：010-59367121，电子邮箱：fawubu@ssap.cn。

社会科学文献出版社